ESPELHO DO OCIDENTE

JEAN-LOUIS VULLIERME

ESPELHO DO OCIDENTE

O NAZISMO E A CIVILIZAÇÃO OCIDENTAL

Tradução
Clóvis Marques

1ª edição

DIFEL
Rio de Janeiro | 2019

Copyright © Éditions du Toucan, 2014
Published by arrangement with Agence Litteraire Astier-Pécher
All rights reserved

Título original: *Miroir de l'Occident, Le nazisme et la civilisation occidentale*

Capa: Sérgio Campante
Imagem de capa: Universal Images Group / Getty Images

Texto revisado segundo o novo
Acordo Ortográfico da Língua Portuguesa

2019
Impresso no Brasil
Printed in Brazil

CIP-BRASIL. CATALOGAÇÃO NA PUBLICAÇÃO
SINDICATO NACIONAL DOS EDITORES DE LIVROS, RJ

V983e

Vullierme, Jean-Louis, 1955-
  Espelho do ocidente / Jean-Louis Vullierme; tradução de Clóvis Marques. – 1ª ed. – Rio de Janeiro: Difel, 2019.

  Tradução de: Miroir de l'occident
  Inclui bibliografia e índice
  ISBN 978-85-7432-142-4

  1. Nazismo. 2. Civilização ocidental. 3. Política internacional. I. Marques, Clóvis. II. Título.

18-49762

CDD: 320.533
CDU: 321.64

Meri Gleice Rodrigues de Souza – Bibliotecária – CRB-7/6439

Cet ouvrage, publié dans le cadre du Programme d'Aide à la Publication 2016 Carlos Drummond de Andrade de l'Institut Français du Brésil, bénéficie du soutien du Ministère des Affaires Étrangères et du Développement International.

Este livro, publicado no âmbito do Programa de Apoio à Publicação 2016 Carlos Drummond de Andrade do Instituto Francês do Brasil, contou com o apoio do Ministério Francês das Relações Exteriores e do Desenvolvimento Internacional.

Todos os direitos reservados. Não é permitida a reprodução total ou parcial desta obra, por quaisquer meios, sem a prévia autorização por escrito da Editora.

Direitos exclusivos de publicação em língua portuguesa somente para o Brasil adquiridos pela:
EDITORA BERTRAND BRASIL LTDA.
Rua Argentina, 171 – 2º andar – São Cristóvão
20921-380 – Rio de Janeiro – RJ
Tel.: (21) 2585-2000 – Fax: (21) 2585-2084

Atendimento e venda direta ao leitor:
mdireto@record.com.br ou (21) 2585-2002

Sumário

Prólogo   7
Introdução. Nuremberg, cidade do Ocidente   15

PRIMEIRA PARTE
A ideologia do extermínio

1. Comentários sobre um mistério   25
2. Um modelo americano   41
3. A revolução nacionalista   97
4. Colonialismo e brutalidade   117
5. A ação histórica   159
6. O Antagonismo   195

SEGUNDA PARTE
Sair da ideologia do extermínio

7. Terapias cognitivas   207
8. Construções míticas, perspectivas concretas   219

Conclusão. Encarar o Ocidente   239
Notas   245
Agradecimentos   347
Bibliografia   349
Índice   359

Prólogo

Ainda hoje, interpretar o nazismo é uma tarefa tão sensível que cabe àquele que pretenda enfrentá-la publicamente esclarecer suas intenções para começo de conversa, sobretudo se não quiser ater-se às ideias dominantes.

Sou de uma família que lutou contra o nazismo e foi parcialmente destruída por ele. Isso já seria motivo suficiente para me interessar pelo assunto mais que os outros, mas não é a razão principal. Sempre me pareceu fundamental entender aquele que constitui o acontecimento mais destruidor da história moderna, identificando suas raízes para procurar extirpá-las. Eu também considerava que a memória dos mortos exigia no mínimo que se soubesse por que haviam sofrido tanto. Ora, essa compreensão não me era imediatamente acessível.

A opinião comum não tinha forjado um panorama satisfatório. A ideia de que se tratava da chegada de assassinos ao poder era atraente. Sob muitos aspectos, os nazistas se assemelhavam aos criminosos do submundo, tendo em comum com eles a brutalidade e a ausência de escrúpulos. Havia, entre eles, homens envolvidos em atividades criminosas comuns. Mas a hipótese de uma delinquência de proporções gigantescas é extraordinariamente frágil.[1] Da mesma forma, a ideia de uma loucura coletiva, sanguinária e súbita se apoderando de um país inteiro, à maneira de uma síndrome de amok, e que havia suscitado tantas análises psicanalíticas, talvez não fosse totalmente falsa, mas tinha o defeito de explicar o obscuro pelo mais obscuro ainda. Quais seriam, então, os motivos antropológicos para uma extravagância tão abominável e que fenômeno desconhecido a havia levado a se impor?

Apesar de ter acesso às principais teorias sobre a questão, desenvolvidas em uma época a que ainda estavam ligadas muitas testemunhas diretas, eu não conseguia me livrar da sensação de que as análises apresentadas pelos politicólogos também deixavam escapar o essencial. As interpretações eruditas se haviam tornado numerosas por demais para que fosse materialmente possível integrar todas elas; e, em geral, enquadravam-se no acanhado contexto de questões dualistas tomadas de empréstimo para um debate político posterior. Havia quem considerasse o nazismo um "fascismo" à italiana, definido como uma forma violenta de capitalismo, enquanto outros, um "totalitarismo" à soviética. Muitos enxergavam nele um fenômeno nacional com raízes locais profundas; outros, a expressão de uma patologia mundial do Estado burocrático industrial. Certos observadores o reduziam a produto da vontade política de indivíduos isolados, enquanto outros o descreviam sob a forma anônima de um conjunto social complexo. Uns o apresentavam como realização de um programa estritamente predeterminado; outros, como o resultado imprevisto de uma infinidade de imprevistos relacionados sobretudo à guerra. Havia quem tentasse isolar o acontecimento, ligando-o exclusivamente a suas circunstâncias específicas, a pretexto de não "banalizá-lo", sem se dar conta de como essa singularização o torna menos significativo.[2]

A lista de causas mencionadas era de tamanho variável, de acordo com os autores, e dependia de perspectivas cronológicas ou geográficas diversas, mas em geral se resumia a duas: o antissemitismo e o Tratado de Versalhes. Sua combinação correspondia a uma realidade, mas ficava no limiar de uma explicação convincente. O antissemitismo de modo algum fora objeto de uma análise clara, tendo uma natureza proteiforme e fronteiras que superavam amplamente as do Império alemão. Além disso, era evidente que a imposição de condições humilhantes por um tratado de paz é um fenômeno relativamente frequente que, em geral, não desencadeia uma fúria comparável à do Terceiro Reich. Eu não via de que maneira a equação Nazismo = Antissemitismo + Tratado de Versalhes pudesse ser algo mais que uma formulação um tanto inconsistente, muito embora esses dois fatores incontestavelmente tivessem desempenhado papel decisivo.

Hannah Arendt descrevera o "crime de escritório" e alguns de seus mecanismos. Trata-se de uma contribuição importante, pois mostra a existência de uma alavanca por meio da qual uma ideologia vem a funcionar sem necessidade de uma adesão completa da maioria de seus executantes. Mas ela deixa inexplorada a causa primeira, na medida em que uma alavanca só é eficaz quando se aplica a uma força já disponível, independentemente dela. Qual era, então, essa força e como encontrá-la? Heidegger, seu mestre, também havia sugerido uma abordagem. O fato de se ter comprometido com o regime não o impedia de falar a respeito. Ele pensava o nazismo como expressão da razão moderna, arrogante, industrial e abstrata, instrumentalizando os homens como se fossem matéria-prima passível de ser transformada e insumos intermediários com vistas à criação de um produto social unificado. Desse modo, sem dúvida alguma, ele captava um dos aspectos essenciais do nazismo: sua implacável frieza, sua ausência de empatia em relação à dor do outro, substituída por uma organização eficaz em busca de um objetivo futuro. Mais uma vez, contudo, a teoria era incompleta, pois o próprio objetivo permanecia ininteligível.

Muitos historiadores tinham frisado o papel do antibolchevismo na formação, nos modos de funcionamento e no sucesso do nazismo. Com certeza não podemos deixar de nos impressionar com o mimetismo deste em relação a seu terrível adversário. Como havia observado Stefan Zweig, testemunha dos acontecimentos, os uniformes de galões e as botas dos camisas-pardas, seus veículos brilhantes e sua considerável quantidade eram de fato prova de que potências financeiras mostraram interesse em investir no movimento desde a origem. Ora, seria difícil conceber de que outro interesse poderia tratar-se senão combater um risco social e revolucionário, de fato algo considerável na época. Mas reduzir o fenômeno inteiro a uma reação antibolchevique parecia restritor demais, pois os atos de aniquilação mais característicos do nazismo não apresentavam qualquer utilidade manifesta em semelhante luta.

Qualquer tentativa de interpretação além desses limites seria difícil. Era preciso restringir-se à coleta de informações factuais ou ao estudo de aspectos estritamente circunscritos. Eu simpatizava com os defensores da memória da Shoah que preconizavam o silêncio diante de uma catástrofe que consideravam sem equivalência a qualquer outra infâmia. Mas esse sentimento não é inteiramente razoável ao permitir supor que uma análise definitiva está disponível, bastando tomar consciência respeitosamente e sem fazer barulho. E, sobretudo, ao afastar a generalização, que é um requisito estrito da ciência, ele faz incorrer no risco extremamente grave de uma repetição do mal por não haver erradicado as causas corretamente identificadas.

Por não ter aprendido alemão na infância, a imagem que eu tinha de Hitler e seus bajuladores era a de um bando de dementes se expressando por berros e urros. Não me ocorrera que pudessem dizer coisas com algum sentido ou possuir uma inteligência digna desse nome, pois não corria um boato insistente, porém sem fundamento, de que Hitler era um pintor de paredes e Himmler, um simples criador de galinhas?

Eu poderia, assim, simplesmente esquecer a questão, se não me parecesse tão atual e tão cheia de implicações naquilo que somos. Sobretudo, poderia negligenciar o sentido das frases ditas por Hitler que estão na origem do ensaio aqui publicado.

Com efeito, pareceu-me que seria inútil investigar o sentido de um processo histórico sem questionar, antes de tudo, a intencionalidade de seus principais protagonistas. A exploração das causas não pode, evidentemente, limitar-se a isso, pois as intenções têm várias origens, e não poderiam ser postas em prática fora de um contexto material favorável. Mas é de fato a intencionalidade que confere sentido humano às coisas, e não é lógico dar-lhe as costas se quisermos entender realmente. As intenções certamente podem repousar em bases equivocadas, encadear-se de maneira delirante, ter como mola propulsora sentimentos cujas origens são incorretamente percebidas pelos protagonistas que os vivenciam. Uma vez instaladas, contudo, as intenções motivam suas ações e, desse modo, podemos compreendê-las.

Não resta dúvida de que a maioria dos que morreram nas fossas ou nos campos de concentração não sabia por que esse suplício lhe era infligido. Se seus últimos momentos eram ocupados pela angústia e o terror, podemos imaginar que a incompreensão era um componente de sua infelicidade. O racismo dos carrascos era evidente, mas o grau e as modalidades implacáveis de sua expressão não eram inteligíveis. As vítimas sofriam, assim, um golpe adicional, de certa maneira o mais terrível. O condenado à morte sabe por que vai morrer, ainda que em consequência de uma traição ou de um erro judiciário. O resistente torturado entende as intenções dos policiais, assim como o soldado que agoniza no campo de batalha não precisa se questionar sobre as motivações do inimigo. Não era o caso dos que foram arrastados nesses massacres. Todos, mesmo os de mentalidade esclarecida, se viam acuados a morrer e a perder seus entes queridos, sem motivo aparente, sob o efeito de uma insondável loucura. Alguns se julgavam objeto de uma vingança divina e se viam submetidos ao suplício do absurdo.

Ora, o passar do tempo e a documentação hoje em dia disponível permitem levantar, em grande medida, o véu das intenções. Entre muitas outras fontes, dispomos do *Diário* de Goebbels,[3] um dos protagonistas centrais, que, considerando-se um escritor, dedicava toda noite várias horas de sua vida de dirigente nacional-socialista, de ministro, de intelectual e maior propagandista do regime a relatar detalhadamente os acontecimentos do dia e a interpretá-los. Seus textos têm a marca da autenticidade e da sinceridade que não se destinava à publicação no estado em que foi deixado — não, pelo menos, antes da vitória final. Embora o autor tomasse o cuidado de não escrever nada que pudesse contrariar o único mestre e senhor que reconhecia e admirava sem reservas, esse documento nos situa em um tempo real tão próximo quanto possível do cérebro de um personagem-chave. Fornece-nos informações às quais os altos dignitários do regime tinham acesso, seu vocabulário, seu raciocínio.

Dispomos ainda de numerosos outros textos públicos ou privados. Assim,[4] Hitler praticava nas negociações a arte do estratagema, aliando-se alternadamente a cada um para eliminar os outros e traindo prontamente o aliado da véspera em busca de novas trapaças, fazendo questão e se orgulhando de conferir conteúdo profético às suas declarações solenes. Hitler era suficientemente ardiloso para fazer com que suas afirmações muitas vezes fascinantes não merecessem crédito dos adversários, que as atribuíam à propaganda, ao passo que seus colaboradores percebiam tanto mais claramente sua verdade quando competiam entre si para ver quem iria mais longe "no sentido do pensamento do Führer", segundo a expressão consagrada.

A leitura dos textos escritos pelos próprios nazistas nos obriga ao esforço particularmente desagradável de levar a sério suas afirmações, reconhecer que eram inteligentes, articulados e capazes de admitir que seu modo de expressão não era unicamente a mentira. Existe aqui algo que vai de encontro à nossa natureza, pois preferiríamos ter em comum com eles o mínimo possível. Sem esse esforço, contudo, correríamos o risco de agir precisamente como eles, que se esforçavam para se convencer de que suas vítimas eram iguais aos ratos, às bactérias, aos seres nocivos e queriam persuadir os executantes de que, sob a aparência de mulheres e crianças que tanto se pareciam com as suas, se escondia uma peste que, por supremo dever, deveria ser combatida a todo custo.

Optei por dar aos nazistas suficiente crédito intelectual para acreditar no que diziam. Era preciso ouvi-los sem ingenuidade, separando devidamente a propaganda (suas afirmações que sabiam ser falsas), por eles elevada a um nível sem precedentes, de seu verdadeiro pensamento (as afirmações que acreditavam ser verdadeiras) — o único que pode nos indicar suas intenções. Era preciso também tomar cuidado para não adotar sem análise, como conceitos operacionais, as noções que moldavam seu prisma ideológico, inclusive a de "povo". Adequadamente conduzida, estendida ao contexto cultural no qual essas intenções se haviam constituído, a investigação haveria de nos desvendar o sentido.

Alguém poderia objetar que os nazistas ignoravam o que faziam, que eram instrumentos de um movimento histórico ou de dinâmicas estruturais que os superavam completamente, e que, portanto, qualquer estudo das intenções seria superficial. Entretanto, privar os processos sociais de sua parte cognitiva implicaria equivocar-se quanto à sua natureza. Os homens só agem em virtude de suas representações, e é o modelo que têm do mundo que os instrui quanto ao que podem ou devem fazer. Eles têm uma representação das forças em jogo ao seu redor que são formadas principalmente pelas intenções dos outros atores. Quando seu modelo não é adequado a essas forças, eles não conseguem muito bem agir. Desse modo, um ladrão se equivocaria se achasse que está separado da fortuna por cofres, paredes e fechaduras, quando, na verdade, é mantido a distância apenas por homens. As realidades materiais transitam inteiramente pelas realidades sociais, que são formadas por intencionalidades. Os nazistas não escapam a essa regra geral, e seu inacreditável sucesso, interrompido apenas pelos acontecimentos militares, indica que sua visão das coisas era bastante compatível com sua época.

Levando-os a sério, portanto, em busca do que julgavam verdadeiro e de seus reais projetos, tal como os expressavam para si mesmos, eu teria podido confirmar nossas próprias teorias dominantes, ou seja, uma focalização obsessiva na eliminação das consequências do Tratado de Versalhes e um antissemitismo baseado principalmente em uma teoria das raças. Sob certos aspectos, é de fato esse o caso, e basta folhear *Mein Kampf* para se convencer disso. Mas longe está de ser tudo.

O projeto nazista não partiu do nada nem chegou a seu termo, e evoluiu, ampliando-se na medida de seus êxitos.[5] Nasceu reunindo elementos que, na verdade, estavam presentes antes dele e aos quais conferiu basicamente vigor de execução implacável, frente ao qual seus antecessores mais cruéis seriam considerados pusilânimes, ainda mais que o projeto do nazismo não se revelou em sua totalidade, tendo sido materialmente interrompido em sua fase intermediária, a da invasão do império soviético.

Seria equivocado limitá-lo apenas às fases concretizadas, embora enfrentássemos então uma dificuldade específica. A destruição operada até a queda de Berlim é de tal envergadura, sua natureza é tão monstruosa, que é grande a tentação de considerá-la como constituindo já em si o essencial. Não é sem certo escrúpulo que se afirma, diante de tantos mortos, que as fossas que eles mesmos eram obrigados a cavar para nelas se estenderem e das quais esguichavam às vezes, depois de "fechadas" — gêiseres de sangue, segundo a confissão de Eichmann —, ou que as massas de pessoas que tinham seus pulmões queimados com inseticidas em torturas de vários minutos representavam apenas momentos de um processo de aniquilação ainda mais vasto. No entanto, o extermínio dos judeus,[6] o assassinato dos soldados russos deliberadamente expostos sem alimentos nem cuidados à fome e ao frio, a matança de ciganos, a execução de comunistas, deficientes físicos e homossexuais[7] não representavam, em seu conjunto, a totalidade de uma carnificina geral programada até as fronteiras extremas do Oriente. Em outras palavras, o extermínio não teria sido interrompido com a morte do último judeu na Europa.

Mas há algo pior ainda. Essa imensa intenção exterminadora que não se reduzia a recuperar o orgulho depois da humilhação de Versalhes nem a extirpar as populações judias da face da Terra não era um hápax, uma realidade isolada, produto de geração espontânea, bastando para impedir sua reprodução afastar suas duas raízes reconhecíveis: a da ideologia antissemita e racial e a dos tratados revanchistas, pois os nazistas não inventaram nada, temo dizê-lo, à parte um *modus operandi* industrial. As fontes são vastas e profundas. Ouvir os nazistas permite identificá-las, uma vez que estão presentes no coração da civilização ocidental.

O objetivo deste livro é entender as intenções do nazismo, descrever as raízes culturais que o tornaram possível e tão difícil de combater, avaliando a parte — reduzida, como veremos — de suas invenções. Não se trata de negar que a síntese das fontes que o antecedem seja única ou que o tipo de passagem à ação por ele efetuada seja original, mas de constatar que os elementos fundamentais que o constituem estão presentes antes do seu nascimento, vigorando, em sua maioria, ainda hoje.

Não é um tratado de história, mas um ensaio de filosofia cognitiva da história. Nenhum fato mencionado é ignorado pelos respectivos especialistas. Os relatos são proporcionais, aqui, a seu papel na formação ideológica do nazismo ou a seu valor exemplar, e os aspectos factuais não estão dissociados da análise dos conceitos políticos.

A primeira parte expõe a ideologia de extermínio e suas fontes.

A segunda parte, mais breve, tenta apresentar uma metodologia cognitiva com o intuito de contribuir, ainda que de maneira limitada, para restringir a repetição de fenômenos semelhantes.

INTRODUÇÃO

Nuremberg, cidade do Ocidente

> *"Ele nunca autorizou seus homens a fazer o que as outras unidades faziam. Disse a eles que nunca usassem bebês como alvo de treinamento nem esmagassem sua cabeça contra uma árvore. Ordenou a seus homens que autorizassem a mãe a segurar o bebê contra o peito e que mirassem no coração. Isso evitaria os gritos e permitiria ao atirador matar ao mesmo tempo a mãe e a criança com uma só bala. E pouparia munição. Ohlendorf diz que se recusou a usar os caminhões de gás quando eles foram mandados para suas companhias. Tinha descoberto que, quando os veículos locomotores usados para matar chegavam ao destino, onde se devia atirar a carga humana asfixiada em uma fossa anteriormente preparada, alguns dos prisioneiros ainda estavam vivos e deviam ser descarregados à mão. Suas tropas tinham de puxar os corpos para tirá-los do meio do vômito e dos excrementos, e era muito penoso para seus homens."*
>
> SS-Gruppenführer Otto Ohlendorf,
> citado pelo procurador Ferencz

Parece legítimo não diluir exageradamente a responsabilidade de um crime. Nesse espírito é que funcionou o tribunal de Nuremberg, na presença de apenas 23 acusados,[1] aos quais se somavam os suicidas que, sem a menor dúvida, ele teria condenado: Hitler, Himmler, Goebbels; e de Bormann, julgado à revelia. Entretanto, como era evidente que a justiça não poderia ser feita de maneira tão limitada, multiplicaram-se os processos nas zonas de ocupação. Foram criadas jurisdições de expurgo na Áustria e na França.

Os tribunais continuaram a agir, de maneira mais ou menos duradoura ou pontual, no conjunto dos territórios envolvidos, a começar pela Alemanha Ocidental, mas também nos países do Leste e na Escandinávia, na Grécia, na Itália, em Israel e novamente na França.

Mesmo levando em conta os fugitivos que escapavam a todas as tentativas de captura, os suspeitos mortos ou desaparecidos e aqueles contra os quais era impossível reunir provas, ainda assim é difícil limitar-se a esses julgamentos.[2] Depois da guerra, criminosos comprovados continuaram a desempenhar às vezes um papel de primeiro plano; considerações de oportunidade política — como a salvaguarda do tecido industrial da Alemanha Ocidental frente à rivalidade soviética — ou relações pessoais que vinham a interferir. Para dar apenas três exemplos, Günther Quandt,[3] beneficiário de campos de concentração dedicados a suas fábricas, tornou-se o principal industrial do setor automobilístico na Alemanha, pois as autoridades britânicas deixaram de transmitir seu vasto dossiê aos procuradores. Erich von Manstein,[4] cujos exércitos — como todos os demais da frente leste — tinham fornecido aos *Einsatzgruppen*[5] os meios logísticos para seus assassinatos, tornou-se um dos fundadores da Bundeswehr,[6] depois de receber o apoio de Churchill e Montgomery.[7] René Bousquet, por sua vez, organizador da grande arregimentação de vítimas do Velódromo de Inverno, da qual fizeram parte tantas crianças, durante muito tempo participou do conselho de administração de um jornal, de um banco e de outras empresas francesas de primeira linha sob a proteção de François Mitterrand.

Seja como for, supondo-se que as responsabilidades jurídicas tenham sido adequadamente estendidas, ficaram circunscritas a indivíduos, em conformidade com a natureza do direito clássico. Por esse motivo, a corte de Nuremberg se recusou a julgar como tais as organizações trazidas diante de seu tribunal: o governo do Reich, os organismos de direção do Partido, a SS e a SA, a Gestapo, o Estado-Maior geral e o Alto Comando dos exércitos.

Na verdade, a responsabilidade coletiva, ainda que extrajudicial, é um conceito perigoso. Condenar o "povo alemão" em seu conjunto teria sido uma injustiça, não só porque comportava vastos grupos radicalmente opostos ao nazismo, não raro de maneira aberta até 1933, que foram as primeiras vítimas dos campos de concentração,[8] como também porque o próprio conceito de "povo" — por mais neutro que pareça — é ideológico e errôneo, e nesse sentido teria sido o caso de acusar outros "povos" além dos alemães.

Ouvir os nazistas não implica expressar-se como eles ou utilizar seus conceitos. Havia uma realidade substancial identificável ao longo da história, a qual, segundo eles: o "povo alemão" era a parte dominante da "raça ariana", cujo combate contra as outras "raças" e os outros "povos" supostamente formaria a questão primordial dos tempos que viviam. Ora, não teria cabimento considerar responsável por algum crime um "povo" ou uma "raça" de existência puramente imaginária. Em compensação, é perfeitamente razoável acusar a ideologia que forjou essa crença, tornando-a responsável no mais alto grau, mais ainda que os culpados judiciais, pelo conjunto dos crimes então cometidos, assim como por vários outros.

Essa ideologia, que não nasceu na Alemanha, mas nela foi aplicada furiosamente, é tão real quanto são fantásticos suas justificações e seu objeto. Ela não é isolada, inserindo-se em uma temática que encontrou no nazismo sua interpretação mais ampla até hoje. Os componentes do sistema coerente ao qual pertence, cada um deles perigosamente, já se haviam combinado antes de maneira parcial, mas nunca inofensiva. E podem, a qualquer momento, ser novamente combinados.

Sua lista, tal como me proponho a descrevê-la aqui, poderia ser inicialmente formulada da seguinte maneira, sem uma ordem especial: *supremacismo racial, eugenismo, nacionalismo, antissemitismo, propagandismo, militarismo, burocratismo, autoritarismo, antiparlamentarismo, positivismo jurídico, messianismo político, colonialismo, terrorismo de Estado, populismo, juvenilismo, historicismo, escravagismo*.[9] Devem ser acrescentados dois elementos essenciais que não têm nome. Os neologismos que sugiro no caso são "anempatismo" e "acivilismo", designados, respectivamente, à educação que não concede nenhum sentimento ao sofrimento do outro e à ausência de qualquer proteção especial às populações civis nas operações militares ou policiais.[10]

Nenhum dos componentes mencionados nessa lista poderia faltar ao nazismo sem alterar sua natureza ou seu curso. Sua presença simultânea em um contexto diferente, inclusive o de uma ficção científica, teria tido um resultado bastante comparável. Uma combinação diferente ocasionaria figuras políticas que, sem serem necessariamente menos criminosas, teriam sido visivelmente distintas — como o stalinismo, no qual os três primeiros fatores são atenuados.

A maioria dos dirigentes nazistas teria se reconhecido na lista proposta, apenas exigindo a utilização de um vocabulário menos pejorativo. Eles também teriam frisado que esses temas não haviam desempenhado papel idêntico em sua história pessoal, tendo alguns sido conduzidos ao nazismo pela questão nacional, e outros, pela questão social, conforme seus depoimentos confirmam.[11]

Os átomos ideológicos estavam disponíveis quando do surgimento da molécula tóxica. E se alguns deles, a toda evidência, haviam adquirido longa existência independente fora do mundo ocidental, como o militarismo, o colonialismo, o escravagismo e o messianismo político, foi nele que chegaram a um potencial máximo e realizaram sua associação mais poderosa.

Se admitirmos essa interpretação, Nuremberg não é apenas a cidade em que o nazismo recebeu o opróbrio, depois de ali mesmo ser santificado; nem a cidade em que a civilização ocidental oficialmente pôs fim à barbárie alemã. É a cidade do Ocidente na qual a civilização ocidental julgava, sem se dar conta ou admitir, monstros que ela mesma havia gerado.

Muitas vezes nos perguntamos como é possível que uma das culturas mais refinadas da Europa tenha conseguido tolerar uma bestialidade tão extrema, e, mais especialmente, que Viena, onde o século XX nascera em seus aspectos mais modernos e sofisticados, pudesse educar o inspirador de semelhante matilha, que, ainda por cima, era um artista. A assustadora resposta parece-me ser que o nazismo está sob muitos aspectos em conformidade com o que afirmava ser, vale dizer, uma vanguarda da civilização ocidental, uma forma particularmente "anempática" (seus partidários teriam dito "viril"), desprovida de fraqueza e sentimentalismo, concretizando o que muitos outros desejavam, sem, para tanto, ter força ou coragem.

Semelhante ideia nos repugna, e eu não ignoro o combate que o leitor desejará empreender antes de admiti-la. De resto, a "civilização" não é um conceito unívoco. Sua identificação é uma questão ideológica tanto quanto científica. Tomarei então a expressão em seu sentimento mais neutro para designar por "civilização ocidental" a cultura presente na Europa e naquelas de suas colônias onde os europeus e seus descendentes se tornaram majoritários ou culturalmente dominantes, incluindo as Américas, a Rússia e a Austrália. Mesmo reduzida a essa acepção rudimentar, não se trata de uma unidade simples, pois é formada por tendências opostas, entre as quais as principais só conseguem ser dominantes alternadamente, enquanto outras permanecem por muito tempo subterrâneas. Nela, as visões de mundo se modificam profundamente nas diferentes épocas, recebendo interpretações locais. Só a sua superposição constitui a cultura, que está, portanto, sujeita a reviravoltas.

Em outras palavras, a cultura ocidental não se reduz apenas a ter fornecido ao nazismo suas condições de possibilidade, mas é perfeitamente possível que contenha também, talvez mais que qualquer outra, os elementos suscetíveis de remediá-lo, dos quais o humanismo continua a ser a melhor denominação geral. Mas será necessário ver com lucidez que não foram eles que contribuíram, acima de tudo, para conter Hitler. Não foram considerações de ordem humanitária que desencadearam o ataque contra a Alemanha, nem mesmo presidiram às decisões estratégicas dos Aliados. Podemos até mesmo dizer que seu adversário não foi o nazismo, mas a Alemanha — uma Alemanha que, de bom ou mau grado, teria se deixado entregue ao seu nazismo se não se tivesse mostrado tão conquistadora.

Embora certamente houvesse humanistas entre os combatentes, o momento não era propício para seus ideais, à época considerados irrealistas e mesmo impregnados de sentimentalismo. O humanismo esteve quase totalmente ausente das motivações e operações que levaram à vitória. O adversário mais encarniçado e rude foi a União Soviética, muito justificadamente chamada de "gêmeo heterozigoto" do nazismo, que fora seu primeiro aliado, conquistando com ele a Polônia e deixando nesse país, em Katyn, um amontoado de cadáveres digno do rival.[12] A própria Rússia teria sido vencida sem os Estados Unidos,[13] potência que entrou na guerra sem entusiasmo, o mais tarde possível, por ter sofrido em Pearl Harbor um desastre humilhante infligido por um país do Eixo, e somente depois de a Alemanha lhe haver declarado guerra oficialmente. A primeira participação norte-americana contra essa última remonta a novembro de 1942 (a operação Torch, no norte da África), data em que uma parte muito significativa das vítimas já tinha sido exterminada.[14] A Grã-Bretanha desempenhou papel decisivo, mas porque não tinha escolha: também havia entrado na guerra de má vontade, disposta a fazer tantas concessões quanto a França, e porque sua constante estratégia de equilíbrio continental, a mesma que outrora já a opusera aos exércitos revolucionários e depois a Napoleão, a impedia, de modo absoluto, de aceitar a conquista da Europa Central pela Alemanha. Se posteriormente ela veio a se comportar com um heroísmo admirável, a razão era que sua infantaria fora quebrada pelo "golpe de foice" concebido por Erich von Manstein; seu território era diretamente ameaçado; e ela corria o risco de perder a qualquer momento o império com o qual então se identificava.[15]

Foram essas forças, assim reunidas e motivadas, que levaram a melhor sobre as forças alemãs e incidentalmente também sobre o nazismo. Elas se engajaram de corpo e alma na luta territorial, mantendo-se, na melhor das hipóteses, indiferentes ao combate étnico empreendido pelos nazistas. Lutaram respeitando da boca para fora o direito da guerra, entregando-se as tropas soviéticas, sempre que possível, a estupros, execuções sumárias e atos de rapina; a aviação britânica derramando tapetes de bombas sobre populações civis, enquanto os americanos[16] escolhiam os alvos de seus bombardeios no Japão entre as cidades suscetíveis de melhor arder em chamas, em virtude de suas casas de madeira, lançando duas armas de destruição em massa e cometendo atos que teriam sido qualificados de crimes de guerra se os Aliados não tivessem saído vitoriosos.[17] São as mesmas forças que, conhecido o alcance das atrocidades cometidas, exigiram a rendição incondicional para impedir mutuamente uma paz separada desfavorável aos outros e assumindo o risco evidente de radicalizar os desmandos e atos de brutalidade. As mesmas forças, ainda, que se entenderam para compartilhar o império nazista, submetendo sua parte oriental à tirania e à escravidão, e que promoveram a distribuição recíproca de policiais e cientistas criminosos, permitindo que escapassem à justiça para enriquecer seus laboratórios[18] e seus serviços de informação.[19]

Dessa maneira, a civilização que acusava o nazismo em Nuremberg, depois de tê-lo esmagado ao cabo de uma luta mortal, ainda não era aquela que poderia extirpar suas raízes, eliminando-as, antes de qualquer coisa, de si mesma. Muito pelo contrário, ela tratou imediatamente de defini-lo do modo mais restritivo possível para não ser acusada de se parecer com ele.

A Convenção sobre o Genocídio de 1948 foi a oportunidade de um improvável consenso entre atores que vinham dos mais opostos horizontes, mas que se entendiam para elaborar um conceito restrito que faria do nazismo um fenômeno incomparável e sobretudo inaplicável, por tabela, aos vencedores de 1945. Soviéticos e comunistas tinham exigido e conseguido que o massacre de categorias sociais, em oposição a grupos "étnicos, raciais ou religiosos", não fosse incluído. Os Estados Unidos, preocupados com uma possível relação com a hecatombe dos indígenas, condicionaram seu acordo, cuja ratificação levaria nada menos que quarenta anos, ao conceito de intenção "sistemática e deliberada" da parte de uma autoridade governamental para excluir os atos de multidões e particulares, assim como a eliminação de grupos étnicos por falta de socorro médico ou privação de recursos econômicos. De maneira geral, o conjunto das potências coloniais aprovava uma concepção que as protegia de qualquer recurso contra suas próprias práticas mais desumanas. Uma grande maioria daqueles que mais tarde viriam a ser chamados defensores da memória da Shoah subscreveu, de bom grado, uma formulação que confirmava indiretamente o caráter absolutamente único da Solução Final.

Nessas condições, o risco de surgimento de uma mutação ideológica dos elementos constituintes — gerando uma abominação que se apresentasse sob novas formas, mas com efeitos semelhantes — não é nulo nem sequer menor. Sem o esforço de um retorno crítico sobre nossa própria história e nossas formas de pensamento, trazendo à luz do dia a envergadura surpreendente do que se perpetua em nossa cultura política mais corrente, e o que precisaríamos dela extirpar não seria possível reduzi-lo. Este trabalho não pretende, naturalmente, chegar a tanto. Seu objetivo é apontar um mal de que somos, na melhor das hipóteses, "portadores sãos". Não milita pela eliminação do nazismo, que de fato morreu em 1945,[20] mas pela identificação presente e a erradicação futura do que o causou.

PRIMEIRA PARTE

A IDEOLOGIA DO EXTERMÍNIO

CAPÍTULO 1

Comentários sobre um mistério

No lugar dos termos "holocausto"[1] e "Shoa",[2] utilizarei aqui um que dá conta muito bem das coisas e que era usado tanto pelos sobreviventes como pelos carrascos: "extermínio".[3] Essa palavra me parece mais forte, em sua terrível simplicidade, que "genocídio", infelizmente contaminada pelas considerações diplomáticas e táticas que a envolvem.[4]

Para ser claro, minha posição é que os nazistas procederam deliberadamente ao mais vasto e radical extermínio de toda a história moderna (tendo em vista que não podemos nos certificar de que não houve equivalente, proporcionalmente, na história antiga). As populações judias, que eram objeto de uma hostilidade muito específica e prioritária, foram as vítimas centrais. Não puderam escapar mediante nenhuma revolta, submissão ou conversão, diferentemente de muitos outros massacres. Mas o extermínio, incluindo as suas piores modalidades, não lhes era reservado com exclusividade. Os ciganos (roms) também o sofreram e, igualmente, as populações eslavas, e de maneira maciça.[5] Russos e turco-mongóis se seguiram.[6] Em todos os casos, ele se revelou sistemático,[7] mobilizando recursos do governo a serviço de um aniquilamento que só encontraria exceção na escravidão.

Compartilho com Yehuda Bauer,[8] que dedicou a essa questão uma das reflexões mais profundas, o sentimento de que uma abordagem comparativa é indispensável, de que uma hierarquização dos sofrimentos seria ignóbil[9] e de que uma interpretação mística é respeitável, mas contraproducente. Subscrevo, com ele, a afirmação de uma causa e de uma responsabilidade principalmente ideológicas, mas discordo em três pontos fundamentais:

O primeiro é que o antissemitismo não é o único fator determinante dessa ideologia nem aquele que engendraria todos os outros, como consequência lógica ou simples revestimento — muito embora seja a causa da prioridade conferida ao extermínio dos judeus sobre os outros extermínios e escravizações conduzidos simultaneamente. O segundo é que ele não é nem mais nem menos ideológico ou imaginário que os outros fatores. O terceiro ponto é que constitui equívoco estabelecer não uma diferença que de fato seja real, mas um corte radical entre o extermínio das populações judias e além de outros que igualmente pretendiam ser ilimitados sob a alegação de que um seria "irracional", ao passo que os outros (como o extermínio dos ciganos, dos armênios anteriormente,[10] mas também, mais tarde, dos tutsis[11] e de outras populações, entre elas os curdos, submetidas em outras circunstâncias a um objetivo exterminador) seriam "pragmáticos".[12]

Hitler considerava ter razões "pragmáticas" para se livrar dos judeus. Essas razões, como veremos, tinham sido objeto de construções intelectuais detalhadas da parte de autores provenientes, por assim dizer, de todos os territórios do Ocidente. E, por sinal, Y. Bauer vem a se contradizer quando tenta provar a irracionalidade especial de uma perseguição que se estenderia a todo o planeta por oposição a perseguições localizadas, mas igualmente extremas, por ele consideradas mais "racionais". Bauer esquece, então, que é de sua autoria uma excelente obra demonstrando que Hitler e Göring tinham ativamente buscado rechaçar os judeus para fora da Alemanha, especialmente tentando vendê-los às potências estrangeiras na época da Conferência de Évian (1938) e nos meses subsequentes, e aceitando a consequência imediata de que as populações teriam simplesmente se deslocado.[13] O seguinte raciocínio (expresso em uma ameaça destinada a acelerar as negociações de venda) é monstruoso: "a questão judaica deve ser recapitulada e coordenada, de uma vez por todas, e resolvida de uma maneira ou de outra (*so oder so*)",[14] em outras palavras, como os países estrangeiros tampouco querem os judeus,[15] vamos adotar uma solução bem mais radical. Mas monstruoso não quer dizer "irracional". Uma mente normalmente constituída, que não se entregue inteiramente à ideologia, considerará que nunca se tem um interesse bem compreendido no aniquilamento total de uma população, por mais detestada que ela possa ser. Cínicos como Göring e Speer teriam preferido cem vezes a imposição de uma escravidão que reforçasse o esforço de guerra e não privasse a Alemanha de seus melhores cientistas. Ela, de fato, teria sido mais "pragmática", embora absolutamente abominável. Mas Hitler, Himmler, Goebbels e Rosenberg não endossavam essa ideia. Tinham feito longas reflexões para se convencerem de que os judeus representavam perigo real e imediato, especialmente em relação à meta estratégica da conquista da União Soviética, país que, segundo seu prisma ideológico, era reduzido a uma massa de escravos (os antigos servos dos czares de origem alemã) nas mãos de comissários políticos e outros dirigentes bolcheviques, em sua maioria judeus.[16] Por mais estranhas nos pareçam tais premissas, em vista dos desdobramentos hoje conhecidos (a extraordinária resistência militar dos russos e os expurgos antissemitas de Stalin), elas se articulam em um raciocínio que se sustenta formalmente. Construir uma dicotomia entre o extermínio dos judeus e o daqueles que, tendo nascido roms, armênios ou tutsis, tampouco podiam deixar de sê-lo ou escapar, é uma contaminação ideológica a que devemos prudentemente resistir.[17]

A questão da irracionalidade é importante, pois nos leva com frequência a nos referir ao extermínio como algo irremediavelmente incompreensível. Creio que o encaramos assim porque não queremos realmente compreendê-lo, surdamente temendo que entendê-lo signifique, de alguma maneira, aprová-lo ou faltar à reverência em relação ao sofrimento das vítimas. Ora, é perfeitamente possível desaprovar fenômenos que entendemos e combatê-los tanto melhor na medida em que os compreendemos mais detalhadamente.

Além disso, devemos evitar vincular o crime às vítimas em vez de vinculá-lo, como convém, aos carrascos. A presa de uma fera ou de um assassino em série, por assim dizer, em nada participa daquilo de que é vítima. É a natureza da fera ou do assassino que devemos interrogar, e não a sua. Não houve extermínio judaico, mas um extermínio nazista do qual os judeus foram objetos, e não sujeitos. Não teria sido preferível que Sartre, como tantos outros antes ou depois dele, desse a suas *Reflexões sobre a questão judaica* o título de *Reflexões sobre a questão antissemita*? Podemos naturalmente entender a tentação para aquele que é, juntamente com todos os entes queridos, vítima de um assassino tão frenético, que conseguiu levar seu empreendimento a cabo em tamanhas proporções e em modalidades tão diversas quanto desumanas, de se considerar alvo quase único de um acontecimento isolado que escapa a qualquer explicação. Mas reduzir o horror a si mesmo seria, de certa forma, minimizá-lo. As vítimas judias, alvo prioritário, mas não exclusivo, podiam ver às vezes ao seu redor outras populações sofrendo também até a morte nas mesmas condições (de extermínio ou escravidão) e no contexto de um projeto que atribuía um lugar a cada um de seus alvos. A contagem das proporções fazia sentido para o mandante — sentido que não é o mesmo para aquele que se apega a cada um dos entes queridos. Acima de tudo, a posição de uma unicidade absoluta — se de fato tem como resultado impedir a banalização, que deve ser afastada de toda maneira, em consideração à enormidade do crime — também teve como consequência consolidar o estatuto particular da vítima. Em vez de considerar os membros das populações judias pessoas perfeitamente normais, com suas especificidades, assim como os bascos ou os gauleses, pessoas com uma história extraordinária e tendo sofrido atrocidades que, por si sós, são anormais, abre-se caminho para uma mudança de ordem metafísica. Mas, em vez de uma metamorfose imaginária, na realidade exclusivamente produzida pelo ódio, não seria conveniente "desnazificar" mais completamente a interpretação, retirar-lhe toda sequela da doutrina criminosa, para nos situarmos acima dela e concluir sua decomposição? Assim, apenas o monstro terá adquirido estatuto particular e único, e não o inocente.

É também por isso que devemos tentar entender. Ora, hoje é viável entender os nazistas melhor do que eles mesmos se entendiam. É bem verdade que conheciam suas próprias intenções e se haviam munido de justificativas de que hoje temos plenamente consciência. Mas estamos em condições de ver melhor que eles como essas intenções se inseriam em um complexo ideológico cujas fontes e interações podem ser reconstituídas.

De outra forma, podemos assim analisar as causas do formidável ressurgimento judeofóbico que se apropriou do Ocidente desde o fim do século XIX — causas que os antissemitas não conseguiam perceber, mas que provocavam neles um sentimento de luta, por justificar racionalmente, em geral da maneira mais falsa e lamentável. O antissemitismo que proponho aqui designar como *industrial* veiculado pelos nazistas só tem uma relação distante com o *antijudaísmo* das fases anteriores. Também se distingue do *antissionismo* contemporâneo. Nem é preciso dizer que eles podem coabitar, escorar-se mutuamente ou se esconder um por trás do outro. E também é certo que têm um vínculo histórico. De fato, foi o antijudaísmo que pôs os judeus em uma situação econômica e social particular, mudando completamente de sentido e importância a partir do século XIX, por motivos que não têm relação direta com eles, dando origem ao antissemitismo industrial que irei descrever. E, por sua vez, é o antissemitismo industrial que leva aos acontecimentos que posteriormente cristalizariam o antissionismo. Mas o fato é que eles só têm em comum o fato de estarem voltados, ainda que não completamente, contra o mesmo grupo.

Naturalmente, mentalidades prevenidas não podem evitar suspeitar de um vínculo substancial, e mentalidades traumatizadas não podem evitar que se preocupem com isso. Uns, repetindo que onde há fumaça há fogo, pensam que certamente é necessário ser culpado de alguma coisa para, desse modo, suscitar três ódios sucessivos, embora não sejam capazes de escorar sua suspeita em argumentos que não sejam fantasiosos. Os outros, por sua vez, se questionam quanto à verdadeira origem, tão incompreensível que deve ser mística, de semelhante destino. A realidade é, ao mesmo tempo, mais simples, menos grandiosa e perfeitamente fascinante.

O antijudaísmo foi inicialmente — e por muito tempo permaneceu assim — um fenômeno estritamente sociorreligioso;[18] o antissemitismo industrial é principalmente socioeconômico; o antissionismo, essencialmente sociopolítico. O antijudaísmo tinha separado os judeus da sociedade cristã muito antes da "guetificação",[19] e essa segregação induzira uma divisão do trabalho. A partir de Carlos Magno, com efeito, um grupo social que não se predispunha mais que os outros ao comércio se viu incumbido, por um acordo expresso entre o imperador do Ocidente e o califa, tacitamente confirmado pelos sucessores, à restauração do vínculo comercial rompido entre dois impérios adversos, mas economicamente indispensáveis um ao outro.[20] Como o Mediterrâneo se tornara "um lago muçulmano no qual nenhuma prancha cristã podia mais flutuar" (Pirenne) e os comerciantes tradicionais eram já agora *personae non gratae* em um dos dois territórios, fora necessário recorrer a neutros. Os judeus — que tinham apoiado o Islã contra a Pérsia e depois na Espanha — foram majoritários entre as tribos iemenitas e depois nas monarquias berberes. Eles se instalaram em todas as terras do antigo Império Romano do Ocidente e estavam em posição ideal para desempenhar semelhante papel. A rede de correspondências talmúdicas, unicamente teológica e jurídica até então, serviu de ponto de apoio às trocas entre Leste e Oeste. O sucesso dessa operação foi de tal ordem que uma monarquia turca importante, a dos khazares da Crimeia, se converteu ao judaísmo[21] para se beneficiar do estatuto de neutralidade. Várias cidades italianas, como Gênova e Amalfi, tentariam mais tarde assumir papel análogo sem se converterem. Só uma conseguiu. Foi a origem da prosperidade veneziana.[22]

Surgia uma especialização, de maneira consensual, na Europa (e de formas ligeiramente diferentes no mundo muçulmano), entre partes que assim desfrutavam cada qual de vantagem durável. Seus efeitos foram espetaculares. Se, por exemplo, o domingo veio a substituir legal e praticamente o sábado como dia de mercado na Europa, é a ela que se deve isso. As elites judias se confinaram, assim, às profissões que hoje chamaríamos de terciárias, a começar pelo grande comércio, a banca, a medicina e, de maneira mais genérica, as profissões intelectuais, incluída a do sacerdócio (nesse caso, naturalmente, para seu uso exclusivo). E, com efeito, deve-se precisar que se trata das elites, pois nada permite supor que a especialização econômica, a ser distinguida da segregação, tenha envolvido da mesma maneira os pobres.[23]

As elites cristãs, por sua vez, consolidavam sua dominação militar e judiciária sobre a economia, que era agrária até a primeira Revolução Industrial. Monarcas e nobres extraíam um benefício sem risco das atividades limitativamente atribuídas aos judeus e postas sob a fiscalização vigilante da Igreja nos planos político, social e ideológico. As elites judias, por sua vez, podiam prosperar, como consequência de seu oligopólio relativo, preservando discretamente, porém de maneira eficaz, sua identidade cultural ao desenvolver sua educação pessoal.[24] O antijudaísmo não perdia seus efeitos, que adquiriam contornos dramáticos toda vez que os governos desejavam reforçar suas próprias dimensões religiosas.[25] Mas o equilíbrio se manteve por muito tempo, pelo menos enquanto a ascensão da burguesia e o aburguesamento da nobreza não provocaram uma concorrência material crescente entre as elites cristãs e as das minorias judias.

Pelo contrário, as potências cristãs e muçulmanas estavam, em geral, tão satisfeitas com esse arranjo que, quando os reis católicos expulsaram os judeus da Espanha, ao mesmo tempo pela natureza teológica de sua própria legitimidade e pela histórica associação judaico-muçulmana nos territórios conquistados, houve disputa para acolher os expulsos. O grão-duque da Toscana foi o primeiro a solicitar sua presença, logo seguido pelo sultão da Sublime Porta. Foi assim que os judeus se espalharam uma segunda vez pela Itália. Só Roma e Veneza manifestaram certa reserva por motivos teológicos no caso do papado e comerciais no de Veneza, acabando por impor a "guetificação".[26] Globalmente, os judeus se incorporaram melhor à sociedade italiana que a outras, situação que deixou sequelas protetoras até a época mussoliniana. Salônica se tornou uma metrópole judaico-turca. Atatürk[27] nela nasceu e sempre a amou.

Ao chegar a segunda Revolução Industrial, o equilíbrio já não mais se sustentava. A economia deixara de ser agrária. O setor terciário começava a superar todos os demais. De maneira bastante rápida, involuntária e imprevisível, as elites das comunidades muito minoritárias passaram da periferia ao centro do sistema. Profissões terciárias outrora auxiliares ganhavam novo peso. Enquanto a primeira Revolução Industrial fora acompanhada apenas de uma liberalização geral — acarretando incidentalmente a emancipação jurídica dos judeus sem perturbar a repartição de papéis —, a segunda Revolução Industrial abria portas para um mundo novo. Assistiu-se à emergência da imprensa de massa e das grandes lojas, bem como à proliferação das universidades. O desenvolvimento econômico tornava necessário o das profissões jurídicas. Os bancos — que orientavam os fluxos financeiros para as infraestruturas ferroviárias e navais e para as grandes empresas que eram criadas — se tornavam o coração da economia. Os judeus de modo algum tiveram o monopólio de suas atividades, mas os séculos de especialização anterior os predispunham incontestavelmente a ocupar neles um lugar de primeiro plano[28] ou a ampliar o que já haviam ocupado, enquanto a emancipação lhes permitia também disseminar-se pelas outras profissões que lhes eram até então vedadas.

Começou-se a notar sua presença relativamente acentuada no banco, na imprensa, na edição, no ensino, na medicina, no novo comércio de massa ou nos conselhos de administração das empresas gigantescas que eram criadas com base nas novas técnicas, e que já agora precisavam ser financiadas de uma maneira que não fosse artesanal.[29] Quanto mais economicamente avançado fosse o país, mais o deslocamento se mostrava sensível. Uma evolução mecânica começou a ser tomada como complô.[30] Não sendo ninguém capaz de analisar então esses desdobramentos, houve quem começasse a desenterrar os temas meio esquecidos do antijudaísmo; e isso, paradoxalmente, quando o enfraquecimento generalizado do sentimento religioso e a inopinada centralização das atividades habituais dos judeus na economia aparentemente poderiam ter acarretado uma lenta, mas inexorável assimilação. O nacionalismo, que em toda parte assumia contornos virulentos, observava com desconfiança o financiamento neutro da guerra moderna pelos bancos e, portanto, também pelos judeus.

Apesar da preponderância terciária de suas elites, eles não tinham a menor unidade ideológica. Se muitos faziam questão de preservar orgulhosamente suas tradições religiosas, faziam-no à maneira dos cristãos, ou seja, sem incidência mais que simbólica na vida prática. Da mesma forma, sua legítima convicção de representar uma das fontes fundamentais da cultura do Ocidente e a ênfase nos temas morais em sua teologia não acarretavam consequências visíveis. Seus intelectuais participavam em boa posição de todos os desenvolvimentos ideológicos, científicos e artísticos do século. Eles eram vistos por toda parte, o que começou a gerar protestos.

As pessoas mais desejosas de tomar o lugar dos judeus nos empregos recentemente tornados mais interessantes ou lucrativos, em entendimento com os nacionalistas ardorosos, os acusavam aos poucos de males muitas vezes inusitados e profundamente contraditórios. No espaço de algumas décadas, uma bola de neve de insultos adquiriu as dimensões de uma avalanche.

Eles eram considerados plutocratas sem coração se fossem ricos; vagabundos fedorentos se fossem pobres (ou seja, a maioria deles); corruptores da língua e da juventude se fossem jornalistas, escritores ou professores; perversos irreverentes se fossem artistas; divisores da Nação se fossem liberais; inimigos do Estado se fossem socialistas; adversários do gênero humano se fossem comunistas; hipócritas e traidores se fossem patriotas ou estivessem no exército; sanguessugas se fossem advogados ou banqueiros; sovinas ou agiotas se fossem comerciantes; assassinos do Cristo se praticassem suas cerimônias; espiões se tratassem seus negócios com o estrangeiro. Embora também fossem considerados de um poder incrível, membros de sociedades secretas, capazes de manipular parlamentos e corromper ministros, de determinar a política estrangeira dos governos rivais, eram tidos, ao mesmo tempo, como preguiçosos, covardes, obsequiosos, servis, sem palavra, avaros, ladrões, assassinos de crianças, envenenadores, estupradores e proxenetas, sanguinários, clânicos, ocultistas, mentirosos inveterados, expansivos até a vulgaridade, dissimulados, depravados, mesquinhos, pequenos, invejosos, feios e doentios. Um esgotamento puramente técnico do vocabulário da injúria tornou as sátiras cada vez mais intercambiáveis, assim como os discursos e comentários a seu respeito. Eles forneceram o conteúdo popular do antissemitismo da era industrial, que derivara, como acabamos de ver, de uma causa bem diferente.

A polícia secreta czarista, que se especializou, desde a sua criação, em 1881, na manipulação planejada de agentes provocadores, foi a primeira a se apoderar deliberadamente do fenômeno para desviar a atenção dos camponeses e operários nos períodos de recessão e para controlar os movimentos revolucionários decorrentes do atraso da adaptação política da Rússia. Documentos foram forjados para sustentar as acusações (entre eles, os *Protocolos dos Sábios de Sião*),[31] enquanto assassinatos foram dirigidos contra um grão-duque e ministros por agentes contratados. Destinavam-se a escandalizar a opinião pública e justificar a repressão. Pogrons foram organizados em todos os casos em que uma agitação popular podia ocorrer — especialmente se estivesse ligada à fome. Agitadores remunerados atiçavam a multidão, provocando pancadaria e saques. A Igreja Ortodoxa pregava contra o Mal. Os cossacos demonstravam sua fidelidade ao czar com o sabre. Seguiram-se, naturalmente, ondas de emigração das populações visadas, em particular em direção ao Império dos Habsburgo e ao Reich alemão.[32] Foi também o começo do sionismo.

O afluxo desses imigrantes, quase sempre pobres, estimulava a xenofobia nos lugares aos quais chegavam com suas roupas piolhentas e seu aspecto estranho. Um novo ciclo se iniciara. Quando muitos burgueses judeus começavam a se fundir subjetivamente nos países onde estavam estabelecidos em sua maioria há muito tempo, às vezes mantendo um tênue vínculo com as tradições, descobriam que eram identificados por seus adversários como pessoas às quais pouco ou nada se sentiam ligados, muitas vezes falando línguas diferentes, de condição social distante, divididas por praticamente todas as posições políticas possíveis e mostrando um nível cultural e costumes heterogêneos.[33] A tendência à assimilação, assim, era contida.[34] Os judeus acabaram eles próprios por pensar que formavam uma Nação, exatamente como os franceses e os alemães, que tinham, por sua vez, fabricado as suas havia tempo, como veremos adiante, nações nas quais cada qual acreditava piamente.[35] Foram criadas associações internacionais de defesa sem que pudessem escapar às divisões.

É essa, em linhas gerais, a natureza do antissemitismo industrial quando o jovem Adolf Hitler tem seu primeiro período vienense como estudante reprovado, pequeno-burguês que esgotou sua poupança, artista humilhado e — segundo ele — eventualmente operário sofrendo extorsão dos sindicatos e levando uma vida miserável, só alegrada, em algumas ocasiões, pelas óperas wagnerianas. Ele ainda não tem identidade intelectual, à parte um pangermanismo anti-Habsburgo. E, embora leia uma imprensa impregnada de temas folclóricos do "völkismo",[36] às vezes exigindo o extermínio puro e simples da raça morena, que cobiça lubricamente a mulher nórdica, ele próprio ainda não é antissemita. Pois o fato é que, nessa época, o antissemitismo é para ele antijudaísmo, uma ideologia que não exerce particular atração sobre ele, que é irreligioso.

Hitler, na verdade, é um moderno. Queria tornar-se arquiteto para construir prédios originais, muito embora a Escola de Belas-Artes não queira saber dele, pois sua formação é insuficiente. Ele então vive de expedientes e pinta cartões-postais que vende a parceiros ou, de preferência, comerciantes judeus. Também sai em busca de novas teorias para espalhar ao seu redor, pois descobriu, em si mesmo, certo talento de orador, tratando de exercê-lo nos abrigos noturnos onde é acolhido e nos quais fala com veemência sobre arte e política, seus assuntos favoritos. Para tanto, lê com a avidez e a desorientação de um quase autodidata. Esse jovem desclassificado e nervoso, preguiçoso mas inteligente, de orgulho ferido, bem que se veria no papel de um revolucionário. Para isso, seria necessário reunir ideias menos desgastadas que aquelas que são oferecidas pela imprensa de direita e em seguida sintetizá-las. É o que ele vai tentar fazer com êxito.

O mundo está cheio de ideias, e, em Viena, encruzilhada do pensamento, mais ainda que em Paris, elas são oferecidas a quem quiser descobri-las. Entre os princípios que ele viria a abraçar, os mais antigos são, naturalmente, o *colonialismo*, o grande empreendimento europeu desde a descoberta da América; a *escravatura*, sua companheira de sempre; o *nacionalismo*, que remonta à Revolução Francesa, mas foi amplificado por uma reação em cadeia em toda a Europa; e o *militarismo*, herança histórica comum à França e à Prússia. Mais recentemente, o *messianismo* de Bonaparte encontrou sua figura "völkish" no novo mito do "Kaiser oculto". O *autoritarismo* se transformou sob Bismarck em alternativa digna de crédito à democracia. O *burocratismo*, desenvolvido pelas monarquias russa, austríaca e prussiana, tendo suscitado um sorriso em Gogol, é considerado eficaz e racional. O *populismo* é universalmente desfraldado por todas as formas de socialismo, e as direitas se esforçam para encontrar uma maneira de integrá-lo, como Napoleão III tentou na França. O *historicismo*, comum ao positivismo e ao marxismo, será talvez a essência do espírito moderno. A forma jurídica do *positivismo* autoriza a promulgação de qualquer lei, ainda a mais desvairada, desde que provenha de um Parlamento. O *juvenilismo* romântico faz sonhar com um mundo livre dos fardos de classe, em que qualquer entusiasmo conduz ao heroísmo. O *terrorismo de Estado* — é, bem verdade, ele próprio uma antiga invenção francesa, aperfeiçoada recentemente pela Rússia czarista — já começa a não mais chocar ninguém. O *"acivilismo"*, inicialmente praticado por espanhóis e portugueses em suas conquistas, se dissemina igualmente pelas fronteiras europeias, inclusive na Grã-Bretanha, quando se trata de acabar com simples greves e, naturalmente, qualquer rebelião. O *"anempatismo"*, virtude cultivada na maioria dos exércitos europeus, chegou a níveis extremos sob Guilherme II, a quem devemos um ensaio geral do Grande Extermínio, na Namíbia. A essa altura, o *antissemitismo* industrial já está cristalizado na França, na Áustria-Hungria, na Alemanha, na Inglaterra, na Rússia Ocidental e nos Estados Unidos. Ainda falta à nebulosa ideológica na qual Hitler vai aos poucos mergulhando — e da qual se tornaria mais tarde o profeta na Alemanha — a versão "científica", que é americana, de um *supremacismo racial* originalmente nascido na França e na Grã-Bretanha. Da mesma forma, chegariam dos Estados Unidos o *eugenismo* e o *propagandismo*. Seriam necessários o advento da república de Weimar e a crise econômica mundial para que o *antiparlamentarismo* triunfasse. Só então estariam reunidos todos os elementos. O agitador de cervejaria do pós-guerra, que viria precisamente a reuni-los, constata que as ideias de que se apropria por etapas "colam". E como se espantar com semelhante pedigree?

Provavelmente nunca saberemos quando exatamente, e em qual ordem, o jovem Hitler se impregnou dessa matriz, sem ser responsável por nenhum de seus elementos. O relato detalhado por ele feito em *Mein Kampf*, com o objetivo de deixar bem claro seu gênio fulgurante, é fabricado. Os depoimentos externos que nos chegaram, colhidos depois que ele tomou o poder, estão sujeitos a evidentes interferências. Sabemos apenas que um processo o conduziu a esse ponto, de Viena a Munique, e depois às trincheiras, tendo seu remate quando da revolução alemã, durante os meses que se seguem à Grande Guerra. Também podemos admitir, como ele afirma, que foi a descoberta do supremacismo racial, em sua versão "científica", que catalisou a reação hitleriana e que a fusão do nacionalismo com o socialismo, introduzida como método de erradicação do marxismo e reerguimento da Alemanha, foi o que mais despertou entusiasmo em seus ouvintes.

A guerra desempenhou papel múltiplo. Os horrores de um conflito no qual, pela primeira vez, as armas defensivas, distribuídas por igual entre os beligerantes, levavam, de longe, a melhor sobre os meios ofensivos, provocando, durante os ataques, estragos humanos inimagináveis até então,[37] fizeram com que o cabo Hitler, como tantos soldados dos dois lados, perdesse sua derradeira capacidade de empatia — sentimento para o qual seu caráter de qualquer maneira não o predispunha. Ela foi uma oportunidade para converter seu patriotismo em engajamento pessoal concreto, valendo-lhe (da parte de um oficial judeu) a Cruz de Ferro de primeira classe, primeiro bálsamo para seu orgulho. A derrota militar deu origem a uma crise de identidade nacional e a uma revolução comunista que levou um judeu à presidência da Baviera. Como tantos outros nacionalistas, não conseguindo acreditar na debacle bem real das tropas germânicas nos teatros de operação, Hitler inverteu seus termos, incorporando o mito da "punhalada pelas costas", que teria roubado a vitória.[38] Em seguida, a guerra e a anarquia lhe permitiram finalmente encontrar, como militante e agitador, um caminho profissional que não tinha.

No fim das contas, tudo se tornou bem claro para ele. A poeira podia cair sobre os combates de ideias retrógradas para que então se levantasse outra, a poeira do terrível movimento que ele viria a promover, feita de determinação esclarecida por uma visão de mundo coerente e raivosa. A história tinha um sentido, ou seja, uma luta ancestral entre as raças. A raça nórdica conquistara a Europa e lhe dera todas as suas monarquias. Proveniente das geleiras escandinavas, ela dominara a Índia e fizera a própria Grécia, e, portanto, também Roma, expulsando as populações autóctones. Em ondas sucessivas, criara a Rússia e a arrancara dos invasores asiáticos. Em toda parte, na Inglaterra, na França, nas Américas, fornecera elites aos povos escravos, aqueles que não havia exterminado, como os indígenas. Tinha submetido o mundo, os negros, os chineses opiômanos. Seu Sacro Império resistira aos inimigos semíticos sob sua aparência árabe. Mas essa raça magnífica estava ameaçada de se corromper. Vinha, havia muito tempo, sendo debilitada pelo cristianismo, um produto semita imposto aos guerreiros germânicos pelos últimos romanos.[39] Não podendo atravessar as formidáveis fronteiras arianas pelas armas, a raça adversa se introduzira insidiosamente sob a aparência comerciante de um povo nômade. Ele tinha um só objetivo: solapar o poderio superior por todos os meios possíveis. A ciência mais avançada provara a diferença física, biológica e mensurável entre as raças. A história permitia acompanhar em mapas o percurso dos inimigos subterrâneos. A razão impunha uma solução radical. Ele, Hitler, um homem simples, do povo, de mente clara, caráter decidido, um soldado de hábitos irrepreensíveis, tendo demonstrado sua coragem debaixo de fogo, totalmente dedicado à causa de seu povo e de sua raça, tivera essa revelação em um momento que considerava ou queria que fosse de iluminação.

Uma desgraça sem precedentes, pensava ele, acabava de ser vista na França. Povos germânicos se haviam matado uns aos outros em combate sem trégua, a Alemanha, a Áustria, a Inglaterra, com sua monarquia alemã, a Rússia, com seu czar alemão, mas também os Estados Unidos, potência germânica que, só por um acidente da história, não era de língua alemã,[40] e a França (*Frank Reich*), que infelizmente começara a esquecer-se de suas dinastias germânicas para se corromper mais que os outros, pois os franceses não tinham combatido com negros, cuja presença agora impunha à terra sagrada, como tropas de ocupação, suprema humilhação? Em cerca de nove milhões de mortos e outros tantos inválidos, uma imensa maioria era de germânicos. Como que tais monstruosidades, tão contrárias à natureza, teriam ocorrido se não tivessem sido cinicamente organizadas por um povo inimigo, julgando-se o eleito? Não foram os seus banqueiros que haviam lucrado com a guerra, financiando os canhões? Ou seus representantes na imprensa americana que haviam levado os Estados Unidos a entrar no conflito fratricida? Ele tinha estimulado os vencedores a impor condições desumanas à paz, apoderando-se até mesmo das vacas e, assim, fazendo com que as crianças alemãs, que morriam aos milhares, passassem fome. Havia muito tempo ele perdera a Áustria, que se tornara multinacional; portanto, indigna de representar a Nação alemã. E, sobretudo, inventara e criara a social-democracia, colocando seus intelectuais à frente do movimento bolchevique, hidra sanguinária já agora empenhada em destruir o Reich, que começava a governar em pessoa, depois de se apoderar da Rússia. Por fim, ele havia guardado o grande segredo da raça, preservando zelosamente a sua por meio de casamentos endógamos e conservando a identidade de seus costumes xenófobos, enquanto instilava nos outros povos ideias capazes de destruí-los e favorecer seus interesses.

O objetivo era fácil de deduzir, embora os meios para alcançá-lo ainda fossem obscuros. Viria a vingança contra esse povo rancoroso e racista, responsável por milhões de mortes. A Alemanha seria expurgada dele, e a ele seria retomada a Rússia. Como era impossível devolver aos soldados mortos no campo da honra a vida que lhes fora tão friamente tirada, a partir de escritórios, por meio de propagandas, pelo menos lhes seriam confiscadas as riquezas extraídas de seu crime para devolvê-las aos trabalhadores que as haviam gerado. Ele seria privado de seu poder, depois de finalmente terem sido unificadas as Alemanhas. E, desse modo, seria oferecido à raça superior, enfim expurgada de elementos exógenos, um espaço vital a leste, formando os novos Estados Unidos.

A essa altura, está mais ou menos constituída apenas uma linha ideológica. A longa série de determinantes históricos ainda não se desenrolou. A guerra civil ainda não alcançou toda a sua amplitude, o Tratado de Versalhes não gerou seus efeitos de empobrecimento dos vencidos, a crise de 1929 não mergulhou o mundo em um sofrimento inimaginável, a hiperinflação ainda não se manifestou. A República de Weimar, parlamentarista, ainda não demonstrou sua incapacidade de propor uma figura política minimamente consensual, capaz de exercer algum efeito sobre a desordem pública e a recessão. O Grande Terror russo, que seria chamado de "judeotirania"[41] por Goebbels, ainda não havia traçado o caminho de massacres de alcance industrial sobre as populações civis. Está presente apenas um sistema de interpretação da história e da derrota, capaz de se filiar a tradições poderosas e convergentes, dentro de um contexto em que nações militaristas de demografia muito vigorosa estão de joelhos e efetivamente ameaçadas de maneira precisa e concreta por uma revolução comunista.[42]

Hitler e seus amigos não têm nenhuma prova de que suas ideias viriam a se inflar como uma enorme onda, convencendo, ao mesmo tempo, os conservadores, que temiam perder seus bens; os nacionalistas, desejosos de reerguer a Alemanha e uni-la; os veteranos que se defrontavam com a anarquia e os sovietes; um Estado-Maior tentando, a qualquer custo, reconstituir por meio de milícias o exército, cujos efetivos estavam severamente limitados pelo inimigo; os populistas, empenhados em restituir os rendimentos a camponeses e operários; uma juventude sem esperança de encontrar algum futuro e, de maneira mais genérica, uma massa predisposta aos temas antissemitas e autoritários, sedenta pela chegada de um salvador.

Eles tampouco sabem a que ponto é materialmente viável mobilizar os recursos mais modernos da propaganda para martelar as ideias reunidas, sendo possível inventar no rádio uma nova língua de eufemismos e amplificações; ou que os artistas estão disponíveis para organizar grandes e fascinantes espetáculos nos quais se ofereça ao povo uma visão orgulhosa de si próprio à maneira de uma ópera grandiosa.

Eles ainda não tiveram a experiência da facilidade com que é possível eliminar toda oposição, quando ela é reduzida apenas aos inimigos designados pelo nome e aos quais são atribuídos crimes pavorosos, sem que ela encontre apoio da parte de um número suficiente de pessoas que fossem simplesmente humanistas e uniformemente distribuídas na sociedade.

Também ignoram, naturalmente, que a remilitarização e as grandes obras serão mais eficazes que o New Deal no sentido de pôr a economia novamente de pé. Tampouco podem supor que o novo exército seja capaz, em alguns dias, de aniquilar, pela utilização das mais recentes técnicas militares e de uma estratégia inovadora, o terrível inimigo da Grande Guerra, enfrentado a título puramente preventivo com vistas a ter as mãos livres para um objetivo oriental aparentemente muito mais fácil de se alcançar.

Eles não têm, por fim, a presciência daquilo de que a Rússia soviética é capaz, especialmente quando acaba se beneficiando da ajuda dos Estados Unidos, país-modelo que deveria tornar-se, no fim, o principal aliado. Essa Rússia cheia de judeus e de neve que está prestes a fazer tudo desmoronar, contra quem será travada uma guerra total da qual só devem sair vivos os trabalhadores submetidos que se quiserem manter.

Nenhum desses fatores geradores do contexto material tão propício à expansão do nazismo e de seu programa se concretizou, mesmo quando a ideologia se cristaliza. É verdade, sabemos hoje, que quase tudo é falso nas ideologias,[43] mas é da própria natureza das ideologias que elas tendam a ser falsas, o que não as torna menos pregnantes. Ora, quem de nós pode estar rigorosamente certo de haver expurgado de si mesmo todos os seus fragmentos, mediante rigorosa análise, e com a lucidez que convém?

Se essa ideologia caiu na sua cabeça, se chegou a convencê-lo, como você consegue espantar-se com o extermínio? Quando de uma crise grave, na qual toda a sua sociedade se vê desamparada, lógica e naturalmente, você a aprova e, se não a aprovar, vai tolerá-la e contribuir para torná-la possível, maciça e rápida. Por sinal, se for muito sensível, se a visão de um amontoado de cadáveres humanos lhe causar repugnância, outros mais aguerridos, e compartilhando da sua ideologia, farão o favor de não lhe falar a esse respeito e vão tratar de concretizá-la no seu lugar.

Mas se você nasceu posteriormente e lhe foi ensinado ou mostrado que essas coisas são erradas, não sendo possível aderir a todos os componentes da ideologia nazista, ainda lhe resta a possibilidade de não se afastar muito dela.

Supondo-se, por exemplo, que você não trouxesse em si mesmo a menor parcela de supremacismo racial, de eugenismo, de antissemitismo ou escravagismo (será esse realmente o caso?), sempre poderia, sem qualquer vergonha e mesmo com orgulho, esperar que surgisse um líder excepcional, permitindo ao seu povo retomar o curso daquilo que você considera ser seu grande destino; desejar que sua Nação assuma o controle de outros países que você considera incapazes de se controlarem; aprovar que seu governo pratique detenções arbitrárias e torturas para reagir a uma agressão; apoiar o positivismo jurídico, que permite a um tirano perpetuar-se ou mandar alguns grupos para a prisão, desde que as normas formais sejam respeitadas; entregar-se ao sentimento da "anempatia" na hora da refeição, quando a televisão informa que um aliado cometeu um terrível massacre; compreender que seu exército e mesmo sua polícia não sejam limitados por regras por demais coercitivas, podendo esquivar-se, em caso de necessidade, aos princípios fundamentais do direito da pessoa, resultado de séculos de jurisprudência, ou ainda que se comportem da maneira mais "acivil" em relação às vítimas colaterais; desejar que se imponha uma ordem autoritária às instituições; tolerar que os meios de comunicação de massa filtrem a informação para atender aos interesses do governo, daqueles que o apoiam ou das elites; deixar que sua burocracia cometa, com algumas carimbadas, uma série de injustiças patentes; e, naturalmente, oferecer à sua juventude ou entregar aos seus operários o lugar dos estrangeiros ou os ativos que continuam a ser usurpados por potências obscuras.

Ora, se você pode tranquilamente aceitar ou veicular todas essas ideias, capazes de acarretar desgraças pavorosas, supondo-se que elas incitem à utilização, em uma manhã de pânico muito agudo, de armas de destruição em massa, você não pode se espantar que um belo dia, em uma Europa dilacerada pelas crises, quando se considerava que o supremacismo racial, o eugenismo, o antissemitismo e o escravagismo repousavam em bases absolutamente científicas, e, portanto, independentes das opiniões, houvesse homens, por sinal compartilhando de suas outras convicções, dispostos a exterminar outros com a mais absoluta determinação.

CAPÍTULO 2

Um modelo americano

Estamos tão acostumados a ver os Estados Unidos como libertadores da Europa, frente às tiranias que sobre ela se abateram juntas e separadamente, que a própria sugestão de que Hitler se tenha conformado a um "modelo americano" forjado muito cedo e nunca abandonado parece uma evidente incongruência.

No entanto, foi dos Estados Unidos que veio expressamente a formulação "científica" do supremacismo racial destinado a desempenhar papel central em seu pensamento e sua ação. Foi de lá também que ele recebeu a justificação e a demonstração do eugenismo que constituiu seu primeiro crime de massa. De lá, ele extraiu diretamente a confirmação de que o antissemitismo era um fenômeno mundial que exigia uma "solução" na mais vasta escala possível. Lá forjou amizades importantes, obtendo o apoio proativo de empresas determinantes; entre elas, Ford, General Motors, IBM, Standard Oil, Chase, Kodak e até Coca-Cola.[1] Contou com o apoio, no mínimo passivo, de um dos maiores e mais poderosos grupos de pressão da história norte-americana, America First, que, por muito tempo, lhe deu a esperança de contar com uma neutralidade de natureza a se converter posteriormente em aliança. E, sobretudo, amou os Estados Unidos como integrante da outra metade da grande Nação nórdica, até mesmo por lhe haver mostrado o caminho da dominação: ele formaria no Leste outro país como os Estados Unidos; exterminaria os escravos e os asiáticos, sem reduzi-los à escravidão, como a primeira massacrara os indígenas, e guiaria por sua vez essa no caminho moderno e industrial da purificação radical.[2]

2.1 Um modelo de antissemitismo industrial

> "A parede ao lado da mesa de trabalho do escritório particular de Hitler é decorada com um grande retrato de Henry Ford. Na sala de espera, uma grande mesa coberta de livros, quase todos traduções de um livro escrito por Henry Ford."
>
> *New York Times*
> [*Artigo de 20 de dezembro de 1922, citado na Bibliografia.*]

O autor de *O judeu internacional — O problema predominante do mundo* (1920),[3] *Atividades judaicas nos Estados Unidos* (1921), *Influência judaica na vida americana* (1922) e *Aspectos do poder judeu nos Estados Unidos* (1922) contribuiu diretamente para que o autor de *Mein Kampf* (1925-1926) entendesse por que os judeus eram duplamente seus inimigos: pelo lado capitalista, eles controlavam grande parte da imprensa, dos bancos e das profissões terciárias, e, pelo lado anticapitalista, dirigiam a social-democracia e a revolução bolchevique. Henry Ford, pois é dele que se trata, não foi apenas o mais famoso fabricante de automóveis, mas também um propagandista cuja audiência rivaliza com a de Goebbels. Seu antissemitismo industrial teria vastas consequências.

Ao inventar o antissemitismo científico, economista, de tom ponderado, reprimindo a expressão de um ódio reservado apenas ao conteúdo, ele quase parece desejar obter o assentimento dos próprios judeus, nos quais admira "a inteligência superior", se pelo menos tivesse tido o cuidado de falar deles no plural, em vez de apontar "o judeu" como pessoalmente responsável por todos os males. Refere-se aos judeus como tendo estabelecido a mais antiga e vasta multinacional do mundo, um empreendimento monopolístico que representa para ele um obstáculo e do qual pretende apropriar-se por meio de uma espécie de OPA hostil, depois de ter convencido uma massa de pequenos acionistas. Ford analisa seu alvo com a frieza esperada de um grande executivo que prepara uma "proxy fight",[4] apontando suas forças e fraquezas, seus ativos ocultos e o lucro que seria obtido com a sua apropriação, após a expulsão dos fundadores. Dá-lhe o nome de "All-Judaan", tirado dos *Protocolos dos Sábios de Sião*.[5] Sua sede, segundo ele, fica em Londres, depois de ter estado em Paris, e agora se prepara para ser transferida a Nova York.

Ford começa retraçando o desenvolvimento dessa "raça que, em todo o seu período de história nacional, foi de camponeses ligados à terra, cujo talento antigo era mais espiritual que material, mais bucólico que comercial, e que no entanto, hoje, quando não têm nenhum país, nenhum governo e são perseguidos de uma maneira ou de outra onde quer que estejam, são declarados os dirigentes principais, apesar de não oficiais, da Terra".[6] Ele explica que os judeus, que não tinham nenhum direito de emprestar reciprocamente entre eles com usura, mas podiam fazê-lo com os gentios, não tiveram outra preocupação desde que foram dispersados. Afirma que basta segui-los para seguir também os mercados de ouro, atribuindo-lhes a capacidade extraordinária de ter secado o abastecimento da Espanha em metais preciosos (abastecimento que, cabe lembrar, é de origem militar) para orientá-lo, por vingança pela expulsão, em direção às cidades do norte da Europa.

Assim como ignora completamente qualquer atividade bancária para atendimento dos Estados quando se manteve estranha aos judeus, dos publicanos romanos aos coletores gerais da monarquia francesa, ele atribui à multinacional que cobiça todas as invenções financeiras, sem se preocupar em talvez indispor, de passagem, os lombardos, criadores do banco de negócios, ou Thomas Cook, pastor batista que inventou o cheque de viagem. Anuncia que, sob a capa de nomes fictícios e *holdings*, All-Judaan, desde então, detém o essencial das riquezas do mundo. O princípio é constante: relatar a história universal da economia e da alta finança pintando-a exclusivamente com as cores hebraicas; analisá-la como se o poder político sempre tivesse repousado em bases capitalistas que dissimulam judeus; transformar guetos e perseguições em vantagens competitivas.

Henry Ford esclarece que não podem recair sobre ele suspeitas de preconceito racial e que as numerosas populações que criticam os judeus tampouco poderiam ser alvo desse tipo de ressalva: "Milhares de pequenos comerciantes judeus são altamente respeitados em seu ramo, exatamente como dezenas de milhares de famílias judias são respeitadas como nossas vizinhas. A crítica, na medida em que diz respeito aos mais importantes financistas, não é em absoluto racial. Infelizmente, o elemento de raça, que tão facilmente pode ser mal-interpretado como preconceito racial, é introduzido na questão pelo simples fato de que a cadeia da finança internacional, tal como reconstruída ao redor do mundo, revela, em cada um de seus anéis, um capitalista judeu, uma família financeira ou um sistema bancário sob controle judeu." Andrew Carnegie e Andrew Mellon, que eram presbiterianos, e John P. Morgan, episcopaliano, na época os homens mais ricos dos Estados Unidos, ao lado de John D. Rockefeller, batista, e o próprio Henry Ford, de fato poderiam dar testemunho da total ausência de preconceito refletida em tal afirmativa. Com certeza, é preciso tomar cuidado para não confundir ingenuamente os homens "simplesmente ricos, entre os quais há mais gentios que judeus [e...] que em muitos casos adquiriram suas riquezas servindo a um Sistema [econômico]" com aqueles que "têm o Controle", estando "perfeitamente evidente que ser apenas rico não significa controlar". "O judeu que controla o mundo e tem riquezas", em compensação, é alvo desse preconceito, pois se considera membro de uma raça superior que não precisa "cultivar a amizade das massas de gentios", entre as quais, por esse motivo, é "impopular", preferindo "cultivar a amizade dos reis e nobres".

Ao ter, assim, identificado a estratégia do alvo, que consistia em dominar indiretamente as massas, ainda que ao preço de ser odiado por elas, controlando os "quartéis-generais" por meio dos cordões da bolsa, ele observa que o banqueiro (judeu) dos governos, tendo em vista permitir-lhes efetuar acertos internacionais, tinha "a capacidade de produzir o que os governos queriam", algo verdadeiramente assombroso em relação a um cliente. Outra característica da empreitada judaica é adaptar-se às condições oscilantes e estabelecer filiais no exterior, sem particular fidelidade nacional. Nesse sentido, entende-se facilmente que, descobrindo um método de gestão tão incomum e simplesmente o tomando como modelo, Henry Ford tenha considerado conveniente, por sua vez, partilhar com a General Motors a maior parte da indústria automobilística da Alemanha nazista às vésperas da guerra, conservando seu controle oficioso por meio de *holdings* por todo o período em que esses automóveis tiveram a utilização pacífica que sabemos.

Como os judeus formam, graças às suas invenções e ao seu sistema, um "supercapitalismo" e um "supergoverno", são logicamente responsáveis pela economia (e por seus males), não podendo, portanto, isso ser atribuído à presença das leis econômicas, as quais não podem agir livremente. É uma lição que Hitler toma ao pé da letra em *Mein Kampf* (I.10). Nunca ver uma crise econômica como tal, mas como uma crise "política, racial e moral". Sempre atribuir uma crise econômica aos senhores da política, que agem pela via econômica com um objetivo racial combinado, os judeus. De maneira estritamente simétrica, atribuir as causas de toda prosperidade às forças morais da raça nórdica.

Um erro mais grave seria imputar aos patrões um papel negativo em sua relação com os operários: "O que chamamos de capital aqui nos Estados Unidos é, em geral, o dinheiro usado na produção, e nos referimos erradamente ao fabricante, ao gestor do trabalho, ao fornecedor das ferramentas e dos empregos — referimo-nos a ele como o 'capitalista'. Ah, não! Ele não é o capitalista no sentido verdadeiro, pois ele próprio precisa buscar capitalistas para obter o dinheiro que financie seus planos. Existe um poder acima dele — um poder que o trata muito mais violentamente e o segura com aquela mão muito mais brutal do que ele jamais teria coragem de fazer com o trabalho." Na verdade, não haveria em absoluto luta de classes caso se entendesse que o capital e o trabalho são como gladiadores que se enfrentam em proveito de um único e mesmo Nero. O nacional-socialismo, como programa para os trabalhadores alemães, se vincula precisamente a essa ideia: acabar com a luta de classes pela extração de sua única causa, o capitalismo racial da multinacional judaica.

Henry Ford apresenta um particular interesse pela Alemanha, considerando-a mais "desperta" que os Estados Unidos para a questão judaica. E, aí, presta a esse país um serviço notável, designando nominalmente, por listas, os judeus que desempenham algum papel no governo, nos jornais, na administração, no exército e na polícia. Completa essas informações com a identificação pessoal dos membros judeus da delegação alemã na Conferência de Paz. Tais informações são publicadas com uma argumentação tendo em vista algum tipo de ação em relação a eles. São todos agentes do empreendimento hebraico, que "não teriam alcançado as posições nas quais foram descobertos senão pela revolução, uma revolução que não teria ocorrido se eles não a tivessem trazido". Para se mostrar generoso e também porque gosta de estabelecer listas, Ford apresenta ainda, acompanhada de percentuais e outros elementos estatísticos, a lista dos novos dirigentes de origem judaica da Rússia, comissariado por comissariado. Todos são identificados no momento em que seu mandato é claro: apropriar-se, por meio do bolchevismo ou dos órgãos da república socialista, da última parte de capital que ainda não esteja em mãos judias.

O sistema é tão perfeito que quando o povo, não podendo deixar de perceber o destino tomado pelos lucros de guerra ou a origem da especulação que o faz passar fome, dá início a perseguições perfeitamente naturais, vem a ser escandalosamente impedido de fazê-lo por juízes e procuradores judeus, igualmente.

Desse modo, All-Judaan precisa apenas preservar tranquilamente as divisões nacionalistas por meio de sua imprensa, que não se deve julgar limitada à imprensa de esquerda. Afinal, não são essas divisões que permitem a All-Judaan usar "sua esquadra, que é a esquadra inglesa" para lançar mão definitivamente da Palestina, enquanto o judeu Trotski prepara o Exército Vermelho sob seu comando para conquistar o mundo? Desconheço se Hitler, diante de tal leitura, não chegou, em momento algum, a ficar preocupado por não ser também manipulado pelos judeus, que de fato talvez não se tivessem mostrado consequentes ao deixar de acrescentar o NSDAP* ao seu porta-moedas.

Bem gostaríamos de deixar aqui nosso autor entregue à sua visão científica, considerando que ela já alcançou o paroxismo teórico do antissemitismo industrial. Mas assim não é. Segundo ele, o judaísmo despachou Colombo para as Américas visando à ampliação de seus mercados, financiando suas viagens com as joias da rainha Isabel roubadas por marranos, ao mesmo tempo que dela obtinham um empréstimo de montante que superava o custo da expedição, sendo um benefício colateral, ainda que modesto, uma questão de orgulho racial. Sua primeira descoberta e primeira atividade local, naturalmente, foram o tabaco.

Os judeus rapidamente trataram de se livrar de seu agente Cristóvão Colombo, mal havia cumprido sua missão, certamente para evitar pagar-lhe proibitivas indenizações. Em um salto cinematográfico, Ford logo os transporta a Nova York para defrontá-los com Peter Stuyvesant, personagem que se mostra hostil a eles e deles recebe uma lição de adaptação. A proibição de participar do comércio de roupas novas os transforma em reis das roupas usadas, abrindo-lhes diretamente o controle do lixo e dos dejetos, indústria com que têm afinidades evidentes. Eles reconhecem em Nova York uma nova Sião, pelo motivo de que são taxadas na cidade as mercadorias que entram e saem dos Estados Unidos. Supomos que All-Judaan tenha descoberto a maneira de se apropriar do produto dessa taxação, mas Henry Ford se esquece de nos informar qual terá sido o método. Um dos resultados é que o antissemitismo inglês, que estava a ponto de se declarar, vem a ser postergado pela emigração dos judeus, que sabem tão bem antecipar essas coisas, de Londres para Nova York.

Ford se mostra particularmente impressionado pelo fato de que o número de judeus em todo o mundo é equivalente ao de coreanos, povo bem

---

* Partido Nacional-Socialista dos Trabalhadores Alemães, o partido nazista, na sigla alemã. (*N. do T.*)

conhecido por sua inaptidão radical para a indústria e o comércio. Uma nação tão pequena, de 14 milhões de integrantes, antes da redução à qual vai proceder seu admirador Hitler, mostra-se capaz de realizações extraordinárias. Assim, abrindo uma exceção em sua concentração na finança, ela passa a se ocupar também de atividades manufatureiras para demonstrar sua capacidade adicional de provocar altas de preço.

Não se pode daí tirar a conclusão precipitada de que os judeus são maus, pois é preciso manter-se objetivo e justo: "Se você estiver enfrentando dificuldades e sofrimento, o coração judeu terá simpatia por você; mas, se a sua casa estiver envolvida no caso, você e sua casa serão duas entidades distintas." Em outras palavras, eles são a antecipação da máfia italiana, que viria a ser descrita no futuro pelo cinema. São capazes de matá-lo, não por motivos pessoais, mas unicamente por "negócios". De resto, o judeu é caridoso. Faz questão de corrigir as repercussões demasiadamente duras de sua cobiça em seu próprio povo, mas se opõe, naturalmente, às reformas do capitalismo, que são um apanágio bem conhecido dos anglo-saxões.

Da mesma forma, "o judeu não pode ser criticado em sua pessoa, sua crença ou sua raça. Seus ideais espirituais são compartilhados pelo mundo". No fundo, ele é apenas o primeiro a desejar e produzir os "preconceitos" de que é alvo. O gueto lhe é tão vantajoso que ele o importa para os Estados Unidos, instalando-se em comunidades separadas. Cabe presumir que é por fascinação mimética pelo judaísmo que os chineses se fecham em Chinatowns, e os sicilianos, em Pequenas Itálias.

Ao se valer do privilégio de ser universalmente detestado, sempre que necessário reforçando esse precioso sentimento de hostilidade em relação a ele por meio da propaganda que inventa e dirige de Hollywood, o judeu pode assumir o controle de todas as indústrias estratégicas americanas. Fiel a seu protocolo, Henry Ford fornece uma lista detalhada.

Os judeus só fracassam em uma frente: a atividade agrária. Depois de invocar várias hipóteses para explicar essa exceção, Ford opta por uma preferência nacional pelas "profissões improdutivas". Fornece, então, a prova, mostrando que eles escolheram como pátria territorial a Palestina, uma terra incultivável, própria para funcionar como plataforma comercial entre o Leste e o Oeste. Devemos reconhecer como circunstância atenuante que ele ignorava que o primeiro kibutz datava de 1909.

Nosso autor se esforça por superar sua modéstia pessoal, frisando a coragem que lhe é necessária para investigar tais coisas. Com efeito, os judeus são estranhamente "hipersensíveis" à simples menção da questão judaica, mesmo quando é conduzida com o profundo respeito que ele manifesta, e, poderia ter acrescentado, com toda lógica, no próprio interesse de um povo que sabe usar a perseguição, mas nem sempre percebe todos os fatores nela envolvidos. Na verdade, a leitura da obra erudita de Henry Ford poderia representar uma advertência bastante útil, se não tivesse levado mais de um leitor à conclusão de que é preciso, pura e simplesmente, exterminar aqueles que nela são abordados.

Ele afirma tomar da palavra não só para destacar os méritos de um povo que sempre se eleva ao mais alto poder, não obstante seu fraco potencial demográfico e os impedimentos legais que lhe são opostos, mas também a título de gesto "humanitário". Seu objetivo é primordialmente pedagógico, com o intuito de fazer com que os judeus ouçam o significado da palavra "humanidade", que tendem a considerar em sentido invertido. Eles cometem um erro ao "continuar desempenhando eternamente o papel de suplicantes frente ao humanitarismo do mundo" em vez de atender à "grande obrigação" de se mostrarem humanos tanto diante de outros homens como em relação a toda a sua raça. Como fazê-los entender que sua "cobiça" é a fonte das desgraças da maioria dos judeus que são pobres? Bastaria que os mais ricos entre eles abrissem mão de seu poderio e de sua fortuna excessiva para que seus correligionários desfavorecidos imediatamente deixassem de ser perturbados.

Em outras palavras, seria necessário que os judeus pobres se desvencilhassem dos judeus ricos, associando-se, pelo contrário, aos que se dedicam, com a generosidade intelectual de um Henry Ford, a tirá-los de suas dificuldades. Conviria que pressionassem nesse sentido suas elites para que perdessem o hábito de qualificar de "antissemitas" os estudos que colocam com rigor a "questão judaica". Seria de bom alvitre que as exortassem a renunciar à "ameaça de boicote, ameaça que praticamente tornou inacessíveis as colunas de toda publicação nos Estados Unidos a qualquer discussão, ainda que fosse a mais moderada, da questão judaica". É preciso dizer que o industrial Ford não se mostra insensível a essa intimidação, que acabaria por forçá-lo a deixar de assinar seus panfletos.[7] A injustiça é grande, pois podemos imaginar com que mansidão ele próprio teria conservado um fornecedor que assumisse na vida a missão de incriminar publicamente, com igual circunspecção, Henry Ford e sua família. Semelhante chantagem e sua aplicação representam, além disso, a prova incontestável da presença de All-Judaan nas manivelas de comando do mundo.

Entre os outros passos em falso a que costumam se entregar os judeus, está a resistência de maneira veemente à sua própria denúncia. Não procede seu argumento de que seria contrário ao espírito de tolerância publicar, por exemplo, a filiação judaica das pessoas envolvidas em crimes, o que não é feito no caso das outras confissões. Se os jornais se abstivessem de fazê-lo, isso significaria dizer que os judeus estão sujeitos a críticas de ordem religiosa, expressão de uma "intolerância" que Ford deseja combater. O antijudaísmo é, a seus olhos, um arcaísmo chocante de que os judeus devem ser protegidos. O conteúdo ideológico e o conteúdo moral de sua religião, que é de alto nível, de modo algum estão em causa na questão judaica, pelo menos quando é colocada de maneira científica. Além disso, eles não são nem mais nem menos religiosos que os outros, sendo os judeus ricos, por sinal, muito menos que os infelizes e honestos lojistas, "que sacrificam seus negócios do sábado pelo Sabá". É necessário, isso sim, submeter-se à razão, que descarta essas bobagens para se ater ao aspecto racial, que é o cerne do problema. Pelo fato de o judeu formar uma raça, independentemente de suas crenças, e por ser ela o constituinte de sua identidade, é que é legítimo e razoável destacá-la publicamente sempre que possível.

Segue-se uma longa descrição do passadismo dos cristãos, que permaneceram por muito tempo fechados na inação, nas guildas, nas proibições sagradas, nos velhos hábitos, frente à habilidade dos judeus, que, não estando presos a nada semelhante e movidos pelo espírito mercante da raça, aos poucos revolucionaram todos os setores da economia. O sucesso daí decorrente, que há de ser admirado e imitado sem segundas intenções, foi o que gerou os preconceitos que devem ser combatidos, assim como a dominação a que já agora é preciso opor-se.

Uma vez postulada sobre a base teórica correta, que é a ciência das raças, a análise das consequências se divide em dois ramos — um, econômico, interessando mais particularmente aos Estados Unidos, e outro, político, que é a urgência do momento para a Alemanha. Mas está na hora de interromper nossa leitura, que poderia prosseguir por muito tempo, já que Ford detalha infinitamente sua argumentação.

Nos Estados Unidos, começou a se manifestar uma luta de um novo tipo. A Indústria (antijudaica) se levantou contra a Finança (judaica). Na Alemanha, a ofensiva selvagem do marxismo se choca com a Nação alemã. Ford se oferece para comandar o primeiro combate,[8] como Hitler se oferece para tomar a frente do segundo. Eles o farão dando apoio um ao outro. Não se encontra em *Mein Kampf* uma só linha que contradiga Henry Ford, nem o menor argumento antissemita que não tenha sido previamente formulado por ele.

Até agora, os historiadores não conseguiram identificar gratificações verossímeis transferidas por Ford ao partido nazista, salvo um "presente de aniversário" ao Führer, no valor de 35 mil reichsmarks, encaminhado por sua filial alemã em abril de 1939.[9] Mas eles sabem que o industrial recebeu a mais alta condecoração que a Alemanha nazista podia conferir a um estrangeiro, a Grande Cruz da Águia Alemã,[10] e que desde o início ele era considerado na Alemanha um ídolo do fascismo.[11] Sabem também que Hitler, pouco dado ao sentimentalismo, tinha em seu gabinete um só retrato, e que era o retrato de Henry Ford, como lembra o artigo do *New York Times* reproduzido no início deste capítulo. Observam que o fordismo foi uma das fontes de inspiração da reorganização industrial nazista e que o papel desempenhado pela Ford — ao lado, é bem verdade, da General Motors — no desenvolvimento da indústria automobilística alemã, tanto militar como civil, não só foi crítico, como também se prolongou de formas indiretas depois de se tornar ilegal. IG Farben, a primeira fonte de financiamento privado do partido nazista e futura responsável pela exploração[12] do campo de trabalhos forçados de Auschwitz-Monowitz, tinha como administrador de sua filial americana Edsel Ford (filho único de Henry) e era o segundo maior acionista da Ford-Werke, a qual forneceu veículos de transporte de tropas à Luftwaffe a partir de 1939, tendo a casa-mãe começado já em 1938 a despachar, para montagem em Colônia, mil pesos-pesados destinados à invasão da Tchecoslováquia (março de 1939). Em setembro de 1939, data da entrada da Grã-Bretanha e da França na guerra, uma montagem de precaução foi operada para fazer com que as entregas militares da Ford-Werke, já agora compreendendo munições e peças de reposição de aviões, fossem feitas por uma empresa de fachada controlada por seu próprio diretor-geral. Em junho de 1940, a Ford US (Dearborn) abriu mão de um contrato de subcontratação dos motores Rolls-Royce para a Royal Air Force, a pedido do Alto Comando alemão. Em agosto de 1940, Maurice Dollfuss, diretor-geral da Ford France, enviou à sede americana um relatório sobre as entregas à Wehrmacht por parte das fábricas de Poissy, Asnières, Bordeaux e Bourges. Em 1º de janeiro de 1941, o *Frankfurter Zeitung* publicava um anúncio elogiando a presença "dos veículos Ford alemães nas campanhas militares da Polônia, Noruega,

Holanda, Bélgica e França", e frisava que "os veículos Ford alemães eram os servidores confiáveis do corajoso soldado".[13] Em dezembro de 1941, seis meses depois do início da operação Barbarossa e às vésperas de Pearl Harbor, o diretor-geral da Ford-Werke declarava na *Ford Werkzeitung*, a revista interna da empresa: "No início deste ano, tínhamos prometido fazer o nosso melhor e o nosso máximo pela vitória final, com uma confiança inabalável no nosso Führer. Hoje, podemos dizer com orgulho que conseguimos."[14]

Como vimos, o antissemitismo de Ford e o de Hitler estavam em estreita sintonia, mas essa não foi a única fonte direta de inspiração americana do nazismo.

2.2 Um modelo de supremacia racial e de eugenismo

> "Em 1934, um dos colaboradores de Hitler escreveu a Leon Whitney, da American Eugenics Society, para pedir, em nome do Führer, um exemplar do livro que Whitney acabava de publicar, *The Case for Sterilization*. Whitney imediatamente tratou de atender, e recebeu pouco depois uma carta pessoal de agradecimento de Hitler. Em sua biografia inédita, Whitney reproduz uma conversa que teve com Madison Grant a respeito da carta do Führer. Como achava que Grant podia se interessar pela carta de Hitler, mostrou-a no encontro seguinte que tiveram. Grant limitou-se a sorrir, abriu uma pasta em sua mesa e entregou uma carta de Hitler para que Whitney lesse. Nela, Hitler agradecia a Grant por ter escrito *The Passing of the Great Race* e dizia que o livro 'era sua Bíblia'."[15]

O desaparecimento da grande raça ou As bases raciais da história europeia (1916)[16] tem como autor Madison Grant, um dos fundadores do eugenismo e da supremacia racial científica.[17] Nenhuma das ideias recebidas pelo nazismo era inédita. Tampouco eram novas quando foram expressas por aqueles que a ele as transmitiram. Uma longa tradição de supremacismo racial se desenvolvera desde pelo menos Joseph Arthur de Gobineau,[18] retificada e popularizada por Houston Stewart Chamberlain,[19] autor introduzido por seu discípulo Guilherme II nos manuais escolares. Da mesma forma, o eugenismo moderno remontava ao britânico Francis Galton,[20] primo de Charles Darwin, que não se opôs a essa ideia.[21]

Mas não estamos, entretanto, diante de um bloco uniforme. O nazismo não existe em sua forma definitiva, se é que chegou a tê-la, antes do próprio nazismo e dos acontecimentos que o concretizam. Podemos apenas considerá-lo formado de elementos disponíveis que ele volta a combinar à sua maneira, de resto variável segundo os protagonistas: Rosenberg, por exemplo, não pensa exatamente como Hitler. Da mesma forma, os promotores do eugenismo e da supremacia racial, componentes da ideologia que conduz poderosamente ao Grande Extermínio, tinham cada um deles forjado uma combinação que lhe era pessoal. Assim, Gobineau não era antissemita (o sentido da obra de Chamberlain foi corrigir essa falha). Grant foi um dos criadores da ecologia política e era antiescravagista.

Os elementos ideológicos nem por isso são independentes, pois entram em convergência. Certamente é concebível ser supremacista racial sem ser antissemita (bastando, para isso, não considerar a "raça judia" entre as inferiores), mas seria impossível dissociar o eugenismo político do "anempatismo" que logicamente envolve. E se é possível conceber um supremacismo racial que não seja eugenista, ou o inverso, esse tipo de configuração é menos frequente, pois interage com os outros fatores.

2.2.1 A ciência das raças

A ideia central de Madison Grant é reduzir os fenômenos históricos a um subjacente estritamente racial, sendo os aspectos antropológicos e culturais secundários ou derivados. Cabe observar que ela é compatível com o nacionalismo, com a condição de confundir a Nação com a raça, o que constitui precisamente uma das ambições do nazismo, desejoso de estender a "Nação alemã" à "raça nórdica" inteira. Em geral, ela faz par com o eugenismo, pois a eliminação das hereditariedades deficientes (raças inferiores ou doenças) concorre para consolidar a raça selecionada. No caso específico de Grant, ela é acompanhada da ecologia, enquanto política de preservação do ambiente natural das espécies contra as diferentes formas de poluição; e se opõe ao escravagismo, o qual tende à importação "disgênica" de raças estranhas ao hábitat da raça superior. Hitler gostou da ecologia, mas, ao contrário de

Grant, quis uma Alemanha em que a volta à natureza, o nudismo, o esporte, a higiene e o culto da saúde[22] não afastassem a submissão escravagista de outras raças, como os ucranianos.[23]

Enquanto seus antecessores ainda concediam um papel fundamental à nacionalidade e à língua, e não apenas à raça, Grant observa que as três raramente são congruentes. A raça não poderia ser definida nem identificada segundo critérios linguísticos, como faziam os que se baseavam na protolíngua indo-europeia[24] para delimitar uma raça "ariana". Deveria ser com base em invariantes anatômicas que igualmente devem assinalar invariantes no plano mental. Daí a importância da antropometria, da craniologia e de toda técnica de medida das variedades físicas humanas. Soma-se o "quociente intelectual" como meio de estabelecer correlação com a inteligência.[25]

Para simplificarmos essa teoria e compreendê-la em uma só palavra, podemos dizer — muito embora ela própria nem sempre se expresse tão claramente — que, para ela, as raças são espécies. Não existe propriamente uma espécie humana, mais um gênero humano subdividido em raças.[26] Uma vez postulado esse princípio, é necessário e suficiente aplicar às raças as regras e conclusões da teoria das espécies, com suas referências anatômicas, para obter a teoria científica das raças. Os fatores educativos e culturais são transitórios e secundários porque não são hereditários; mas as raças dispõem, como as espécies, de capacidades mentais muito diferentes, que as predispõem mais ou menos ao aprendizado e à produção cultural.

Não cabe aqui detalhar as ilustrações fornecidas por Grant que situam a "raça nórdica" no topo de uma escala de raças em competição umas com as outras pelos recursos e o espaço "vital". Em compensação, é decisivo apreciar suas consequências. A operação teórica à qual ele procede virtualmente transforma os homens em predadores uns dos outros. Eles não estão apenas em competição, mas, tendo sido erguida a barreira interna à espécie, podem perfeitamente se entredevorar ou se aniquilar mutuamente como participantes de uma mesma cadeia trófica. Se as espécies não têm qualquer interesse adaptativo em destruir umas às outras seus próprios membros, encontram vantagem em eliminar ou se alimentar daqueles membros das outras espécies com que não estão em simbiose. Nunca terá sido proporcionado um fundamento mais sólido à possibilidade de um extermínio, o qual se justifica já agora pelo princípio constitutivo da natureza, e mesmo por um princípio divino, para aqueles que consideram a natureza o produto de um criador.

Eu gostaria de poder descartar tais ideias com uma simples frase, assimilando-as às elucubrações de Henry Ford. Infelizmente, a raiz que aqui puxamos é extraordinariamente profunda. Até então, a biologia fora, em grande parte, constituída pela taxinomia, ciência da classificação dos seres vivos, datando de Linné e Buffon; e uma parte ainda maior continua até hoje apoiada em sua base. Ora, por mais preocupante que possa parecer a quem busca na ciência o contrário de uma ideologia e uma certeza, a taxinomia é apenas uma técnica que obedece a considerações de ordem prática. Não é de modo algum inabalável e se presta a fortes interferências ideológicas. Não estamos nós mesmos habituados a falar, por exemplo, dos "homens e dos animais", em vez de falar dos "homens e outros animais", como seria o caso no contexto da nomenclatura aceita desde Linné? Não resistimos a nos considerar uma espécie entre outros primatas, como faz, no entanto, a maioria dos especialistas?

Além do mais, não é apenas o conceito de "raça" que constitui problema. O de "espécie", inicialmente definido por Linné com base na "diferença específica" considerada imediatamente visível, também merece ser questionado. Ele evoluiu ao longo do tempo e continua evoluindo. Não existe atualmente um consenso total da comunidade científica a seu respeito, e nem todas as suas contradições foram resolvidas. É evidente que há na natureza parentescos e diferenças relativamente estáveis. Entretanto, não somos capazes de estabelecer uma classificação perfeita das semelhanças e disparidades de morfologia. Mesmo os conceitos de "interfecundidade" e "isolamento em nichos", introduzidos tardiamente para superar o problema, são suscetíveis de apreciação objetiva. Uma exposição das questões em jogo exigiria todo um livro.

2.2.2 Verdade, realidade e ciência racial

Mas o problema é ainda mais profundo. Durante quase toda a sua história, a civilização ocidental interpretou a ciência como fornecendo uma descrição "real" do mundo. O "realismo" foi e continua a ser a principal justificativa para a existência da ciência na sociedade, assim como a motivação preponderante da maioria dos que se dedicam a ela. Ora, essa ideia em si mesma não é científica; é filosófica. E razões muito sérias de matizá-la e mesmo abandoná-la surgiram na história das ciências. Constatamos que a ciência experimental é formada por teorias que se sucedem, tendo como propriedade comum apenas o fato de dar conta de fenômenos sempre mais numerosos de maneira, em tese, mais econômica e mais simples; permanecendo suscetíveis de controle por experiências reprodutíveis tão precisas quanto possível, o que implica que toda teoria tem vocação para ser substituída por uma teoria mais precisa, mais abrangente ou mais simples, o que também acarreta outra relação com a "realidade". Não existem, por um lado, teorias falsas que não deem conta de nada,[27] e, por outro, ciências que deem conta da "realidade", mas sim teorias que se vão substituindo para dar conta cada vez melhor das observações sem nunca serem definitivas. A ciência, dessa forma, constrói a si mesma e a nossa realidade. Os modelos por ela fabricados por meio de abstrações são produtos humanos, suscetíveis de viés ideológico. O heliocentrismo e a teoria da evolução punham em jogo questões teológicas e experimentais. E assim ocorre cada vez mais, à medida que vamos nos aproximando das observações a respeito do homem.

A ciência atualmente afasta o conceito de raça, pois nos demos conta de que ele era muito mais motivado por especulações ideológicas do que por observações, não apresentando grande interesse para a classificação, já que os seres humanos compartilham uma maioria muito grande de características fisiológicas. Chegamos, inclusive, a ajustar nossa definição das espécies de uma maneira que torna quase impossível o emprego do conceito de raça. Entretanto, se formos lúcidos, constatamos ter sido conduzidos a esse ponto também por questões doutrinárias inversas, conscientes, já agora, daquilo a que esse conceito pode levar. Ao observarmos mais de perto ainda, percebemos que é verdade que a raça foi reintroduzida, sob modalidades enfraquecidas, na genética das populações. Essa utiliza o conceito de "haplogrupo", que é um conjunto de tipos de genes (ou, mais precisamente, alelos) habitualmente posicionados em correspondência com os grupos étnicos nos quais prevalecem. Embora não seja o desejo da maioria dos pesquisadores, facilmente poderia surgir daí uma nova supremacia, dessa vez etnogenética, e não grosseiramente "racial", com base na existência de uma etnia que tenha permanecido suficientemente coerente no plano genético ao longo de milênios e que se pretenda dominante ou nociva.[28]

A ideia de "raça" é tão evidente que pode até acontecer de continuarmos a veiculá-la quando julgamos combatê-la. Desse modo, falamos, muitas vezes de maneira elogiosa, de "mestiçagem", sem nos darmos conta de que estamos empregando um conceito que não teria sentido se não fosse racial.

A palavra pareceria absurda caso se referisse à hibridação de um genitor de umbigo pequeno com uma genitora de orelhas grandes. Mas continuamos a julgá-la pertinente quando se trata de genitores com cores de pele diferentes, com a sensação de que essa diferença designa algo substancial ou representa um marcador forte de diferenças substanciais.

Compreendemos, nesse contexto, a força da teoria de Grant. Ao contrário da pseudociência de Henry Ford, à primeira vista desrespeitando a lógica e os fatos, ela pode reivindicar, na época em que se manifesta, plena legitimidade científica. É um modelo formalmente bem construído e apoiado em observações favoráveis colhidas por cientistas, por sua vez tendentes ao supremacismo civilizacional ou racial. Àquela altura, ainda não foi desmentida por observações contrárias sistematicamente reunidas. Ela se escora em uma decupagem taxinômica que, embora viesse a ser descartada mais tarde, não é, *a priori*, incoerente, correspondendo a esquemas ideológicos presentes até mesmo nos adversários da supremacia. Incorpora os mais recentes desdobramentos da teoria da evolução, utilizando seus resultados sem contestá-los. Em virtude da epistemologia então dominante, o realismo científico, ela pode, assim, considerar que descreve a "realidade". Conserva esse estatuto até o fim da década de 1930, época em que a antropologia de Franz Boas vem aos poucos ocupar seu lugar nas universidades.[29] Mas é a entrada dos Estados Unidos na guerra contra a Alemanha, e não a crítica erudita, que decreta seu fim.

A aquisição da dignidade científica por parte da supremacia racial, do eugenismo e do escravagismo não é anulada pelo advento posterior de teorias que os tornam caducos. Embora sua substituição tenha sido "quase" total, ao contrário da substituição da teoria newtoniana, que foi apenas limitada, seria ilegítimo e perigoso reduzi-los a uma simples impostura, como fazem hoje em dia muitos críticos. Não podemos nos autorizar essa facilidade. Desse ponto de vista, nem a teoria astronômica ptolomaica, com seus epiciclos, nem a teoria flogística do calor fariam parte da história das ciências; e toda a ciência estaria a cada momento ameaçada de se tornar não ciência, pois um novo progresso nos levaria a descartar suas conclusões anteriores. Não podemos considerar única ciência aquela que é conservada no momento em que nos expressamos, pois existem revoluções científicas cujo conteúdo é racionalmente impossível prever antes que elas se manifestem. A presciência da ciência futura nunca é dada, qualquer que seja a envergadura da mudança por vir. Com isso, o fato de termos todos os motivos para nos felicitar pela eliminação das teorias de Grant ou daquelas que lhe foram associadas e de podermos hoje em dia identificar suas fraquezas, tão numerosas que delas praticamente nada resta, não nos autoriza a reduzi-las retrospectivamente a simples vaticínios de fanáticos ou delírio de dementes. Essas teorias nos obrigam atualmente a observar a maior prudência em matéria de "verdade" científica e a abrir mão da interpretação "realista" da ciência, em troca de uma abordagem construtivista. Mas na época elas estão cercadas de todas as marcas institucionais de reconhecimento científico, podendo passar por ciências obedientes às regras protocolares exigidas.

Aqueles que adotam suas conclusões já não têm, portanto, nenhum motivo para se sentirem presos a preconceitos xenófobos ou a um chauvinismo primitivo, como seria possível acusá-los anteriormente. Hitler, que é um positivista no sentido de Auguste Comte,[30] e recrimina ferozmente seus colaboradores (sobretudo Rosenberg, Himmler e Streicher) por certa regressão[31] a temas acientíficos e confusos, apoia-se inteiramente nessa realidade e nessa ciência.[32] *Mein Kampf* apresenta uma *démarche* de cientista que percebe por baixo dos fenômenos históricos, culturais e antropológicos uma realidade mais profunda, explicando de maneira econômica, coerente e global fatos que são abordados por mentes menos esclarecidas de maneira dispersa e desprovida de inteligência. Essa compreensão por ele adquirida é que viria a lhe fornecer o estatuto carismático de Guia. Entre os mestres da verdade política (como Lenin, Mao ou Khomeiny) que também se tornaram guias, Hitler é o único que se insere deliberadamente na grande tradição positivista e científica ocidental, cuja vanguarda está então se deslocando para os Estados Unidos.

Acontece que a "realidade" elaborada por Grant justifica, de maneira inteiramente lógica, um aniquilamento autofágico do gênero humano, entendido como conjunto de espécies (as raças). A espécie dominante pode escolher entre uma simbiose com as outras, na forma principal da escravidão, recusada por Grant por motivos extra-humanitários, e a competição, na forma de uma substituição no "espaço vital",[33] que significa sua destruição. Ao contrário de Grant, Hitler se satisfaz com as duas. Ele não visa exclusivamente ao extermínio. Com frequência, tem-se subestimado a parte da escravidão[34] em seus projetos e realizações, e não apenas a escravidão auxiliar dos bordéis militares,[35] do trabalho obrigatório para os europeus do Oeste ou mesmo dos campos de trabalhos subordinados aos campos de extermínio, ou dos campos de trabalhos forçados como finalidade precípua (sendo o de Dora-Mittlebau para a técnica e a ciência), mas também a escravidão prevista das populações eslavas e asiáticas depois da vitória final, cujo alcance demográfico seria, de longe, o maior. A escravidão, que é tecnicamente uma "simbiose", representa para ele um concorrente sério do extermínio,[36] sobretudo quando seus inconvenientes biológicos, da forma como frisados pelos supremacistas, são atenuados ou suprimidos pela esterilização e outras práticas eugenistas.

2.2.3 A combinação racista, eugenista e ecologista

Grant, por sua vez, adota uma postura de aparência mais defensiva que agressiva. Assim como contribui para criar os parques nacionais de proteção ambiental, é para proteger a Grande Raça ameaçada que ele preconiza o eugenismo e o controle da imigração. Mas, assim como no caso de seu ambientalismo, que era, antes de qualquer coisa, como o do Senhor da Caça do Reich, Göring, um ambientalismo do caçador,[37] seu eugenismo é autoritário, com modalidades principalmente violentas.[38]

Os desdobramentos institucionais de sua obra foram consideráveis nos Estados Unidos em todos os terrenos pelos quais se interessou, fosse a preservação dos búfalos, das baleias, da águia-careca e de outras espécies vegetais ou animais ameaçadas, fosse a fundação do zoológico do Bronx, o controle de armas de uso pessoal, a esterilização em massa, o reforço das cotas de imigração ou a justificação das teses da Ku Klux Klan legitimando o linchamento.[39] Seus trabalhos eram célebres nas universidades, lidos no Congresso, reproduzidos na imprensa, mencionados nos romances da moda, como *O Grande Gatsby*. Essa personalidade profundamente "anempática" atraía a simpatia dos grandes políticos, cientistas e filantropos do país. Naturalmente, só podia ser considerado tão frequentável porque representava certas ideias dos Estados Unidos, que foram dominantes pelo menos até Pearl Harbor.

Como observa judiciosamente J. P. Spiro, seu biógrafo, se hoje ficamos sentidos com seu eugenismo e agradavelmente surpresos com seu ecologismo, a situação era exatamente inversa no século em que ele viveu. Essa observação convida a meditar sobre o conceito de "mal absoluto", graças ao qual tantos de nós julgamos ter resolvido a questão nazista. Quanto maior for um mal, como um vírus que atravessa as barreiras imunológicas, mais normalmente ele terá afinidade com o estado do organismo que invade. E não se trata apenas de dissimulação de um verdadeiro mal por trás de boas aparências. Se o nazismo ou se Grant, que, sob muitos aspectos, o prefigura, tivessem sido propriamente perceptíveis como "males absolutos", teriam sido rejeitados neste ou naquele momento antes que as operações militares se incumbissem de fazê-lo. Surpreendentemente, a sociedade alemã não estava madura para o eugenismo em massa e, nesse terreno, conseguiu conter Hitler.

A eutanásia era um projeto muito caro a ele, e em vista do qual deu uma de suas raras ordens escritas, no caso, por meio de seu médico particular, que mais tarde, em Nuremberg, recorreu ao livro de Grant para justificar seus atos.[40] Ela enfrentou uma repulsa que não ficou limitada aos círculos cristãos. Foi, então, conduzida em menor escala[41] e secretamente,[42] mas não deixou de servir à experimentação do emprego dos gases, que já em *Mein Kampf* Hitler considerava apropriado para a vingança pela Grande Guerra contra os "canalhas judeus" que supostamente a teriam provocado. A partir dessa data, não houve mais — exceto na frente russa — ordem escrita de extermínio que não fosse interna da SS, nem qualquer outra assinada por Hitler. O extermínio, qualquer que fosse sua forma concreta, em função dos momentos e dos alvos, seria mantido como um procedimento o mais secreto possível, executado inicialmente por milicianos ucranianos ou bálticos apenas acompanhados pelos SS, os *Einsatzgruppen* e as unidades especiais da polícia, escondendo-se por trás das operações militares, das deportações coloniais ou do encarceramento em campos de trabalhos forçados.[43] Foi atribuído à indignação e à raiva naturais dos soldados diante das mutilações e carnificinas infligidas pelo Exército Vermelho, o que não podia deixar de transparecer na correspondência das famílias ou durante as licenças, ou ainda por meio das rádios estrangeiras. Himmler passou, então, a utilizar um vocabulário codificado, mesmo com os colaboradores diretos,[44] e empenhou considerável energia no sentido de apagar os traços, voltando a abrir as fossas para queimar cadáveres ou desmantelando as infraestruturas de matança.[45] Do fracasso político do eugenismo na Alemanha é que nasceu a extrema reticência em reconhecer práticas em plena consonância com a ideologia do regime.

Mas a mesma sociedade alemã que ficou consternada com a eutanásia dos doentes aceitou o princípio de uma perseguição capaz de levar ao extermínio, e não apenas porque lhe era poupada a visão direta de seus aspectos mais pavorosos. Ela estava preparada para isso, e sua aceitação não foi minoritária, pois ela o considerava útil para o bem da Nação alemã, um bem ao qual até mesmo os preceitos morais ou religiosos, segundo repetia Rosenberg, deveriam estar subordinados. Isso não significa que ela tivesse aprovado a Solução Final, pois os dirigentes nazistas consideraram preferível, pelo contrário, não solicitar sua aprovação, dispondo como dispunham de relatórios de polícia detalhados sobre as tendências da opinião pública. Cabe até mesmo pensar que, à medida que a guerra se arrastava e os bombardeios afetavam suas próprias cidades, o temor de um castigo começava a se disseminar entre muitos alemães, fazendo-os temer a verdade dos boatos de efetiva aplicação das ameaças reiteradas e oficiais de extermínio dos judeus. Nem por isso deixa de ser verdade que a segregação, o aviltamento, a deportação e as ameaças formais de extermínio foram recebidos positivamente ou, pelo menos, sem grande dificuldade.[46] O mal daí resultante não teria concluído sua obra se não estivesse associado à percepção de algumas coisas boas. O mal foi extremo em intensidade e de extrema envergadura. Mas seu exercício era condicionado por uma ampla compatibilidade com aquilo que muitos membros da civilização ocidental, em geral, e da população alemã, em particular, nesse momento da História, consideravam ser o bem,[47] enquanto o "anempatismo" triunfava em toda parte a partir do momento em que fossem vencidas as barreiras nacionais ou raciais. O fato de os aliados terem empreendido uma guerra contra ele não implica que sua própria população tivesse, sob todos os aspectos, valores opostos.[48]

O que a Alemanha rejeitou, os Estados Unidos se dispunham a aceitar.[49] Cerca de 60 mil norte-americanos pelo menos e, provavelmente, muitos mais foram vítimas de esterilização forçada por serem considerados inadaptados por esse ou aquele motivo, em virtude de uma legislação introduzida em 27 estados a partir de 1907, sancionada pela Corte Suprema, visando, em longo prazo, a 14 milhões de pessoas no país[50] e que só chegaria ao fim em 1956.

Ela fora desejada pelas elites econômicas, os Harriman, os Carnegie, os Rockefeller. Fora apoiada por meio das fundações filantrópicas dessas famílias. O único que se opôs foi William Randolph Hearst ("Cidadão Kane"), atitude atribuída por seus pares à demagogia da imprensa sensacionalista. As "classes delinquentes" eram permanentemente visadas: categoricamente rejeitada a ideia de causas sociais da pobreza e do crime, em um contexto em que a fortuna era considerada estritamente relacionada ao mérito (exceto no caso dos judeus), investia-se contra as raízes genéticas da miséria. A esterilização obrigatória, supostamente voltada aos "de mente fraca", definidos como "loucos, idiotas, imbecis ou epiléticos", permitia, na prática, que as autoridades incluíssem praticamente qualquer tipo de deficientes ou desajustados sociais, os marginais, os analfabetos, os sem-teto, os criminosos. Acontecia de caírem na rede jovens simples ou originais. A lei não contemplava a possibilidade de recurso nem informava as vítimas quanto à natureza da cirurgia que lhes era infligida. Em certos estados, ela compreendia a emasculação. O estado de Indiana foi o primeiro a adotar seu texto, mas a Califórnia é que o aplicou com maior fervor.

Apenas a eutanásia não pôde entrar na legislação, não obstante os reiterados esforços dos militantes eugenistas.[51] O *Desaparecimento da Grande Raça* lamentava que "uma preocupação deslocada com aquelas que passam por ser leis divinas e uma crença sentimental no caráter sagrado da vida humana tenda a prevenir, ao mesmo tempo, a eliminação dos bebês deficientes e a esterilização dos adultos, que, por sua vez, não são de qualquer utilidade para a coletividade. As leis da natureza exigem a obliteração dos desajustados, e a vida humana só tem valor quando é útil à coletividade ou à raça". Nada poderia ser mais claro. Médicos publicaram trabalhos com vistas à morte em câmaras de gás dos recém-nascidos de pais desajustados. Mas foi necessário se contentar com a efetivação dessas operações fora do contexto legal,[52] e com a necessária discrição, enquanto o legislador preferia reservar as câmaras de gás às execuções capitais.[53]

O eugenismo era um movimento antigo e poderoso ao qual Madison Grant conferiu sua caução científica e seu apoio militante. Mas não bastava atender à sua meta essencial. Em parte por instigação sua, disposições raciais foram paralelamente adotadas ou reforçadas, permanecendo em vigor até 1967. Sob pena de prisão, elas obrigavam a declarar a raça ao registro civil. O casamento inter-racial se tornava crime. O estado da Virgínia aplicava a regra conhecida como de "uma só gota", atribuindo a "cor" a qualquer pessoa que tivesse algum ancestral de raça não branca, vale dizer, de uma maneira bem mais rigorosa que as leis de Nuremberg definiam a judeidade: "O cruzamento entre um branco e um negro é um negro", escrevera Grant.

Ele não estava introduzindo ideias exóticas. Atendia a uma demanda social que lhe era muito anterior e superava de longe sua própria influência. O segregacionismo se insinuara na vida política americana já no período de "Reconstrução" que se seguiu à Guerra de Secessão. No Sul, por muito tempo ocupado pelas tropas federais, eram muitos os que alimentavam ressentimento em relação à Décima Quarta (1868) e à Décima Quinta (1870) Emendas, com suas garantias constitucionais de igualdade jurídica e a proibição das restrições ao direito de voto. O Partido Democrata, que, em grande medida, se manteve fiel à sua tradição escravagista, aos poucos ia retomando seus bastiões. Sua ala parlamentar extremista, os "Rendentores", em aliança com organizações paramilitares (White League, Red Shirts etc.) e sociedades secretas do tipo KKK, empreendeu uma luta secular para impedir que os antigos escravos ou seus descendentes tivessem acesso a funções eletivas ou a qualquer responsabilidade social. Uma combinação de medidas administrativas, intimidação por parte de assassinos e massacres periódicos tinha por objetivo expurgar as listas eleitorais e as urnas. A segregação em todas as formas possíveis foi instituída por leis que receberam o nome de "Jim Crow", uma das expressões mais pejorativas para fazer referência aos negros.

No início do século XX, essas ideias se estenderam à questão da imigração. Observava-se que o reservatório de europeus do Norte e do Oeste que haviam formado a ampla maioria dos recém-chegados até o fim do século começava lentamente a secar. Vinham substituí-los os europeus do Sul e do Leste, ou povos ainda mais desprezados. Foi quando políticos "progressistas" recorreram aos especialistas da engenharia social nascente para reformular essa situação. A Comissão "Dillingham", uma comissão mista do Congresso, trabalhou nesse sentido de 1907 a 1911 com o apoio do presidente Theodore Roosevelt. Valores sem precedentes foram gastos para produzir uma literatura de higiene racial, a qual foi reunida em 42 volumes, formando a mais vasta compilação de pensamento supremacista até hoje.

Nesse contexto é que Grant desenvolveu sua ciência e veio a convencer o Congresso a restringir permanentemente em nove décimos o fluxo migratório para os Estados Unidos, por meio do Quota Act de 1921 e, em seguida, do Immigration Act de 1924, passando a reserva das cotas aos candidatos de raça nórdica[54] que gozassem de saúde perfeita. Essa política despertou em Hitler uma admiração fortemente expressa em seu *Segundo Livro (1928)*, com um misto de profunda inquietação: os Estados Unidos seriam constantemente reforçados, assim, pela emigração seletiva dos melhores elementos da raça germânica, abandonando uma Alemanha que então sofria de atraso econômico.[55]

O resultado real foi antes um afluxo imprevisto de negros do Sul para os estados do Norte, aonde iam preencher os empregos que os novos imigrantes outrora ocupavam. O deslocamento provocou uma onda de racismo nas regiões que, no passado, o haviam combatido. Esses acontecimentos acabaram por convencer Grant de que sua obra ficaria inacabada enquanto houvesse africanos nos Estados Unidos. Ele não duvidava do formidável apetite dos homens negros pelas mulheres louras, nem do frenesi sexual desencadeado nestas pela presença de um homem negro;[56] e de modo algum queria que a destruição da civilização branca, iniciada na França por uma promiscuidade evidente entre as duas raças, se estendesse aos Estados Unidos, apesar da severidade das leis segregacionistas, para as quais tanto contribuíra.

Infelizmente para seus sonhos, sua aliança com Marcus Garvey, apóstolo da negritude e do retorno à África, que lhe permitira esperar o êxodo voluntário da população negra, resultou em nada.[57] Afinal, era possível que os judeus, que naturalmente combatiam todo projeto de expulsão, e que não poderiam ser "queimados como feiticeiras", como lhe havia sugerido um discípulo, não estivessem destinados a permanecer nos Estados Unidos, ali mantendo também os negros. Ao envelhecer, ele retomou suas atividades ecológicas, olhando com razão na direção da Alemanha: "Será tarefa do movimento Nacional Socialista traduzir as conclusões já existentes ou ainda a serem descobertas e os pontos de vista da teoria racial — assim como a história do mundo por ela elucidada – em uma política prática e aplicada" (Adolf Hitler).[58]

2.3 A conquista do Oeste, modelo da conquista do Leste

> *"No futuro, o único Estado capaz de rivalizar com a América do Norte será aquele que tiver entendido de que maneira — por meio do caráter de sua vida interna e pela substância de sua política externa — elevar o valor racial de seu povo e conduzi-lo à forma nacional mais prática com esse objetivo."*
>
> *Adolf Hitler*[59]

Madison Grant não havia aparecido como um cometa no céu americano. O país se desenvolvera a oeste no contexto de um projeto de conquista que pressupunha o "desaparecimento" dos ameríndios, desaparecimento que, ao longo do tempo, se tornou tanto mais indispensável quando a Guerra de Secessão não permitia mais contemplar a redução à escravidão. O próprio Hitler tinha perfeita consciência de que "os Estados Unidos não teriam sido feitos sem o massacre dos peles-vermelhas". Foi o que explicou em especial a Erich von Manstein, seu grande estrategista, que não havia entendido muito bem o que ele queria dizer com "guerra total" a leste.[60]

A conquista do Leste é um terreno em que aparecem claramente as consequências do modelo americano de Hitler, tanto do ponto de vista ideológico como do prático. Nem é preciso lembrar que a conquista do Leste e a conquista do Oeste são eventos extremamente diferentes, no mínimo pela data, a duração, a densidade demográfica, a natureza dos beligerantes, seu modo de planificação e seu resultado, de tal maneira que a comparação nem sempre foi feita e, quando o foi, deparou com uma argumentação poderosa da parte daqueles que tinham todos os motivos para rejeitar qualquer ponto em comum com um adversário detestado. De modo algum é meu objetivo aqui equiparar as duas conquistas, muito menos justificar os desmandos cometidos por meio da sua diluição em um fenômeno apresentado como universal. Mas o fato é que Hitler tinha expressamente os Estados Unidos em mente ao construir suas ambições, que os fundamentos ideológicos eram análogos, que certas práticas de extermínio eram do mesmo tipo e que a psicologia coletiva das populações envolvidas não deixava de ter relação.

2.3.1 A natureza da conquista do Leste

> *"A luta pela hegemonia do mundo será decidida em favor da Europa pela posse do espaço russo. A Europa será então uma fortaleza inexpugnável, a salvo de qualquer ameaça de bloqueio. Tudo isso abre perspectivas econômicas que, cabe pensar, inclinarão os mais liberais dentre os democratas ocidentais em favor da Nova Ordem. O importante, no momento, é conquistar. Em seguida, tudo será apenas uma questão de organização. Quando consideramos o mundo primitivo, convencemo-nos de que nada o tirará de sua indolência, senão obrigando as pessoas a trabalhar. Os eslavos são uma massa de escravos natos que sentem a necessidade de*

> um senhor. [...] O espaço russo é a nossa Índia. Como os ingleses, governaremos esse império com um punhado de homens. Seria um equívoco pretender educar os indígenas. [...] Da mesma forma, devemos impedi-los de voltar ao cristianismo. Seria um erro grave, pois seria dar-lhes uma forma de organização."
>
> Adolf Hitler[61]

Desde logo, afastemos a objeção segundo a qual a guerra no Leste e a guerra na Europa do Oeste teriam sido equivalentes para Hitler. Ele de fato só havia provocado e, em seguida, invadido a França com a intenção de se livrar de um adversário que se comportara em relação à Alemanha como colonizador, impusera-lhe, depois de Versalhes, tropas de ocupação e uma taxação exorbitante, suprimira suas defesas militares e podia atacá-lo a qualquer momento para frustrar seus projetos. Nele, conduziu intencionalmente uma guerra sem equivalência com a que conduziu a leste;[62] abandonando-lhe um vasto território dotado de autonomia interna;[63] e às vezes consentindo que seus oficiais levassem uma vida de prazeres, na companhia de belas mulheres e de intelectuais colaboradores.[64] Embora ele permanecesse como um general nacionalista, os atritos com o governo petainista sempre puderam ser superados, em vista da atitude no mínimo conciliadora dos novos dirigentes.[65]

Sua política foi comparável em relação à Grã-Bretanha. Depois da batalha da França, ainda lhe parecia possível um acordo por meio do qual a Grã-Bretanha conservasse os mares, contra as mãos livres a Leste para conduzir a destruição do bolchevismo, que era a obsessão dos dirigentes ocidentais. Em vez de acabar com as tropas britânicas retiradas no bolsão de Dunquerque, ele deu ordem de suspender brutalmente os *panzers*, para a indignação de seus generais, limitando-se a operações aéreas que tinham sobretudo o objetivo de aniquilar a esquadra e a Royal Air Force.[66] Muito se especulou sobre a viagem de Rudolf Hess à Escócia, sem que até hoje se tenha chegado a uma conclusão. Para nos atermos aos fatos, Hess não era um colaborador secundário, mas o braço direito de um regime que acabava de obter uma vitória histórica. Participara do armistício de Rethondes. A missão que havia abraçado era encontrar-se com Lorde Halifax, candidato a Downing Street, que conhecia Hitler pessoalmente e era declarado partidário dos panos quentes com a Alemanha para lhe propor uma paz que, de outra forma, parece fazer sentido. Churchill, com efeito, estava isolado, e a essa altura (novembro de 1941) America First ainda estava em condições de impedir Roosevelt de ir a seu socorro. De acordo com Otto Skorzeny, especialista em operações secretas, não pode haver dúvida quanto à concordância de Hitler. O fracasso da tentativa explica o fato de ele haver tomado distância, acusando Hess de ter enlouquecido. Mas Hess se mostrou perfeitamente na posse de suas faculdades durante o processo de Nuremberg. Ele tinha apostado a própria cabeça em uma iniciativa que, em caso de êxito, teria alterado radicalmente o curso da Segunda Guerra Mundial.[67]

Tudo isso é coerente com o objetivo principal. A conquista do Leste se destinava abertamente a permitir a unificação definitiva das populações germânicas, a abertura de um espaço geográfico considerado necessário para um país superpopuloso, seu acesso às matérias-primas,[68] o esmagamento de uma potência soviética percebida como exterminadora,[69] a eliminação — pela deportação ou de outras maneiras ("*so oder so*") — das raças inferiores presentes e a obtenção de mão de obra servil. A intenção profunda era oferecer uma América do Leste à Nação alemã,[70] que estaria, então, em condições de rivalizar favoravelmente com os Estados Unidos.[71] Embora cada um desses objetivos convergisse para a mesma meta, eles não seriam alcançados ao mesmo tempo, pois a total germanização do Império Russo poderia levar mais de um século. Esse vasto programa, assim, não pôde ser detalhado em suas etapas, mas apenas traçado em linhas gerais. Temos a seu respeito três tipos de informação: a fórmula efetivamente aplicada na Tchecoslováquia e na Polônia, primeiros países eslavos integrados ao império, e depois nos países bálticos e na Ucrânia; o plano Barbarossa; o *Generalplan Ost*; as conversas, os discursos e as ordens de Hitler ou subordinados tendo como objeto o Leste.

A conquista do Leste se distingue antes de qualquer coisa pela "guerra total", uma guerra sem as "luvas brancas" (Goebbels dizia "luvas de seda")[72] usadas na França, totalmente liberada do direito de guerra, que os nazistas restringiam aos países civilizados, sem consideração pelos tratados,[73] sem qualquer reserva em relação às populações civis. Em 17 de março de 1941, Hitler confirmou a Franz Halder, chefe do Estado-Maior: "Na Grande Rússia, temos de empregar a força da forma mais brutal."

Alguns poderiam considerar que a devastação infligida à Holanda terá sido uma prefiguração disso, e certamente nela foram cometidos crimes de guerra com frequência, assim como na Bélgica, na França, na Noruega e, mais tarde, na Itália. Mas eles não obedeciam às mesmas intenções. O objetivo do terrível bombardeio dos Países Baixos era confirmar para o inimigo a crença de que o Norte seria a frente principal da batalha da França, enquanto os *panzers* se preparavam secretamente para atravessar as Ardenas. As execuções de civis eram planejadas como represálias pontuais em seguida a atos de resistência. Da mesma forma, as detenções, deportações e prisões em campos de concentração, todas arbitrárias e ilegais, cobertas pelo decreto "Noite e Brumas", de dezembro de 1941, eram operações de terrorismo de Estado com vistas à Resistência,[74] comparáveis, em sua brutalidade e em seus objetivos, aos atos do regime contra seus opositores na própria Alemanha depois de 1933. Elas atingiram cerca de sete mil pessoas na Europa Ocidental até a Liberação. Só a deportação dos judeus, que foi, pelo contrário, maciça, tinha relação direta com a ação oriental.

A "guerra total" na frente Leste tem um aspecto completamente diferente, e não só pelo alcance excepcional ou pela violência dos confrontos. Sua característica fundamental era o emprego sistemático dos *Einsatzgruppen* e de outros comandos por trás das linhas, incumbidos de perseguir e exterminar, às centenas de milhares, todo indivíduo ou grupo suscetível de apoiar os *partisans*, prioritariamente judeus e dirigentes comunistas, basicamente identificados uns aos outros; sem dar muita atenção ao interrogatório dos suspeitos, como teria sido feito se realmente se tratasse de colher informações militares ou combater um movimento de resistência. Mulheres e crianças rapidamente passaram a ser incluídas nesses massacres em cadeia, a pretexto de não alimentar os futuros adversários da Nação alemã. Os judeus eram vistos, então, como a tribo dirigente dos selvagens soviéticos, valendo a esse respeito a assimilação, tão profundamente nazista, entre antissemitismo industrial e eslavofobia.[75] Considerava-se, assim, que seu extermínio teria, por esse simples motivo, interesse estratégico. Mas Hitler também enxergava outro.

Ele sabia que a única possibilidade de perder a guerra seria a permanência de uma frente dupla. Era necessário que a vitória sobre a União Soviética fosse imediata, ou que a Grã-Bretanha se retirasse do conflito, ou que as duas coisas acontecessem.[76] A maneira de alcançar isso, segundo ele, era a mesma em todos os casos. Convencido de que os judeus governavam ao mesmo tempo a política inglesa e a Rússia,[77] ideia que prevalecia na maior parte das elites ocidentais (exceto, como não podia deixar de ser, na Grã--Bretanha e na Rússia),[78] ele deduzia que uma radicalização da perseguição obrigaria os judeus a pressionar Londres para alcançar um acordo de paz, sem o qual não escapariam ao extermínio,[79] pois, se os detalhes pavorosos da execução eram ocultados, a promessa de um extermínio era cristalina. No dia 30 de janeiro de 1941, ele repetiu sua declaração solene do ano anterior ao Reichstag:[80] "Se o judaísmo financeiro internacional, dentro e fora da Europa, conseguir mais uma vez mergulhar os povos do mundo em uma guerra mundial, o resultado não seria a bolchevização do planeta, e, com ela, a vitória do judaísmo, mas o aniquilamento da raça judia na Europa." Querendo matar dois coelhos com uma só cajadada, ele considerava que o extermínio abalaria materialmente a hierarquia soviética. Assim foi que o destino dos judeus da retaguarda, que, até então, ele havia transformado em párias dentro de uma sociedade de castas, foi profundamente alterado com a operação Barbarossa de junho de 1941: o uso da estrela foi imposto em setembro de 1941,[81] e as primeiras deportações de judeus alemães para Riga ocorreram em novembro de 1941. Havia um terceiro motivo. A guerra representava a oportunidade de acionar, em condições políticas favoráveis, o antigo projeto de "desjudeização", remate final de um plano imperial racialmente estruturado: a população alemã já estava preocupada demais com as consequências da guerra para si mesma para dar realmente atenção ao destino de um povo detestado, por mais penoso que se anunciasse. Todas essas motivações acumuladas teriam sido logicamente orientadas ao objetivo primário de uma conquista do Leste, não fosse a contradição fatal em que Hitler se colocara: o próprio segredo que cercava a realidade do extermínio impedia que ele tivesse o desejado impacto sobre os Aliados. Ele estava na situação de um sequestrador que, tendo cortado o dedo da vítima para exigir resgate à família, tivesse cuidadosamente o enterrado para escondê-lo, em vez de enviá-lo, e assim não ferir eventualmente os escrúpulos de seus cúmplices. Dessa maneira, o aniquilamento seguiu seu curso frenético[82] por motivos ideológicos (de acordo com as ideias de Grant), sem servir de modo algum aos interesses estratégicos da guerra.[83] Ele tinha "queimado seus cartuchos" na questão judaica, segundo a expressão de Goebbels, mas em vão. A frente dupla se manteve e acabou levando a melhor.[84]

A segunda característica da guerra total era o tratamento dos prisioneiros de guerra pertencentes ao Exército Vermelho.[85] Os comandantes de corpos da Wehrmacht alegaram as dificuldades de abastecimento para deixar que um grande número deles morresse por falta de alimentos, cuidados médicos ou abrigos contra os elementos naturais em violação às convenções. Os prisioneiros de guerra ingleses, franceses ou americanos, ainda que fossem de origem africana, portanto sofrendo tratamento discriminatório, não foram condenados ao mesmo destino, sendo sua intenção reduzir uma população russa e asiática tão numerosa que a reestruturação de sua demografia exigiria décadas. Algumas vezes, o índice de mortalidade dos prisioneiros soviéticos chegava a ser às vezes superior ao dos campos de concentração (em oposição aos campos de extermínio); 60% morreram, o equivalente a mais de dois milhões (dos quais 600 mil fuzilados).[86]

A última característica da guerra total foi a pilhagem imediata e ilimitada dos recursos de regiões cujas populações eram destinadas à escravidão. Em 17 de novembro de 1941, o Führer nomeava o Gauleiter Erich Koch para o cargo de Reichskommissar da Ucrânia, personagem suficientemente lúcido para se apresentar como "cão brutal", tendo como missão "sugar todos os bens nos quais seja possível botar a mão na Ucrânia", e que, se encontrasse "um ucraniano digno de sentar à sua mesa, deveria mandá-lo executar".[87] Ele começou fechando as escolas ucranianas e reduzindo a ração alimentar dos habitantes de Kiev a 200 gramas de pão por semana, obrigando-os a se alimentarem de dejetos ou morrer. Reproduziu deliberadamente o *Holodomor* (o extermínio pela fome organizado por Stalin), que causara, ao que tudo indica, quatro milhões de vítimas em 1933: desviando todas as fontes alimentares e transferindo para a Alemanha cerca de três milhões de homens como mão de obra servil.[88] Sua ação elevou o total de mortos ucranianos durante a Segunda Guerra Mundial a mais de 5 milhões, apenas 1,4 milhão deles por motivos militares. Sem consideração pelo antissovietismo e o antissemitismo virulento dos nacionalistas ucranianos — que forneceram, ao lado dos nacionalistas bálticos, os principais auxiliares das execuções em massa, 26 mil dos quais formaram, em 1943, a Divisão de Granadeiros SS Galícia —, a Ucrânia foi reduzida sob todos os aspectos a um celeiro de escravos. Jogos circenses à maneira da Roma antiga foram organizados em Kiev, em particular o "Todesspiel", a partida de futebol da morte do dia 9 de agosto de 1942.[89] Koch, que, de forma significativa, chamava os ucranianos de "negros",[90] agia contrariamente às intenções reiteradas de seu superior,

Alfred Rosenberg, na época ministro do Reich para os Territórios Ocupados do Leste. Rosenberg e Goebbels eram favoráveis a uma integração dos ucranianos ao Reich e a sua utilização contra a URSS. Göring (que estimava entre 20 e 30 milhões o número de civis soviéticos que morreriam de fome nos territórios que seriam conquistados pela Wehrmacht no primeiro ano de campanha) estava interessado na pilhagem; Bormann, na escravização; Himmler, no extermínio racial. O ponto de vista de Hitler acabou por se impor — o que significava dar carta branca a esses três.[91]

O plano diretor para o Leste (*Generalplan Ost*), elaborado secretamente a partir de 1939, concluído provisoriamente em 1941, mas revisto no ano seguinte, foi confiado significativamente à direção do RSHA[92] de Heydrich, o mesmo departamento que controlava os *Einsatzgruppen*. A gestão das questões tchecoslovacas e polonesas revelava seus aspectos iniciais, ao passo que as duas outras partes diziam respeito, respectivamente, à reorganização das regiões do Leste no período de guerra e, em seguida, no período de trinta anos que deveria seguir-se à vitória final. Previa globalmente o deslocamento de 31 milhões de escravos para dar lugar à chegada de colonos alemães, assistidos por escravos multinacionais sem educação formal, acréscimo que levaria o total a mais de 50 milhões. O plano distinguia os tratamentos que deveriam ser aplicados a cada nacionalidade, e até aos subgrupos étnicos, sendo uns "germanizados" em proporções previamente estabelecidas,[93] enquanto outros eram deportados a distâncias maiores ou menores. O conceito de extermínio não era explicitamente introduzido e, na prática, substituiu o que era previsto como deportação, sendo essa impossibilitada pela resistência militar soviética. As proporções previstas tendiam a ser mais ou menos respeitadas com o tempo, embora o estatuto racial de certas populações tenha às vezes mudado em função de considerações de oportunidade.[94] Os tchecos e os poloneses apresentavam uma dificuldade específica, ligada à existência de uma *intelligentsia* temida pelos analistas nazistas. A emigração forçada para o exterior, solução preconizada no plano, foi convertida em assassinato das elites quando as fronteiras de ambos os países foram forçadas. O antissemitismo pelo qual a Polônia era conhecida não compensava, aos olhos dos planejadores, a prevalência de um patriotismo antialemão ainda mais acentuado. Além dos poloneses judeus, foram executadas, desde cedo, várias dezenas de milhares de civis poloneses cristãos,[95] escolhidos de preferência nas elites sociais, intelectuais, administrativas e militares, exatamente como haviam sido assassinados, com a mesma intenção, dezenas de milhares de tchecoslovacos.[96]

O aspecto talvez mais impressionante do processo, à parte seu caráter particularmente sanguinário e "anempático", é que era contraproducente no contexto dos objetivos militares e coloniais: uma enorme energia foi canalizada para alienar ou exterminar populações que, em grande parte, poderiam ter participado de bom grado, ao lado da Alemanha, de um combate contra a União Soviética, um regime universalmente detestado por aqueles que haviam sofrido sua violência.[97] O empreendimento exterminador não só privou os nazistas de sua colaboração, como também provocou a proliferação de partisans, que, sem outra perspectiva senão a morte certa, conduziram uma guerrilha intensa cujas consequências militares foram muito importantes.[98] Em vez de arregimentá-los cinicamente como auxiliares mobilizados pela propaganda, mais ainda que pela força, como queria Goebbels, ainda que vindo a se voltar contra eles quando fosse alcançada a vitória, Hitler concedeu a prerrogativa ao componente supremacista da ideologia e de seus planos. A pressa de criar condições para uma colônia de povoamento, sem esperar pela batalha decisiva contra a Rússia, serviu, ao contrário, para tornar impraticável a colonização. Foram realizados muito poucos assentamentos de colonos: apenas 800 mil candidatos puderam ser mobilizados com essa finalidade, dos quatro milhões previstos, e apenas a metade foi efetivamente instalada, não sem certa dificuldade. No fim de 1942, praticamente todos tinham sido rechaçados. A montanha paria um camundongo. À parte as condições da guerra, eram pouquíssimos os camponeses disponíveis para uma colonização em tão ampla escala, não dispondo mais a Alemanha de uma economia agrária. Bormann propôs então que se revisse sob melhores olhos o estatuto racial das ucranianas para utilizá-las como genitoras a serviço dos estabelecimentos mais distantes. Algumas medidas foram tomadas, nesse sentido, para alterar a qualificação legal dos nascimentos fora do casamento, muito embora as uniões inter-raciais fossem proibidas no Reich.

Ora, essa política de extermínio das populações que podiam ser necessárias para a guerra, com vistas à liberação de um espaço que não era necessário à colonização, assim como as disposições contraditórias que ela gerava, não era um "erro" absurdo de avaliação, muito embora esse seja patente. Era produto lógico do Partido Único, principal invenção institucional do bolchevismo, adotada por Hitler como forma adequada para a luta contra seu adversário primordial.[99] Em ambos os casos, tratava-se do procedimento mais efetivo para dominar o Estado de tipo ocidental, sua burocracia, sua polícia e seu exército, e, por meio deles, o conjunto das instituições, evitando os contrapesos.

2.3.1.1 Especificidade do partido único

> *"Qualquer idiota [... poderia] governar como ditador. Duraria o que tivesse de durar. Mas nunca por muito tempo. Os senhores exigem poderes plenos. Querem eliminar o Partido. E quem me garante que estão com a razão? [...] Essa certeza, só posso tê-la chocando-me constantemente com a vontade do Partido. [...] A própria palavra 'ditadura' é um engodo. Não existe ditadura no sentido habitual da palavra. O autocrata mais onipotente precisa adaptar sua vontade arbitrária às condições reais. Observando bem, só existem na política os dados variáveis e a vontade geral de lhes impor uma ordem. Se fossem primeiro-ministro em um Estado parlamentar, os senhores poderiam em certos momentos governar com mais absolutismo e independência do que eu sou capaz de fazer hoje e do que jamais virei a fazer no futuro."*
>
> Adolf Hitler[100]

O partido nazista não é exatamente uma réplica do partido soviético. Não dá a menor importância à fachada de uma direção coletiva, carecendo de um aparelho administrativo estruturado e não exercendo controle fusional sobre a burocracia.[101] O emprego que faz da propaganda é oposto: a sociedade construída pelo nazismo é de fato a sociedade escravagista e racial que ele anuncia, enquanto o stalinismo anuncia um comunismo imaginário e constrói uma realidade inversa. Hitler aproveita de seu modelo sobretudo a unicidade, o monopólio ideológico do guia e as forças de segurança terroristas. Em suas duas versões, o partido único é, no entanto, o instrumento que permite à ditadura impor-se, não só à burocracia e ao exército, mas também a toda a sociedade, sem outra condição senão a adesão maciça dos militantes.

Sem o tipo exacerbado de autoritarismo que permite o partido único, Hitler teria precisado compô-lo com seus generais. Exceto quando eram membros da SS, com efeito, eles obedeciam, quase sempre, a valores estritamente nacionalistas e militaristas, que detestavam subordinar a objetivos raciais, mesmo quando os aprovavam. Também teria sido necessário levar em conta — além das opiniões de Rosenberg e Goebbels, constantemente recomendando prometer aos eslavos que seriam libertados se tomassem armas contra os soviéticos — as do então ministro da Agricultura, Darré, que preconizava assentamentos coloniais mais modestos, porém, demograficamente adaptados, limitados à zona báltica. Ele também teria precisado entender-se mais estreitamente com uma opinião pública que, sem se opor ao extermínio, não o considerava um objetivo tão essencial quanto evitar a retaliação de uma conquista punitiva por parte dos russos.

Mas a ideologia hitlerista era uma precipitação de elementos que se haviam estabilizado em forma de partido único, um organismo que tinha como principal objetivo neutralizar sempre e em toda parte as oposições, antes de qualquer ação sobre o mundo. Hitler não podia, assim, ouvir qualquer voz que não fosse um eco da sua própria. Nesse sentido, o partido único é autofágico. Não é capaz de exercer seu metabolismo predador exteriormente sem antes esgotar seus recursos na eliminação das forças centrífugas pelas quais todo sistema é inevitavelmente afetado.

Hitler conseguira, menos ainda que Stalin, instrumentalizar realmente o messianismo que anima o partido único. Ambos eram as primeiras vítimas de suas ilusões. A obediência total a que eram submetidas as populações se baseava no sentido da História de que cada um deles era a expressão "extralúcida".[102] Ora, a verdade antropológica, sociológica e histórica absoluta que eles detinham se impunha a eles próprios.[103] Hitler, cujo talento estava mais estreitamente ligado à propaganda que o de Stalin, mais orientado à organização, dispunha de menor margem de manobra. Suas decisões deviam imediatamente estar de acordo com a ideologia de que ele era porta-voz, ao passo que Stalin podia permitir-se a "dialética" para tomar certas liberdades.

Em ambos os casos, todavia, os erros do guia,[104] na medida em que estão de acordo com sua visão, tal como venerada pelos militantes, difundida pela propaganda, imposta pela polícia secreta, organizada por dirigentes cuja carreira e cuja vida dependem dele e executada por uma burocracia para a qual a obediência apressada às ordens é a primeira virtude, não são erros, mas decisões históricas que devem ser prolongadas, ainda que o mundo venha a desabar. O líder não pode contestá-las, nem, portanto, retificá-las, mas tão somente emendar ligeira e raramente a linha, desde que ela permaneça de acordo com os princípios que ele expressou, desde que a verdade foi por ele revelada. O fato de a situação se deteriorar, de as profecias serem desmentidas umas após as outras, de o povo reclamar, de os militantes se preocuparem e de os dirigentes se limitarem a intrigas ou se entregarem a obsessões que os levam a sabotar o programa do chefe é um fato que não existe e, portanto, não tem importância.[105] A simples sugestão, no próprio interesse do guia e de seus ideais, de que uma dificuldade objetiva que salta aos olhos poderia ser tratada como um problema a ser resolvido de maneira racional é descartada como uma traição que justifica a desgraça e pode ser merecedora de morte.[106]

Esse sistema só aparentemente torna o chefe onipotente. É verdade que, se ele quiser, pode matar, conduzir a diplomacia e a guerra, controlar as decisões mais ínfimas a que atribua algum interesse, soltar as rédeas de seus fanáticos ou eliminar quem quer que ouse dar uma opinião, uma vez que sua decisão esteja rubricada. Mas ele está preso à sua própria visão e não pode afastar-se dela, como um demiurgo onisciente que se visse impedido de interferir no curso dos acontecimentos, todos necessários, cujo conhecimento teria *a priori*. A realidade que ele julga moldar, porque é violenta, se constrói sem ele e às vezes sem que até se dê conta.

Quando ele percebe que sua população lhe opõe resistência, atribuída, então, a uma compreensão insuficiente, não troca de política, mas a esconde. O segredo é uma forma de governo inevitável em tal sistema. Como, por princípio, é impossível que o chefe, o partido e o povo estejam em desarmonia, depois de esgotados os métodos ordinários que são a propaganda e o expurgo,[107] resta-lhe dissimular cuidadosamente o que não despertou entusiasmo, em vez de abrir mão, pois, se não o fizesse, preferindo exercer uma brutalidade não coberta pela ideologia, inevitavelmente a visão que os atores têm dele se modificaria, gerando um turbilhão. No caso de Hitler, o segredo envolve atos sempre em consonância com a ideologia, mas de uma violência tão fenomenal que é preferível não divulgar suas imagens. No caso de Stalin, o segredo dissimula os atos e as realidades que lhe são mais visivelmente contrários.

Em todos os casos, a ideologia é a única força que decide. É ela que reúne os membros que constituem o partido e constatam quem será seu guia. É ela, ainda, que arrasta, ao redor do partido, um número suficiente de pessoas diversas, para que ele acabe por tomar o poder que, em alguma ocasião, vem a ser-lhe oferecido nessa dinâmica. É ela, por fim, que fecha o ciclo, aplicando sua mão de ferro àqueles que tornaram o partido possível, impondo-se, então, a todos, dos oponentes ao chefe. Em geral, o fenômeno se dissolve mais rapidamente do que quando surgiu. Não é necessário sequer acabar com ele: todos simplesmente constataram que o partido não é mais nada, ele que era tudo na véspera. Basta um desastre militar ou uma revolta que, no passado, teria sido facilmente esmagada. Um único componente de ideologia se deslocou, como o historicismo que garantia — e, portanto, exigia — a vitória, e tudo é levado.

O partido não existe como uma substância separada das previsões dos agentes. É, ao mesmo tempo, produto de sua ação coletiva e da interpretação que dela fazem, como uma instituição que lhes é exterior. Cada um, membro ou não do partido, dirigente ou dirigido, espera que os outros obedeçam ao partido em nome de uma verdade que se impõe aos outros, e não necessariamente a ele próprio. O comportamento de cada um é determinado, assim, pela ideia que ele tem dessa verdade do ponto de vista dos outros, e não do seu próprio. Em consequência, ninguém, nem mesmo o líder, pode manipular a ideologia ou o partido.[108] Quanto mais uma instituição for autoritária, mais exercerá sua autoridade sobre os próprios dirigentes.[109] O sistema é interrompido quando alguns são tomados de dúvida quanto à própria credibilidade junto aos outros, acarretando mecanicamente um fenômeno de contágio. Na verdade, o modelo hitlerista de governo não é sobretudo o ucasse, mas, pelo contrário, as rédeas soltas aos colaboradores posicionados em competição mútua pela partilha da visão do guia. Semelhante método de emulação deixa de funcionar quando a unidade das representações é perturbada.

Não estamos lidando com uma irracionalidade, mas com um processo cognitivo. A razão é apenas uma parte, e uma parte ínfima, da cognição, exceto em terrenos específicos ou quando é cultivada. No caso do líder, não entramos mais pelo terreno da irracionalidade propriamente dita (convém afastar o conceito extremamente leviano de "loucura assassina") nem pelo da falta de articulação (os "gritos do bárbaro", não menos inexatos), mas em uma "a-racionalidade" produzida pelo fechamento de todo diálogo. Uma obra musical não é racional nem irracional; é "a-racional".[110] Hitler de fato se tornara o artista que sonhava ser, e sua sinfonia comportava seu programa de extermínio. Só estava obrigado por sua percepção do público.[111] Não há, portanto, um erro que seu compositor possa ter cometido que não tenha tido a ver com uma autoridade sempre maior a ser exercida sobre os intérpretes. Foi assim que ele se apropriou pessoalmente do Ministério da Guerra e do comando em chefe do Exército. Embora sua única experiência de combate fosse como estafeta, nenhum de seus marechais podia deslocar um regimento sem sua expressa concordância, nem conduzir uma guerra de mobilidade que teria, entre outras coisas, salvado o exército de Paulus em Stalingrado, pois sua partitura exigia uma guerra de posições.[112] O diálogo fora totalmente cortado, tanto por seu gênio declarado como pela Gestapo — todo oficial sabia perfeitamente que sua correspondência era aberta e suas conversas íntimas, espionadas.

A história fornece poucos exemplos de um autoritarismo mais intenso que aquele que é exercido pelo canal de um partido único. Existiram muitos regimes autoritários que não hesitavam em empalar ou esfolar vivos seus opositores diretos ou aqueles que os traíam. Mas, até onde se sabe, não houve nenhum — à parte os de partido único — que tivesse banido qualquer embrião de discussão apenas sugerida, obstinando-se em destruir sem limites tudo que não fosse parecido com ele, até mesmo ao preço de seus interesses mais evidentes.[113] Ora, o motivo não é que o dirigente do partido único tivesse mais poder que qualquer outro tirano, mas, pelo contrário, que tem menos que ele. Só ele não pode mudar de opinião, nem reformar o sistema sem aniquilá-lo.[114]

A diferença específica em relação à conquista do Oeste passa por esse ponto. Os Estados Unidos estavam, na época, impregnados da nebulosa ideológica mencionada em quase toda a sua extensão. Mas faltaram o autoritarismo (não, de fato, a tentação autoritária, que sempre foi recorrente) e a possibilidade de um partido único. Essa ausência, e principalmente ela, é que lhe deu um rosto tão diferente da Alemanha nazista, apesar das semelhanças, para as quais devemos agora nos voltar.[115]

2.3.2 A conquista supremacista do Oeste

> *"Imorredoura questão, saber se justiça será feita pela raça do civilizado à raça do selvagem, se os atributos da razão, da civilidade, da justiça e mesmo da compaixão serão deixados de lado pelo povo americano, e se um ultraje tão grande contra a nação cherokee e a natureza comum será consumado. [...] Por mais fraco que seja o oprimido e maior seja o opressor, é da natureza das coisas que o golpe recaia sobre o agressor. Pois Deus é desse sentimento, e nada pode opor-se a isto."*
>
> Ralph Waldo Emerson,
> *Súplica ao Presidente Van Buren*[116]

A conquista do Oeste foi lenta, terminando em total sucesso, enquanto a conquista do Leste fracassou quase instantaneamente. No entanto, o objetivo era idêntico: estabelecer uma colônia de povoamento em um território vasto, do qual as populações indígenas seriam, na medida do necessário, evacuadas de uma maneira ou de outra (*so oder so*). O fundamento ideológico das operações era o supremacismo racial, que, nos Estados Unidos, seguiu seu caminho intelectual completo a partir do século XVII, e, na Alemanha, chegou a seu estado derradeiro tal como formulado na década de 1920, sendo o colonialismo a razão de ser de ambos os processos, e a "anempatia", sua condição de possibilidade.

Os colonos norte-americanos não se consideravam intrusos.[117] Consideravam que até uma criança seria capaz de ver a inferioridade daqueles selvagens cobertos de penas.[118] O primeiro olhar sobre eles, como sobre os africanos, se chocava com os critérios imediatos do racismo. Não era necessária, no caso deles, uma ciência das raças, que seria elaborada mais tarde a respeito dos europeus do Leste, dos habitantes do Oriente Médio e da Ásia, regiões que haviam desenvolvido as civilizações mais antigas. Os nazistas, em compensação, tinham consciência de que estavam expulsando populações que se encontravam em seus territórios. Por mais que afirmassem incessantemente que se trata de raças inferiores, precisavam, apesar de tudo, fazer certo esforço para ter isso em mente. Nem mesmo Hitler tinha notado nada de especial em relação ao médico de sua mãe.[119] Só mesmo cientistas de mente alerta para se darem conta da natureza asiática dos olhos azuis ucranianos e perceber até que ponto as fisionomias de Goebbels e Himmler correspondiam aos padrões nórdicos. De todos os europeus, os alemães eram os que por último haviam construído um império colonial, e cujo contato físico com os povos antropologicamente afastados fora mais tardio. Dessa maneira, seu supremacismo foi teórico antes de ser prático. Nem a densidade demográfica, nem a continuidade territorial teriam justificado uma diferença de atitude ou de projetos entre eles e os americanos. Passou-se muito tempo, com efeito, até que os colonos dos Estados Unidos se tornassem mais numerosos que os ameríndios,[120] e a Eurásia era, tanto quanto a América do Norte, um espaço conexo em convite à expansão: os países eslavos começavam a partir da Áustria.

Ao chegarem tarde à teoria racial, os americanos experimentaram mais cedo o racismo. Enquanto os reis na Europa[121] ainda se maravilhavam com as criaturas exóticas que lhes eram exibidas, atribuindo-lhes méritos filosóficos que justificavam livros sobre a boa natureza do homem, os pioneiros estavam diretamente expostos a guerreiros que lhes inspiravam terror. Mas a vantagem do fuzil sobre o facão os impedia de extrair daí algum respeito pelos indígenas. Seu medo era o de pessoas civilizadas diante do espetáculo fascinante dos perigos da natureza. Ele se convertera em "anempatia", mediante um mecanismo que irei descrever mais adiante. Os colonos não se sentiam mais em casa com esses selvagens do que se sentiriam com gorilas. O país era, portanto, "virgem", embora proporcionalmente fosse muito povoado pelos primeiros imigrantes. Os índios tinham um hábitat, mas, uma vez domesticado o ambiente hostil pelo trabalho e tomadas as devidas precauções, eles teriam um país.[122]

Ao contrário dos nazistas, desde o princípio motivados pela ideologia, alguns estadistas norte-americanos se esforçaram inicialmente por superar sua repulsa. A Conferência de Albany em 1754, antecedendo a Constituição em 37 anos, tivera por duplo objetivo convocar a unificação das províncias coloniais e elaborar um pacto entre a nova entidade e a Confederação Iroquesa, na forma de uma união. Em memória desse acontecimento, do qual participara Benjamin Franklin, o Congresso aprovou, 234 anos depois, uma resolução com o objetivo de "reconhecer a contribuição da Confederação das Nações Iroquesas para o desenvolvimento da Constituição dos Estados Unidos e reafirmar a continuidade da relação de governo a governo entre as tribos indígenas e os Estados Unidos estabelecida na Constituição". Essa "continuidade" é evidentemente uma reconstrução para inglês ver. Uma vez neutralizados os nativos definitivamente, teria sido muito bom que as coisas tivessem acontecido de maneira tão edificante.

O texto de 1988 esclarece: "O Congresso reconhece e reafirma especificamente a responsabilidade fiduciária[123] e a obrigação do Governo dos Estados Unidos em relação às tribos indígenas, inclusive os nativos do Alasca, quanto a sua preservação, proteção e progresso, inclusive na previdência sanitária, educativa, social e nos programas de assistência econômica na medida em que se revelarem necessários, e também o dever de assistência às tribos em seu exercício da responsabilidade governamental de prover o bem-estar social e econômico de seus membros e preservar a identidade cultural e a herança tribal; e o Congresso também reconhece a necessidade de exercer a mais elevada boa-fé no respeito aos seus tratados com as diversas tribos [... e às obrigações morais e legais, para que elas possam] continuar a desfrutar eternamente dos direitos consagrados na Constituição dos Estados Unidos." A lista era completa, detalhando o que poderia ter sido feito, mas não o foi. Os tratados materializados nos 375 instrumentos jurídicos reconhecidos pelo Departamento de Estado desde 1722 foram violados uns após os outros. Em momento algum, a vontade de coexistência pacífica, manifestada por humanistas minoritários, foi capaz de oferecer real resistência à ambição colonial.

A Declaração de Independência de 1776 proclamava entre suas queixas sobre o rei George: "Ele instigou entre nós a insurreição interna e procurou jogar contra os habitantes de nossas fronteiras os indígenas, esses selvagens sem piedade, cuja maneira bem conhecida de fazer a guerra consiste em massacrar tudo, sem distinção de idade, sexo nem condição."[124] Ela retomava a ideia expressa meses antes por Tom Paine. Segundo Paine, o soberano britânico tinha "sublevado os indígenas e os negros contra nós", outra maneira de dizer que esses dois grupos eram formados por cães de guerra, e não por seres humanos. Mas eles foram tratados de maneira distinta, sendo aos africanos atribuído o papel de bestas de carga úteis para a colonização, e aos ameríndios, o de feras representando um obstáculo aos assentamentos. Aqueles foram vacinados contra a varíola[125] para proteger o pesado investimento que representavam. Não faltou quem, de bom grado, os deixasse morrer de epidemias oportunas, atribuídas à vontade divina.[126] O álcool foi racionado entre aqueles, de acordo com os preceitos bíblicos, e alguns poucos estimularam seu consumo entre esses, à maneira do ópio na China.

A ideia historicista de que a "raça vermelha" estava fadada a desaparecer ("a vanishing race")[127] fez-se ouvir, obscuramente associada ao sentimento de que talvez não fosse pior, do ponto de vista filantrópico e pragmático, abreviar seus sofrimentos. Thomas Jefferson encarnava essa ambivalência. Como representante do Iluminismo, cultivando a etnografia indígena, ele buscava sinceramente, ao que tudo indica, combater seus próprios preconceitos e barrar no trato com os indígenas o supremacismo simples a que dava vazão em relação aos escravos negros. Mas, na qualidade de protagonista da Independência e terceiro presidente, ele não podia permitir que considerações humanitárias relativas a povos condenados pela história viessem a entravar a existência e o destino dos Estados Unidos. As medidas de apropriação e repressão lhe pareciam suficientemente justificadas. Ele passava de um idealismo cândido à vontade de extermínio (a palavra se origina de sua própria pena), do sonho acordado descrevendo indígenas inteiramente assimilados, compartilhando voluntariamente suas terras, que não sabiam usar de modo suficiente para delas tirar proveito, à fúria de "matar todos eles".

Mas os ameríndios, de certa forma, nunca chegaram a ser o problema principal das questões indígenas. Antes mesmo da Independência, tinham representado peões no xadrez estratégico das potências, destino pouco invejável que tantas vezes foi também o dos poloneses. Na Guerra dos Sete Anos, comparada por Churchill à Primeira Guerra Mundial, e que poderia ter recebido esse nome, pois se desenrolou em três continentes e causou mais de um milhão de mortes, os iroqueses combateram ao lado da Grã-Bretanha, da Prússia, de Portugal e de seus outros aliados. Dez outras federações ameríndias, entre elas as dos algonquinos e huronianos, se alinhavam no campo da França, da Rússia, da Áustria, da Espanha, da Suécia e de seus próprios aliados, entre eles o nababo de Bengala. O conflito entronizou o "acivilismo" nas guerras modernas, e, por um sinal da História, de maneira simultânea na Europa Central, entregue à pilhagem, e na América, onde colonos franceses, os acadianos, foram objeto de uma deportação em massa envolvendo 12 mil pessoas, o equivalente a três quartos da população atingida. O "Grande Transtorno", como o dialeto acadiano denomina essa operação étnica, fora planejado logo depois da Paz de Utrecht de 1720, que cedia a Acádia à Grã-Bretanha. Charles Lawrence, governador da Nova Escócia, a concretizou em 1755, inaugurando um esquema que teria grande futuro nas mãos das autoridades alemãs. A tropa reunia os habitantes nas aldeias, a pretexto de transmitir instruções reais. Depois da detenção coletiva, os fugitivos eram executados ou perseguidos, as vítimas eram sequestradas em embarcações, para a triagem e o desmembramento das famílias. Sua deportação foi uma série de odisseias lamentáveis. Os que não morriam de doenças, fome ou em naufrágios se tornaram errantes por diversas províncias, submetidos à servidão ou uma intensa vigilância, destituídos de todos os direitos. Alguns foram encarcerados na Inglaterra. Vários grupos voltaram ao Canadá, onde prêmios eram oferecidos por seu escalpelo. Alguns chegaram a Santo Domingo. Outros à Luisiana, já agora terra espanhola. Passados vinte ou trinta anos, alguns sobreviventes se estabeleceram na França. As tribos indígenas, por sua vez, tendo, em sua maioria, se posicionado ao lado da França, descobriram que tinham sido cedidas, juntamente com seus territórios, à Grã-Bretanha, como uma das condições da paz.

A conquista teve prosseguimento por muito tempo, como simples continuação das rivalidades entre potências europeias ou as que a elas haviam sucedido, como o México. Os ameríndios eram joguetes subalternos dessas manobras que se situaram entre as possessões dos Estados Unidos a Flórida e a Luisiana, tomadas à França e à Espanha, o Oregon, tomado à Grã-Bretanha, e mais adiante o Texas, conquistado ao México. A guerra de 1846 contra os mexicanos, por si só, rendeu Arizona, Califórnia, Colorado, Nevada, Novo México e Utah. A essa altura, já se tratava apenas de livrar as regiões adquiridas de outros Estados soberanos de seus ocupantes.

O mecanismo tinha sido organizado pelo Regulamento do Noroeste, de 1787. A conquista do Oeste seria centralizada no nível federal, ficando os novos territórios sob a jurisdição do Congresso até a sua transformação em Estados, uma vez atingido certo limiar demográfico. O texto comportava disposições humanitárias acompanhadas de duas ameaças. A escravidão era proibida nos territórios (destinados a fazendeiros independentes acompanhados de suas famílias). As propriedades dos ameríndios não seriam tomadas sem o seu consentimento, "exceto nos casos de guerras justas e legítimas autorizadas pelo Congresso"; e sua tranquilidade seria garantida por leis de pacificação promulgadas "de tempos em tempos para prevenir que males lhes fossem causados e preservar a paz e a amizade com eles". A Confederação Indígena do Noroeste agradeceu pela solicitude do Congresso com hostilidades que inicialmente deram a vitória a Gerônimo, Crazy Horse, Sitting Bull e Cochise. Washington respondeu na mesma moeda, apropriando-se de Ohio e de uma parte de Indiana, em uma guerra "justa e legítima" de grande envergadura.

Os combates e atos de chantagem e extorsão contra os europeus não tinham razão para ser interrompidos, uma vez ocupado o terreno apenas por seres considerados inferiores e em vias de extinção. As "guerras indígenas" representavam campanhas legítimas no plano do direito de guerra em vigor entre os ocidentais. Só o "acivilismo" mais ou menos sistemático dos confrontos lhes conferia uma modalidade particular. Mas sua justificação jurídica rapidamente foi encontrada. Por uma configuração desconhecida na Europa, pelo menos até a criação das milícias nazistas, boa parte das operações armadas era iniciada por civis ou por sua instigação, considerando-se que o exército devia intervir para proteger os colonos ou promover a pacificação. O fato de particulares enfrentarem não combatentes não era propriamente da esfera do direito de guerra. De resto, essas agressões eram qualificadas como legítima defesa. O conceito curioso de "legítima defesa preventiva", que também seria usado pelos nazistas, adquiriu forma nesse momento.

Tratava-se naturalmente, em todos os casos, de aquisição a qualquer preço de um "espaço vital", sem outro limite senão o próximo oceano, tendo sido objeto de planejamento, sujeito a revisões frequentes, mas constante em seus objetivos. Hitler retomou a visão jeffersoniana de um continente explorado por fazendeiros independentes de raça branca, cujos assentamentos se estenderiam quando a densidade demográfica atingisse certo nível — baixo, mas suficiente para permitir a pecuária. Seu fascínio norte-americano era de tal ordem que ele não enxergava que as novas condições econômicas europeias haviam tornado seu projeto anacrônico.

Mais legalista que o governo nazista, o governo norte-americano ainda estabelecia distinção entre a aquisição de soberania pela guerra legítima e a transferência de propriedade das terras, que normalmente é da jurisdição do direito contratual ou, excepcionalmente, da desapropriação por interesse público, com a ressalva de indenização. A atribuição dos territórios indígenas aos colonos transitava, assim, pelo domínio público, que delas se dotava mediante aquisições. Nem é preciso lembrar que as tribos não teriam como se opor fisicamente a uma extorsão diante da qual o próprio Napoleão tivera de ceder, no caso da Luisiana.

Mas havia quem considerasse o processo demasiadamente lento e desgastante. Coube a Andrew Jackson, grande caçador de indígenas e o único chefe de Estado americano ferido em combates na Fronteira, consolidar um projeto esboçado pelos presidentes Monroe e Adams: a deportação das tribos. O Indian Removal Act,[128] de 1830, voltado contra 60 mil nativos, foi sua maneira de providenciar essa deportação. Apesar da oposição da Corte Suprema, das tentativas de acomodação de uma elite cherokee que se submetera à melhor educação ocidental[129] e da súplica de Ralph Waldo Emerson ao presidente Van Buren citada no início do capítulo, a lei levou à "Trilha das Lágrimas" o êxodo de um povo dizimado em direção às reservas.

Em meados do século XIX, a doutrina do "destino manifesto",[130] já agora dominante, exigia que as zonas indígenas fossem sempre mais reduzidas. Todos os projetos de um território indígena protegido por fronteiras autênticas, e mesmo de um Estado indígena ligado à federação, foram abandonados. As reservas eram a solução definitivamente adotada. Seriam múltiplas, estreitas e situadas em regiões cada vez mais ingratas. Obrigavam seus habitantes a abandonar seu modo de vida econômico ancestral, em um ambiente que não o tornava viável. Os búfalos foram deliberadamente exterminados, de tal maneira que, só com a chegada do ecologismo de Madison Grant, foi possível pôr fim à devastação. Como haviam previsto agentes ligados à questão indígena que sabiam do que estavam falando, as reservas se transformavam em campos de confinamento, instaurando o contexto do "assassinato legal de toda uma Nação" por um procedimento "oneroso, vicioso e desumano" que gerava focos de epidemias.[131] O custo era realmente elevado para o governo federal, mas se calculara que ainda era menor que o das operações militares. Os fornecedores aproveitavam a oportunidade caída do céu para entregar mercadorias avariadas e comer pelas bordas na quantidade, de tal maneira que a fome vinha culminar em um processo de desgaste baseado na espoliação física e cultural.

Agora, as autoridades federais podiam posar de boazinhas. Elas é que haviam resistido a uma demanda expressamente exterminadora do público e de uma parte importante dos eleitores. Passavam por protetoras dos ameríndios diante do aniquilamento definitivo ao qual de fato se teria assistido, caso tivessem dado livre curso a milícias prontas para se formarem — o que certos Estados, de bom grado, teriam subvencionado com esse objetivo.[132] Elas as protegiam também contra sua própria indulgência diante do álcool barato que os comerciantes se apressavam a lhes fornecer. E cuidavam de sua aculturação por uma escolaridade transmitida em salas de aula superlotadas. E também se acabara por vaciná-los com ou sem a sua concordância.

O fato de o crime ter sido ideológico, mais que produto de uma concorrência vital, fica suficientemente comprovado pela densidade demográfica dos Estados Unidos, até hoje contendo vastos territórios subpovoados. Em menor escala, constata-se que o paradigma é idêntico ao da colonização nazista: sua brutalidade radical era desnecessária. Poderia ter sido evitada, e não apenas por motivos humanitários. Soluções territoriais e parcialmente assimilacionistas haviam sido propostas. Se não eram fadadas ao sucesso, eram pelo menos dignas de tentativa.

De um ponto de vista abstrato, existe uma vasta gama de relações possíveis entre colonizadores e colonizados separando a coexistência pacífica do extermínio: o confinamento, a assimilação, a segregação, a repressão, o isolamento, a expulsão ou a sujeição. Nos Estados Unidos, só a assimilação, a segregação e a sujeição foram desde cedo descartadas, pois implicavam uma forma mínima de vida em comum, tornada impossível pela reputação de radical violência atribuída aos indígenas.[133] O supremacismo americano não era uniforme. Apresentava pelo menos duas grandes modalidades: o direito de domesticar (os negros) e o direito de abater (os indígenas). A dualidade do cão e do lobo oferecia seu contexto imaginário à diferenciação. O cinema ocidental, do qual Hitler era um grande apreciador,[134] apresentava os negros como "gentis" e dedicados, e os indígenas (sobretudo quando jovens e de linhagem principesca) como "maus", exceto quando se tratava de fracos recrutados como batedores na cavalaria dos bons. Cabe notar que os mexicanos tiveram direito a um tratamento especial, sendo equiparados aos brancos criminosos, agindo em bandos organizados, caracterizados pela crueldade e a perfídia, dois traços ainda mais acentuados quando avançavam em um exército estruturado diante do pequeno forte de Álamo. Só depois do desastre, sob o efeito da guerra no Vietnã, é que Hollywood — e, portanto, o mundo ocidental — resolveu equilibrar seu olhar em relação aos ameríndios.[135]

2.3.3 Supremacismo e democracia nos Estados Unidos

Ao nascerem com receio do outro, os Estados Unidos "brancos" nunca superaram a questão racial. Sua primeira imigração em massa foi a dos escravos africanos. Ela levou à Guerra Civil, até hoje o mais violento trauma de seus quatro séculos de existência. A ocupação completa do território se fez pelo extermínio dos ameríndios, as guerras contra o México e a Guerra Hispano-Americana. A construção das ferrovias se efetuou pela escravidão *de facto* dos operários chineses. A guerra contra o Japão provocou a criação de campos de concentração étnicos. O movimento dos direitos cívicos respondia ao segregacionismo. Cada nova onda de imigrantes era vivenciada em termos raciais, considerando-se, durante muito tempo, que as populações mediterrâneas ou de cultura céltica formavam raças distintas da raça nórdica. O envolvimento dos Estados Unidos no Oriente Médio foi entendido mais ou menos da mesma maneira.

Mas, embora fracassassem imediata e duradouramente na raça, os Estados Unidos tiveram êxito em sua organização política. A Declaração de Independência e a Constituição, destinadas aos senhores do Novo Mundo, permitiram a convivência dos colonizadores, por mais diversos que fossem seus valores e suas origens. Entre as comunidades religiosas vindas da Inglaterra em busca do Éden, comerciantes holandeses ávidos por ampliar sua rede de negócios, irlandeses e escoceses muitas vezes analfabetos, dispostos a tudo por estarem fugindo da miséria, franceses e espanhóis querendo recobrar fortuna, aristocratas britânicos que haviam servido à coroa e conservavam propriedades férteis, e mais adiante, umas após outras, todas as pessoas do mundo forçadas à aventura pelos tribunais ou desejosas de encontrá-la, poderia ter havido apenas uma Babel ingovernável e uma constante anarquia. Os rebuscados equilíbrios dos textos fundadores cuidaram para que fosse de outra maneira, servindo, de passagem, de inspiração revolucionária à França, que anteriormente lhes havia conferido alguns de seus fundamentos filosóficos.

Esses migrantes tinham pouco em comum e não formavam uma comunidade sólida. Em uma época em que todos os países avançados se transformavam em Nações, eles ainda se dilaceravam quanto à concepção de sociedade. Houve necessidade de centenas de milhares de mortos para que os Estados Unidos nascessem definitivamente dos escombros da Secessão. Mas, então, a democracia se fundiu com o racismo.

O sistema federal era organizado para permitir a representação política de uma sociedade igualitária dividida em Estados regionais. Por "igualitária", devemos entender indivíduos distintos apenas por sua posição em uma escala econômica única, sem outras separações estatutárias. Em outras palavras, a sociedade americana se pretendia "estratificada", mas não "segmentada", repartida em camadas horizontais superpostas, segundo a maior ou menor fortuna adquirida, e não dividida verticalmente segundo alguns critérios que não os geográficos. Seu princípio consistia em que as origens eram esquecidas nessa terra da juventude, ninguém carregando consigo seu passado. O resto, como a religião ou as opiniões filosóficas e a escolha de uma profissão, tinha a ver com a liberdade pessoal, protegida pela Constituição. A elevação, sempre individual, de uma camada social a outra devia ser para cada um o produto exclusivo dos próprios esforços e do próprio mérito. As instituições não tinham outro objetivo senão garantir a convivência de pessoas tão diferentes quanto quisessem ser, combinando a defesa de seus direitos e liberdades com um debate democrático. A travessia das camadas devia ser exclusivamente econômica, efetuando-se a atividade em um contexto contratual, sem que se fixassem nenhum teto para a riqueza dos ganhadores, nem nenhum piso para a pobreza, cujo tratamento era o da esfera da liberdade caritativa. O imposto não tinha qualquer vocação redistributiva.

Para que o sistema estabelecido pelas leis fundamentais pudesse funcionar, restavam pelo menos três problemas a resolver: era preciso que a liberdade de voto não gerasse uma tirania das maiorias ou o despotismo; que a existência dos Estados não privasse de substância o governo federal, que devia estar em condições de realmente conduzir uma política exterior e econômica unificada; e era necessário, por fim, que desaparecesse a mais visível das diferenças segmentais: a escravidão. O bipartidarismo proporcionou uma solução à primeira ameaça; a Guerra Civil, por sua vez, se encarregou das duas últimas.

O fato de a questão democrática ter sido separada da questão federal e da questão da servidão é ilustrado na própria pessoa de Andrew Jackson. Escravagista inveterado e matador de índios, foi ele quem ancorou o bipartidarismo na Constituição americana, um sistema que sempre impediu que os Estados Unidos caíssem no autoritarismo do partido único ou do messianismo político, não obstante as tentações sempre presentes.

Até o primeiro terço do século XIX, a vida política e social norte-americana preservara traços profundos do Antigo Regime europeu. Embora supostamente devessem ter esquecido os fantasmas da "Idade Média", com suas hierarquias rígidas, os colonos continuavam sob a influência desses fantasmas, que não eram medievais, mas haviam ressurgido no Renascimento para reger os países de onde vinham. A aspiração igualitária, autêntica no plano dos direitos fundamentais e das liberdades públicas, não tinha acabado com uma atitude de deferência em relação às oligarquias. Essas, é verdade, não emanavam mais da vontade discricionária dos reis, nem da herança dos títulos ou cargos, mas continuavam a ser realidades poderosas. Assim como o sonho igualitário permaneceu por muito tempo cego à sua contradição com a escravidão e à prevalência masculina, não se viam com clareza os efeitos sistêmicos da cultura familiar, das boas maneiras e da educação pelo comando. Ocultava-se o fato de que, embora tivessem sido elevados às suas posições apenas por seus méritos no combate, no comércio, na escolaridade, nos tribunais, nas igrejas ou na política, os novos oligarcas de qualquer maneira teriam formado uma casta em parte hereditária, de que desfrutariam de um poder muito superior ao do indivíduo comum, sobretudo quando acumulavam, como ocorria com frequência, funções de autoridade em vários terrenos ao mesmo tempo.

O fenômeno era reforçado por uma tendência à severidade mais extrema em relação aos criminosos, que tinham perdido qualquer desculpa na "terra de todas as possibilidades": as classes médias se mostravam tanto mais deferentes em relação às camadas superiores na medida em que queriam, elas próprias, ser respeitadas pelas camadas mais baixas, compostas dos "dejetos" da sociedade, homens e mulheres incultos, "sem fé nem lei", tendo como única atividade o crime ou as tarefas vergonhosas que nem mesmo aos escravos teriam sido confiadas. Esses grupos perigosos e desprezados, formados inicialmente por condenados ou contratados servis por duração preestabelecida, no contexto do estatuto de *indenture*, acabaram formando o *White Trash*, o "Lixo Branco".[136]

A ausência de um governo central forte, no plano dos Estados e sobretudo no nível federal, conferiu grande latitude às famílias aristocráticas. Sua fortuna era ampliada pelos rendimentos dos encargos públicos (consideráveis no caso dos governadores) e pelas outras vantagens que podiam retirar de sua influência, tanto junto às autoridades incumbidas dos mercados públicos ou das licenças, como dos tribunais e das forças policiais. Seu acesso ao crédito não tinha paralelo. Permitia-lhes financiar a imprensa e criar empregos. Assim, era simplesmente inevitável que se tornassem o núcleo da política norte-americana.

Acontece que os constituintes não haviam organizado a existência de partidos políticos. Pensavam em um sistema transparente, segundo o qual o povo governasse a si mesmo por meio da eleição livre de seus mandatários, supondo-se que todo sistema eletivo representasse os que dele participavam. Mas eles ignoravam a lei sociológica que determina que assim não seja. O eleitor raramente vota em alguém que se assemelhe a ele, dando preferência a quem considere mais capacitado para representá-lo sobre algum outro que realmente guarde semelhança com ele.[137] Em uma sociedade estratificada, os que têm menos fortuna, que são normalmente os mais numerosos, mas dispõem de um peso social individual menor, tendem a votar naqueles que têm mais que eles e por isso se beneficiam de maior peso social, embora sejam minoritários. As elites não têm motivo para se queixar do sufrágio popular. Desse modo, acabam por abrir mão do sufrágio censitário e admitem, por fim, o voto das mulheres. A integração dos dominados, fossem pobres ou mulheres, produziu historicamente, quando de sua introdução, assembleias mais conservadoras que as anteriores. Quando certos grupos numericamente importantes consideram que seu peso na sociedade é extremamente fraco, deixam de lado até mesmo a ideia de votar, sabendo que o sistema eleitoral chegará, sem que seja necessário seu sufrágio, a lhes conferir representação política proporcional a seu peso social, portanto praticamente nula.[128]

A formação de elites aristocráticas preponderantes no jogo político teve consequências que ninguém previra. Coalizões de interesses se haviam formado na capital, levando a facções dependentes de seus líderes (Jefferson-Madison e Washington-Hamilton). A eleição presidencial forçava um dualismo partidário ("federalistas" contra "republicanos"), cada qual buscando identificar-se na política estrangeira ou no grau de centralismo federal. Permanecia-se na oligarquia, no plano das rivalidades clientelistas, de uma maneira que não deixa de lembrar os últimos tempos da República romana.

A criação, em 1804, do "ticket" de candidatura presidente/vice-presidente foi o primeiro passo em direção a um sistema de partidos estruturados. Enquanto a Europa ainda buscava uma via democrática viável, a década de 1820 e os anos seguintes assistiram, nos Estados Unidos, ao surgimento do sistema representativo semiparlamentar,[139] que acabou levando a melhor no mundo ocidental, lentamente e com crises extremas. Passava-se de um governo oligárquico (só os membros do Congresso sendo então eleitos por sufrágio direto por um corpo eleitoral que fora restringido de todas as maneiras possíveis) a um sistema de partidos nacionais que designavam os candidatos ao conjunto dos cargos eletivos com base em programas mais contrastados e mobilizando o eleitorado popular. Esses partidos deviam ser vigorosos o bastante para ganhar, senão todas as eleições, pelo menos uma quantidade suficiente para que seu assentimento ao vencedor conservasse valor negociável. Eles só podiam ser dois, portanto, e seriam aparelhos mais poderosos que os candidatos, cuja eleição só eles poderiam assegurar.[140]

A chave do bipartidarismo era que — apesar das diferenças entre as duas entidades rivais, suas bases eleitorais distintas e seus programas concorrentes — eles se mantinham em consonância com três questões fundamentais: a Constituição e o contexto jurídico de seus confrontos, o sonho americano e seu tabu absoluto do socialismo. Assim, podiam suceder-se sem risco de golpe de estado. Toda tentação autoritária era imediatamente denunciada, limitada pelo contrapeso dos cargos eletivos, já então grandes demais para serem todos abarcados,[141] pela liberdade da imprensa e pelo fato de que ela se transformava em argumento eleitoral para o adversário.

As oligarquias não haviam desaparecido, tendo apenas se transformado. O crescente peso do governo federal na vida econômica favorecia o surgimento de fortunas cada vez mais consideráveis, pelo jogo não só das novas técnicas, mas também do dirigismo e dos favores. A massa de cidadãos contava com a consolidação de ter escolhido eleitoralmente os homens mais poderosos do país e também de ter feito os mais ricos ao comprarem seus produtos. Mas o consolo não era total, pois, na terra de todas as possibilidades, já não era possível tudo. O surgimento periódico de magnatas vindos de lugar nenhum já não dissimulava mais o fato de que muitos, não importando seu empenho no trabalho, sua dedicação, sua honestidade e seus esforços, ficariam mais ou menos confinados, por não disporem das conexões ou da educação necessárias, nas camadas baixas de uma sociedade em que as camadas altas ganharam um novo impulso. Ao contrário dos proletários da Europa, eles não podiam nutrir a menor esperança de melhora pela via das revoluções. Como a própria natureza do sonho americano estabelece que o sucesso sempre decorre do mérito, e que esse é medido em uma escala monetária, eles não podiam atribuir sua situação inferior à injustiça nem perseguir valores que não dessem lugar a um reconhecimento material. As leis antitruste tinham como única vocação eliminar uma distorção dos mercados pelos monopólios. Da mesma forma, os sindicatos não tinham outro objetivo senão compensar a distorção entre o empregado isolado e a grande empresa. Sua força e sua dureza eram admitidas como um espelho da força e da dureza legítimas dos empregadores. Eles resultavam de uma simples liberdade contratual entre trabalhadores. Em nenhuma hipótese, o sindicalismo deveria visar a um socialismo em contradição frontal com os princípios exigindo a liberdade dos agentes e fixando *a priori* a renda como reflexo do talento e do esforço.

2.3.3.1 Supremacismo, patriciado e sonho norte-americano

Foi assim que o racismo, conforme pretendo demonstrar, veio dar sustentação ao funcionamento do regime, pois havia, por baixo de todo cidadão, seres mais baixos que ele. A divisão em raças se tornou, para um sistema político concebido por uma sociedade estratificada, o meio de encontrar sua regulação. Os segmentos eram dispostos sob as camadas. Todo indivíduo desclassificado ou incapaz de se elevar à altura das próprias ambições podia, assim, encontrar uma dignidade subjetiva e uma imagem positiva de si mesmo, aderindo, senão diretamente às organizações supremacistas que haviam sido criadas, pelo menos às suas ideias. Os partidos políticos jogavam com esses temas nos aspectos populistas de seus programas. Os indígenas e os negros estavam disponíveis para o papel de seres desprezados destinados a sofrer humilhação, mas também cada geração sucessiva de imigrantes. Os recém-chegados eram, ao mesmo tempo, tragados pelo sistema, que encontrava neles mão de obra barata e eleitorado manipulável, e simultaneamente perseguidos por ele no modo racial. Todos tiveram o mesmo destino — irlandeses, italianos, judeus, gregos, armênios, poloneses, hispânicos, chineses, japoneses e filipinos —, começando a onda anterior a se integrar melhor quando chegava a seguinte. O processo prossegue até hoje, exercendo os Estados Unidos seu poder de atração mais forte sobre cada grupo quanto mais precária for a situação que justificou a imigração.

O imaginário coletivo não conferia poder à cidadania, nem mesmo à fortuna, mas à "brancura", apreciada segundo gradações sutis. Para adquiri-la, era necessário, antes de qualquer coisa, possuir uma pele reconhecida como de cor branca, qualidade em tese inacessível para sempre aos africanos, ameríndios e asiáticos, e dificilmente aos hispânicos. Mas também era necessário viver "como um branco", ou seja, segundo o modelo antropológico "anglo-saxônico", identificado por uma maneira específica de se vestir, se alimentar e se expressar verbalmente. Esse segundo critério pressupunha, no caso dos mediterrâneos e dos irlandeses, um período de teste de uma a duas gerações, requerendo-se, em caso de coloração, uma ascensão social constante e mais longa. Era necessário também "pensar como um branco", ou seja, compartilhar o culto dos textos fundadores e o credo do sonho americano, mas também adotar as confissões adequadas. Esse terceiro critério conferiu, durante muito tempo, um lugar à parte aos católicos e aos judeus, cujo estatuto permanecia frágil até a eventual aquisição de uma fortuna considerável. Além disso, permitia excluir os socialistas e os "amigos dos negros e índios". Por fim, até mesmo um escandinavo de religião protestante podia não ser inteiramente "branco" se pertencesse ao *White Trash*.

Os grupos admitidos na fase de teste, período em que eram mantidos à parte das conversas políticas nos saloons, dos sindicatos e das funções de autoridade, eram, em seguida, convidados a se juntar às práticas supremacistas esperadas dos "brancos". Um exemplo paradigmático é o dos artistas e empreendedores de confissão majoritariamente judaica que criaram e dirigiram Hollywood, depois de terem sido perseguidos na Europa. A quase totalidade da produção cinematográfica americana foi a escola do supremacismo popular ocidental e de seus clichês étnicos.[142] Em geral, refletia a nebulosa ideologia dominante, globalmente de acordo com a do nazismo, com a ressalva do socialismo, e à exceção absolutamente decisiva do legalismo democrático.[143]

O racismo não era um acidente, um defeito provisório suscetível de não ser superado pela abolição da escravatura, mas uma solução estrutural a um problema estrutural. Não era com certeza apanágio dos norte-americanos, e com frequência se viu na Europa, antes e depois do nazismo, o populismo, fosse de esquerda ou de direita, assumir contornos raciais. Mas, de qualquer maneira, os Estados Unidos tinham uma predisposição particular nesse sentido, sendo de todos os países desenvolvidos o mais segmentar, embora seu mito político nacional repouse unicamente na ideia de estratificação. O tema do sucesso exclusivamente por meio do mérito imposto aos que fracassavam, sem consideração pelos efeitos do simples acaso ou pela existência de uma ordem patrícia que limitava a igualdade de oportunidades, forçava-os a recuperar uma imagem positiva de si mesmos desprezando os mais desprezados que eles.

A filantropia era uma maneira necessária, mas insuficiente, de legitimar a existência de um patriciado poderoso, o qual procurava restringir os episódios "progressistas" em que um Congresso favoravelmente predisposto em relação aos interesses oligárquicos era levado a distribuir aos pobres em consequência das crises. Assim, as elites cuidavam atentamente de suas atividades caritativas, não raro exercidas mediante dedução fiscal, com o duplo objetivo de coesão social: seleção mundana do grupo dos filantropos e participação na correção das injustiças mais gritantes. Partia-se do princípio de que o sucesso sempre combina com o inventor e de que sua recompensa é necessariamente justa, sem que se percebesse que, no terreno dos empreendimentos, "os pioneiros são mortos pelos índios", recompensando a fortuna frequentemente daquele que recolheu os despojos, e não do descobridor; ou que a liberdade econômica só é eficaz por abrir espaço de tentativa e erro, sendo necessário que dele não saiam vencedores todos os merecedores. As pessoas que estatisticamente não tinham muitas chances de sair de uma condição inferior podiam sonhar em colocar seus descendentes em posição de se elevar pela via acadêmica ou de receber pelo crescimento os frutos da riqueza de outrem, ao mesmo tempo se beneficiando das garantias constitucionais das quais teriam sido privadas em qualquer outro regime. Mas uma deterioração duradoura de sua situação pessoal, ligada ou não aos ciclos econômicos, os inclinava a recorrer ao supremacismo.

Nessas condições, a maioria da população era levada de diversas maneiras a perpetuar a supremacia racial. Os pobres podiam escolher uma das opções: acusarem-se pela própria incapacidade de galgar a hierarquia social ou atribuírem a culpa a comunidades desprezadas. As comunidades desprezadas podiam escolher entre abrir mão de se integrar e adotar a visão "branca" de um mundo racialmente segmentado. Os que não podiam integrar-se perfeitamente à comunidade branca canônica podiam escolher entre aceitar uma imagem degradada de si mesmos e assumir uma identidade comunitária suscetível de lhes proporcionar orgulho de filiação, tendo como consequência, contudo, a emissão de sinais de pertencimento comunitário exclusivista, por meio dos quais se designavam como alvo das outras comunidades.

Dessa maneira, reproduzia-se um sistema que ninguém tinha decidido nem mesmo desejado. Esse sistema garantia a estabilidade política de uma sociedade empenhada em gerar elites patrícias, na ausência de esperanças populistas radicais, como na Europa. Oferecia a proteção das garantias constitucionais às comunidades que haviam começado ou acabado sua integração pagando esse preço. A ideologia dominante nos Estados Unidos comportava, assim, entre seus componentes, uma mistura que impedia de dar lugar a uma combinação análoga ao nazismo. O autoritarismo do partido único, sua característica essencial, era impossível nela. Mas não foi apenas a democracia que impediu a equivalência das conquistas do Oeste e do Leste. Em ambos os casos, a supremacia racial estava no centro.

2.4 Um modelo de apoio passivo

> *"Lindbergh pronuncia novamente um discurso extremamente corajoso. É o melhor cavalo no estábulo do isolacionismo. Ele gera muitos problemas para Roosevelt. Tampouco é possível atacá-lo realmente, pois se trata de uma figura íntegra e irrepreensível. Tanto mais, assim, nos sentimos forçados a não fazer alarde de sua ação na imprensa e no rádio alemães; quanto mais o deixarmos entregue a si mesmo, mais sucesso ele fará."*
>
> J. Goebbels, 31 de agosto de 1941[144]

Não poderíamos fechar o capítulo norte-americano sobre as origens do nazismo sem mencionar o apoio de que desfrutou nos Estados Unidos, à parte os ideólogos mencionados. Se é verdade que Lenin afirmava que os próprios capitalistas venderiam a corda com a qual seriam enforcados, a corda nazista, ao contrário da soviética, não estava destinada aos norte-americanos. As circunstâncias da Primeira Guerra Mundial haviam transformado a Alemanha em um vasto mercado, somando-se as necessidades da reconstrução às sanções com que o Tratado de Versalhes emperrava as antigas capacidades de produção. Os Estados Unidos, com seu mercado interno, seus recursos naturais e sua força de inovação, se dotaram de empresas de dimensão internacional (exceto os bancos, que permaneceram por muito tempo uma especialidade europeia). Seu interesse em se fazer presente na Alemanha era uma evidência que a Depressão transformou em necessidade.

Havia motivos para encarar o nazismo com uma predisposição favorável. Ele combatia o comunismo, uma ideologia contrária a todos os princípios políticos, imaginários e antropológicos do espírito norte-americano.

Com isso, obtinha o assentimento dos patrícios de ambos os países. Descobrira um meio de financiar a retomada do crescimento, parecendo menos socialista que o New Deal: um rearmamento que não representava nenhuma ameaça séria para a segurança do santuário norte-americano e uma reindustrialização que prometia tornar o país solvente. Hjalmar Schacht, o guru financeiro do Terceiro Reich, era filho de um pai que se tornara cidadão dos Estados Unidos e tivera educação americana. Mobilizara os industriais em favor de um partido que preservaria suas margens e eliminaria qualquer problema com os sindicatos. Utilizava as mais recentes técnicas financeiras para pagar aos fornecedores estrangeiros. Qual empreendedor teria sido suficientemente pusilânime para se assustar com as discriminações raciais que pertenciam à tradição ocidental ou as brutalidades em relação aos bolcheviques?

A Doutrina Monroe, que proibia os europeus de se envolverem nas questões americanas em troca da neutralidade dos Estados Unidos, tinha sido corroborada pelos horrores da Primeira Guerra Mundial, que nada acrescentaram de mais concreto, à parte sua devastação, senão sonhos de paz perpétua nos quais nenhum espírito pragmático acreditava por um só momento. Entendia-se que, se a Grã-Bretanha e a França se preocupassem com o ressurgimento de um antigo adversário, isso era problema delas. Essas potências promoviam seus próprios interesses — estavam no seu direito. Mas qualquer dívida política em relação a elas fora apagada, se é que chegara a existir alguma. Podia-se, a rigor, admitir um sistema de arrendamento oferecendo desaguadouros a um bom preço às empresas americanas, mas desde que não acarretasse alta dos impostos por inadimplência dos tomadores nem um novo conflito para o qual os exércitos americanos estavam despreparados, e que desviaria os jovens das fábricas que deles precisavam. Por sinal, à medida que a Alemanha ia se fortalecendo e a questão de um engajamento se tornava mais premente, uma vitória se tornava menos evidente. Os Estados Unidos dispunham de uma potência aérea irrisória, desprovida de um raio de ação intercontinental, ao passo que sua esquadra mercante era vulnerável à ação dos submarinos.

Não era preciso ser pró-nazista para se dar conta de que não era preciso ser antialemão. O antissemitismo de Hitler era hipertrofiado, pois exortava à desapropriação e ao extermínio, mas esse excesso podia ser atribuído à propaganda. O grande público, pouco informado da política externa e que não queria absolutamente mandar seus filhos para uma carnificina em um país distante, opunha-se em 80%, segundo as pesquisas do imediato pré-guerra, a uma aventura militar.

Os liberais, ditos "conservadores" nos Estados Unidos, estavam mais interessados no comércio com a Alemanha do que com uma França e uma Grã-Bretanha concorrentes dos Estados Unidos. Os adeptos da ordem prefeririam um regime autoritário, sobretudo se desagradasse a Roosevelt. Também se mostravam sensíveis à propaganda muito estruturada da Alemanha junto a eles,[145] especialmente quando fossem antissemitas ou desejassem, mais que tudo, esmagar o bolchevismo.

A intervenção só era contemplada, portanto, pelas elites ligadas ao New Deal. Eram conhecidas nos Estados Unidos como "liberais", por seu apego às liberdades públicas, ou "radicais", quando eram socializantes, antissegregacionistas ou feministas. Embora estivessem longe de se mostrarem favoráveis a um engajamento ao lado dos Aliados,[146] não se opunham por princípio, pois a dominação exclusiva da Europa por uma nova superpotência não era objetivamente do interesse estratégico dos Estados Unidos, e também porque os métodos nazistas eram contrários aos valores fundamentais da Constituição americana. Ora, estando no governo desde a Grande Depressão,[147] os liberais deixavam pairar a possibilidade de intervenção.

Torná-la impossível foi a razão de ser do America First, o mais poderoso lobby já formado, contando talvez com 800 mil membros e 25 mil doadores e agrupando uma parte da nata dos negócios e dos futuros dirigentes.[148] Criado oficialmente em 1940, sua existência foi muito breve, pois Pearl Harbor o privou de sentido em dezembro de 1941, mas sua ação foi muito importante. Sua doutrina estava alinhada com a de Charles Lindbergh, na época uma das maiores estrelas americanas. Seu objetivo era consolidar os Atos de Neutralidade, votados, de maneira bipartidária, pelo Congresso em 1935, 1936, 1937 e 1939, para atar as mãos do presidente mediante todos os meios legais possíveis[149] e impedi-lo não só de entrar na guerra, como também de dar ajuda militar aos Aliados.

O sentimento nacionalista, antissemita[150] e pró-germânico era tão bem cultivado que a aplicação das leis de imigração foi intensificada para impedir um afluxo, ainda que modesto, dos refugiados judeus ou antinazistas durante todo o período em que teria sido possível recebê-los, a saber, pelo menos até o fim do ano de 1941,[151] quando o extermínio já era conhecido das autoridades. De acordo com as regras introduzidas por instigação de

Madison Grant, e no contexto das cotas limitadas concedidas aos não arianos, os candidatos ainda tinham de provar que dispunham de meios autônomos de vida nos Estados Unidos, sem ocupar um emprego em concorrência com um cidadão, e apresentar certificado de boa conduta expedido pela polícia de seus lugares de residência nos cinco últimos anos, documento de difícil obtenção por parte da Gestapo.[152] A fim de reduzir a margem de avaliação discricionária dos consulados, o Departamento de Estado baixou instrução em 1940 afastando qualquer candidato a cujo respeito fosse impossível estabelecer claramente que não pudesse tornar-se, ainda que por força de chantagem, um agente do exterior. Com o apoio do comitê da Câmara dos Representantes incumbido das Atividades Antiamericanas,[153] o então secretário de Estado assistente, Breckinridge Long, conseguiu deter a concessão de vistos a partir dos países sob controle nazista, a ponto de deixar sem uso 190 mil direitos de entrada do fim de 1941 a 1945. Preocupado com o risco de uma "Quinta Coluna" e controlado pelo Congresso, Roosevelt deu seu aval.[154] Charles Lindbergh e seus adeptos haviam alcançado seu objetivo.

Trecho do *Relatório ao secretário do Tesouro relativo à aquiescência do presente governo com o assassinato dos judeus* — 13 de janeiro de 1944:[155] "Certos dirigentes do Departamento de Estado são responsáveis pelo que se segue: 1) Eles não só deixaram de usar o aparelho governamental à sua disposição para salvar os judeus de Hitler, como também chegaram a se valer desse aparelho governamental para impedir a salvação desses judeus. 2) Eles não só deixaram de cooperar com as organizações particulares em seus esforços por aplicar seus próprios programas, como também tomaram medidas destinadas a impedir a aplicação desses programas. 3) Eles não só deixaram de facilitar a obtenção de informações a respeito do projeto de Hitler de exterminar os judeus da Europa, como ainda, no contexto de sua autoridade oficial, chegaram a tentar, sub-repticiamente, impedir a obtenção das informações relativas ao assassinato das populações judias da Europa."[156]

CAPÍTULO 3

A revolução nacionalista

Por acaso podemos nos impedir de acreditar que existiria a partir da "Gália" um organismo político chamado "França"? Os acidentes dessa substância ao longo do tempo formariam sua história. Nossa convicção não é muito afetada pelo fato de a Savoia e Nice (1860) lhe terem sido anexadas depois do Senegal (1658–1848), e a Picardia[1] (1667), depois das Antilhas (1635). Guardamos viva a memória da perda da Alsácia e da Lorena em 1871, e de modo algum a de sua integração em 1648 e 1766, depois do Canadá (1534) ou do Rio de Janeiro (1655). Ignoramos, em geral, que Saint-Tropez e Ramatuelle (*Rahmat Ullah*, misericórdia divina) estão situadas no maciço dos "Mouros",[2] pois a região de *Farakhshinit* (*Fraxinetum* em latim, hoje La Garde-Freinet) formava o *Djabal al-Qilâl* do emirado de Al-Andalus. Nas escolas, nossos alunos não aprendem que seus emires conservaram esse território inicialmente visigodo (a Septimânia) muito tempo depois de Karl der Große (Carlos Magno) — cuja capital era Aachen, e que falava uma língua renana — ter tentado apropriar-se dele.[3] Nossa visão das coisas não é alterada pelos domínios do filho de Geoffroy d'Anjou, Henrique II da Inglaterra, nascido à beira do Loire, que incluíam a Normandia (antigo ducado viking), a Bretanha, o Poitou, a Saintonge, a Gasconha, o Agenais, o Périgord, o Limusino, a Auvergne, a Marche, a Touraine, o Anjou e o Maine, frente a Luís VII, rei dos francos, reduzido a governar algumas províncias. Tampouco é alterada pelos burgúndios, cujo reino, instalado ao redor de Genebra e Lausanne e no vale do Ródano pelos romanos, até Lyon e Valência, produziu a lenda wagneriana dos Nibelungen. Seu domínio caiu um dia na herança de um príncipe flamengo, filho de mãe castelã, Carlos V, arquiduque da Áustria, senhor das Espanhas e imperador do Sacro Império Romano Germânico. Limitamo-nos a considerar que, nessa época distante, a "França" ainda não havia realizado sua eterna essência, que era a promessa da Gália. Para isso, devemos esquecer que as Gálias (então referidas no plural) correspondiam a uma divisão do mundo céltico[4] imaginada pelo procônsul César de acordo com seus interesses, para obter o maior mandato possível, que fosse aceitável para o Senado romano, autorizando-o a conquistar, como se formassem uma federação real coerente, algumas das tribos independentes, na realidade indistintamente repartidas da Boêmia à Irlanda.

O que se aplica à França pode ser transposto a qualquer lugar. Não é por acaso que a Europa tem dificuldade de reconhecer suas próprias fronteiras. Parece-lhe possível incluir os povos eslavos, desde que seja afastada uma Rússia demasiadamente marcada pelas estepes. A Turquia representa para ela um dilema, pois a maioria da população desse país laico, contendo uma das capitais do Império Romano, do helenismo e da cristandade, é hoje muçulmana. Nessas condições, como seguir o fio condutor da história europeia? As potências políticas são campos de influência que se exercem segundo círculos de intensidade variável e cujas fronteiras flutuam.

Os Estados territoriais,[5] tendo chegado à maturidade por ocasião da Paz de Vestfália (1648), não pertenciam aos modos habituais de governo da humanidade. Quase sempre se havia conhecido o governo indireto exercido por meio de comunidades que conservam ampla autonomia e suas instituições próprias. Neles, a autoridade mais alta se abstém, em tese, de interferir com suas transações políticas internas[6] e não mantém vínculo imediato com os indivíduos que as compõem. Os sistemas imperiais, coloniais, feudais, federais e confederais, entre muitos outros, praticam — em caráter exclusivo ou não — o governo indireto. As divisões fronteiriças ou étnicas desempenham papel de menor importância, pois uma comunidade pode desvincular-se de um agrupamento para se ligar a outro, às vezes sem qualquer outra alteração.

O Estado, que não é o conjunto dos poderes públicos, mas sua integração em uma arborescência, tampouco era uma estrutura política habitual. Ele é incompatível com o governo indireto e o governo repartido, que confia a gestão dos aspectos distintos das questões públicas a órgãos não integrados entre si. A cidade ateniense clássica, assim, praticara o governo repartido, como princípio democrático, e nela os poderes militares e econômicos não eram fundidos em um "governo" único. Os monarcas medievais não ocupavam o lugar dos poderes eclesiásticos.[7]

Ora, o processo iniciado no fim da Idade Média, levando ao Estado-Nação, instaura progressivamente o governo exercido diretamente por um Estado dentro de fronteiras que devem ser estabilizadas sobre o conjunto das populações que nelas se encontram. A partir de agora, a heterogeneidade social se apresenta como um obstáculo à ação governamental, a qual exige, já agora, a unificação religiosa (daí as guerras religiosas) e a subordinação das Igrejas; o nivelamento das regiões e das elites (daí a descentralização da taxação, a submissão das feudalidades, a integração administrativa das províncias); a repressão de toda ideologia oposta ao monopólio da força pública; a unidade linguística; a introdução de uma legislação uniforme; e um esforço de fechamento à influência estrangeira. Esse fenômeno é rematado pela introdução da "Nação", uma idealidade que o Estado visa realizar para ampliar sua força militar, mas cuja preexistência então é obrigado a afirmar retroativamente. As novas formas de guerra autorizadas pela Nação acarretam a desestabilização dos impérios e, às vezes, a purificação étnica dos grupos que resistem à integração.

É digno de nota que a Alemanha, que levou o nacionalismo ao extremo, seja o país da Europa que menos tinha justificativas para isso. Cerca de 350 principados ou comunidades políticas de todos os tipos, divididos pela religião, não raro dirigidos por príncipes francófonos, minoritariamente unidos em um grupo linguístico de fortes variações dialetais entre múltiplas populações não germanófonas,[8] foram buscar uma genealogia em comum em certo Arminius (rebatizado Hermann por Lutero), desencavado em Tácito, e a cujo respeito praticamente nada se soube, senão que havia destruído três legiões de Augusto depois de combater a serviço de Roma. Como a Prússia, um artefato militarista das Cruzadas, queria opor-se à França, que tinha inventado a Nação pouco antes, todos acabaram aderindo ao mito de uma Nação alemã.

Hoje em dia, só mesmo os italianos para se perguntar se a Itália continuou sendo, sem jamais chegar a se unir, uma ideia de Mazzini, tornada possível por um imperador francês para pregar uma peça por oportunismo a um imperador austríaco. Os britânicos sabem, em geral, que a Grã-Bretanha é uma criação do século XVIII, destinada a ampliar a base fiscal e militar de um império forjado pela Inglaterra, uma antiga mistura de celtas, vikings e germanos, unidos por sua deferência/resistência em relação a reis que foram buscar muito longe, a partir do século XI.

De modo algum, os imperadores queriam uma Nação que os limitasse a escolher apenas uma população, em vez de absorver as mais vastas populações possíveis. Os reis não tinham necessidade de Nação, pois podiam estender sua soberania a qualquer território herdado, cidade conquistada ou feudo de um rival derrotado. As cidades e os principados não pretendiam se dissolver. Quem desejou a Nação ou a inventou? Na Europa continental,[9] aqueles que, tendo se apropriado do poder em Paris, em 1789, se viram no governo de um Estado instalado em um território cujos habitantes tinham em comum apenas o fato de terem sido súditos do mesmo rei, que, em sua maioria, se expressavam em uma fala dialetal subordinada a diversas línguas galo-romanas e cujo "país" era apenas uma aldeia. Os revolucionários, por sua vez, falavam o francês, a língua real do Estado. Eram notáveis das províncias convocados para tratar de uma questão orçamentária e fiscal de extrema gravidade, que o banqueiro genebrino Necker, diretor das Finanças, não fora capaz de resolver. Os habitantes do reino, havia muito sujeitos à recessão e à fome, não precisavam se compreender para compartilhar a repulsa ao anúncio de novos impostos, ao passo que a nobreza levava uma vida boa, sob a autoridade moral de um clero que já começava a não acreditar mais em Deus. Nos Inválidos, os arsenais malguardados continham 30 mil fuzis. Então a multidão se apoderou deles e fez a revolução.

Acontece que o exército, além de seus regimentos estrangeiros (irlandeses, alemães, suíços), era fiscalizado até o último oficial subalterno por membros verificados da nobreza. O obstáculo poderia ter sido superado se a Assembleia quisesse substituir uma dinastia por outra ou amordaçar o rei com uma carta, como teria feito se fosse inglesa. Mas teria sido necessário conservar o direito antigo, o direito dos velhos parlamentos,[10] que não correspondia aos objetivos dos representantes do Terceiro Estado. Eles pretendiam promover uma revolução mais filosófica, dotada de um poder superior ao dos monarcas, e forjar suas instituições a partir do nada, como os norte-americanos acabavam de fazer. Só que não contavam com o apoio decisivo de uma potência estrangeira que tivesse se arruinado com esse objetivo.[11] Pelo contrário, tendo-se expurgado da nobreza e do clero, eles tinham de enfrentar, sem ajuda, uma Europa coligada contra eles. Para mobilizar a massa em favor de seu regime inusitado, que nem era fruto de um Parlamento prévio, como fora a ditadura de Cromwell, eles não dispunham de qualquer legitimidade que não tivessem, eles próprios, inventado.

"Nação" era, até então, uma palavra sem maior peso, "empregada", diz a Enciclopédia, "para expressar uma quantidade considerável de pessoas que habita determinada extensão de terras; demarcada por certos limites e que obedece ao mesmo governo".[12] Designava a sociedade, o povo, a população, o conjunto das pessoas contidas em determinadas fronteiras e sujeitas a um mesmo poder. Observava-se apenas que uma longa convivência podia acabar por lhes conferir "características particulares". O que não bastava para justificar um regime surgido por sua própria vontade. Era necessário inverter o sentido das coisas e descrever a Nação[13] como fonte do poder, uma fonte que só poderia gerar ou aceitar aquilo que os revolucionários preconizassem.[14]

A filosofia moderna não tinha, até então, pensado a partir do poder. Aos poucos, esquecera-se do conceito grego de "comunidade" (*koinonia*), utilizando-se a noção romana de *imperium*, o comando militar, estendido sob o nome de *soberania*[15] ao conjunto da autoridade pública. Os filósofos tinham concluído em geral que a soberania era absoluta e indivisível,[16] e que era exercida pelo Estado, entidade que supostamente abarcava, como se pudesse tratar-se de um mesmo ser, sem qualquer contradição, os poderes públicos integrados entre eles e a sociedade que lhes estava submetida: o Estado na França, ou seja, o Estado que governa os franceses, era pensado como a própria França, o estado da França.

Dessa vez, atribuía-se soberania à sociedade, que, assim, derivava toda a sua existência da presença de um Estado no seu comando, dela fazendo a fonte única do Estado. A fim de efetuar semelhante operação, recorreu-se ao "contrato social", união mística da dita sociedade, considerada capaz de se expressar em um Estado por meio dos representantes, sem por isso perder sua força, sua integridade e sua indivisão.[17] A sociedade estava apta a gerar todo poder e transmiti-lo àqueles que a representavam. Mas era necessário que essa sociedade recebesse uma alma, que se tornasse um ser vivo voluntário, desejoso de fazer a guerra. Não podia reduzir-se a um conjunto de contratantes engajados em um empreendimento de que fossem acionistas, uma simples pluralidade de pessoas que ali se vissem reunidas apenas porque, em algum momento, coroas decaídas lhes tivessem imposto uma tirania comum. Era necessário haver algo mais profundo para reuni-las.

Nem todos os agrupamentos humanos são imaginários:[18] os cidadãos de uma cidade ou de um Estado, os súditos de um rei, os membros de uma família, de uma ordem de cavalaria, de uma casta, de um clã, de uma tribo, de uma linhagem, de uma horda, os habitantes de uma região, de um reino formam conjuntos reais, computáveis, ainda que devam ser levadas em conta regras de inclusão para os casos marginais ou ambíguos.[19] Todos esses agrupamentos representam a si mesmos recorrendo a elementos imaginários, como lendas ou ancestrais totêmicos. Mas, se suas representações contribuem para seu funcionamento, não os constituem (pertencemos a esse ou àquele país, qualquer que seja nossa representação), ao passo que compõem as Nações e os povos, conjuntos indeterminados em busca permanente de critérios de pertencimento.[20]

A invenção da Nação se fez por dois caminhos. O primeiro, que era preferido em Paris, era o da vontade; o segundo, que contava com a preferência dos pensadores alemães, era o da origem. Um era racionalista e territorial; o outro, romântico e hereditário. O resultado foi análogo. O termo acabaria designando, em ambos os casos, um povo formado em torno de uma etnia dominante ou de uma raça,[21] falante de uma mesma língua, compartilhando os mesmos valores, unido por uma comunidade de existência[22] ou destino,[23] mergulhando suas raízes em uma história milenar e tendo a vontade de se governar sozinho, dentro de fronteiras ancestrais suficientemente amplas para conter sua expansão demográfica, ou seja, um campo minado, pois nenhum desses elementos se resolve sem conflito.

Os revolucionários teriam sonhado com uma Nação feita de pessoas espontaneamente mobilizadas para elegê-los, aprovar a Constituição, combater a reação e disseminar pelo mundo os valores dos Direitos do Homem. Mas não podiam deixar de se contentar com os que não tinham fugido do território (os "emigrados"), supondo que os outros fossem voluntários para nele morar sob tais condições,[24] o que ainda era muito. Como todos os habitantes da França que não a haviam deixado eram membros da Nação francesa, aqueles que a ela resistiam ferozmente colocavam um problema lógico. O que fazer com os chouans?[25] Não pertenciam a antigas regiões do reino federadas à república (considerava-se que todas as regiões do reino se haviam federado), as quais não tinham qualquer intenção de abandonar? Como tratar aqueles que, nas outras províncias, esperavam a volta do rei? A Nação exigia que se quisesse sacrificar a vida em seu nome, e eles não podiam tomar parte dela. De modo que não eram mais franceses, nem eram estrangeiros. Restava apenas fazer com que desaparecessem. Os rebeldes ao regime, portanto à Nação, foram incriminados como agentes do estrangeiro a serem executados por traição. A eles, reuniu-se a nobreza, classe "estranha à Nação, por sua ociosidade".[26]

Teria sido melhor produzir um cidadão próprio para servi-lo. A doutrinação pela escola é uma necessidade da Nação. Ela deve aspirar aos acontecimentos e às lendas heroicas das regiões colocadas sob a sua lei, atribuindo-os a si mesma. Os deputados não tinham tempo para cuidar disso. Vercingétorix, Santa Genoveva, o imperador de barba florida, o bom rei Luís e Joana d'Arc teriam de esperar um pouco. A Convenção ainda tinha de debater seus projetos de educação sob fogo inimigo.[27] Embora seus membros soubessem perfeitamente qual instrução nacional "uniforme e idêntica" dar às crianças, inculcando-lhes respeito pelas conquistas territoriais, ódio aos regimes anteriores que não fossem os de Esparta e Roma e admiração pelos libertadores que eles próprios eram, a hora era de cuidar das fronteiras. Para isso, eles ainda não teriam exatamente a Nação, nem seus Michelet, Barrès ou Lavisse. Mas teriam a "pátria", nome com o qual é preciso contentar-se quando se trata de morrer por ela sem saber ainda recitar seu passado de cor nem havê-lo transformado na causa do próprio sacrifício.[28]

Como o governo de Luís XVI tinha enchido os arsenais durante a guerra de Independência, era possível equipar com um fuzil, ou com um uniforme, um número maior de voluntários que o de soldados dos exércitos europeus. Valmy (1792) foi um momento crítico, e Brunswick era capaz de atacar com efetivos comparáveis e unidades mais bem treinadas. Se tivesse tomado essa decisão, a Revolução e talvez a ideia de Nação estariam mortas. Os prussianos não haviam perdido o hábito das guerras aristocráticas, e a destruição do adversário não era seu objetivo de guerra. Tinham vindo mostrar sua força, sem a intenção de usá-la. Haviam perdido uma janela de oportunidade que só voltou a se abrir em Waterloo. Enquanto isso, a ideia de legitimidade nacional convenceu os novos governos a substituir pela força as perdas e as deserções, e até mesmo aumentar os efetivos por meio da requisição. E, como ela era sempre insuficiente, eles inventaram, sob pena de morte, a convocação em massa, algo até então inusitado, para empreender a guerra total com exércitos imensos. O exército dos emigrados contava com 140 mil homens. Os exércitos da revolução, em 1794, chegaram a ter 1,5 milhão (sendo pelo menos metade operacional no campo de batalha). A guerra nacional significava a entrada em um novo mundo que não deixava mais escolha aos outros beligerantes. Foi a corrida universal à Nação, corrida que continua até hoje.

A reação em cadeia se manifestou inicialmente pela nacionalização dos exércitos estrangeiros. Em 1798, o exército prussiano, contando metade de estrangeiros, decidiu reduzi-los à metade.[29] Mas, acima de tudo, a Prússia cuidava de prospectar a Nação. A monarquia absoluta na França tinha unificado, sob sua tutela, um território que se podia dizer habitado por um povo identificado. O solo fragmentado do Centro e do Leste europeu não se prestava a semelhante imagem. Dispunha-se apenas do filão da linguística e da etnografia para encontrar a Nação alemã, cuja característica mais visível, para além das fronteiras que a fracionavam, era a língua. Com isso, o processo de invenção pareceu mais literário e folclórico aos observadores franceses do que propriamente o processo, mais jurídico e metafísico, que tinha presidido o nascimento da sua própria Nação. Na verdade, os teóricos alemães o haviam desejado de uma maneira mais científica.

3.1 Identidade nacional das teorias nacionalistas

Um lugar-comum entre os historiadores é opor Renan (1882) a Herder (1791), exagerando as consequências, sem discernir muito bem que o século transcorrido entre ambos havia exacerbado o nacionalismo a ponto de impedir que um patriota francês pensasse como um alemão, e vice-versa. Tudo devia separá-los, até mesmo sua forma de nacionalismo. Foi assim que nasceu o nacionalismo ao quadrado, do qual Renan representa um belo exemplo, decidido a se mostrar bem mais civilizado que os brutamontes nacionalistas do outro lado do Reno.[30]

Renan nos ensina que, "desde o fim do Império Romano, ou melhor, desde a desestabilização do Império de Carlos Magno, a Europa Ocidental se mostra dividida em Nações, algumas das quais tentaram, em determinadas épocas, exercer hegemonia sobre as outras, sem jamais consegui-lo de maneira duradoura. O que Carlos V, Luís XIV e Napoleão I não conseguiram, ninguém provavelmente conseguirá".[31] Parafraseando: um evento do século V ou do século IX (e qual é a importância, já que "o esquecimento, e eu diria mesmo o erro histórico, é um fator essencial da criação de uma Nação"?),[32] a saber, a queda do Império Romano ou a do império de Carlos Magno, impediu a reconstituição do Império Romano e do império de Carlos Magno, não passando todos os impérios posteriores de meras aparências. Esse acontecimento é "a invasão germânica, que introduziu no mundo o princípio que, mais tarde, serviu de base à existência das nacionalidades".[33] Desse modo, a invasão germânica acarretou a queda do império de Carlos Magno, que, por sua vez, era produto das invasões germânicas. Parece que o nacionalismo consegue enlouquecer as melhores mentes. Em um texto a cujo respeito afirma "ter pesado cada palavra com o maior cuidado" e que constitui sua "profissão de fé no que diz respeito às coisas humanas",[34] ele rechaçou, para começar, a atribuição da Nação às dinastias germânicas, depois de afirmar que estavam no seu princípio, descrevendo uma singular cirurgia: "Assim foi efetuada a operação mais ousada jamais praticada na História, operação que podemos comparar ao que seria, em fisiologia, a tentativa de fazer com que vivesse em sua identidade primeira um corpo ao qual se tivessem retirado o cérebro e o coração."[35] De certa maneira, os reis permitiram que a Nação se desenvolvesse, sem que ela jamais dependesse deles. Tendo-se chegado a esse nível, descartar também "a raça, a língua, os interesses, as afinidades religiosas, a geografia, as necessidades militares"[36] já é uma simples brincadeira de criança.

Renan é respeitado hoje porque seu nacionalismo não é racial. Cabe notar que o de Herder tampouco era.[37] Além do mais, não era etnocêntrico. O nacionalismo de Renan é metafísico, místico, atávico, em uma palavra, tudo aquilo que ele julga combater nos alemães: "Uma Nação é uma alma, um princípio espiritual. Duas coisas que, na verdade, não passam de uma [...]. No passado, uma herança de glórias e arrependimentos a ser compartilhada; no futuro, um mesmo propósito a ser realizado; ter sofrido,[38] desfrutado, esperado juntos, isso vale mais que alfândegas comuns e fronteiras de acordo com ideias estratégicas; eis o que entendemos, não obstante as diversidades de raça e língua."[39] Entretanto, elevando-se, assim, às nuvens do entusiasmo comunitário, ele julga ter pensado o contrário do que escreve: "Oh! Bem sei, isso é menos metafísico que o direito divino, menos brutal que o direito pretensamente histórico." A Nação de Renan age como bem entende, não se preocupa com limite algum, pode ou, antes, deve apagar as lembranças ruins, as quais poderiam fracioná-la. Limita-se a expressar sua vontade pura, assegurando sua missão civilizatória pelo princípio da autodeterminação. A principal diferença em relação aos teóricos alemães é que eles procuram justificar pela história, antropologia, etnologia, linguística, filosofia, todas as ciências que lhes são acessíveis, um voluntarismo que, em Renan, só presta contas a si mesmo e que, por isso mesmo, se julga mais humano: "Uma grande agregação de homens, sadia de espírito e quente no coração, cria uma consciência moral que se chama Nação. Enquanto essa consciência moral provar sua força pelos sacrifícios exigidos pela abdicação do indivíduo em proveito de uma comunidade, ela é legítima, tem o direito de existir."[40]

Herder pode ser considerado o iniciador do relativismo cultural.[41] É o primeiro a afirmar que o pensamento é condicionado pela linguagem, sem remeter a hipóstases, e só adquire sentido no uso das palavras.[42] Ele rejeita a ideia clássica de um sentido comum universal, em proveito de uma pluralidade de maneiras de ver e viver o mundo, irredutíveis entre si e separadas no espaço ou se sucedendo no tempo.[43] Nessas condições, entende-se quanto é sutil seu "nacionalismo" embrionário, que se apresenta como um cosmopolitismo, livrando toda Nação da obrigação de justificar sua existência, seus particularismos ou sua forma de vida. Esse especialista em poesia hebraica, decididamente antirracista, anticolonialista, estudioso que atribui todas as diferenças entre os homens às especificações comunitárias de sua língua e de sua cultura, contribuiu grandemente para influenciar com seus trabalhos os pensadores desejosos de definir a identidade germânica. Mas, se o comunitarismo* tivesse um dia de buscar um teórico, Herder seria o melhor candidato possível.[44]

A especificidade do nacionalismo alemão reside em ser um pangermanismo. Seus teóricos nada fizeram além de criar a Nação alemã, buscando descobrir uma substância étnica sob as divisões fronteiriças de populações majoritariamente, mas não exclusivamente, germanófonas. Os ideólogos franceses se julgavam livres dessa dificuldade, pois o povo francês lhes parecia uma questão simples: os reis capetianos haviam legado um território cuja população, de aspecto majoritariamente francófono, estava mais ou menos congruente com ele. As falas dialetais onipresentes[45] podiam ser tratadas como analfabetismo. Esses pressupostos ocultavam a existência de uma situação análoga à

---

* Conceito muito presente hoje em dia no debate público francês, em virtude de uma série de questões ligadas à presença no país de numerosas comunidades de outras etnias e nações, o *communautarisme* designa atitudes e aspirações de minorias (culturais, religiosas, étnicas), com vistas a se diferenciar do restante da sociedade para se apoiar mutuamente o mesmo para se dissociar dela. (*N. do T.*)

da Alemanha: a Nação francesa não era nem mais nem menos uma idealidade etnolinguística que a Nação alemã. Mas tinha menos a sua aparência.

O "cidadão francês" recebeu um rosto mais universal, mais conceitual que o "homem alemão", que precisava ser carregado de história antes de ser identificado. A tese ainda dominante entre os historiadores estipula que a concepção nacional francesa seria uma "comunidade de cidadãos" desvinculada de raízes étnicas, e inteiramente baseada em um contratualismo republicano. Essa teoria, não desprovida de uma elevada dose de nacionalismo, reflete mais o que os historiadores que a sustentam teriam desejado que o nacionalismo francês fosse do que o que ele foi na realidade. Nela, a Nação francesa é apresentada como cosmopolita, universalista, oferecendo a todos os homens a partilha de seu projeto republicano.[46] Semelhante afirmação pertencia de fato à linguagem dos revolucionários e também à de Napoleão. Não enganou durante muito tempo os europeus, que constatavam que a França não se limitava a derrubar os antigos reinos, mas tomava seu lugar. Não só ela deixava de criar repúblicas autônomas quando estava em posição de decidi-lo,[47] como deixava de incorporar as elites conquistadas ao governo do seu império, ao contrário dos hábitos de Roma e do Sacro Império. Uma cidadania universalista, de acordo com a propaganda, teria sido concebível. Não teria formado uma Nação, implicando que a Revolução se desdobrasse integralmente na forma de um federalismo europeu em cujo seio a França não teria desempenhado papel superior àquele que lhe era conferido por sua demografia, a maior da Europa, e sua cultura, então dominante por hipótese. Teria sido necessário compartilhar o poder, e para isso — por construção — nenhuma Nação está preparada. Nem Robespierre, nem o Diretório, tampouco Napoleão demonstraram essa intenção.

A verdadeira questão que se colocava para o nacionalismo germânico era seu centro de unificação: o império dos Habsburgo apresentava o inconveniente incontornável de incluir um mosaico de povos extragermânicos. A Prússia, um Estado política, militar e culturalmente mais dinâmico, sofria de déficit de enraizamento histórico. Pretendeu-se resolver o debate de maneira científica. Entretanto, como a ciência, por mais ideológica que se venha a tornar, permanece limitada por realidades, o empreendimento rapidamente deparou com limites que tiveram de ser superados pela imaginação romântica.

Um breve lembrete histórico se faz necessário aqui. Uma ordem germanófona de cavalaria hospitaleira, cujos primeiros traços remontam ao século XII, em Jerusalém, tinha sido convocada, um século depois, a conquistar, como propriedade pontifical, um território situado entre a Polônia e o Báltico. O local era habitado por tribos pagãs de língua báltica, conhecidas por praticar poligamia e sacrifícios humanos: os "prussianos". Os cavaleiros, tendo adotado o nome de teutônicos, conseguiram impor-se nesse território depois de meio século de árduos combates, graças às técnicas de fortificação que haviam aprendido nas Cruzadas. Em 1309, nascia um principado teocrático de 200 mil quilômetros quadrados, tendo como capital Marienburgo. Era administrado por "uma comunidade religiosa que contava, no máximo, com algumas centenas de monges-soldados que haviam feito votos de castidade, pobreza e obediência".[48] A Ordem fora toda ela instalada nesse território, depois da perda definitiva da Terra Santa. Como metade da população "prussiana" indígena fora morta, ela empreendeu uma colonização metódica, inundando 100 mil "prussianos" sobreviventes e 60 mil eslavófonos com 400 mil germanófonos. Os monges, impedidos pelos votos de castidade de fundar dinastias ou famílias, arrendavam vastos domínios a investidores ou colonos individuais dotados de um pequeno capital. As fortificações estimularam a proliferação de cidades, como Danzig e Königsberg. Constituiu-se uma hierarquia social e econômica, de uma forma cada vez mais corporativa, sob a autoridade política dos monges-soldados. Essa região, já agora próspera, precisava, no entanto, justificar sua forma teocrática de governo pela manutenção de atividades de evangelização militar. A Leste, existia outra população de língua báltica e pagã, porém muito mais poderosa, os "lituanos". Ela não podia ser vencida, em virtude de sua numerosa cavalaria e de suas próprias fortalezas. Em seu território, realizavam-se apenas ataques devastadores, mas de alcance limitado. Nada podia convir mais aos feudais europeus em busca de glória, uma vez fechada a Palestina. Para lá, acorreram os reis da Boêmia, da Hungria, o futuro Henrique IV da Inglaterra, os duques de Bourbon, da Borgonha, de Orléans e da Áustria, os condes da Holanda e de Warwick, "como se estivessem caçando, os mais jovens para merecer suas esporas; os outros, para compartilhar emoções fortes. A 'santíssima passagem pela Prússia' se tornou uma verdadeira instituição no século XIV, espécie de vitrine brilhante para a ordem, que organizava as festividades com grande luxo".[49] Nesse mundo em que as Nações eram desconhecidas, uma ordem monástica, vassala do papa, exercia seus direitos feudais sobre uma ampla região em aliança com a Liga Hanseática, uma associação de guildas mercantes, e mais tarde de cidades controladas por essas guildas, controlando militarmente o comércio marítimo em toda a zona entre Novgorod e Bruges. A conversão do príncipe da Lituânia, entronizado rei da Polônia, acarretou um furioso conflito que assinalou o fim desse sistema. O desastre de Tannenberg (1410) foi o início de um longo declínio da Ordem e de um ódio inato[50] entre os habitantes da Prússia e os da Polônia. Uma série de acasos e heranças dinásticas acabou por levar à queda do território da Prússia, que se tornara laico, sob o controle do eleitor de Brandemburgo (1618), que, em condições semelhantes, também havia recebido as vastas possessões dos príncipes de Clèves.

Foi com base em um passado remoto tão pouco favorável à invenção de uma Nação alemã que, naquele que se havia tornado o Reino da Prússia, ocupado pelos exércitos de Napoleão desde 1807, os intelectuais puseram mãos à obra. Eles haviam feito isso sem o estímulo dos príncipes soberanos, que tinham tudo a perder com uma unificação, e mesmo sem os do rei Frederico Guilherme III, que preferia que a Prússia se dotasse de uma universidade moderna, inserindo, na formação clássica, o ensino pluridisciplinar de ciências de vocação desinteressada. Haviam-se engajado nessa direção depois de mudar de opinião sobre as intenções francesas que se haviam revelado menos filosóficas e mais humilhantes que o previsto.

Não cabe aqui expor todo o caminho de um processo intelectual que começa cronologicamente com as conferências de Fichte[51] sobre a educação futura da Nação e termina com o nacionalismo hitlerista. Ninguém tem como desvendar o peso dos fatores iniciais: a reação ao que é percebido como a traição da França bonapartista aos ideais do Iluminismo; a vontade política pessoal expressa pelo barão Karl vom und zum Stein, principal ministro do rei da Prússia, de resistir à sujeição por todos os meios ideológicos e militares; o desejo do governo britânico de financiar na Alemanha uma nova Vendeia contra a França;[52] a presença de uma cultura clássica que leva a opor povos germânicos ao Império Romano, que os havia descrito e com o qual se identificavam os franceses; e um terreno propício ao romantismo, obcecado pelo tema do enraizamento.

Fichte foi buscar em Tácito[53] a ideia de que os povos germânicos se dividiram em dois ramos, tendo um deles conservado sua língua e sua terra de origem, enquanto o outro se teria romanizado. O primeiro formava a Alemanha, e o segundo, a França, que teria retomado contra o primeiro o comportamento agressivo dos romanos. Não vou entrar na argumentação de Fichte, autor em geral menos tolhido por uma conceitualização quase ininteligível, pois só importava a exortação à unificação da Alemanha pela via científica e pedagógica, contra a ideologia imperialista dos franceses. A tese trazia em seu germe, embora esboçados acessoriamente, vários temas reapropriados pelo nacionalismo hitlerista: o povo alemão como "povo-tronco", a inclusão dos escandinavos, a exclusão dos eslavos, incapazes de constituir uma unidade "significativa", a posse de virtudes heroicas, compreendendo a resistência e a superioridade militar. Outro tema, igualmente deixado por desenvolver, autorizaria posteriormente a ligação crucial com o romantismo: a maneira própria ao povo alemão de habitar sua terra originária.[54]

A ciência alemã se pôs em marcha com o sentido do método que viria a caracterizá-la. Teve como efeito, por ação conjugada da linguística, da arqueologia e da filologia, atribuir aos povos germânicos um território imenso, estendido à totalidade do Império Romano do Ocidente em sua mais ampla extensão (inclusive as possessões africanas dos vândalos), ampliado por todas as conquistas de Carlos Magno, pelos reinos vikings e as zonas "citas" até o mar Cáspio. Essa anexação livresca, por muito tempo desprezada pelos franceses, era tão espetacular que acabou por levá-los, depois de sua derrota em Sedan (1870), a pensar melhor no caso. Já estava mais que na hora de rememorarem as causas de seu próprio poderio: os tinteiros guiam os canhões, que não são autoguiados. Um atraso talvez irreparável se estabelecera. A Terceira República criou centenas de cátedras de história e filologia, segundo o modelo alemão, ensinando as mesmas regras, mas chegando a conclusões muito mais favoráveis à Nação francesa.

De qualquer maneira, a reivindicação territorial era demasiadamente vasta. E assim permaneceu também para Hitler, que, nesse ponto, o que é notável, se mostrou mais razoável. O romantismo e o "völkismo",[55] seu derivado, vieram a temperá-la no espaço, mas aumentaram sua intensidade, de modo que tornava mais difícil para a França recuperar o terreno perdido. Não basta, com efeito, apropriar-se de um território. É necessário também que ele seja o "seu", um lugar "originário", que nunca tenha sido deixado, que se transforme em centro de um império, mas cujo lugar não poderia ser tomado por nenhuma zona periférica. A perda de Roma havia condenado Bizâncio. Mas havia, em compensação, a terra alemã ou, por outra, o solo alemão. A terra natal, ancestral, era o único lugar da "autenticidade". Nela é que, por uma alquimia histórica, se haviam formado conjuntamente a língua alemã originária e, desde então, fundamentalmente inalterada, e o homem alemão, a maneira alemã de estar no mundo, de torná-lo seu, de transformar a natureza em paisagem, de consagrá-la, de trabalhar nela de pé e nela se mostrar disciplinado para permanecer sempre livre. Um homem sem essa raiz, sem esse imediatismo, poderia chegar a ela. Mas, se viesse disfarçado de comerciante alemão, como um judeu, ou chegasse como conquistador, como um francês, nunca passaria de um visitante. A união entre o homem alemão, a terra alemã e a língua alemã é inacessível a quem aprende o alemão como segunda língua, ainda que seu aprendizado se repita por gerações, e permanece fora do alcance dos francos, dos visigodos da Espanha e dos lombardos, que perderam sua língua para sempre. A Alemanha não é pensada como um território, nem mesmo como um povo, mas como o espírito do povo alemão, o *Volksgeist*, um ser vivo capaz de ser dito em música, em lendas, em encantamento dos rios, e também por seus heróis, um ser comunitário, que atribui a cada um seu lugar natural, tanto mais elevado quanto mais títulos possuírem seu enraizamento e sua virtude, pois o título é a marca do que é autêntico. A Alemanha podia devorar os que a atacassem e até conquistá-los por sua vez, mas seu centro jamais poderia deslocar-se. Esse edifício filológico-poético é que vinha a ser coroado pela filosofia alemã com sua inimitável obra-prima, a dialética: as mentes fechadas em sua singularidade julgavam que a divisão territorial da Alemanha a limitava — elas, que possuíam Nações já formadas. Não previram uma reviravolta que reduziria suas Nações particulares a anões fechados em fronteiras acanhadas, diante da Nação alemã reunificada e em vias de sê-lo ainda mais, animada por seu *Volksgeist*, a encarnação mais universal do espírito consciente de si mesmo, finalmente realizado em toda a sua verdade estatal e militar.

Esse trabalho, realizado ao longo de um século, havia deixado pelo caminho os muitos cadáveres das verdades negligenciadas. Línguas foram inventadas, outras foram esquecidas, sendo as primeiras vítimas as gradações, as transições e as sobreposições. Foram reconstituídos idiomas que não haviam conservado vestígios e retificados os que os haviam deixado. Depois de congelar os que eram reconhecidos como canônicos, cuja evolução era reduzida a pequeno número de etapas, vinha-se a associá-los a povos a cujo respeito não se dispunha de outros traços, mas cuja existência era suposta, pois afinal era necessário que alguém os tivesse falado. Esses povos hipotéticos se presumiam homogêneos, e seus membros, descendentes dos mesmos ancestrais. Não se contemplava a hipótese de que um grupo fosse poliglota nem de que um grupo unilíngue fosse fruto de uma filiação recente. Todos eles eram enfeixados em fronteiras modificadas em datas determinadas, segundo percursos sempre retos. A arqueologia, reconhecendo aqui um túmulo principesco semelhante a outro descoberto mais adiante, imaginava a migração de um povo identificado, e tanto melhor se não tivesse escrita e fosse mais antigo. A analogia entre dois tesouros, o estilo de uma taça, de um pente, autorizava a eventual vinculação desse povo que remontava às origens dos tempos a um agrupamento muito mais tardio, supondo-se que fosse o mesmo, depois de evoluir. Quando se conseguia juntar uma língua canônica e uma cultura material brilhante em um território suficientemente grande e estável, considerava-se que um povo tinha criado sua Nação e conquistara sua terra para sempre, mesmo que, posteriormente, viesse a ser expulso. Quero crer que um futuro cientista, formado na mesma escola, poderá concluir que a Coca-Cola era uma Nação e que seus descendentes posteriormente escravizados agora têm direito a uma indenização.[56]

3.2 Nacionalismo e civilização

A civilização ocidental não exige nem rejeita o nacionalismo.[57] Nem o desenvolvimento da impressão nem o capitalismo,[58] dois elementos estruturantes da civilização moderna, desencadearam um processo pré-nacionalista. O próprio nacionalismo se havia acomodado com o fato de pertencer a uma civilização supremacista em relação a todos os outros continentes. Os cerca de 200 milhões de livros impressos antes do século XVII tinham contribuído, em grande medida, para o surgimento de uma comunidade europeia de letrados. É bem verdade que, desde Lutero, haviam proliferado publicações em língua alemã, mas o pensamento continuava a ser transmitido antes de qualquer coisa em latim ou francês, que era a língua das cortes,[59] antes da lenta ascensão do inglês.[60] Os espíritos religiosos, católicos ou protestantes, e o papa não encaravam a religião como ligada a determinado país. Os artistas rivalizavam estilisticamente por ateliê, escola ou região, mas abordavam os mesmos temas, com as mesmas técnicas e as mesmas finalidades, referindo-se todos a uma Antiguidade canônica e coletiva.[61]

A nostalgia dos "humanistas" pelo mundo greco-romano e sua correspondente hostilidade à Idade Média, apresentada como bárbara, obscurantista e, portanto, contrária à civilização, não os predispunham aos esquemas nacionalistas, que exigem continuidade da memória nacional, e não ruptura. A Reforma havia especificado a obra da restauração antiga, levando-a para a religião, cuja corrupção medieval era necessário apagar. Desse modo, nenhuma das Nações nascentes podia, em tese, apropriar-se da Antiguidade, que era seu patrimônio indiviso, esperando-se que todo indivíduo bem-posto, por mais chauvinista que fosse, soubesse latim e grego, mostrando-se capaz de relacionar com a história romana todos os grandes acontecimentos contemporâneos e de expressar suas emoções por meio da mitologia comum.

Só no fim do século XVIII, as Nações deixam para trás a Idade Média, mutilando sua descrição para reparti-la. As histórias nacionais foram construídas desfigurando o milênio transcorrido antes do Renascimento, dilacerando-o para que cada uma delas se apropriasse de uma parte. Chegou-se a afirmar que as dinastias sem fronteiras da Europa eram algumas francesas; outras, alemãs, inglesas, espanholas, etc. Como semelhante tentativa era, a rigor, impossível, atribuíam-se ao mesmo rei nacionalidades contrárias, sendo Carlos Magno francês para os franceses e alemão para os alemães.

Assim, dois mundos paralelos conviviam entre as pessoas educadas: o mundo da civilização europeia e o de sua Nação. Da mesma forma, logo passariam a conviver dois capitalismos: um protegido pelas alfândegas e estimulado pela encomenda soberana; o outro, disposto a financiar indistintamente o mundo. Por sua vez, as lutas sociais acarretadas por seu desenvolvimento também se dividiram, permanecendo a maioria de caráter local, mas cada vez mais se inserindo no contexto de um internacionalismo proletário. A ciência, que não podia funcionar fechando suas fronteiras, não estava livre do chauvinismo nas disciplinas naturais, em virtude das questões militares ou orçamentárias em jogo na tecnologia, nem nas disciplinas sociais, das quais o nacionalismo era justamente um produto.

O nacionalismo, portanto, se inseria na civilização ocidental sem lhe ser consubstancial e a transformava. Pela fixação territorial e o surgimento do Estado, ele se tornara possível. Depois, nascera da Revolução Francesa e da mobilização em massa como a única ideologia que as justificava.[62] Teve como consequência notável permitir que novas elites substituíssem as anteriores ou a elas se misturassem. Os recém-chegados vinham menos do capital que do Estado, de sua burocracia e das profissões jurídicas que ele estimulava.[63] Entretanto, como a função primária do nacionalismo era criar uma substância integradora, de baixo para o alto da escala social, ele introduziu transformações profundas, nas quais todos encontravam vantagem. Oferecia aos burgueses a promessa de garantias jurídicas de que o continente carecia antes da Revolução; aos camponeses e empregados, a perspectiva de uma educação; e às classes superiores, a esperança de uma ordem social finalmente estabilizada, em cujo seio lhes seria possível preservar lugar dominante. O preço a pagar para que esse sistema funcionasse, além de uma sistemática distorção da história, era a hostilidade entre os Estados, a prática da guerra total e depois uma economia progressivamente mais fraca que nos Estados Unidos, pois mais dividida.

No início, com efeito, o nacionalismo fora uma arma que permitia a mobilização maciça contra um ou vários vizinhos. Rapidamente, descobriu-se que ele também podia ser instilado como uma doença em todo adversário que dispunha de possessões imperiais. Foi precisamente a missão prioritária assumida por Bonaparte, depois de ter metralhado os realistas no pórtico de Saint-Roch: "libertar as nacionalidades" meridionais da Áustria durante a campanha da Itália, para enfraquecer o grande adversário continental; depois, as das províncias otomanas durante a campanha do Egito, a fim de bloquear a passagem da Inglaterra em direção às Índias. Foi seu sobrinho quem formalizou o princípio das nacionalidades, o "direito das Nações a dispor de si mesmas". Ele o explorou de maneira concreta em sua própria política antiaustríaca, fomentando o surgimento do Reino da Itália em troca da Savoia e de Nice, onde, no entanto, nascera Garibaldi.

Os efeitos de retorno de uma guerra de nacionalidades são tão pouco controláveis quanto os de uma guerra bacteriológica. Napoleão III quase perdeu o prêmio esperado da unidade italiana, em virtude do princípio das nacionalidades voltado contra a Grã-Bretanha, que se dispunha em favor da vinculação da Savoia à Suíça. A arma das nacionalidades destruiu até mesmo seu trono: não podia ser empregada contra a Prússia, que, graças a ela, constituiu um império, obtendo vitória decisiva sobre a França. A conquista da Alsácia-Lorena abriu o direito de reclamação nacional, que ocasionou a Grande Guerra. Ao seu término, e sempre em virtude do princípio de autodeterminação, os tratados de Versalhes e anexos desmantelaram a Áustria-Hungria (Iugoslávia, abrangendo Sérvia, Montenegro, Croácia e Eslovênia, e mais tarde Bósnia-Herzegovina; e Tchecoslováquia, incluindo os sudetos) e o Império Otomano (Síria, Palestina, Líbano, Iraque e Arábia). Assim nasceram situações inextricáveis que serviram de pretexto à expansão nazista a leste e, ainda no século XXI, continuam a ser um dos focos mais agudos de conflitos. Nem Woodrow Wilson nem ninguém mais perceberam a incompatibilidade entre a paz perpétua, a solução pacífica de conflitos, a Sociedade das Nações, o Pacto Briand-Kellogg, por um lado, e, por outro, as nacionalidades.

O nacionalismo não se disseminou de maneira uniforme em todo o espaço da civilização ocidental, adotando, particularmente nos Estados Unidos, formas atenuadas, desde que distinguidas do chauvinismo. Adquiriu suas feições mais intensas na Europa Continental. Sem o nacionalismo, o nazismo, que, por bons motivos, fez questão de incorporar seu próprio nome, não teria sido concebível.

CAPÍTULO 4

Colonialismo e brutalidade

4.1 "Anempatismo"

"Quero também abordar diante dos senhores uma questão capital com toda franqueza. Ela deve ser discutida entre nós, mas nunca falaremos a esse respeito em público. Assim como não hesitamos a 30 de junho [1934, data da Noite das Facas Longas] em cumprir com nosso dever, como nos tinha sido ordenado, e em dispor nossos companheiros em falta contra um muro e executá-los. Algo de que nunca falamos nem falaremos. Era, graças a Deus, uma espécie de tato natural entre nós, uma expressão desse tato, não tê-lo comentado entre nós, não tê-lo mencionado. Cada um de nós estremeceu, sabendo perfeitamente que voltaria a fazê-lo de uma próxima vez quando lhe fosse ordenado e quando fosse necessário. Estou falando da 'evacuação judaica': o extermínio [Ausrottung] do povo judeu. É uma dessas coisas fáceis de dizer: 'O povo judeu será exterminado.' Qualquer membro do partido poderá dizer: 'Evidentemente, a eliminação, o extermínio dos judeus faz parte do nosso programa, bah! Grande coisa!' E então um belo momento todos eles vêm, todos os 80 milhões de bravos alemães, e cada um tem o seu bom judeu. Eles dizem: todos os outros são porcos, mas aqui está um judeu de primeira! E ninguém viu, ninguém o vivenciou. A maioria dos senhores sabe o que significa quando cem corpos são estendidos juntos, quando quinhentos são encontrados ou quando mil são encontrados. O fato de termos suportado isso e — à parte algumas fraquezas humanas excepcionais — termos continuado decentes foi algo que nos endureceu, e é uma página

de glória que não tem nome e, no fim das contas, jamais será mencionada. Pois sabemos quanto as coisas seriam difíceis para nós se hoje, em cada cidade, durante os bombardeios, o fardo da guerra e as privações, ainda tivéssemos os judeus como sabotadores secretos, agitadores e instigadores! Provavelmente teríamos retornado ao estágio de 1916-1917 se os judeus continuassem habitando o corpo do Povo Alemão. Sua riqueza, nós a tomamos, e eu dei ordens formais, cumpridas pelo Obergruppenführer Pohl, de transferir integralmente essa riqueza ao Reich, ao Estado. Nada tomamos para nós de tudo isso. Os indivíduos que faltarem com isso serão tratados de acordo com uma instrução que dei no início: quem ficar com um único marco é um homem morto. Alguns SS descumpriram essa ordem. Não são muitos, mas vão morrer — impiedosamente![1] *Temos o direito moral, temos o dever para com nosso povo de fazê-lo, de matar esse povo que queria nos matar. Não temos o direito de enriquecer, ainda que de um único casaco de pele, de um único marco, de um único cigarro, de um único relógio, nada. Não temos esse direito. Pois não queremos que, no fim, como erradicamos o bacilo, venhamos a cair doentes e morrer do mesmo bacilo. Jamais permitirei que isso aconteça, que nem mesmo uma partícula de putrefação entre em contato conosco ou se instale em nós. Mas, onde quer que ela se insinue, vamos queimá-la juntos. Globalmente, podemos dizer que cumprimos essa missão tão difícil por amor ao nosso povo. E não comprometemos nossa interioridade, nossa alma ou nossa pessoa."*

Heinrich Himmler[2]

Um neologismo é estranhamente indispensável para designar a instilação de um sentimento de distância absoluta em relação ao outro. O "anempatismo" é uma condição *sine qua non* de um extermínio. Embora se trate, em parte, de um fenômeno universal, ele sofreu uma intensificação muito forte no Ocidente a partir da experiência colonial, que dissemina uma percepção desumanizada — e já não mais apenas uma estranheza ou um desprezo — das populações estrangeiras. As guerras religiosas estendem isso às oposições ideológicas. A Primeira Guerra Mundial o generaliza a todos os combatentes. O bolchevismo lhe confere uma dimensão industrial. Agora, o extermínio de grupos sociais ou de povos inteiros é lugar-comum das conversas políticas. O nazismo, e é essa sua principal inovação, remata seu aperfeiçoamento para autorizar um extermínio virtualmente sem limites, sob qualquer forma, até mesmo no interior das fronteiras europeias.

A "anempatia" é uma realidade elaborada e construída. É impossível reduzi-la a uma selvageria e uma maldade que seriam características da espécie humana, em qualquer lugar e sempre, às quais o Ocidente ainda não teria tido tempo de escapar, e cuja extensão seria nele proporcional ao seu poderio. Só camadas ideológicas virulentas permitiram superar em tamanha escala, e com tanto método, uma repugnância diante do horror que é pelo menos tão natural quanto a crueldade. Se o cálculo de interesses e o medo são os motivos habituais dos crimes, dessa vez foram sacrificados interesses maiores para cometer o crime, e se começou a temer os fracos mais que os fortes, empreendendo mais esforços no sentido de destruir aqueles do que esses. Semelhante desordem mental não é coisa de brutamontes comuns. Sua presença questiona a identidade e os valores cardeais da cultura que a gerou. Afinal, o caso extremo da vontade nazista de aniquilamento não exigiu menos elaboração intelectual para exercer sua brutalidade que os massacres menores que a haviam antecedido; exigiu mais: houve mobilização das principais instituições e de todos os recursos ideológicos.

O medo do outro é certamente um sentimento natural cuja função adaptativa pode ser facilmente compreendida. Quando a fuga ou o assassinato são impossíveis ou proibidos, surge o desejo de inverter o temor. Os pátios de recreação infantil e os estabelecimentos carcerários são ambientes rarefeitos em que esse fenômeno pode ser observado em estado quase puro. Os atores detectam os sinais de alteridade, não raro a partir de critérios físicos rudimentares, e infligem ao outro sevícias escolhidas entre aquelas que eles próprios mais temeriam sofrer. A transformação do medo de ser sujeitado ao sofrimento na vontade de infligi-lo exige, ao mesmo tempo, uma *empatia* — caso contrário, o outro não seria um substituto válido — e uma *antipatia*, sem a qual a ação hostil não seria exercida. Mas a forma individual desse processo, que é o sadismo, se tornaria contraproducente se não se estendesse ao plano político. As motivações pessoais teriam efeitos instáveis na organização e se revelariam prejudiciais à propaganda. Daí a necessidade de transformar o sentimento em "anempatia" para torná-lo especificamente reativo às ordens de extermínio.

Incumbido das práticas de alto teor "anempático" no Terceiro Reich, Himmler dispensou particular atenção ao afastamento dos *Einsatzgruppen* de qualquer indivíduo que sofresse de desequilíbrio psíquico aparente, de sadismo ou alcoolismo. Estabeleceu o modo de recrutamento dos dirigentes de seus comandos para neles mobilizar candidatos, dispondo de uma formação que chegasse ao nível doutoral. Seus comandantes de grupo tinham, em geral, recebido educação universitária ou haviam ensinado na universidade, principalmente[3] nas disciplinas mais pertinentes do ponto de vista ideológico: economia,[4] direito,[5] filosofia e teologia.[6]

Se não foi capaz de estender inteiramente esse princípio aos SS Caveira em posto nos campos, o motivo material foi a patente inevitavelmente subalterna dos soldados ou policiais destacados para os estabelecimentos carcerários, destinados ou não ao abate industrial.[7] Da mesma forma, ele não conseguiu ater-se a forças dirigidas por intelectuais para executar o programa de extermínio por balas em vista do grande alcance das necessidades. Teria sido indispensável transformar a simples polícia de manutenção da ordem, a *Ordnungspolizei*, em poderoso auxiliar.[8] Ela era composta e comandada por homens descritos como "comuns",[9] mas melhor seria defini-los como "quase comuns", pois, com frequência, eram reservistas, recrutas voluntários, não raro membros do Partido, às vezes SS, e participavam de um breve estágio "de educação ideológica intensa", prolongado em seminários periódicos. Por todos esses motivos, eles eram ideologicamente condicionados. As instruções determinavam: "O comandante de batalhão e os chefes de companhia são particularmente exortados a atender às necessidades espirituais dos homens que participarem dessa ação. As impressões do dia serão apagadas mediante reuniões sociais à noite. Além disso, os homens serão continuamente informados da utilidade política dessas medidas."[10] O SS Gruppenführer Globocnick mobilizara inicialmente essas unidades de polícia por motivos práticos, simplesmente porque estavam disponíveis e ele precisava de mais efetivos. Por mais despreparadas que estivessem em relação aos *Einsatzgruppen*, elas fizeram o que lhes era pedido. Quando foi oferecida a opção de se eximir individualmente da execução das atrocidades, mesmo os que não eram militantes nazistas abriram mão em massa dessa possibilidade.[11] As ordens, que vinham das mais altas autoridades, lhes pareciam suficientemente motivadas pela guerra e as acusações criminais feitas às vítimas. Todavia, quase nenhum desses policiais teria cometido espontaneamente os crimes de que eram então incumbidos, nem mesmo sonhado que fossem concebíveis. Em geral, eles não queriam mostrar-se covardes diante das tarefas apresentadas como guerreiras que lhes eram confiadas, por mais repugnantes fossem para eles (projeções de tecidos humanos nos uniformes, assassinatos de crianças...). Os sádicos não parecem ter sido, a princípio, mais numerosos que na população em geral, embora uma embriaguez assassina e uma crueldade frenética indubitavelmente se tenham apoderado de uma parte deles com o tempo. Himmler, contudo, sabia o que estava fazendo: os homens quase comuns aos quais se havia recorrido inopinadamente acabavam mais perturbados que os SS pela carnificina a que se entregavam diariamente. Foi necessário aliviá-los parcialmente mediante recurso a contingentes adicionais estrangeiros e, depois, confiná-los às deportações para campos de abate concebidos para acelerar as execuções e reduzir o impacto psicológico.

No fim das contas, apenas os mercenários adicionais (bálticos, húngaros, ucranianos, prisioneiros soviéticos voluntários), especialmente formados no campo de treinamento de extermínio de Trawniki, eram brutamontes alcoolizados reduzidos a motivações rudimentares. Tratava-se, como no caso dos kapos, de pessoas recrutadas quase sempre nos meios criminosos, obrigadas a lutar pela própria sobrevivência, e das quais Himmler teria preferido livrar-se, apesar da vantagem que apresentavam de demonstrar a infâmia das "raças inferiores" a que pertenciam.

Himmler havia introduzido procedimentos de distanciamento generalizados.[12] Rapidamente tratou de substituir os campos de extermínio isolados pelos comandos móveis. Nos campos, o encontro dos SS com as vítimas, no momento do abate e até a incineração, era reduzido ao mínimo, sendo as tarefas aferentes, sempre que possível, confiadas aos condenados à morte, formando *Sonderkommandos*. O contato da maioria dos integrantes do pessoal com eles era restrito, exceto no caso dos médicos e de uma minoria de guardas e oficiais, sendo os demais abrigados da consciência aguda dos assassinatos por uma obrigação de reserva, transmissões codificadas e um modo de vida tão normal e agradável quanto possível, incluindo formas coletivas de lazer organizado.[13] As vítimas em geral[14] eram enganadas sobre seu destino, desde a partida dos comboios até o momento derradeiro. Os tratamentos degradantes que sofriam até então eram oficialmente atribuídos às condições materiais de um encarceramento de alta segurança em tempo de guerra, acompanhado de trabalhos forçados.[15]

Himmler considerava essencial que o extermínio fosse, na medida do possível, conduzido por equipes que agiam no contexto de um sacrifício patriótico e superando, unicamente por esse motivo, a repulsa fisiológica espontânea provocada pelo acúmulo de cadáveres, especialmente de mulheres e crianças, quando apresentados a uma visão direta. Ele próprio não escapava a essa repulsa.[16] Seu *discurso secreto* de 4 de outubro de 1943 aos dignitários das SS em Poznan, reproduzido como epígrafe deste capítulo, é um documento crucial.

Dois dias depois, no mesmo lugar, não mais diante dos dirigentes das SS incumbidos dos atos, mas falando aos dirigentes do Partido encarregados de torná-los possíveis, Himmler repetiu as mesmas afirmações. Dessa vez, o objetivo não era escorar a convicção dos executantes, mas envolver os dirigentes políticos e administrativos. Ele os incluía no segredo e lhes mostrava que as pontes haviam sido cortadas para convencê-los de que seu destino estava indefectivelmente ligado ao do regime. Assim todos puderam avaliar o alcance e a natureza do que fora realizado em nome do nazismo e da Alemanha. No auditório, estavam os governadores e altos dirigentes, entre eles Goebbels, pessoas que, até então, tinham preferido contentar-se com eufemismos:

"A esse respeito, e diante desse círculo extremamente reduzido, vou permitir-me abordar uma questão que lhes parece perfeitamente óbvia, camaradas, mas que foi a questão mais difícil a ser resolvida em toda a minha vida: a questão judaica. O fato de não haver mais judeus em sua província é, para os senhores, algo satisfatório e evidente. Todos os alemães — com raras exceções — entenderam bem que não teríamos suportado e não suportaríamos os bombardeios nem as dificuldades de quatro, talvez cinco ou seis anos de guerra, se essa peste que decompõe tudo ainda se encontrasse no corpo de nosso povo. A frase: 'Os judeus devem ser exterminados' tem poucas palavras e pode ser dita com rapidez, senhores. Mas o que ela requer da parte daquele que a põe em prática é o que há de mais duro e de mais difícil no mundo. Naturalmente, são judeus, apenas judeus, evidentemente, mas pensem na quantidade de pessoas — mesmo camaradas do Partido — que enviaram a qualquer departamento ou a mim mesmo essa famosa solicitação afirmando que, naturalmente, todos os judeus são porcos, exceto fulano ou sicrano, os quais são judeus respeitáveis a quem nada deve ser feito. Ouso afirmar que, a julgar pelo número dessas solicitações e o número dessas opiniões na Alemanha, havia mais judeus respeitáveis do que os havia nominalmente [*risos na sala*]. Temos na Alemanha tantos milhões de indivíduos que têm cada qual seu famoso judeu respeitável que esse número é maior que o número de judeus. Menciono isso apenas porque os senhores puderam observar em suas províncias que todos os nacional-socialistas decentes e respeitáveis conhecem um judeu igualmente respeitável. Quero lhes pedir insistentemente que apenas ouçam o que lhes digo aqui entre nós sem jamais comentar o assunto. A seguinte pergunta nos foi feita: 'O que fazer com as mulheres e as crianças?' — Eu tomei uma decisão e, mais uma vez, encontrei uma solução evidente. Eu não me sentia no direito de exterminar os homens — digamos, matá-los ou mandar matá-los — e permitir que os filhos crescessem para se vingarem em nossos filhos ou em nossos descendentes. Foi necessário tomar a grave decisão de fazer com que esse povo desaparecesse da face da Terra. Para a organização incumbida de executar essa tarefa, foi a coisa mais difícil que teve de enfrentar. [...] Senti-me na obrigação de lhes falar muito francamente acerca dessa questão e lhes dizer o que aconteceu, aos senhores que são os mais altos dirigentes, que tomam as decisões no mais alto nível do Partido, dessa ordem política, desse instrumento político do Führer. A questão dos judeus será resolvida até o fim do ano nos países ocupados por nós. Subsistirão apenas restos de população judia que terão encontrado abrigo em algum lugar. [...] Os judeus não podem mais nos fazer mal algum. E, no entanto, sempre e sempre se repetiu, antes que a questão judaica fosse atacada, que a questão judaica seria impossível de ser resolvida. Pois, como se vê, é possível quando se quer."[17]

Apesar de seu caráter salteado, o primeiro discurso de Poznan, bem mais que o segundo, é um curso *ex cathedra* de "anempatia". O dever pode levar a sacrificar os próprios companheiros de armas, quando eles fracassaram. Pode obrigar a amontoar cadáveres para eliminar um povo que tenta nos matar; para pôr fim a uma epidemia moral. Mas esse dever é repugnante. A maioria das pessoas não o suportaria. Mantêm com ele uma relação teórica, verbal. Sua aprovação ideológica é da boca para fora. Não resistiria ao contato das realidades corporais: é fácil querer exterminar todos os judeus, porém é difícil não querer salvar aquele que se conhece pessoalmente. Os alemães antissemitas não têm a menor ideia da realidade física de um extermínio. A coisa toda requer uma categoria específica de homens, não bárbaros, saqueadores ou assassinos, mas, muito pelo contrário, homens que colocam tão alto o dever moral, homens que se tornam tão puros diante das tentações humanas, que agem como médicos, juízes, inteiramente desinteressados.[18] É essa força interior regulada pelo dever que permite superar a aversão fisiológica e endurecer o necessário. Enquanto no homem médio o corpo é vencido pela visão do horror, no SS a alma é capaz de dominar o corpo e mostrar-se à altura de uma "anempatia" que supera os limites habituais. Por isso esse sacrifício feito por outros na renúncia ao próprio interesse, sendo, nesse sentido, o mais glorioso imaginável, deve permanecer secreto. Os alemães não poderiam aceitá-lo caso se lhes falasse a esse respeito, como não poderiam contemplar a hipótese de operar a si mesmos, a ventre aberto, sem anestesia, nem mesmo para salvar suas próprias vidas ou a de seus filhos. Haveriam de desmaiar no primeiro momento. A obrigação de silêncio não se deve, assim, a algum tipo de discordância entre o extermínio e a ideologia nazista, como chegaram a supor muitos observadores, nem a uma contradição racional que obrigasse a levar em conta apenas explicações e motivações psicanalíticas. Para Himmler, o extermínio de modo algum é indizível; ele é secreto. Os carrascos se entendem perfeitamente quando se referem ao extermínio. Partem de premissas ideológicas para eles indiscutíveis que justificam suas ordens: os SA traíram, os judeus são os inimigos mortais do povo alemão. Daí os SS deduzem, de maneira lógica, o seu dever. Mas esse dever é acompanhado de um saber: os homens não têm a mesma resiliência nem o mesmo grau de resistência ao horror. É preciso ocultar do público a realidade material para poder realizar o projeto espiritual sem provocar a repulsa espontânea que permanece invencível na maioria. E, como até o SS mais calejado continua a ser um homem, seria falta de tato falar-lhe com frequência a respeito, correndo o risco de revolver nele as emoções naturais que tanta dificuldade teve para dominar.

Eichmann, de um temperamento aparentemente mais sensível do que seria possível imaginar da parte de um dirigente logístico da Solução Final, instado pelo procurador a responder à pergunta sobre o que teria feito se fosse pessoalmente incumbido por sua hierarquia do comando de um campo de extermínio, afirmou que provavelmente teria dado um tiro na cabeça. Esclareceu, contudo, dirigindo-se respeitosamente ao tribunal, que a pergunta não era "pertinente". Não queria dizer que não devia ter sido feita, mas que não afetava sua responsabilidade penal ou moral. Ele recebera ordens que um mínimo conhecimento da organização administrativa dos serviços de segurança alemães mostrava que não eram opcionais nem sujeitas à aprovação consensual dos executantes. Respondendo a outra pergunta, ele afirmou que, na época, entendera e aprovara as motivações dessas ordens, mas agora dispunha de informações que lhe permitiam, embora fosse tarde demais, considerá-las as mais criminosas dadas em milhares de anos. Assinalou, todavia, mais uma vez respeitosamente, que essa segunda pergunta não lhe parecia mais pertinente que a anterior. Para ele, sua responsabilidade devia ser encarada exclusivamente no contexto das informações de que dispunha no momento dos atos posteriormente incriminados, e suas motivações pessoais não podiam ser levadas em consideração, sendo prioritária a obediência às leis e aos regulamentos.[19] Eichmann parece autenticamente convencido dessa prioridade e afirma — o que é possível — não ter então conhecido ninguém que a rejeitasse ou que pudesse repreendê-lo a esse respeito. Observa que as vítimas com cujos representantes se encontrava, assim como os negociadores neutros, no máximo lhe solicitavam exceções a uma regra universalmente aceita. Tratava-se apenas, achava ele, de utilizar a margem de manobra de que dispunha (mas que considerava muito pequena) para que atenuasse seus efeitos concretos. Muitos, acompanhando o processo, se convenciam de que o argumento da obediência às ordens era necessariamente fruto de uma hipocrisia descarada, recusando-se a perder, dessa maneira, toda esperança na razão humana. Mas a solução era muito mais grave, pois ele, sem dúvida, era sincero. Temos mesmo todos os motivos para dar crédito à sua afirmação de que teria deportado o próprio pai se a ordem lhe fosse dada com insistência. Não seria possível expressar de maneira mais perfeita o que é a "anempatia" política. Simpatia e antipatia são questões privadas enquadradas por uma obrigação jurídica moral superior de "anempatia" em relação a todo adversário designado pela autoridade legítima.

Um número muito pequeno de carrascos nazistas (provavelmente menos de 5%) expressou remorso diante dos tribunais, qualquer que fosse sua posição na hierarquia.[20] Não só eles não sentiam particular empatia retrospectiva em relação às vítimas, como sequer consideravam que um remorso fingido se mostrasse útil à sua defesa. Em geral, consideravam o horror sentido por aquele que inflige equivalente ao horror sofrido, e a questão de seus sentimentos pessoais, deslocada, tratando-se da legitimidade de seus atos. Todos encaravam a obediência militar como uma virtude preconizada por todo exército ocidental e consideravam que a missão essencial do soldado em tempo de guerra é matar, estando a autoridade governamental habilitada apenas a designar os alvos e fixar as modalidades. Os mais educados não estabeleciam qualquer distinção de natureza entre as execuções em massa infligidas pelas forças alemãs e os massacres aéreos, clássicos ou nucleares, efetuados pelos Aliados contra os civis. Reconheciam que seria legítimo levá-los à justiça, mas pelo fato de terem sido vencidos. Os procuradores, confusos com semelhante ausência de emoções, foram incapazes de lhes contrapor uma argumentação sistemática.

A ideia de que a "anempatia" seria uma realidade psicológica imediata, e não um elemento ideológico, reduzindo-se a uma insensibilidade ou a uma hostilidade natural em relação aos que nos são estranhos, não resiste à análise. Os conflitos e a hostilidade surgem espontaneamente entre pessoas que se conhecem, e não entre pessoas sem interação. A afirmação de uma preferência ordenada por proximidade ("prefiro a minha filha à minha sobrinha, a minha sobrinha à minha prima, a minha prima à minha vizinha"), atribuindo ao chauvinismo universal a base não ideológica do nacionalismo, do supremacismo racial e de toda "anempatia", é contrária à observação. Se alguém deve ser assassinado um dia, a probabilidade de que o seja pelo cônjuge é, de longe, a mais alta de todas; e a maioria das pessoas vive seus conflitos mais agudos no seio da própria família ou da empresa em que trabalha. Têm mais motivos para se regozijarem com o sofrimento da "prima" que as arrastou ao tribunal por uma sombria questão de herança do que de se mostrarem indiferentes ao de um bonzo que preferisse lhes sorrir a se imolar vivo em sua tela de televisão. A suposta indiferença em relação aos que não conhecemos é contrafatual. Tornamo-nos sensíveis ao terrível destino de uma pessoa cuja existência ignorávamos a partir do momento em que é identificada e nomeada, não sendo apresentada como má. Em vez de derivar imediatamente de uma ordem natural simples, a "anempatia" é categoricamente construída.

Essa vontade de não ter nada a ver com o sofrimento dos alvos, apesar dos reflexos contrários, está sujeita a uma gradação que vai desde o simples desejo de não saber até a capacidade de executar pessoalmente atos repugnantes. É induzida por um hábito ou uma educação tanto mais eficaz na medida em que for coletiva, como ocorre no caso dos médicos que se endurecem na dissecção fazendo pilhérias. Junto à população em geral, a diabolização ou a desumanização dos grupos visados pela propaganda representam, ao lado da negação, o método mais comum.

Desse modo, em matéria colonial, os argumentos articulados pelos governos quanto às atrocidades eram, em geral, os seguintes: 1) as acusações de crimes são mentirosas, partindo de ideólogos fanáticos, a agentes estrangeiros, jornalistas ávidos de sensacionalismo e até de chantagistas; 2) o grau de desumanidade descrito pelos colonos é de tal ordem que visivelmente é excessivo, devendo acarretar a incredulidade em qualquer pessoa razoável; 3) os crimes são cometidos por indivíduos isolados que vivem em condições particularmente difíceis, em zonas afastadas; 4) as vítimas, apresentando um comportamento animal, cometem elas próprias, e em seu caso de maneira sistemática, atos de barbárie extrema (canibalismo), e sua miséria seria ainda maior se fossem entregues a si mesmas; 5) o balanço é globalmente positivo (desenvolvimento econômico, cristianização, educação, aprendizado da democracia), devendo qualquer análise equilibrada reconhecer a maioria das boas coisas realizadas, apesar dos excessos inevitáveis; 6) a situação logo será normalizada, graças ao processo civilizatório.

O domínio do discurso, visto como uma superioridade ocidental, era uma arma mais perigosa que o canhão. Os governos não deviam apenas convencer sua metrópole do caráter pragmático dos danos causados ("não se pode fazer omelete sem quebrar ovos") e demonstrar ao indígena sua própria inferioridade nativa, como também convencer os agentes coloniais da vilania das criaturas colocadas no seu caminho. Em campo, alguns depreendiam daquilo que as vítimas sofriam a própria prova de sua baixeza. Concluíam daí que, quanto mais cometessem horrores abertamente, mais teriam razões para voltar a cometê-los.

A "anempatia" civil tivera, por muito tempo, um fundamento religioso. O sacrifício pessoal que podia ser exigido em nome do mais alto valor e a relatividade dos sofrimentos deste mundo em relação a perspectivas eternas permitiam dizer: "Podem matar todos eles, pois Deus haverá de reconhecer os seus."[21] A "anempatia" é ainda mais impressionante quando entra em oposição radical com a doutrina evangélica. Mas, na época, o espírito cristão era animado por uma concepção absolutista do saber. Desde Platão, a cultura ocidental se convencera de que era capaz de elevar o homem pela ciência, da qual a teologia era estatutariamente o ramo mais digno, a um conhecimento adequado da vontade divina e da natureza. Ora, nada nem ninguém têm o direito de se opor a essa vontade. A partir desse princípio é que foram cometidos os massacres teológicos bizantinos. O positivismo apenas reforçou, no processo de descristianização, uma visão clássica própria do Ocidente.

Principalmente a partir do século XVII, a "anempatia" acabou por ser tratada como condição central de um bom funcionamento militar.[22] Nem sempre fora o caso anteriormente. As civilizações anteriores, sem naturalmente colocar isso em prática, tinham imaginado métodos para minimizar perdas e sofrimentos. O mais famoso é o combate singular.[23] Mas houve também os combates ritualísticos,[24] em tamanho real. Uma batalha era organizada, mobilizando todas as forças, e com uma disposição bem refletida. No primeiro confronto, as hostilidades cessavam, mas a vitória, atribuída de comum acordo ou por arbitragem, dava lugar a todas as devidas consequências. A monarquia zulu viveu uma transição entre esse sistema e o confronto colonial exterminador.[25] Mais adiante, retomarei a questão da ética da guerra cortês.[26]

A disciplina — desde a Antiguidade, uma característica mais constante dos exércitos ocidentais — é um fator poderoso de "anempatia". O soldado, fundido no corpo da tropa, levado a cumprir as ordens sem discussão ou reflexão, fica isento de responsabilidade. Seus atos são os do seu general, que, por sua vez, age exclusivamente por delegação da autoridade soberana. Os exércitos modernos acrescentam a isso um novo fator: o emprego sistemático das armas de fogo. O fuzil, arma "democrática" por excelência, pois pode ser usada em todas as unidades, sem necessidade de um aprendizado técnico de alto nível, cria uma distância física que se transforma em distanciamento psicológico em relação aos alvos. Quanto mais os armamentos facilitam a ação a distância, mais aqueles que os utilizam se sentem em comunidade com seus inimigos. Pela pressão de um botão, torna-se possível provocar estragos humanos maciços sem ser afetado pelo retorno visual. Cabe, até mesmo, temer que o recrutamento de soldados habituados aos jogos de vídeo e seu equipamento com sistemas análogos venha a eliminar toda reserva psicológica em relação a práticas exterminadoras. Confundindo o jogo, no qual a vida perdida é automaticamente recuperada na partida seguinte, com a própria vida, em que a morte é irreversível, o militar — por sua vez, ao abrigo do perigo em virtude da distância física — é instalado em uma situação de pura "anempatia"/extermínio.

A cultura da obediência é um traço comum às instituições ocidentais, pelo menos até a década de 1960, seja no caso da igreja, da escola, da administração, da empresa ou do exército. Assim como o rigor da regra monástica é considerado libertador, ou assim como a disciplina, como observara Max Weber, se tornou o ponto de honra da administração, o heroísmo militar se transformou, no século XIX, em espírito romano de sacrifício sem limites pelo grupo e as ordens recebidas:[27] o herói passa a ser aquele que renuncia a tudo, exceto à obediência. Em tal contexto, estaria fora de questão permitir que um sentimento pessoal de humanidade levasse a melhor sobre o dever.

Ora, se a cultura alemã incontestavelmente estava voltada para a obediência à autoridade em todos os setores da vida social, a valorização da obediência militar era então compartilhada por todos os exércitos ocidentais. A revolução de 1918-1919 mostrara que o soldado alemão era tão capaz de desobedecer quanto qualquer outro. A obediência às ordens de extermínio não é, portanto, uma característica puramente alemã. Os exércitos do ar aliados executaram, sem qualquer dificuldade, os bombardeios clássicos e nucleares de alvos civis, não obstante uma cultura em que se admitia maior autonomia.

Estamos tão habituados a combater ditaduras que consideramos cínicas, e cuja falta de sensibilidade para o sofrimento nos causa espanto, que, de bom grado, nos deixamos convencer de que a democracia ofereceria uma garantia do contrário. Mas ela não oferece nenhuma.[28] Toda a empatia que concedemos diz respeito exclusivamente aos nossos e àqueles que escolhemos conceder nossa proteção. É assim que o cinema estende seus melodramas de sensibilização apenas às minorias que perseguimos em outros tempos e que decidimos, desde que deixaram de nos inspirar temor, integrar à nossa sociedade, como os ameríndios e os americanos de origem africana. Ao mesmo tempo, nossas televisões e nossos jornais, empenhados em individualizar cada uma de nossas vítimas nos conflitos, em lhes dar um nome, dedicar-lhes cerimônias, persistem em tratar as vítimas que deixamos como grupos tanto mais anônimos e indistintos na medida em que seu número é, em geral, de uma ordem de grandeza superior ao das nossas.

As guerras coloniais conduzidas por regimes democráticos estão entre as mais "anempáticas". Um monarca absoluto não tem motivo particular de tratar povos novos que submete de maneira muito diferente dos súditos sobre os quais exerce inicialmente seu poder. Quando, pelo contrário, são conduzidos por regimes democráticos, soldados e oficiais se sentem investidos da missão de garantir a qualquer preço, antecipadamente ou em tempo real, a segurança dos colonos contra a ameaça dos selvagens. Cuidam da defesa da viúva e do órfão de sua própria Nação recorrendo aos métodos mais radicais, sendo o extermínio puro e simples incontestavelmente o mais seguro. O fato de os selvagens em questão terem algum motivo de resistir à invasão volta-se contra eles: não entendem o benefício que uma civilização superior pode proporcionar-lhes. Cabe, portanto, acabar o mais breve possível e da maneira mais completa com esses brutamontes incapazes de entender o verdadeiro sentido da igualdade política e do amor ao próximo.[29]

O "anempatismo", que, portanto, era admitido e cultivado em todas as sociedades modernas, até mesmo nas mais esclarecidas, foi elaborado e potencializado pelos nazistas em um grau espantoso. Um fenômeno até então constatado se tornou um objetivo deliberado. Reflexão, análise psicológica, planejamento tomaram o lugar das improvisações anteriores. Mas as origens e os fundamentos não eram novos.

Hannah Arendt afirma, falando de Eichmann, que "a ausência de pensamento — que não é absolutamente a mesma coisa que estupidez — é que lhe permitiu tornar-se um dos grandes criminosos de sua época".[30] Mesmo reservando a palavra "pensamento" à sua acepção mais elevada, parece-me que ela se equivoca. Não só o pensamento se revelou incapaz de se opor à manifestação do crime, algo de que as divagações políticas pessoais de Heidegger são uma ilustração entre outras, como também foi a origem de todas as instituições e de todas as justificativas intelectuais indispensáveis à sua execução. Não é possível extrair a conclusão de que Eichmann, como as outras engrenagens, "ignorava o que fazia" do fato de que se limitava a agir como toda a cultura de que estava impregnado o exortava a se comportar. Ainda que fosse um "pensador", ele não teria descoberto ao seu redor uma literatura filosófica dominante que lhe abrisse os olhos. E, se era uma pessoa "banal",[31] não o era exatamente no sentido de que lhe faltava mais discernimento que experiência, mas no sentido de que era representativo de certa maneira de "estar no mundo", para a qual haviam contribuído espíritos maiores. Ao contrário de Hitler, ele era, como veremos adiante, incapaz de um raciocínio filosófico, e não tentou, como tampouco tentou o advogado que escolheu, invocá-lo em sua defesa.[32] As filosofias geradoras de sua maneira de pensar haviam cumprido sua missão. Seu talento e seu papel eram de natureza administrativa, e ele não se imaginava participando de um combate de ideias, de tal maneira que as ordens recebidas, se excetuarmos uma violência que pessoalmente considerava exagerada, lhe pareciam inseridas no contexto normal da ação pública. Sua extrema "anempatia" era apenas um aspecto disso.

4.2 "Acivilismo"

> *"Eu, o grande general das tropas alemãs, envio esta carta ao povo herero. Os hereros não são mais súditos germânicos. Eles mataram, roubaram, cortaram narizes, orelhas e outras partes do corpo de soldados feridos, e agora, por covardia, não querem mais combater. Eu digo ao povo: quem entregar um dos capitães herero como prisioneiro no meu acampamento receberá mil marcos. Quem trouxer Samuel Maherero receberá 5 mil marcos. Todos os hereros têm de deixar o território. Se o povo não o fizer, eu o forçarei a fazê-lo com meus grandes fuzis. Todo herero encontrado dentro das fronteiras alemãs, com ou sem fuzil, com ou sem rebanho, será executado. Não aceitarei mais nenhuma mulher ou criança. Vou entregá-las ao seu povo ou atirar nelas. É esta minha decisão sobre o povo herero."*
>
> *Grande General do Poderoso Kaiser, von Trotha, Osombo-Windimbe, 2 de outubro de 1904.*

A atitude ocidental quanto à proteção das populações civis é ambígua. Em princípio oposta ao acivilismo, ela o admite em reação a atos "acivis" de um inimigo. A proteção dos civis na guerra é considerada mais importante que as regras de cortesia entre os combatentes, mas não é obrigatória em relação a um inimigo que não a observe.

Embora esteja vinculado a um direito consuetudinário dos mais universais, tanto no espaço como no tempo, o direito das operações de guerra (*jus in bello*) veio a se beneficiar de uma elaboração muito ativa na Europa a partir do século XVI. Sua formulação doutrinária mais sintética é a de Montesquieu, estipulando que os beligerantes devem "causar-se o menor mal possível sem prejudicar seus interesses". Em outras palavras, o mal gratuito é proibido. A crueldade e o sadismo são banidos pelo direito de guerra. Essa concepção é tão pouco protetora que não era rejeitada por Himmler — ele que criara o sistema de distanciamento descrito no capítulo anterior.[33]

Ainda assim, se o ato gratuito continua proibido, *a contrario*, aquele que não o é, mas visa a um objetivo de guerra, só pode sê-lo mediante convenção expressa entre os beligerantes, o que desde logo descarta a proteção dos adversários não signatários dos tratados relativos ao direito de guerra; portanto, de todos os povos colonizados antes da independência.[34]

Além do mais, um objetivo de guerra pode ser atribuído de maneira casuística a qualquer abuso, nem que seja intimidar ou quebrar o moral do adversário. Essa foi a justificativa fornecida por Churchill para bombardear alvos civis em violação à Quarta Convenção de Haia. Da mesma forma, a destruição ou o envenenamento de fontes naturais, ou o próprio massacre de populações civis, podem ser atribuídos à vontade de se alcançar uma rendição rápida. Era um dos diversos argumentos utilizados por Hitler para legitimar seus atos de extermínio, assim como a fundamentação do bombardeio atômico das cidades japonesas.

A transformação da utilidade em necessidade autoriza a se liberar mais completamente das obrigações convencionais.[35] A tortura — aqui cabe sublinhar, só foi proscrita pelo direito internacional depois da Segunda Guerra Mundial (ao passo que a proibição da moeda falsa o era havia muito tempo) — é em geral apresentada como fruto da necessidade de se extorquirem informações vitais. Chega-se até a lhes atribuir com frequência uma função humanitária: a informação obtida supostamente permitiria poupar mais vidas.[36]

Esse tipo de raciocínio levou Richard Feynman, físico humanista e pacifista, a participar intensamente do Projeto Manhattan. Como os nazistas poderiam dispor da bomba atômica, e era possível concluir, pelo seu comportamento constante, que dela fariam o uso mais destruidor, era um dever moral obtê-la antes deles. Já não é tão certo que a análise seja imediatamente extensível à aplicação efetiva de armas de destruição em massa a populações civis. Era teoricamente possível efetuar uma demonstração sem alvo humano para conseguir o fim das hostilidades. Mas foi levantada uma consideração de ordem pragmática: os Estados Unidos tinham um número reduzido de bombas, e um fracasso teria aniquilado a razão de ser da operação.

A importância fundamental atribuída ao direito positivo tem como consequência neutralizar mais o campo de aplicação prático das regras relativas ao acivilismo. A existência do progresso técnico e o surgimento a ela ligado de situações novas acarretam uma obsolescência estrutural dos textos protetores. Dessa forma, violações patentes do direito natural tendem a escapar a uma sanção retroativa que seria incorreta do ponto de vista positivo. A codificação do direito internacional, depois da Segunda Guerra Mundial, levou, portanto, a formulações complicadas, destinadas a cobrir situações futuras ainda não imagináveis que as tornam muitas vezes inaplicáveis, ao passo que as regras de combate deviam ser suficientemente simples para que um combatente comum pudesse compreendê-las e lhes obedecer. A respeito disso, costuma-se citar o Protocolo Adicional às Convenções de Genebra de 12 de agosto de 1949, relativo à proteção das vítimas de conflitos armados internacionais,[37] ilustrando a dificuldade: "Para que a proteção da população civil contra os efeitos das hostilidades seja reforçada, os combatentes são obrigados a se distinguir da população civil quando participam de um ataque ou de uma operação militar preparatória de um ataque. Ao considerar-se, contudo, que há, nos conflitos armados, situações em que, em virtude da natureza das hostilidades, um combatente armado não pode se distinguir da população civil, ele conserva seu estatuto de combatente desde que, em situações tais, porte suas armas abertamente: a) durante cada confronto militar e b) durante o tempo em que estiver exposto à vista do adversário, enquanto participa de uma mobilização militar que antecipe o lançamento de um ataque do qual deverá participar. Os atos que atendam às condições previstas no presente parágrafo não são considerados desleais no sentido do artigo 37, parágrafo 1c." Semelhante instrução, que só pode ser interpretada por juristas e filósofos, é inoperante durante um combate.

Por outro lado, um direito internacional dos conflitos, seja positivo ou não, complexo ou não, só tem realidade se o conjunto dos que tomam as decisões estiver convencido de não poder esquivar-se ao julgamento e à sanção eficaz, mesmo em caso de vitória. Ora, apesar de um considerável esforço coletivo, esse resultado está muito longe de ser alcançado no início do século XXI. Assim, o Tribunal Penal Internacional, que tem competência para julgar "crimes de guerra, crimes contra a humanidade, crimes de genocídio e crimes de agressão", ainda não pode estender sua mão até os principais beligerantes em potencial. Embora a convenção que o criou tenha sido ratificada pela maioria dos Estados, não foi assinada pela China, a Índia, a Rússia e a maioria dos países árabes, nem foi ratificada pelos Estados Unidos e Israel. O Tribunal se limita, portanto, a funcionar como uma polícia das potências sobre os beligerantes menores.

De qualquer maneira, ainda não se havia chegado a isso na época do nazismo. As antigas regras de cortesia que regiam os conflitos entre exércitos aristocráticos tinham dado lugar a conflagrações maciças e a guerras totais conduzidas por regimes muitas vezes democráticos. Jaurès não encontrara melhor substituto para o pacifismo do que transformar os povos em "Nações em armas", formadas para o combate desde o ensino escolar.[38] As Convenções de Haia eram recentes, limitadas, reservadas aos signatários. As guerras coloniais tinham demonstrado o alcance do "acivilismo" no pensamento não jurídico.

Os colonialistas tinham a intenção não só de respeitar os princípios da civilização, como também de introduzi-los. Mas se defrontavam com autóctones desejosos de combatê-los por todos os meios ao seu dispor. Os ocidentais dispunham de equipamentos militares de tal maneira superiores que a derrota contra eles era inelutável se os indígenas limitassem aos confrontos clássicos. O ataque aos acampamentos e populações civis se tornava o único método disponível para esgotar ou dissuadir os invasores. Ora, com isso, os resistentes apareciam como bárbaros, justificando que se descartassem, em relação a eles, as regras de civilidade. A violação pelo inimigo dos princípios da civilização abria então o direito para a vingança e a autodefesa. Represálias militares estruturadas e exterminadoras eram então a consequência. Como, além do mais, os colonizados raramente dispunham de tropas profissionais e só podiam ser distinguidos dos civis pelo sexo e, mesmo assim, nem sempre,[39] o outro lado se sentia autorizado a aplicar sanções em retaliação ao conjunto das populações sem faltar à honra.

O ensaio geral do Grande Extermínio ocorreu, assim, na África. Se esteve a cargo do exército alemão, ele não era nazista, mas ainda o exército do Kaiser. Depois do extermínio dos herero, em 1904, restava apenas reproduzir o aniquilamento em maior escala na Europa para que tudo fosse consumado.[40]

O que Himmler teve de esconder, o general Lothar von Trotha proclamou abertamente, no documento reproduzido como epígrafe do presente capítulo.[41] Os 80 mil hereros existentes na Namíbia antes de sua chegada foram contados em 15 mil quando partiu, incluídos os que tinham sido agrupados como trabalhadores servis nos cinco campos de concentração construídos para eles, segundo o modelo britânico na África do Sul,[42] e que os colonos alemães tinham por vocação explorar.

Não se tratava de um erro ou de um excesso. Em 22 de abril de 1905, Von Trotha se dirigia ao povo nama, situado mais ao sul e inimigo tradicional dos hereros: "O nama que optar por não se render e for visto em território alemão será abatido até o extermínio de todos. Aqueles que, no início da rebelião, cometeram assassinatos contra brancos ou deram ordem de matar brancos, pela lei, perderam a vida. Quanto aos que não foram vencidos, terão o destino que tiveram os hereros, que, em sua cegueira, também julgaram que podiam empreender uma guerra vitoriosa contra o poderoso Imperador Alemão e o grande Povo Alemão. E eu pergunto: onde estão esses hereros hoje?"[43]

Observa-se que Von Trotha frisava que os hereros eram tratados assim por terem "matado, roubado, cortado narizes, orelhas e outras partes dos corpo de soldados feridos", e os nama, por terem "cometido assassinatos contra brancos", tendo todos se rebelado. Mobilizar por esse ou aquele motivo um exército de 10 mil homens equipados de artilharia pesada contra uma população inteira, incluindo-se mulheres, homens e crianças, envenenando suas fontes de água e os confinando sob a mira de atiradores no deserto de Kalahari, não estaria de acordo com a "dignidade do soldado" alemão. Entretanto, expressando-se fora do contexto da propaganda, ele escreveu: "Conheço bem as tribos da África. Todas têm a mesma maneira de pensar, o que só as faz ceder diante da violência. Exercer essa violência de maneira abertamente terrorista [mit krassem Terrorismus] era e continua a ser a minha política. Destruirei as tribos rebeldes com rios de sangue e dinheiro. Só dessa semente pode germinar algo novo e durável."[44]

A revista do estado-maior imperial, Der Kampf, aprovava: "Essa empreitada audaciosa traz à luz mais brilhante a energia impiedosa do comando alemão na perseguição de seus inimigos vencidos. Nenhum sofrimento e nenhum sacrifício foram poupados para eliminar os restos da resistência inimiga. Como animal ferido, o inimigo era perseguido de uma fonte de água a outra, até que finalmente caísse vítima do próprio ambiente. O omaheke árido acabaria o que o exército alemão havia começado: o extermínio da Nação herero."[45] O conde Von Schlieffen, chefe do estado-maior geral, tinha dado seu assentimento a esse "combate racial", e o Kaiser escolhera pessoalmente Von Trotha, que se destacara na repressão à revolta dos boxers na China para comandar as represálias a uma rebelião que considerava insuportável, embora fosse conduzida com especial cuidado por seu líder Samuel Maherero para poupar os civis e evitar danos colaterais.[46]

O chanceler Von Bülow relata em suas memórias, publicadas em 1931,[47] que Guilherme II tinha descartado expressamente a aplicação dos preceitos cristãos aos pagãos e selvagens. Quando o deputado centrista Matthias Erzberger sustentou, no Reichstag, que os negros dispunham de uma alma eterna, assim como os alemães, foi estrondosamente vaiado pela bancada da direita. A questão chegara a Berlim, com efeito, pois o autoritarismo de

Von Trotha atropelava as prerrogativas do governador Leutwein,[48] e seus massacres tornavam rara a mão de obra. Foi necessário dispensá-lo de suas funções, mas isso, deliberadamente, ocorreu tarde demais, sem que o governador expressasse outras reservas senão as ligadas à oportunidade de seus atos. De qualquer maneira, chegou a haver um debate parlamentar, que ofereceu aos social-democratas uma tribuna para contestar as condições da colonização.

As potências estrangeiras — algumas delas tinham até pensado em utilizar essas brutalidades com fins de propaganda antialemã — logo mudaram de ideia, chegando a retirar os relatórios e a sancionar os que os haviam redigido. Nem os britânicos, que haviam sucedido aos alemães na Namíbia depois da Primeira Guerra Mundial e não haviam melhorado a situação dos hereros sobreviventes, nem os franceses, que reprimiram duramente as revoltas em Madagascar em 1896, causando 100 mil vítimas, nem o rei da Bélgica, que possuía o Congo e o explorou a ponto de causar sua despopulação,[49] nem os americanos, que exercem seu poder colonial nas Filipinas,[50] nem os holandeses nas Índias Orientais, nem os japoneses, que os imitavam na Coreia, nada tinham a dizer sobre o caráter inevitavelmente acivil, a seus olhos, do processo de civilização.[51]

Os métodos "acivis" e de extermínio, correntes nas colônias, foram importados para a Europa pela guerra civil espanhola. Esses métodos, simbolizados pelas alegres exibições de cabeças cortadas e membros mutilados, haviam incluído durante a Guerra do Rif* o emprego, em ampla escala, de gases de combate contra alvos civis. Ao lado da Guarda Civil, as tropas coloniais tinham sido os principais instrumentos da rebelião. Seus chefes, quase todos *africanistas*,[52] visavam expressamente ao extermínio dos membros da esquerda "judaico-comunista", em nome de uma ideologia próxima do nazismo,[53] porém mais adaptada ao catolicismo das elites econômicas espanholas.[54] Os marxistas, considerados manipulados pelos judeus, eram equiparados aos magrebinos muçulmanos, "semitas" que supostamente ameaçavam a Espanha "ariana" com uma "africanização".[55] Por transitividade, a classe operária, sensível aos temas marxistas, era identificada com

---

* Guerra entre os exércitos das duas potências signatárias do acordo de protetorado do Marrocos — a França e Espanha —, e tribos do maciço do Rif, no norte deste país, entre 1921 e 1926. (*N. do T.*)

a população colonial, grupo ao qual podia ser aplicado um tratamento repressivo capaz de chegar ao extermínio. O golpe de estado se apresentava, assim, como uma nova *Reconquista*,[56] justificando execuções em massa que prefiguraram as dos *Einsatzgruppen*. Estimam-se em 150 mil as vítimas da junta, independentemente das operações estritamente militares. Entretanto, ao contrário da África, os próprios republicanos dispunham de uma capacidade de resistência que se manifestou em forma de reverberação da violência. Estimam-se em 50 mil as vítimas civis executadas pelos corpos legalistas (os *checas*) ou pela multidão. Os discursos de ódio que partiam de todas as partes desde 1934, na Espanha, na Alemanha e na França,[57] tinham preparado o terreno para a justificação historicista dos massacres. O turbilhão de violência que varreria a Europa estava formado.[58]

4.3 Colonialismo intraeuropeu

4.3.1 Raízes coloniais da teoria hitlerista da globalização

> *"Eu sei [...] que há quem sustente a ideia de que também é possível conquistar o mundo economicamente. Mas é um dos mais graves e terríveis sofismas que existem. Que os ingleses restrinjam sua luta pela Índia aos meios econômicos; que a Inglaterra abandone completamente a atitude com que um dia adquiriu a Índia, uma atitude que permite conservar a Índia por meio de numerosas rebeliões e longas e sangrentas batalhas do meio do século passado, e verão o que acontecerá: as fábricas inglesas não se manterão na Índia [...]. É preciso haver o necessário casamento entre o conceito de dominação pela vontade política e o conceito de dominação (Herrensinn) pela atividade econômica [...]. Em vez de se disseminarem no sentido territorial, em vez de exportarem seres humanos, [os povos brancos] exportaram bens, construíram um sistema econômico mundial que se manifesta da maneira mais característica no fato de que, considerando-se que existem diferentes níveis de vida na Terra, a Europa e, mais recentemente, os Estados Unidos também possuem na Europa gigantescas fábricas centrais, e o restante do mundo, vastos mercados e fontes de matérias-primas.*

> *A raça branca, contudo, só será capaz de manter sua posição, na prática, enquanto persistirem as defasagens de nível de vida por meio do mundo. Se hoje fosse dado àqueles que chamamos de nossos mercados de exportação o mesmo nível de vida que temos, os senhores seriam testemunhas de que a posição privilegiada da raça branca, que se manifesta não só na potência política da Nação, mas também na situação econômica do indivíduo, não pode mais manter-se por longo tempo."*
>
> Adolf Hitler, 1932

O nazismo não levava em conta precisar de justificativas especiais para seu colonialismo, um princípio universalmente aceito no Ocidente. A análise de Hitler, tal como exposta em um discurso muito importante aos dirigentes da indústria alemã em 1932, merece ser citada aqui mais detidamente: "[O que é chamado de raça branca] ao longo de mil anos desde o desmoronamento da antiga civilização alcançou posição privilegiada no mundo. Mas eu não consigo entender a supremacia (*Herrenstellung*) econômica privilegiada da raça branca sobre o restante do mundo se não a considero em suas relações muito estreitas com o conceito político de supremacia que foi específico da raça branca por muitos séculos, e que, como tal, foi sustentado em face do mundo exterior. Os senhores podem escolher qualquer região, tomem por exemplo a Índia: a Inglaterra não adquiriu a Índia de maneira legal ou legítima, mas sem consideração pelos desejos ou opiniões dos indígenas ou pelas declarações de direitos; e manteve essa dominação, tanto quanto necessário, com a mais implacável brutalidade. Exatamente como Cortés ou Pizarro reivindicaram a América Central e os Estados setentrionais da América do Sul, não com base em alguma reivindicação legal, mas em um sentimento absoluto e inato de superioridade (*Herrengefühl*) da raça branca. A colonização do continente norte-americano igualmente resultou não de uma reclamação superior em um sentido democrático ou internacional, mas de uma consciência do que é justo, tendo raízes apenas na convicção da superioridade e, logo, do direito da raça branca. Se eu imagino as coisas sem esse estado de espírito, que, ao longo dos trezentos ou quatrocentos últimos anos, permitiu à raça branca conquistar o mundo, então o destino dessa raça não seria diferente do destino, por exemplo, dos chineses: uma imensa massa de povo congestionada em um território extraordinariamente restrito — uma superpopulação, com suas inevitáveis consequências. Se o destino permitiu à raça branca tomar outro caminho, foi porque a raça branca estava convicta de ter o direito de organizar o restante do mundo. Independentemente da vestimenta assumida por esse suposto direito em cada caso particular, tratava-se, na realidade, do exercício de um direito extremamente brutal de dominar (*Herrenrecht*). Com base nessa concepção política, desenvolveu-se o princípio de uma conquista econômica do mundo."⁵⁹

A dominação política dos países ocidentais carece de justificação jurídica. É um ato de força, sem alternativa se esses povos quiserem preservar seu avanço econômico. A ideia de uma dominação puramente econômica, desprovida de dominação política, necessariamente levaria a uma equiparação mundial dos níveis de vida; portanto, a um empobrecimento ocidental: "Um inglês célebre escreveu certa vez que o traço característico da política inglesa era o milagroso casamento das conquistas econômicas com a consolidação da potência política, e, de modo inverso, a expansão da potência política com uma apropriação econômica imediata: uma interação que se torna inconcebível quando um dos dois fatores está faltando." Segue-se o trecho citado como epígrafe deste capítulo.

O modelo britânico de colonização é exemplar, na medida em que os objetivos econômicos e a dominação política vão de par. Não é o caso dos impérios continentais, como a França ou a Alemanha, que esgotaram suas forças em conflitos ideológicos (*weltanschaulich*), inicialmente religiosos, depois nacionais, em vez de conquistar e garantir seus mercados externos. Ao frio método inglês, opuseram uma meta cultural e civilizatória "romântica" que os manteve afastados do objetivo econômico. O resultado foi um crescimento demográfico que, na França e na Alemanha, não teve desaguadouros proporcionais às suas necessidades. Esse problema é particularmente agudo para a República de Weimar, que, como membro democrático da Sociedade das Nações, rejeitou intelectualmente o princípio de colonização política em favor de uma atitude pacifista: "O resultado é evidente: a concorrência obrigou os povos europeus a uma melhora sempre maior de sua produção [... que] levou a economizar constantemente a força de trabalho. Enquanto a exploração de novos mercados internacionais manteve seu ritmo, os homens dos quais era possível abrir mão na agricultura e, mais tarde, no comércio puderam ser transferidos para novas linhas de produção sem maiores danos, de tal maneira que nos damos conta hoje de que os traços característicos do século passado foram a eliminação dos homens da agricultura em favor do comércio; em seguida, no próprio comércio, um número cada vez maior de pessoas caiu vítima da racionalização dos métodos de produção, encontrando, por sua vez, novas oportunidades de ganhar a vida mediante a expansão dos ramos da produção. Mas esse processo só podia ser concebido enquanto houvesse um crescimento constante do potencial de venda disponível, um potencial que devia ser tão grande quanto o crescimento da produção." Todas as Nações industrializadas se tornaram, assim, dependentes de seus mercados de exportação. A Grande Guerra agravou esse fenômeno, pois a falta de matérias-primas, durante e depois do conflito, teve como consequência uma reestruturação industrial, ao custo de investimentos maciços, conduzindo a uma elevação máxima da capacidade de produção. Esse sistema teria funcionado a contento se os mercados externos tivessem continuado a se ampliar, mas não foi o que aconteceu: "Pelo contrário, seu número diminuiu, pois o número de Nações exportadoras lentamente aumentou. Vemos, portanto, em compensação, um novo grande exportador — a união americana, que até hoje ainda não se manifestou em seu pleno poderio em todos os setores, mas que certamente, em terrenos específicos, pode contar com vantagens produtivas que a Europa não tem, nem pode ter." Eis, para Hitler, a causa da crise de 1929.

Ora, para ele, essa evolução não pode ser dissociada da questão bolchevique. Não só o comunismo oferece um modelo alternativo para os desempregados ocidentais, cuja quantidade só pode aumentar na ausência de novos mercados externos, como a União Soviética se prepara para se tornar uma potência industrial concorrente adicional, cujo sucesso é garantido pela presença de consideráveis recursos naturais e a exploração de mão de obra muito barata: "Quaisquer que sejam as circunstâncias, assistiremos aos seguintes desdobramentos: se a atual maneira de pensar na Europa e nos Estados Unidos continuar como é, o bolchevismo lentamente haverá de se disseminar por toda a Ásia. [...] Nesse caso, senhores, não poderemos mais dizer: o que isso tem a ver com a nossa economia? [...] A crise é muito grave. Ela nos obriga a fazer economias em cada setor. A redução mais natural sempre é feita no trabalho humano. As indústrias necessariamente terão de racionalizar cada vez mais; isso significa aumento de sua produção e redução de sua força de trabalho." A Alemanha entrará em um ciclo perverso, por meio do qual a concorrência e a racionalização crescentes aumentarão o número de desempregados, o que vai acarretar impostos adicionais e, com eles, maior necessidade de produtividade, por sua vez estimulando o desemprego. A guerra de preços que já começou agravará ainda mais a recessão. Os países que dispõem dos maiores mercados coloniais, como a Grã-Bretanha, levantarão, em consequência, barreiras alfandegárias, deixando a Alemanha em uma situação desesperada, que vai fazer a cama do bolchevismo: "Acaso acreditam que, uma vez que 7 ou 8 milhões de pessoas estiverem privadas de participação no processo de produção durante dez a vinte anos, essas massas poderão deixar de perceber o bolchevismo como complemento ideológico (*weltanschaulish*) de sua situação real, prática e econômica? Acreditam realmente que podemos optar por negligenciar o aspecto puramente mental dessa catástrofe sem que um dia ela venha a se tornar realidade?"

Esse mal não tem um remédio puramente econômico nem requer medidas de curto prazo. Em cada um dos ciclos de superprodução que a humanidade conheceu, coube ao Estado ajustar oferta e demanda, restaurando as condições políticas da prosperidade: "Quando um político ou um economista objeta e me diz: esse pode ter sido o caso um dia entre Roma e Cartago, ou entre Inglaterra e Holanda, ou entre Inglaterra e França, mas hoje são os negócios que decidem; posso apenas responder [...] que também em nosso caso foi o poder do Estado que criou as condições básicas para garantir a prosperidade da economia. Em minha opinião, seria pôr o carro na frente dos bois acreditar hoje que a posição de poder da Alemanha pode ser recuperada com a adoção de métodos dos negócios, em vez de perceber que a posição de poder constitui a condição prévia da melhora da situação econômica também. Isso não significa que nenhuma tentativa deva ser feita hoje ou amanhã para se combater a doença que se abateu sobre nossa economia, não obstante o fato de que é impossível alcançar o centro do mal logo de cara. Mas isso significa [...] que não teria havido economia cartaginesa sem uma esquadra cartaginesa, nem comércio cartaginês sem um exército cartaginês; e que, no nosso mundo moderno, em que as coisas se tornam rudes e os interesses dos povos se confrontam, é natural que a economia não possa existir sem que a forte e determinada vontade política da Nação se mantenha por trás dela. [...] Não, o tratado de paz de Versalhes [... é] apenas a consequência lógica de nossa própria confusão mental e de nossa aberração."

Uma vez restabelecido o Estado, o programa e a solução simplesmente são deduzidos. Antes de mais nada, eliminar o Estado de Weimar, que admite, em seu Parlamento, partidos que prestaram lealdade à potência soviética estrangeira: "E, quando alguém nos censura por nossa intolerância, temos orgulho de responder: sim, tomamos a decisão inexorável de erradicar o marxismo da Alemanha até a sua última raiz." Eliminar, mais globalmente, o sistema parlamentar, que é um fator de divisões: "Como um povo poderia representar um fator significativo qualquer frente ao estrangeiro quando, no fim das contas, 50% têm uma orientação bolchevique e 50%, uma orientação nacionalista?"; "Que bem se pode alcançar quando um governo promulga um decreto para salvar a economia se a Nação, como ser vivo, tem, ela própria, duas atitudes completamente distintas em relação à economia? Uma parte diz: 'o pré-requisito da economia é a propriedade privada', quando a outra clama: 'propriedade privada é roubo'." Fundar a Nação em bases raciais: "Nosso Povo e nosso Estado também foram construídos apenas por meio do exercício de um direito e um conceito absolutos de dominação (*Herrenrecht und Herrensinn*), cabendo ao que se costuma chamar de povo nórdico os elementos da raça ariana que ainda temos hoje em nosso povo. Em consequência, o fato de podermos ou não reencontrar nosso caminho em direção a uma força política nova é apenas uma questão de regeneração do corpo político alemão, em função das leis de uma lógica de ferro." Mandar para o exército os 8 milhões de reservistas para recriar o maior exército do mundo: "E quanto aos meios políticos — e já não posso mais hoje considerá-los limitados —, só podem repousar na reorganização do exército. No fim das contas, não tem a menor importância que a Alemanha conte com um exército de 100 mil ou 200 mil ou 300 mil homens; a questão principal é saber se a Alemanha tem 8 milhões de reservistas que possa transferir para o exército sem enfrentar a mesma catástrofe ideológica (*weltanschaulich*) que em 1918." Então: "Ou um novo *Lebensraum* e a expansão de um vasto mercado interno ou a proteção da economia alemã contra o exterior, mobilizando a força alemã acumulada. [...] Intolerante com quem quer que peque contra a Nação e seus interesses ou a eles se oponha [...] e muito mais aberto à amizade e à paz com quem quer que queira amizade e paz!"

O fundamento colonialista da aquisição de "novos mercados", segundo o modelo inglês, pressupõe o extermínio ou a escravização das populações sob o domínio soviético ou que a dirigem, tanto no interior da Alemanha como nos territórios orientais destinados a formar o novo "espaço vital". Toda a ideologia ocidental conduz a essa direção. Ora, dessa vez se trata de populações "brancas" a serem submetidas ou aniquiladas.

4.3.2 A Grã-Bretanha e a dominação da Irlanda

> *"Devo chamar a atenção do Sr. Roosevelt para alguns outros conceitos históricos equivocados. Por exemplo, ele menciona a Irlanda e exige uma declaração de que a Alemanha não vai atacar a Irlanda. Ora, acabo de ler um discurso do primeiro-ministro irlandês De Valera em que, ao contrário da opinião do Sr. Roosevelt, estranhamente ele não acusa a Alemanha de oprimir a Irlanda; em vez disso, recrimina a Inglaterra pelas persistentes agressões de que seu Estado é vítima. E, apesar da grande compreensão de Roosevelt pelas necessidades e preocupações dos outros Estados, podemos supor, sem risco de errar, que o primeiro-ministro irlandês sabe melhor que o presidente dos Estados Unidos o que está ameaçando seu país."*
>
> Adolf Hitler, 1939

A Inglaterra se defrontou antes da Alemanha com a problemática de uma colonização moderna de "populações brancas", difícil de tratar por parte de uma supremacia "branca". A palavra *colonização* designa aqui simplesmente a dominação autoritária de uma comunidade política sobre outra, abarcando pelo menos transferências significativas de elementos da população metropolitana para o território colonizado, em postos de comando e outros papéis de elite. Não implica escravagismo, mas, em geral, se faz acompanhar de "anempatia", supremacismo, positivismo jurídico e, em reação às inevitáveis resistências, práticas "acivis", e mesmo terrorismo de Estado.

Assim definido, sem confusão *a priori* com as formas escravagistas de colonização, não teria cabimento rejeitar o conceito em vista de uma avaliação das relações entre Grã-Bretanha e Irlanda. Mas nem por isso é o caso de equipará-las às da Alemanha nazista, com suas próprias conquistas orientais, que eram, sistemática e deliberadamente, escravagistas e exterminadoras, ao passo que a atitude britânica — embora tenha sido variável — consistiu, o mais das vezes, em minimizar os excessos, desde que a dominação econômica e política estivesse assegurada. Mas essa diferença, impedindo a equiparação, nem por isso vem a representar um obstáculo à comparação de outros aspectos. As modalidades pouco sentimentais da dominação sobre a Irlanda representaram um precedente explorado por Hitler[60] para justificar a aplicação aos europeus de métodos que a ideologia ocidental predominante não considerava, na época, precisarem de justificação quando envolviam populações que se julgavam pertencer, de maneira evidente, a "raças inferiores". O nazismo precisou recorrer a um esforço de propaganda para convencer os alemães da inferioridade racial dos judeus e dos ucranianos; e essa tentação também se manifestara em certos meios ingleses no caso dos irlandeses. Ora, as tradições cristãs que autorizaram, durante muito tempo, as lutas religiosas armadas haviam banido desde a alta Idade Média a escravização de cristãos e de europeus em geral, o que tornava a situação ideológica muito delicada.[61]

Um tamanho crítico sempre faltara à Inglaterra para fazer frente aos rivais a partir apenas de seu território, tanto nas ilhas britânicas como do outro lado do Canal da Mancha. Desde o recuo de Roma, seus reis sentiam a necessidade de um império. No próprio arquipélago, sua superfície de aproximadamente 130 mil quilômetros quadrados é de uma ordem de grandeza comparável à da Escócia ou à da Irlanda, ambas com aproximadamente 80 mil quilômetros quadrados. Por ser a região mais rica, sua população mais densa, ainda assim, não conseguiu disseminar-se de maneira maciça o bastante para naturalmente se impor às outras, que até hoje preservaram sua identidade. Por muito tempo, o esforço por dominá-las encontrou mais obstáculos do que o de forjar um império mundial. Exemplo disso é o fato de a anexação do País de Gales (1536), de longe o menor, haver esperado a dinastia Tudor, considerada de origem galesa. Da mesma forma, embora a contiguidade territorial tenha tornado permanente a questão das relações com a Escócia e facilitado operações militares contra ela, foi necessário esperar até 1707 para se ter uma estabilização duradoura. A estabilização das relações com a Irlanda, situada a uma distância geográfica da Grã-Bretanha equiparável à que a separa da França, nunca chegou a ocorrer, nem mesmo depois da Independência (1937–1949), em virtude da manutenção de uma parte do Ulster no Reino Unido. Ao longo do tempo, praticamente todas as relações imagináveis foram tentadas com a Irlanda, desde que assegurassem a tutela inglesa. Todas fracassaram.

Ao passo que os empreendimentos extrabritânicos da Inglaterra se inserem no contexto habitual da colonização, seu domínio intrabritânico constitui um caso em particular, com o qual só o Império Russo guarda analogia. Nem o Sacro Império nem o Império Austríaco, igualmente governando povos europeus, acarretavam a dominação de uma população metropolitana sobre os conjuntos dinásticos, dos quais era um elemento. A Inglaterra não dependia de seus monarcas, que tivesse de buscá-los longe, em função de suas necessidades. Ela se considerava a primeira em relação a eles, assim como a suserania de um rei da Inglaterra em relação a um território estrangeiro não era necessariamente encarada como dominação inglesa. Como não se tratava de diluir a própria identidade em uma identidade mais ampla, durante muito tempo a escolha se resumiu a uma hegemonia nas ilhas britânicas ou nelas se procedia a uma dominação colonial.

Depois de muitas peripécias, às vezes muito violentas, a Grã-Bretanha nasceu da integração tardia, em 1707, da Escócia e do País de Gales ao exército, à administração e ao Parlamento inglês. Era uma unificação pacífica com o objetivo de fornecer novos recursos a uma guerra crônica contra a França e a Espanha, assim como à gestão de um império extraeuropeu em contínua expansão. A operação não era nada fácil. A Escócia, em particular, mantinha uma longa história de independência, sob reis que haviam chegado a portar a coroa da Inglaterra, dispunha de uma literatura original e de uma elite intelectual de prestígio, contava com um folclore heroico ao qual era caro o tema da liberdade (especialmente contra as legiões de Agrícola, Eduardo Pernas Longas e Eduardo II) e entrara na era industrial. Na virada do século, contudo, as circunstâncias imediatas se mostravam propícias. A aristocracia escocesa, zelosa de sua autonomia política, fora arruinada por uma série de colheitas ruins e, acima de tudo, pelo fracasso do projeto Darién, tentativa colonial na América Central torpedeada pelo governo inglês e que se transformou em um desastre financeiro, levando, de roldão, um quinto do PIB escocês. Só o Parlamento de Westminster podia socorrê-la, e aceitou fazê-lo, mas ameaçando romper os tratados de comércio no caso de recusa da União. A eliminação da dinastia Stuart e, com ela, do empreendimento católico afastou um motivo de intenso Antagonismo. Embora a Kirk (Igreja da Escócia) não fosse assimilada à Igreja Anglicana, ambas eram confissões reformadas. Desde a Idade Média, as aristocracias fundiárias escocesa e galesa estavam associadas ao patriciado inglês por possessões entrecruzadas. Mas o império, principalmente por meio de seus empregos comerciais, administrativos e militares, atraía todas as classes sociais. A união abria para as elites, incluídas as burguesas, os numerosos empregos imperiais, assim como o acesso ao Parlamento de Westminster, em uma zona econômica que se tornava homogênea. De forma recíproca, os regimentos de Highlanders, as receitas fiscais adicionais, a consolidação da coroa, a ampliação do comércio interno e, de maneira geral, a expansão política para a totalidade do território da Grã-Bretanha amplamente compensavam para Londres a chegada dos novos elementos, aos quais o império oferecia desaguadouros suficientes para que não se criassem concorrências por demais desagradáveis.

A Inglaterra, com frequência considerada a parte da Europa mais apegada a uma identidade própria e a menos desejosa de se fundir no conjunto, tinha inventado uma forma original de união. Ela não era propriamente confederal nem mesmo federal, pois o primado inglês continuava acentuado. E era menos ainda uma união nacional. Nenhuma das entidades formava uma Nação no momento da integração, todas se considerando comunidades políticas com vocação para a autonomia. Entraram juntas na era dos nacionalismos, a fim de desenvolver paralelamente seus nacionalismos regionais (Inglaterra, Escócia,[62] País de Gales),[63] a eles superpondo, sem confundi-los, um nacionalismo imperial comum (Grã-Bretanha).[64] Os franceses não se mostraram muito inclinados a entender um sistema que lhes parecia complicado, dissimulando a pura e simples dominação inglesa.[65] Em sua maioria, continuaram dizendo "Inglaterra" para se referir à "Grã-Bretanha", e a língua francesa, em vez de usar um substantivo para designar os "Britons", valeu-se — e, mesmo assim, só na língua mais culta — do adjetivo substantivado "britânicos". Os alemães, embora mais próximos de uma experiência comparável, pela relação da Prússia com a Alemanha — e que haviam sido influenciados por esse modelo em 1871 —, se limitavam com frequência a uma metonímia[66] semelhante, pois não conseguiam sentir a existência de uma unidade étnica entre os "celtas" e os "saxônicos".

Conhecidos por seu pragmatismo, os governos ingleses não se limitaram a um modo uniforme de dominação. Aceitaram entrepostos, sociedades coloniais, províncias coloniais, mandatos, bases militares, domínios e uma quantidade considerável de outras formas que nem julgaram necessário racionalizar demais. Mas a união com a Escócia era inusitada.[67] Mesmo sendo anacrônica a comparação, era uma espécie de OPA política, paga com partes sociais do império. A Inglaterra permanecia no comando, mas integrava uma parte considerável, embora minoritária, dos recém-chegados, o que aparentemente convinha mais ou menos ao conjunto dos associados.[68]

Na época do Tratado de União de 1707, a Inglaterra tinha traços comunitários mais acentuados que os países continentais. Era uma sociedade de castas, apresentando forte homogeneidade linguística e religiosa; unida por uma ideologia comercial, legalista, militarista e colonialista; dotada de um Estado monárquico parlamentar, que dispunha de uma administração bem desenvolvida. Essa sociedade não se formara sobre bases étnicas e quase sempre tivera dinastias exógenas. Sob muitos aspectos, seria aparentada ao sistema romano, se seu supremacismo racial não a impedisse de integrar a seu próprio governo as elites de seu império extraeuropeu. Mas ela se dispunha a transpor esse sistema para os limites da ilha da Grã-Bretanha, que, para ela, equivalia à Itália para os romanos. O tratado se assemelhava à *Lex Julia*, que concedera cidadania a todos os habitantes livres da Itália, mas não era o édito de Caracalla, que a estendera a todo o Império.

Contudo, mais que uma nova Roma — metáfora favorita na Alemanha e na Rússia —, o artefato Grã-Bretanha muitas vezes foi pensado como o nascimento de uma nova Israel, cujas tribos seriam formadas por ingleses, escoceses e galeses. Os fiéis das igrejas protestantes, promovendo com assiduidade suas leituras bíblicas, de fato podiam aceitar apenas como figurada a eleição do povo judeu, enquanto a Providência demonstrava diariamente que as tribos britânicas eram chamadas a pacificar o mundo, gerar povos e disseminar a abundância e a verdadeira fé.[69] Em 1719, uma tradução dos Salmos pelo grande hinógrafo Isaac Watts, simplesmente substituindo o nome de Israel pelo da Grã-Bretanha em todas as suas ocorrências, deu início a um movimento que teve como uma de suas manifestações o poema *Jerusalem the Golden*, de William Blake:

> *I will not cease from Mental Fight*
> *Nor shall my Sword sleep in my hand:*
> *Till we have built Jerusalem,*
> *In England's green and pleasant land.*[70]

O percurso das dez tribos perdidas de Israel em direção à Inglaterra[71] começou a ser traçado em mapas e comprovado pela linguística: *british* não seria transposição de *b'rith*, o nome hebraico da Aliança? O tema permitia desenvolver, de modo infinito, a comparação e acusar qualquer adversário de ser assírio, amonita ou satânico. O soberano era comparado a Salomão, e os acontecimentos do dia, remetidos à época mosaica,[72] estando a Grã-Bretanha cercada exclusivamente de déspotas dos quais era preciso livrar-se, a começar pela Espanha e a França, potências papistas; portanto, obscurantistas. Essa ideologia não pressupunha que se fosse particularmente religioso para compartilhá-la, e era indiferente à descristianização do continente a passos rápidos. Também permitia que os membros das castas subalternas se sentissem "livres", em oposição à tirania externa constantemente rondando, embora os patrícios britânicos ainda tenham continuado a exercer vigorosamente sua prepotência até a Primeira Guerra Mundial, tanto na Câmara dos Comuns como no governo e nos empregos de mais alta hierarquia do exército e da administração.[73] A visão mítica da nova Grã-Bretanha autorizava cada um a se sentir moral, intelectual e economicamente superior a todos os povos com os quais era feito contato, fossem súditos ou inimigos.

Mas a questão irlandesa continuava de pé, e a passagem da Grã-Bretanha ao Reino Unido (1801) de modo algum se deu em condições semelhantes à transição entre Inglaterra e Grã-Bretanha. Do ponto de vista britânico, a tutela da Irlanda não era negociável, no mínimo por motivos estratégicos em relação à França.[74] A superioridade britânica nem precisava ser enunciada, pois podia ser observada pelo menos em uma impressionante disparidade econômica que não permitia supor que a Irlanda chegasse, um dia, a se tornar uma potência digna do nome. O debate dizia respeito unicamente às causas dessa defasagem e às consequências políticas a serem deduzidas daí. Os liberais (*whigs*) aceitavam, em tese, as origens socioeconômicas, justificando um tratamento utilitarista moderadamente coercitivo. Os conservadores enxergavam, pelo contrário, causas étnicas que se tornaram progressivamente raciais ao longo do século XIX, tornando adequado um autoritarismo mais acentuado.

O ponto de vista irlandês manifestava um ressentimento singular, embora a integração ao império não tenha apresentado apenas inconvenientes.[75] As massas e a Igreja Católica haviam sofrido virulentas perseguições, discriminações jurídicas e econômicas,[76] empobrecendo sobremaneira.[77] As elites anglicanas ou presbiterianas, que, graças às desapropriações impostas por Cromwell, depois das efetuadas pelos Tudor, tinham assumido o lugar da antiga aristocracia ou a haviam absorvido,[78] não estavam bem integradas localmente, sem por isso desfrutar das vantagens de suas equivalentes inglesas. Até os escoceses-irlandeses do Ulster, que haviam colonizado a região no século XVII, se rebelaram em 1798, como os americanos. A integração forçada ao Reino Unido significava o desaparecimento do Parlamento de Dublin, e, com ele, também de um arremedo de autonomia política, além da queda de barreiras alfandegárias em favor dos manufatureiros britânicos, de uma especialização agrícola de baixíssimo valor agregado e da transferência mecânica de capitais para Londres. Criava condições para uma migração proletária, não só para os Estados Unidos, mas também para a metrópole, nela suscitando a xenofobia. Aplicavam-se, mais que nunca, os princípios do *laissez-faire*, corrigido em favor dos interesses britânicos, em um contexto de privação quase completa do campesinato (e, naturalmente, da mão de obra industrial), mas também em um contexto jurídico e repressivo que autorizava os proprietários fundiários a fixar preços de arrendamento quase insustentáveis, remunerações historicamente baixas e que impunha monopólios de compra dos grãos.

Praticamente todos os observadores que visitaram o país na primeira metade do século XIX ficaram impressionados com a miséria generalizada de uma população em estado de extrema precariedade.[79] Nessa ilha de muito baixo índice de industrialização, todos notaram que a subsistência era obtida pelo consumo de enormes quantidades de batatas (cerca de quatro toneladas por residência ao ano),[80] quase com a total exclusão de outros alimentos.[81] Até hoje, ninguém sabe como esse vegetal, que viria a desempenhar papel tão trágico na história da Irlanda, foi nela introduzido.[82] Basta aqui reconhecer que não se tratava de um complô para despovoar o país de seus pobres. O tubérculo se tornara um remédio para a fome, aos olhos do conjunto dos cientistas europeus, a partir da década de 1770. Frederico II ordenara seu cultivo. Luís XVI o havia estimulado, a conselho de Parmentier. A Convenção o havia generalizado em 1794. No início do século XIX, a sobrevivência do campesinato irlandês passou a ser inteiramente dependente dele, sendo os demais recursos açambarcados com fins comerciais pelos proprietários. Nos períodos de recessão e fome, nenhuma ajuda beneficente de alcance notável era organizada. Pelo contrário, as reservas alimentares eram destinadas à exportação, sob a proteção do exército, enquanto fazendeiros e locatários eram submetidos a atos brutais de expulsão. A lei sobre os pobres de 1838 organizara casas de trabalho sob regime penitenciário. Elas não estavam equipadas para produzir excedentes em caso de escassez.

Hoje, a população da Irlanda é inferior a 5 milhões de habitantes. Era superior a 8 milhões em 1845. Estima-se que 10 milhões de irlandeses emigraram desde o século XVII. Seu peso demográfico em relação ao interior das ilhas britânicas, que era de aproximadamente um terço, passou a menos de um décimo em meados do século XIX. A catástrofe data mais particularmente de 1845-1851, período em que mais de 1 milhão de pessoas morreram de fome e cerca de 2 milhões tiveram de partir. Uma epidemia de míldio proveniente da América e que atingiu duramente o continente destruiu no primeiro ano, na ausência de antídoto, cerca de metade de uma colheita que o povo irlandês não tinha mais como dispensar. Essa primeira advertência deu toda a corda aos ideólogos. Os desdobramentos seguintes representam uma oportunidade de se avaliar, em tamanho natural, a "anempatia" que se havia instaurado.

"Anempatia" não é indiferença: seria impensável negligenciar um desastre ocorrido no interior do Reino Unido, em um momento em que a palavra de ordem era progresso. Os poderes públicos, embora buscassem ativamente suportar o menos possível as consequências financeiras, não negavam que a integração política que haviam desejado lhes impunha uma responsabilidade considerável. A calamidade não atingia uma população detestada, mas apenas desprezada de maneira sutil, e cujo aniquilamento não estava em seus planos. Não ocorria em um contexto de guerra, de crise ideológica ou financeira. Em tese, havia condições para que o país mais próspero do mundo, e também o mais poderoso, desde Waterloo, que se considerava, de longe, o mais evoluído, demonstrasse sua humanidade e a superioridade de seus métodos. Mas o que se viu foi que comportamentos atribuídos a outras épocas haviam apenas sofrido uma mutação. As populações subalternas não eram massacradas pelas armas, mas tratadas como realidades instrumentais, variáveis de ajuste, submetidas a experiências, subordinadas a uma engenharia social e a metas futuras. As teorias eram colocadas acima dos deveres urgentes. A tendência era mostrar-se implacável, entrincheirado em princípios, mais que gastador. Tal atitude não era intencionalmente exterminadora, apenas compatível com um extermínio e, sob esse aspecto, favorável à sua ocorrência.

Deixemos de lado os providencialismos que nela adivinharam uma oportunidade de despertar. Correu no campo o boato de que se tratava de um ato dos duendes, a ser combatido com água benta. Boa parte do clero católico, em uma ligação com os pobres, dos quais extraía suas receitas facultativas, militou por uma purificação dos costumes e um envolvimento caritativo que, na prática, não foi capaz de obter dos proprietários anglo-irlandeses muitas vezes absenteístas. Eles não queriam ser levados à ruína para socorrer os desesperados, preferindo apropriar-se do gado e das culturas destinadas ao pagamento dos arrendamentos. Alguns nacionalistas afirmaram que o castigo celeste se dirigia às elites latifundiárias,[83] que não estavam à altura moral de suas responsabilidades. Milenaristas protestantes clamaram que a tolerância residual em relação ao catolicismo era a causa patente da ira divina.

As altas autoridades eclesiásticas manifestaram pontos de vista bem distintos. O arcebispo de Nova York, John Hughes, de origem irlandesa, rejeitou categoricamente a ideia de uma "Fome de Deus", culpando a economia política, "o sistema de [livre] concorrência [...], que transforma as necessidades da humanidade em reguladores de seus recursos". Premonitoriamente (estávamos em 1847), ele preconizava, em seu lugar, uma "economia social" de tal ordem que o esforço "da sociedade, organizada em Estado soberano, [vise] realizar o bem-estar [*welfare*] da humanidade". Seu colega John Mac Hale, arcebispo de Tuam, que era independentista, criticou a "política casuística" dos economistas liberais, que sustentavam "a doutrina não cristã de que as vidas do povo devem ser sacrificadas para não interferir nas cruéis especulações do lobby mercantil".[84] O *quaker* William Benett também sugerira que, antes de acusar Deus, se verificasse se "a ação e a legislação humanas, a opressão individual e as relações sociais não tinham a ver com isso".[85] A imprensa, por sua vez, observava que o erro fora alimentar todas aquelas pessoas com produtos para animais.

Mas nenhuma dessas opiniões era determinante. Só o governo dispunha de meios em escala suficientemente ampla.[86] O primeiro-ministro conservador Peel aproveitou os decretos da providência para tomar medidas liberais que desagradaram ao seu partido, levantando barreiras alfandegárias que impediam a entrada do milho americano (na época, um alimento reservado ao gado). Mas, quando lhe pediram que proibisse, antes de mais nada, as importações de aveia proveniente da Irlanda, ele se recusou, sempre invocando o mesmo princípio liberal. Seu intervencionismo se limitava a inundar o mercado com milho para baixar os preços. Em vão, ele esperava que os comitês de socorro criados por sua administração encontrassem localmente almas caridosas para financiá-los. Para que os pobres não se sentissem tentados a abusar de tanta assistência, ele também queria condicionar os subsídios a um duro trabalho, remunerado com algo em torno de 2,50 euros atuais por dia,[87] em oficinas públicas e programas de habilitação para os quais a *gentry* supostamente deveria contribuir, mas dos quais procurava, antes de tudo, extrair benefícios. O governo Peel, não tendo conseguido satisfazer ninguém, caiu. O alerta parecia ter sido ouvido. O povinho irlandês simplesmente esgotara seus últimos estoques, suas sementes, seus últimos shillings entesourados,[88] muitas vezes perdendo o arrendamento informal de suas parcelas de terra e vendendo ou comendo seus animais domésticos, que equivaliam ao preço da passagem para os Estados Unidos.[89] Não havia alternativa senão tentar plantar de novo a batata.

A colheita 1846 foi devastadora, e o drama se repetiu até 1850. Quatro quintos da população estavam sob ameaça de morte. A palavra ficou com os economistas. Era ou não o caso de alterar as leis de livre troca, consideradas as únicas racionais, mesmo sob o risco de favorecer a indolência do indígena irlandês? Era a única questão que o Estado aceitava levantar, à parte das medidas policiais. No momento em que os primos americanos enviavam navios de milho e o sultão da Turquia despachava um carregamento de alimentos para salvar, em caráter de urgência, os que ainda podiam ser salvos, o governo se recusava a adiar as medidas de engenharia econômica e social que considerava as únicas dignas de mentes esclarecidas. As epidemias oportunistas associadas à subnutrição (cólera, tifo etc.) agravavam os efeitos da fome. Celeiros e silos eram guardados por sentinelas. Como evitar o assistencialismo? Os camponeses agonizavam em casa, em silêncio, à exceção de algumas raras rebeliões, bastante localizadas e facilmente reprimidas. O objetivo continuava a ser ajustar o nível demográfico pela emigração, transformar a economia agrária em agricultura salarial, especializar as produções de maneira a fornecer recursos à Grã-Bretanha sem gerar concorrência interna, agir sobre a miséria por meio dos mercados, educar a população para as disciplinas do trabalho racionalizado, inculcar-lhe uma mentalidade moderna e em consonância com as ideias imperiais, gastar apenas para investir, e não para socorrer, em uma palavra, civilizar a Irlanda, elevá-la a um novo patamar de principal colônia, à frente da Índia, e transformá-la no laboratório de demonstração do liberalismo.

O ponto de vista governamental e administrativo, embora, naturalmente, apresentasse variantes, refletia uma combinação — que haveria de se revelar duradoura — de liberalismo, discreto protecionismo, malthusianismo, moralismo rigorista, humanitarismo supremacista, jurisdicismo, autoritarismo e vontade de poupar. Uma doação era entendida como distorção dos mercados e filão de improdutividade; a ausência de barreiras alfandegárias, como necessária à máxima especialização das produções; uma população pobre, como uma anomalia suscetível de ser naturalmente resolvida com a elevação das taxas de mortalidade e a emigração; o primado da urgência, como um laxismo contraproducente; a desvinculação entre renda e trabalho, como um estímulo à preguiça e ao crime; uma economia não mercante e solidária, como um arcaísmo contrário ao desenvolvimento esperado de uma agricultura industrial; a consideração da igualdade pelos tribunais, como uma destruição do direito;[90] os roubos e as revoltas da fome, como atos políticos que tinham de ser reprimidos em toda a extensão da lei.

Como as oficinas e grandes obras que tinham sido empreendidas unicamente com o objetivo de obrigar os beneficiários de ajuda a um esforço penoso se revelaram onerosas, sem finalidade econômica, humilhantes, de difícil gestão e, sobretudo, incapazes de tratar uma parte suficiente dos esfaimados, os *quakers*[91] — agindo em nome da urgência, contra os princípios do livre-mercado —, assumiram a responsabilidade de criar sopas populares. O governo *whig* de Lorde Russell rapidamente tratou de reduzir os financiamentos e introduzir medidas para taxar os proprietários irlandeses. Essa medida surtiu, como efeito, uma expulsão generalizada de camponeses. Como os *quakers* acabaram se retirando, impotentes, Londres respondeu com medidas de liberalização, acelerando os procedimentos judiciais de falência para permitir que empreendedores britânicos se estabelecessem na Irlanda.

Como praticamente mais nada seria feito, e enquanto a natureza se incumbia de reduzir o número de sobreviventes, organizou-se uma visita da rainha à Irlanda para mostrar ao mundo que estaria equivocado se quisesse envergonhar uma Inglaterra movida por excelentes sentimentos e amada por seus súditos.

A atenção dispensada aos teóricos e a seus princípios humanitários pelo menos permitiu aos governos sucessivos efetuar sólidas economias: não obstante o custo das estruturas administrativas e dos grandes programas, não raro ineficazes, a Grande Fome lhes havia custado apenas meio por cento do PNB do Reino Unido durante cinco anos, em comparação com um montante três vezes maior da indenização aos proprietários antilhanos durante a abolição da década de 1830, ou ao valor dez vezes superior da Guerra da Crimeia, em 1854–1856.[92]

Uma nova etapa fora vencida no Ocidente, aproximando um pouco mais os governos de um ato de extermínio contra seus concidadãos. Ainda se estava em uma fase passiva, mas a atitude já era implacável, orgulhosa e convicta de suas razões.

4.4 Propagandismo e extermínio

> *"[Meus adversários] se perguntaram, enciumados: como é que esse homem tem tanto sucesso com as multidões? Os socialistas, os comunistas consideravam que a massa era seu monopólio [...]. A falta de espírito crítico da massa certamente é uma explicação, mas não no sentido como a entendem nossos marxistas e nossos reacionários. A massa tem seus órgãos de crítica. Para ela, a lógica e o raciocínio não interessam. Se eu fui capaz de desencadear o movimento nacional mais poderoso de todos os tempos, isso decorre do fato de que nunca agi em contradição com a psicologia das multidões nem feri a sensibilidade das massas. Essa sensibilidade pode ser primitiva, mas tem o caráter permanente e irresistível de uma força da natureza. Quando a massa teve alguma experiência dura, como a da época dos cartões de pão e da inflação, torna-se impossível para ela esquecê-la. A massa tem um aparelho intelectual e sensorial muito simples. Tudo que não consegue catalogar a perturba. Só levando em conta as leis naturais é que sou capaz de dominá-la. Fui acusado de fanatizar a massa, de levá-la a um estado de êxtase. A recomendação dos psicólogos sutis é que é necessário aplacar as massas, deixá-las em um estado de apatia letárgica. Não, senhores, é exatamente o contrário que é necessário. Só posso dirigir a massa quando ela é fanatizada."*
>
> Adolf Hitler

Ao contrapormos de maneira simplista a ideologia às realidades, corremos o risco de perder o rumo: a ideologia diz respeito a questões humanas, as quais, por sua vez, são, em grande medida, produzidas pela ideologia. Quando dizemos que o portador de uma ideologia se "choca com a realidade", significa que se choca com outros homens que não compartilham de sua ideologia ou que se choca com um fenômeno, por exemplo, um processo econômico, para cuja existência outros homens, munidos de sua própria ideologia, contribuíram de maneira determinante.[93]

Da mesma forma, seria ilusório imaginar-se controlando inteiramente uma ideologia de maneira externa, de um ponto de vista não ideológico e puramente cínico. Semelhante tentativa, a do "propagandismo", depende, por sua vez, de uma ideologia que entende os homens como seres desiguais, deixando-se alguns manipular por outros que lhes são superiores. Ora, a diferença entre o manipulador e o manipulado não é tão acentuada na prática. O manipulador está preso à sua própria ideologia, que é sua própria representação política do mundo, e que ele procura transmitir. Tampouco pode libertar-se das regras de formação de uma ideologia, limitando-se a mentir para seus alvos: uma ideologia não se forma com base em informações — verdadeiras ou falsas —, pois é um sistema de interpretação das informações, que, por sua vez, só pode ser transmitido por uma informação, seja ou não falaciosa.

Tendemos a chamar de "ideologia" apenas o conteúdo mentiroso de uma propaganda, esquecendo as dependências ideológicas do manipulador constituídas por suas próprias representações políticas do mundo e que não podem ser por ele manipuladas. Assim é que falamos da ideologia bolchevique e da ideologia nazista como algo em que os próprios líderes bolcheviques e nazistas não acreditavam realmente, embora se empenhassem em fazê-las acreditar. Não excluímos a possibilidade de que tivessem, eles próprios, uma ideologia na qual acreditassem, mas supomos que fosse menos simplista. Consideramos que eram capazes de inculcar suas mentiras de maneira objetiva e controlada. Ora, esse sentimento não era totalmente compartilhado por um grande conhecedor.

Hitler tinha perfeita consciência de que era possível manipular uma multidão, mas ele também conhecia seus limites, expostos no texto reproduzido como epígrafe deste capítulo.[94] A ideia expressa é que a propaganda, sozinha, não pode impor uma ideologia, mas apenas potencializá-la. Uma multidão só é receptiva à expressão de uma ideologia à qual já se mostra sensível em detrimento de outra. Na verdade, é o que ocorre na imprensa ou nos discursos. A imprensa política não espera convencer leitores afastados de suas ideias para mudá-las. Dirige-se a um público já convencido, ao qual oferece apenas os meios para reforçar sua convicção, fazendo por ele o trabalho de interpretar os acontecimentos que vão no sentido dessa convicção. Um jornal político é escolhido pelo leitor para consolidar a ideologia que lhes é comum. O mesmo se aplica ao conjunto da literatura engajada, seja o caso de panfletos ou de libelos, os quais quase sempre não são lidos por aqueles que não compartilham de suas ideias. São ferramentas de reforço da convicção entre os partidários e os indecisos que já começaram a se orientar na mesma direção. A rigor, a propaganda não propaga; ela intensifica o que a ideologia propagou por outros meios.[95]

A propaganda de guerra,[96] que é um grande esforço de manipulação, é, em si mesma, impotente para tomar o lugar, por exemplo, do nacionalismo, para provocar o belicismo em uma população e mais ainda para mobilizar na guerra os dirigentes que recorrem à propaganda. Pode apenas alimentar o belicismo por meio de mentiras deliberadas e levá-lo a seu paroxismo. Também pode inflamar, por contágio emocional, pessoas menos propensas às ideologias, quando elas se limitam ao debate intelectual. Mas uma mentira, uma calúnia, uma negação, uma acusação sem fundamento, que são seus instrumentos básicos, nunca passam de informações que devem ser interpretadas e que só podem sê-lo pela crítica racional ou pela ideologia.

A intensa utilização da propaganda durante as duas guerras mundiais, sua generalização pelo nazismo e o stalinismo e, após, sua reapropriação nas sociedades livres, pelos lobbies e organismos de relações públicas governamentais ou privados, deram origem a teorias conspiratórias na literatura política e no cinema. Noam Chomsky desenvolveu o argumento de uma fabricação do consentimento pela propaganda.[97] Os governos, mediante declarações mentirosas e pressões, e as elites econômicas, por meio do controle dos meios de comunicação pela publicidade e da compra dos intelectuais com subvenções, se organizariam com êxito para manipular o conjunto da opinião. Sem contestar o alcance dessas práticas, de resto denunciadas em parte por Dwight Eisenhower, à época ainda presidente dos Estados Unidos, por meio do conceito de "complexo industrial-militar", nada permite afirmar que elas sejam sistematicamente articuladas ou que sejam fortes o suficiente para moldar a opinião pública. Essa teoria superestima a propaganda e subestima a ideologia.[98] A suposta venalidade dos jornalistas e intelectuais não é suficiente para explicar seu assentimento; e, se é verdade que os anunciantes são refratários aos órgãos de imprensa que veiculam ideias opostas às suas opiniões, ainda assim são obrigados a atingir o público onde estiver, ou seja, na audiência dos meios de comunicação que estão de acordo com suas opiniões. Dessa maneira, no fim das contas, a propaganda desempenha seu papel, mas no contexto e dentro dos limites da ideologia já dominante junto ao público, sem que seja capaz de criá-la ou subtrair-se a ela.

O propagandismo legitima a difusão de ideias não validadas pelos meios de maior alcance disponíveis. Como tal, é consubstancial ao Ocidente. Esse direito, nos regimes autoritários, é reservado pela censura aos detentores do poder ou àqueles que são por eles tolerados. Mas o próprio princípio que autoriza o aparelho político ou os poderosos a difundir opiniões isentas de exame crítico pertence à ideologia dominante. Contemporâneo da gráfica, desde os incunábulos (século XV), o primeiro objeto do propagandismo moderno foi religioso. Foi ainda mais o caso no século XVI com a Reforma. As técnicas sociopsicológicas de manipulação da opinião só seriam teorizadas muito mais tarde na França e nos Estados Unidos, e não constituem sua origem.[99] Há muito se admitia que fosse possível, legitimamente e de maneira ilimitada, sustentar opiniões sem submetê-las a um protocolo de crítica racional, até mesmo por meio de uma simples imagística. Essa ideia constitui o propagandismo.

A propaganda tem como efeito exacerbar a ideologia na qual se adapta, fanatizar as pessoas que a compartilham e não fornecer seus termos, conceitos e noções ao confronto ideológico. A ideologia não se forma exclusivamente com base em discursos dos propagandistas, os quais habitualmente dependem tanto dela quanto para ela contribuem. Recebem-na como uma linguagem inteira, às vezes a modificando, de fontes repartidas, das quais participam a literatura, a religião e os pensadores.[100] Mas nem por isso a propaganda deixa de cumprir uma função importante, e a presença do propagandismo entre os componentes da ideologia do nazismo é condição para suas práticas exterminadoras.

Como lembra Himmler no primeiro discurso de Poznan,[101] o extermínio era um elemento bem conhecido da ideologia do Partido, mas, como igualmente indica, nem por isso deixa de ser extremamente difícil colocá-lo em prática. O obstáculo não tem a ver com a técnica do assassinato, mas com a psicologia social. Embora o segredo tenha sido o meio encontrado para contornar as resistências, ainda assim é necessário que os próprios SS se convençam da absoluta necessidade de realizar na prática aquilo que seu violento antissemitismo lhes permite facilmente contemplar na teoria. É nesse ponto que a propaganda intervém, desdobrando-se em todos os seus instrumentos de guerra (diabolização, acusação de responsabilidade pelas hostilidades, atribuição de traições e atrocidades, nobreza moral da causa, conformidade com a verdade da História, inocência e pureza do carrasco). Seu alvo aqui não é a população em geral, nem mesmo o Partido, que são mantidos a distância, mas a SS. Pela voz de seu chefe, a SS se convence, exatamente como este se convence ao veicular a propaganda junto a ela, da obrigação de cometer o ato. Sem o propagandismo, os outros elementos da ideologia reunidos, incluindo o antissemitismo, o supremacismo racial, o nacionalismo, o "acivilismo" e o "anempatismo", não disporiam da energia necessária para operar. Ora, se não fosse cometido o ato de extermínio, o nazismo teria permanecido como uma formação partidária relativamente banal no seio da civilização ocidental.[102]

Ao fazer a passagem ao ato cometido, o nazismo nos ensina a seguinte verdade — talvez a mais assustadora de todas: a propaganda é o meio mais seguro que os homens encontraram para cumprir sua palavra. E, como os homens são essencialmente conduzidos por sua ideologia, o que mais devemos temer deles é que cumpram com sua palavra. Foi de fato a ideologia dominante no Ocidente, tal como já existia antes do extermínio, que concretizou as condições de sua realização e até sua própria potencialização pela propaganda.

CAPÍTULO 5

A ação histórica

5.1 O historicismo e o triunfo da vontade

> "Nosso grande objetivo é construir as bases que garantam a vida do nosso Volk pelos muitos séculos vindouros. Um imenso projeto que devemos realizar por nós mesmos, uma tarefa imensa, pois nossa estrutura deve ser a estrutura para séculos. Tudo que é grande exige luta, e o caminho da liberdade é o caminho da luta. A resistência existe para ser vencida. Só podemos fortalecer nossas próprias forças combatendo a resistência daquilo que se opõe a elas, e só superando essa resistência encontramos a justificação de nossa vitória final."
>
> *Adolf Hitler*[1]

O "historicismo" pensa a História segundo um percurso positivamente orientado, desde uma natureza original considerada caótica ou violenta até uma ordem final considerada racional ou civilizada. Esse conceito é mais que ideológico; é ontológico. Compromete a identidade em uma relação que não é universal no tempo. A maioria das sociedades vivenciou o tempo de maneira completamente diferente: umas, como um percurso negativamente orientado (o "arcaísmo"), de um surgimento milagroso à decadência; outras, como um percurso cíclico, produzindo o eterno retorno dos mesmos estados; outras, por fim, como um estado denso, à espera de uma saída iminente do tempo (o "milenarismo" ou o "messianismo").[2]

Essas ontologias se distribuem entre as culturas e contribuem, em grande parte, para caracterizá-las. O historicismo sempre exorta a evoluir; o arcaísmo, a preservar da melhor maneira o que foi conquistado; o messianismo, a se preparar para abandonar tudo; o eterno retorno, a acompanhar o ritmo do tempo. A expectativa milenarista do fim do mundo fora profundamente debilitada com a laicização, convertendo-se parcialmente no socialismo utópico; já a sua versão apocalíptica se reconfigurou, mais tarde, em catastrofismo ecológico, a partir da ameaça nuclear ligada à Guerra Fria. O budismo é uma ilustração do pensamento cíclico: tempo, destruição e regeneração produzem, em espiral, reencarnações sempre reiniciadas, até uma eventual saída do tempo. O arcaísmo, desejo de voltar a se nutrir na fonte (*archè*, fonte), prospera nas sociedades que a hipocrisia supremacista de hoje hesita em chamar de "primitivas", por não perceber sua sabedoria. Fixados no "progresso", os modernos interpretam pejorativamente o reconhecimento de uma precariedade das coisas, a vontade de se manter próximo de um estado primeiro que não se deixaria reconstituir se viesse a desaparecer. Os "primitivos" se recusam a reduzir sua comunidade a um objeto profano que pudesse ser fabricado ou consertado ao bel-prazer. Tratam-na como realidade sagrada, venerável, exigindo o permanente esforço de salvaguarda simbolizado pelo rito, essa repetição dos gestos originários que a extraíram do nada.

Mas essas concepções contrárias, das quais dependem maneiras distintas de habitar o mundo, têm a estranha virtude de se misturarem parcialmente. A modernidade nasceu do Renascimento, aspiração expressamente arcaizante de reencontrar a verdade das fontes antigas. Só no fim desse retorno é que ela se lançou perdidamente na direção inversa da flecha. Apesar de sua nostalgia do segundo Reich, o nazismo era historicista, pois, para ele, o futuro é muito superior ao presente.[3]

Assim como seus principais rivais, o materialismo histórico e o liberalismo, o nazismo considerava o presente estritamente inferior ao futuro, e o futuro como produto de um processo: o nazismo proporcionaria uma realização nacional, o materialismo histórico, a libertação dos trabalhadores; liberalismo, por sua vez, o progresso econômico, paralelamente ao respeito ao direito.[4] A dimensão messiânica que os bolcheviques tinham antes da revolução se atenuava rapidamente entre eles, desde que o exercício do poder os levou a adiar cada vez mais o advento do homem novo.

O nazismo é uma mistura suficientemente sólida de historicismo para conservar suas propriedades e conduzi-las à sua mais alta intensidade, sendo a primeira delas não levar em conta nenhum obstáculo. Seu tempo orientado ao único futuro desejável para o povo alemão justifica todas as destruições que seguem no sentido anunciado. Nenhum ser ou princípio, exceto a força do *Volksgeist*, que lhe conferiu a energia do movimento, tem autoridade para retardá-lo. O procedimento jurídico, o sentimento humanitário, a argumentação lógica são subalternos, como indica o texto reproduzido como epígrafe deste capítulo. Não é possível livrar-se dele, senão por meio de uma catástrofe, como um desastre militar, desencadeando uma mudança brutal acerca da concepção do tempo. Sem seu extremo historicismo, o nazismo não poderia ter-se mostrado tão exterminador. Teria sido freado, por exemplo, pelas leis por ele mesmo promulgadas ou pela consideração da maior utilidade de explorar as outras populações em vez de aniquilá-las.

Como todos os seus componentes ideológicos, o historicismo é necessário ao nazismo, mas insuficiente para defini-lo. Na era moderna, os adversários do historicismo haviam sido, no fim das contas, pouco numerosos, e eram cada vez mais minoritários no início do século XX. Os mais furiosos eram os contrarrevolucionários[5] e "reacionários", que consideravam o tempo imutável ou decadente. Entre eles, estavam os ecologistas originários de Madison Grant, empenhados em proteger a natureza contra os progressos da indústria e atentos a rechaçar o nivelamento social. Por sua vez, os anarquistas, herdeiros do utopismo, viviam o tempo como messiânico.[6] Mas o momento era do historicismo triunfal, e o nazismo, nesse sentido, como em tantos outros, não representava uma exceção.

Hitler pretendia rivalizar com as duas formas preexistentes de historicismo ao se apropriar de suas armas. Preservava do bolchevismo a vontade socialista revolucionária, assim como forma autoritária do Partido único. E tomava de empréstimo ao liberalismo o investimento privado e o princípio de hierarquia.[7] Adotava seu militarismo comum. Ao lhes opor apenas o primado da luta racial, compartilhava sua visão de tempo.

As ferramentas habituais para agrupar ou distinguir entre si esses três historicismos, o conceito de "religiões seculares" ou o de "totalitarismo", acarretam dificuldade. A primeira é que as religiões propriamente ditas nunca são historicistas. Uma espécie de ilusão de ótica levou muitos autores a projetar o historicismo moderno nas religiões judaico-cristãs, todas à espera de um acontecimento que não é produzido pela História nem em seu interior, e que admitem ciclos de construção/decadência ou favorecimento/ recuo de Deus.[8] Sua escatologia não é progressiva, mas apocalíptica. Nem o nazismo, nem o bolchevismo, tampouco o liberalismo constituem, a esse respeito, religiões sem Deus.

O recuo do religioso é marcado no Ocidente, pelo contrário, pela entrada em uma concepção nova e linear do tempo. Quando as três ideologias modernas celebram os regimes que preconizam respectivamente, recobrindo-os com os ornamentos do sagrado, nem por isso se tornam suas herdeiras. Enquanto toda religião estabelece um limite para as decisões humanas, as ideologias modernas não toleram limite algum. Querem perseguir sem entrave valores mundanos cujo abandono era exigido pelo religioso. Do ponto de vista messiânico anterior, o tempo profano transitório se reduzia a um teste e a uma oportunidade de adotar aqui e agora valores universais opostos aos do mundo profano. Entretanto, como as ideologias modernas consideram apenas instituições religiosas decadentes, por sua vez inteiramente inseridas no tempo profano, elas tentam combatê-las, instrumentalizá-las ou ocupar seu lugar.

Os três historicismos certamente exigem uma fé, mas a fé não faz a religião, a qual exige mais e além. No máximo, é possível dizer que o culto da Nação, então paroxístico nos Estados liberais e no Reich, apresenta características sagradas, mais particularmente uma identificação com os antepassados frente à morte, justificando o sacrifício patriótico no contexto de um nacionalismo que tomou o lugar das obrigações religiosas para legitimar a organização hierárquica da sociedade. E, por sinal, essa análise não se aplica sem certas nuances à União Soviética, onde o culto do proletariado e do chefe leva a melhor sobre o da nação. Nem essa última, nem o Proletariado, tampouco o Guia são propriamente divindades, mas princípios superiores. De tal maneira que a denominação "religião secular" se limita, no caso, essencialmente a designar o fanatismo gerado pela propaganda.

O historicismo é uma das causas decisivas da laicização moderna. Como o sentido da evolução é fixado e conhecido antecipadamente (ao passo que as decisões da Providência são impenetráveis e imutáveis), a exortação moral aos indivíduos, que é um aspecto essencial de toda práxis religiosa, se torna supérflua. O liberalismo admite que o progresso econômico é tão pouco dependente da moralidade individual que se escora inteiramente nas paixões, graças à mão invisível que as harmoniza espontaneamente. O materialismo histórico garante que a revolução se torne materialmente inevitável pela lógica dialética da natureza, sem carecer previamente de uma construção moral do proletário. O nazismo assegura que a luta racial acarreta, por si mesma, disposições éticas herdadas que não poderiam ser alteradas pelo livre-arbítrio ou a cultura.[9]

Seu fundamento teórico nunca se apresenta como revelado, mas sempre científico, seja o caso das leis econômicas, materiais ou biológicas. Cabe, portanto, distinguir o carisma eventual dos pais fundadores de uma transcendência que não existe em nenhum dos três casos.

O historicismo é uma concepção imanente que não fixa qualquer limite para a ação humana na consumação profana da História. Embora a sanção infligida aos adversários do sentido da História possa ser mais forte que uma sanção sagrada, ritualística ou limitada pelas tradições, não é da mesma natureza. A vontade dos governantes, esclarecidos por seu conhecimento da orientação dos acontecimentos, só tem a justificá-la.

Nem a fanatização nem a exigência do sacrifício pessoal constituem traços exclusivamente religiosos. Existem fanatismos trivialmente esportivos, por meio dos quais o indivíduo concede sua adesão incondicional ao campo com que se identifica, assim como práticas religiosas rigorosamente não fanáticas, conferindo um lugar fundamental ao debate e à escolha individual. Da mesma forma, o sacrifício pessoal pode ser motivado tanto por um cálculo utilitarista como por um desejo de fusão coletiva.

Dificuldades semelhantes envolvem o conceito de "totalitarismo", o qual, supostamente, permitiria o agrupamento de dois historicismos autoritários por oposição ao historicismo liberal, em vez de se limitar à sua afinidade mais evidente, que é o papel do Partido único e o desaparecimento de um direito protetor das liberdades. Essa categorização leva a subestimar o alcance do controle social exercido pelo Estado-Nação burocrático liberal, que, no entanto, longe está de se limitar à esfera pública. Sua legislação estrutura todas as organizações privadas, da família às empresas e associações. Estende-se à educação, que é obrigatória e uniformizada, assim como à vigilância dos costumes.[10] A regulamentação da empresa impõe formas de colaboração estritamente codificadas, assim como a submissão a sistemas hierárquicos.[11] No plano ideológico, combina nacionalismo e consumismo, que, nessas esferas, representam objeto de propagandas particularmente maciças. Dessa maneira, não é tanto o campo da autoridade que está em causa, pois, de qualquer maneira, a "totalidade" da sociedade está coberta, mas as modalidades de exercício da autoridade, distinção que parece privar de pertinência o conceito de "totalitarismo". A diferença se estabelece, antes de tudo, entre os sistemas autoritários, que proíbem o debate público, e os sistemas liberais, que garantem a expressão das opiniões e iniciativas, limitando por recursos judiciais o exercício do terrorismo de Estado: uma sociedade em que um recurso legal contra seus dirigentes pode ser eficaz nunca será considerada "totalitária".

Os três historicismos têm uma relação cronológica distinta com a revolução. Todos consideram que uma revolução se faz necessária para entrar no sentido da História, e todos admitem que uma revolução se faça acompanhar de uma fase violenta. Na Inglaterra, a Declaração de Direitos (*Bill of Rights*) foi obtida mediante recurso a um exército estrangeiro (o de Guilherme de Orange); os rebeldes americanos guerrearam contra seu rei; e os convencionais franceses decapitaram o seu. A doutrina liberal e parlamentar (à qual a social-democracia reformista aderiu) considera, contudo, que, uma vez instalado em uma quantidade suficiente de países, o sistema pode disseminar-se pacificamente. No momento que nos interessa, os dois outros historicismos afirmam estar ainda no período revolucionário inicial, justificando suas práticas ditatoriais. Não contestam o objetivo de uma estabilização posterior.

A fase revolucionária explica, por si mesma, sua atitude diferente em relação à juventude. Enquanto a sociedade liberal já passou para uma fase progressista, guardiã das estruturas sociais conquistadas, os dirigentes soviéticos e nazistas estão empenhados em promover a destruição da ordem antiga, procedendo à substituição das elites. A juventude, que não há por que ser privilegiada no primeiro caso, deve, nos demais casos, tornar-se motor e fonte da substituição. Pode ser educada pelo Estado ou o Partido, sem cair sob suspeita de carrear uma oposição ideológica anterior. Fornece a mão de obra das forças armadas e só pensa em se entusiasmar com perspectivas que não se comparam com aquelas que uma fase normalizada ofereceria. No plano mítico, o engajamento desse elemento central e necessário dos sistemas revolucionários constitui a encarnação historicista por excelência, assim como a prova viva do sentido da História.

Em todos esses pontos, a Revolução Francesa havia proposto o modelo canônico do historicismo. Sua lenta estabilização em uma república progressista, ao fim de uma evolução extremamente violenta, consolidada por um estado de guerra prolongado, é uma referência tanto para a União Soviética como para o Terceiro Reich. Sua rejeição ao projeto burguês e parlamentar em favor de um igualitarismo burocrático ou de uma hierarquia racial não altera seus outros pontos em comum.

Eles consideram basear sua ideologia em uma racionalidade científica: economia de mercado, materialismo histórico ou ciência das raças. Aspiram, juntos, a entrar em uma fase progressista, caracterizada pelo avanço do progresso econômico e técnico, uma vez alcançada sua "vitória final". Consideram, juntos, que sua forma de organização política, e não a moral individual, é a garantia do desenvolvimento humano. Preconizam, juntos ("não há liberdade para os inimigos da liberdade"), a eliminação inicial dos representantes das trevas passadas, pelo uso de uma força tão brutal quanto necessária para alcançar a meta estabelecida pela História.

A Revolução Francesa tinha aberto caminho para um voluntarismo destinado a acelerar a evolução pela tomada do controle político dos acontecimentos. Cabia à França impor sistematicamente e por escolha suas "luzes" a toda a Europa. Já agora, é possível à Alemanha decidir sozinha superar a crise econômica mundial, sem se preocupar com mais nada exceto adequar sua vontade ao pressuposto conhecimento de seu próprio destino:

> Estamos convencidos de que a miséria não se deve apenas nem primordialmente aos acontecimentos gerais do mundo, pois, desde logo, isso mais ou menos excluiria a possibilidade de que um povo específico estivesse em melhor situação. Se fosse verdade que a miséria alemã se deve, necessária e unicamente, a uma suposta crise mundial — uma crise mundial sobre cujos desdobramentos nós, como povo, não podemos exercer nenhuma influência ou apenas uma influência mínima —, o futuro da Alemanha, nesse caso, só poderia ser considerado desesperador. [...] Não posso dizer: 'A visão geral é que o Tratado de Paz de Versalhes é a causa do nosso infortúnio.' O que é o Tratado de Paz de Versalhes senão obra do homem? Não é algo que nos foi infligido ou imposto pela Providência. [...] Sou de opinião que não há o que tenha sido causado pela vontade do homem que não possa ser mudado pela vontade de outro homem.[12]

5.2 O positivismo jurídico e seus efeitos no terrorismo de Estado

> *"Homens do meu Movimento Nacional-Socialista! Não lhes peço que façam nada ilegal, nada exijo que ponha sua consciência em conflito com a lei, mas peço que me sigam lealmente no caminho que a lei permite e que minha consciência e minha visão exigem, e que unam o seu destino ao meu."*
>
> Adolf Hitler, Proclamação do Ano-Novo ao Partido,
> 1º de janeiro de 1932[13]

O nazismo, que inicialmente se escorava em um pacto objetivo com os conservadores e os liberais, e ainda esperava concluir uma aliança com as potências ocidentais contra a União Soviética, desejava salvaguardar as aparências do direito. Hitler chegara à chancelaria no contexto dos procedimentos constitucionais da República de Weimar, e foi o Reichstag, no qual o NSDAP se tornara majoritário por via eleitoral, que lhe entregou os poderes ditatoriais. Como o objetivo era construir um novo Reich duradouro, era essencial que a Alemanha dispusesse de uma ordem jurídica irretocável e que os abusos tirânicos fossem encobertos por uma legislação formal, ainda que antiparlamentar, em vez de serem abertamente entregues aos caprichos de um déspota e seus capangas. Uma operação de aspecto tão inviável foi possibilitada pela doutrina jurídica alemã, inspirada nas construções que transitaram por Hobbes e que haviam sido aplicadas pela Revolução Francesa. Ao contrário de uma impressão muito disseminada, a teoria vinha da Inglaterra, e a prática, da França.

Duas concepções do direito sempre se confrontaram. A primeira, dominante no direito romano,[14] ainda presente na *Common Law* inglesa, é "jurisdicional", posicionando o direito na decisão de justiça. A segunda, dominante na era moderna, é "legislativa", situando o direito na fórmula de lei. Elas geram dois sistemas bem distintos, um centrado no legislador, em geral o Parlamento, e o outro, nos tribunais. Sua oposição não se reduz a uma questão técnica reservada aos juristas, acarretando consequências decisivas no plano das liberdades: o nazismo, tendo chegado ao poder em conformidade com a legislação em vigor, logo se teria revelado ilegal e tirânico em um sistema jurisdicional propriamente dito.

A via jurisdicional diz o direito ao fim da análise de uma causa levada a um tribunal. Os juízes se pronunciam diante de uma pluralidade de fontes. Elas abrangem a lei escrita, mas também os costumes, as análises dos especialistas (a doutrina), a coerência com os casos análogos (a jurisprudência), o raciocínio com base nos princípios gerais do direito, a equidade e ainda outras fontes. Nela, o direito é uma realidade objetiva que se busca em cada processo, e que não pode ser determinada de nenhuma outra forma. É possível estudar o direito e ensiná-lo, mas não conhecer antecipadamente suas conclusões. Ele mais se parece com a medicina do que com as matemáticas.

Por outro lado, a concepção legislativa define o direito como expressão de uma vontade soberana da qual a decisão de justiça é apenas uma aplicação às circunstâncias particulares. Deduz, de forma lógica, suas conclusões de regras formuladas pela vontade legítima. O debate judiciário se limita a estabelecer os fatos, qualificá-los de acordo com os critérios da lei e interpretar a intenção da autoridade lastreada na jurisprudência. Os juízes se eximem de buscar uma justiça que seria objetivamente formada por uma pluralidade de fatores em que a legislação fosse apenas um elemento entre outros. Ao estar o direito assim disposto, mais que constatado, essa concepção vem a ser chamada "positivista".[15]

O positivismo jurídico, que sempre se apresentou como expressão da razão, faz três principais reservas à concepção jurisdicional: seu caráter estático e conservador, sua imprevisibilidade e os riscos de um governo dos juízes. Ora, independentemente da natureza contraditória das duas primeiras críticas (um sistema estático não pode, por definição, ser imprevisível), se um sistema jurisdicional é incontestavelmente estável, desenvolve-se e se modifica indiscutivelmente com a evolução da sociedade e das ideias, o que não é necessariamente o caso de um sistema legislativo. A própria estrutura que o torna dinâmico também impede, na prática, um governo dos juízes. Sua grande característica, na verdade, é ser acêntrico e, portanto, não ser controlado por ninguém. Cada instância é limitada por outra, sendo obrigada a antecipar, em seu próprio funcionamento, as reações de todas as outras: o legislador antecipa a interpretação de sua vontade pelas jurisdições e pelas partes de um processo (que poderiam fazê-la cair em desuso já a partir da própria promulgação); as jurisdições inferiores antecipam a probabilidade de revisão de suas decisões pelas jurisdições superiores; as jurisdições superiores antecipam a apreciação de suas decisões pela doutrina; os autores da doutrina antecipam o impacto de seu trabalho nas jurisdições; e as partes de um processo antecipam em seu comportamento as decisões judiciais com as quais podem deparar. Assim, o direito evolui constantemente pela contribuição contínua de todas as partes envolvidas, escapando sempre ao comando exclusivo de uma delas, incluindo o legislador.[16] A única maneira de que a autoridade dispõe para se apropriar do sistema e adequá-lo à sua vontade é violar abertamente os procedimentos e aterrorizar as jurisdições para que atendam às suas ordens. Nesse caso, até mesmo a simples aparência de uma ordem jurídica deixa de ser preservada.[17]

Hobbes acreditava em uma natureza humana uniforme, ligada aos apetites e às vontades. O indivíduo era convidado a fundar o organismo social abdicando de seu poder no momento de seu exercício, a fim de confiá-lo ao príncipe. É um pensamento da força coagida, hierárquica e unitariamente estruturada, destinada a pôr fim às guerras civis, ambição que é igualmente a do nazismo. É também um pensamento da ciência, separado da religião e devendo impor-se tanto ao direito como à moral. Trata-se de outro ponto em comum, embora a ciência paradigmática do hitlerismo seja a biologia mais que a física matemática dedutiva de Hobbes. Hitler — como observamos acima — é um positivista no sentido de Auguste Comte, convencido das verdades absolutas que a ciência, no seu caso racial, descobre por trás dos fenômenos históricos.[18] É também um positivista jurídico no sentido de Hobbes, considerando que a lei, identificada com o comando da autoridade legítima, é a única fonte do direito. A doutrina autoritária de Hobbes[19] não tivera êxito em uma Inglaterra desejosa de se esquivar do absolutismo. Sua abundante posteridade intelectual se situou no continente, em particular na França e na Alemanha.

As limitações políticas impostas ao soberano ou a seu governo por um direito jurisdicional são consideráveis. A legislação é enquadrada por um direito que lhe é anterior e condiciona toda e qualquer transformação que ela desejasse introduzir.[20] Os monarcas precisariam de meio milênio para se livrar delas, graças a funcionários desejosos de servir a seus interesses.[21] A França se tornara a campeã da concepção positivista, não apenas na Revolução, mas já sob o absolutismo. Luís XIV, tendo declarado ser, ele próprio, o Estado, deduzia logicamente que estava habilitado a modificar livremente a ordem de sucessão ao trono, incluindo seus filhos ilegítimos,[22] começando, então, a violência positivista a se impor ao direito.

A insurreição americana gerou uma situação nova. A Independência parecia varrer, juntamente com a coroa britânica, toda lei fundamental, em um momento em que localmente não existia nenhuma ordem jurídica comum às populações. Foi inventado o "poder constituinte".[23] Com base em uma concepção *a priori* da natureza humana, ele pretendia gerar, por si só, uma "hierarquia de normas" logicamente encadeadas umas às outras. Assistia-se à criação absoluta do direito pela via revolucionária; um direito podia reduzir-se, em tese, ao ato constituinte do qual tudo derivava. Mas, enquanto os Estados Unidos reintroduziam em seguida, na medida do possível, as concepções jurisdicionais da *Common Law*, a França tratou de eliminá-las.

A assembleia legislativa conferia ao governo todos os poderes úteis à condução dos negócios no contexto de uma crise. Foi o Terror. Alegando reinstaurar a ditadura romana, que, por sua vez, era estritamente enquadrada, a Convenção confiou por lei ao Comitê de Salvação Pública o poder de decretar qualquer dispositivo sem limites. Era possível organizar uma justiça sumária, proceder a detenções arbitrárias, acusar indivíduos em virtude de sua posição social, de sua nacionalidade ou de suas opiniões, confiscar os bens de condenados, insistir no espetáculo público dos suplícios. Esses abusos eram legitimados tanto por seu caráter excepcional e provisório como por sua aspiração historicista. Desse modo, o terrorismo de Estado adquiria sua fundamentação jurídica moderna. A partir de então, todo Parlamento ou governo mobilizado em uma guerra "total" ou que tivesse chegado ao poder por meio de um golpe de estado suscetível de ser qualificado de revolução, ou que, pelo contrário, se visse ameaçado por um risco revolucionário ou mesmo por qualquer movimento revolucionário, estava em condições de se valer da legitimidade absoluta de suas práticas terroristas, em nome do povo ou da Nação, transformados em instância constituinte virtual.

Essas práticas se manifestaram em toda a sua extensão nas revoluções francesa e russa, mas penetraram em todos os Estados-Nação, e não apenas durante as guerras. Assim é que o FBI foi fundado por J. Edgar Hoover, que acreditava que um risco revolucionário justificava atentados à vida privada ou expulsões baseadas em suspeitas. No século XX, os governos se dotaram de serviços especiais tacitamente autorizados a praticar investigações, execuções secretas e torturas. Doutrinas "acivis" da ordem pública foram construídas, visando restringir manifestações e greves, além de censurar as opiniões suscetíveis de ocasionar, exclusivamente pela avaliação de uma administração, a derrubada da Constituição. Com base em princípios simétricos, os movimentos de libertação nacional se prodigalizaram em atentados, sequestros, extorsões, ameaças de morte e julgamentos sumários pelos tribunais revolucionários.

Paradoxalmente, Hitler tentou minimizar a natureza revolucionária do direito aplicável no Reich, valendo-se da transferência de poderes que recebera da ordem jurídica preexistente e da legitimidade conferida por um plebiscito de 38 milhões de votos. Na prática, como as leis promulgadas por seu governo em 1933–1934 não estavam sujeitas a nenhum controle efetivo de constitucionalidade por parte de Hindenburg, presidente do Reich e fiador da Constituição, escoravam-se em uma livre interpretação que não resistiria a um sistema jurisdicional. Hitler nem era cidadão alemão, pois sua abdicação da nacionalidade austríaca em 1925 para evitar a expulsão, o tornara apátrida, tendo sido necessário um emprego fictício de conselheiro na legação de Brunswick[24] para transformá-lo em funcionário alemão com direito à naturalização. A Noite das Facas Longas fora simplesmente objeto de uma lei de regularização *a posteriori*. Nenhum desses elementos teria sido validado por jurisdições dignas do nome.

Quis um capricho da História que o autor de um dos mais poderosos instrumentos teóricos a serviço da sujeição política do sistema jurídico fosse um jurista vienense, de religião judaica, que teve de se exilar depois da Anschluss, uma vez realizada a obra intelectual.[25] Hans Kelsen havia rematado a transformação teórica do direito em uma realidade positiva autônoma, imune a interferências da política, da sociologia e da moral, construindo um acúmulo engenhoso de normas capazes de dedução umas das outras e de abarcar o conjunto das necessidades de um sistema jurídico. Mas autonomia não é independência e, ainda que o direito tivesse conseguido desenvolver-se na prática como ele imaginara, por sua lógica interna, teria continuado a depender de axiomas iniciais que ele não podia fornecer. Kelsen havia chegado ao inverso do que desejava, transformando o direito em uma entidade instrumental disponível a quem quisesse controlá-la. Como um cientista pacifista que tivesse desenvolvido energia de uso militar, ele havia, involuntariamente, posto nas mãos dos juristas pró-nazistas, de Carl Schmitt e de todos os inimigos do emprego pacífico do direito, uma alavanca para projetos contrários às suas próprias intenções. A hierarquia positiva das normas é impotente para autoproduzir a norma fundamental da qual deriva o sistema inteiro ou para rejeitar sua ancoragem em valores tirânicos.[26]

Apoiando-se tacitamente nessa ferramenta, que, em tese, condenava, Carl Schmitt veio a encarnar a desenvoltura jurídica, a negligência total em relação às exigências de um direito digno do nome. Posava de artista do direito público, escultor capaz de moldá-lo à vontade às suas próprias opiniões ou prestar ajuda útil às autoridades que quisessem valer-se do seu talento, desde que fossem antiparlamentaristas. Apoderou-se da Constituição como um soldado indisciplinado faria com uma moça. Partidário de um Estado nacionalista, autoritário, militar, ele decidira que a Constituição de Weimar, que fora elaborada, justamente, para impedir tais orientações, poderia ser adaptada com algumas penadas, desde que se encontrasse alguém disposto a fazê-lo. Teria preferido que fosse a Reichswehr ou o marechal-presidente Hindenburg.

Schmitt não era exatamente nazista. Tendo partido de uma postura católica contrarrevolucionária, à maneira de Donoso Cortés, porém ultra--autoritária, tornara-se fascista. Queria submeter a plebiscito a autorização de plenos poderes, a fim de qualificar como "democracia" a ditadura que tanto desejava. Esta teria praticado o dirigismo econômico e dominado a Europa Central. Ele teria combatido pessoalmente o pensamento liberal, encarnado por uma burguesia parlamentarista tendente a preferir o compromisso à guerra. Esse projeto não implicava para ele uma política de purificação racial, quando era possível limitar-se a afastar politicamente "o espírito judeu", identificado com o pensamento liberal. Tendo, por ambição, sugerido os meios de adaptar para Hitler as fórmulas de plenos poderes preparadas para Hindenburg, e depois saudado as leis de Nuremberg como a "Constituição da liberdade",[27] tornou-se, por um breve momento, o papa do direito no Reich, com o apoio de Göring, Goebbels e, sobretudo, de Frank, o ministro da Justiça, que queria nomeá-lo seu secretário de Estado. Mas isso seria o mesmo que ignorar Himmler, que não só considerava toda essa cosmética inútil, pois já agora era possível governar por decreto[28] e demitir os juízes recalcitrantes, mas sobretudo detectara em Carl Schmitt um nazismo de puro oportunismo, ainda infectado de catolicismo e cujo banal antissemitismo não era exterminador. Para expressar sua fidelidade, Schmitt promoveu uma mesa-redonda sobre a desjudaização do direito. Foram-lhe enviados juristas SS para questioná-lo sobre a descristianização do direito.[29] Himmler o informava, assim, de sua desgraça.[30] A partir dessa data, ele ainda foi usado em política externa, terreno no qual explicava que o pacifismo e os tratados internacionais levariam inevitavelmente à guerra civil mundial. Rapidamente, o nazismo não precisou mais dele, nem de qualquer outro jurista que não fosse mero executante, pelo menos até Nuremberg.

5.2.1 Weimar e o debate sobre a democracia

Carl Schmitt[31] jogara lenha na fogueira do debate sobre a democracia, que era a grande questão constitucional da República de Weimar. À parte uma minoria legitimista antirrepublicana, ativa no exército e também nos meios judiciais, os atores políticos da Alemanha na década de 1920 se diziam expressamente "democratas". Hugo Preuss, o redator da Constituição, aconselhado por Max Weber e agindo sob a autoridade do presidente social-democrata Ebert, havia concebido um regime federalista semiparlamentar, designado "democracia parlamentar". Ele garantia, ao mesmo tempo, o pluralismo parlamentar e um poder presidencial considerável, podendo ser exercido por meio de plebiscito. O objetivo era conter, ao mesmo tempo, a revolução spartakista, que pretendia levar à Alemanha o sistema soviético, e os golpes militares ou paramilitares dos grupos nacionalistas antibolcheviques. A maior dificuldade era que os adversários da democracia parlamentar pretendiam justamente derrubar o regime sob a alegação de seu caráter "insuficientemente democrático": uns para instaurar uma ditadura bolchevique batizada de "democracia socialista" e outros para estabelecer uma ditadura militar ou paramilitar batizada de "democracia plebiscitária".

Carl Schmitt prontamente se meteu nessa confusão para levantar mais poeira. Era evidente que a democracia, que, por assim dizer, nunca tinha sido realizada como forma de governo, mas por muito tempo fora contemplada como tal, já não era muito mais que uma forma de legitimação. Se uma "ditadura democrática" era possível (que não fosse uma magistratura excepcional de alguns meses, à maneira dos romanos), essa seria a prova de que o conceito já estava destituído de um conteúdo institucional determinado. Schmitt quis tirar daí a conclusão de que a democracia se aplicava a qualquer regime que não se ancorasse em bases democráticas, a exemplo das antigas monarquias, e de que bastava arvorar-se de alguma maneira em representante do povo para se apresentar legitimamente como democrata. A partir do momento em que é permitido representar o povo por uma oligarquia parlamentar, ignorando a não representação das minorias eleitorais, nada, com efeito, parece opor-se a que ele seja representado por um indivíduo, especialmente se isso foi objeto de assentimento por plebiscito. O "cesarismo", nome alemão para o bonapartismo, é então apresentado como tão democrático quanto o regime parlamentar, ao mesmo tempo sendo considerado mais eficaz, pois não é diminuído por compromissos.

Schmitt esquecia que, nesse caso, até as monarquias de direito divino podiam sentir-se no direito de afirmar que "representavam" muito melhor o povo que qualquer outro sistema, o que fizeram umas após outras.[32] Com isso, a legitimidade democrática, indistinta de qualquer outra, nada significava mais.

Para que o conceito de democracia preserve seu conteúdo, é necessário que tenha relação orgânica com o *demos*, entendido como o conjunto dos cidadãos que em nada se distinguem particularmente, nem pelo poderio, nem pelo nascimento, tampouco pela fortuna ou o mérito, das pessoas que *a priori* não têm qualquer motivo de se entender a respeito de tudo ou de formar maiorias estáveis. É necessário que o processo político, para ser minimamente democrático, não consista em privá-los de opinião relativamente às questões públicas, ao contrário das intenções dos bolcheviques e dos fascistas, que se consideravam em melhores condições de expressar, de maneira unificada, educada e voluntária, as intenções profundas das populações colocadas sob sua lei.

Schmitt podia caracterizar apenas que um regime parlamentar não é absolutamente democrático, pois priva, de modo estrutural, os cidadãos de se governarem diretamente. Mas era ilusório depreender disso a ideia de que seria tão pouco democrático quanto um sistema que tenha por objetivo exercer seu poder sem limites sobre pessoas convidadas a consentir, de uma vez por todas, com o próprio desapossamento.

A legitimidade democrática pode ser reivindicada por diferentes regimes. Mas não quer reconhecer essa reivindicação quando se trata de sistemas que não preservam o pluralismo nem oferecem a menor garantia de segurança às pessoas que discordam do governo; pois o que caracteriza o *demos* é, antes de qualquer coisa, o fato de ser diverso. Em sua maioria, os regimes modernos desejam reduzir essa diversidade, o Estado parlamentar, pelo ensino público e as repartições econômicas; o Estado nacionalista, tentando agregar a população em uma Nação; ou o Estado comunista, eliminando as categorias sociais. Mas não seria possível aboli-la ou negligenciá-la sem se chocar de frente com a própria essência do princípio democrático.

O regime de Weimar[33] promovera frequentes consultas eleitorais, uma ampla liberdade de opinião e uma organização jurídica que não obedecia às ordens de uma facção. Assim, corria deliberadamente o risco de se mostrar fraco em relação aos que tinham a intenção de derrubá-lo. Também corria o risco de depender de coalizões precárias, incapazes de se mostrarem à altura da crise econômica e de uma constante agitação nas ruas. Pagava esse preço para salvaguardar o que lhe parecia essencial no vínculo democrático: a diversidade dos cidadãos e as liberdades públicas aplicáveis ao último deles.

O que Schmitt não queria reconhecer é que, se a democracia não é um modo determinado de governo, é pelo menos um modo determinado de proteção das pessoas contra as tiranias. É herdeira do conceito ateniense de *isonomia*, implicando a integração de todos os membros da comunidade política em um mesmo sistema de direito, com o objetivo de reparar os danos sofridos pelos que foram lesados. Sem isonomia, até mesmo uma democracia direta seria tirânica, o que, ainda por cima, tanto mais se aplica a qualquer regime ao mesmo tempo não isonômico e autocrático.

A confusão, teorizada por Carl Schmitt, mas sustentada por muitos outros, ocasionou o suicídio da democracia em 1933. Os eleitores acabaram acreditando que seriam melhores e representados de modo mais eficaz se fossem amordaçados. Hitler, por sua vez, preferiu ser honesto a esse respeito: declarou-se antidemocrata.

5.3 Militarismo e autoritarismo

O militarismo, que visa fundir a sociedade no exército,[34] diz respeito principalmente às sociedades "republicanas", que não transformam o exército em um corpo separado, mas se prestam à sua hierarquia. A Roma clássica desenhou o modelo: nela, o cidadão se identificava com o legionário, voluntariamente submetido a uma disciplina de ferro,[35] mas sendo tratado pelos oficiais com um respeito preocupado com sua vida e sua pessoa.[36]

Com frequência, afirmou-se que a sociedade dava sua forma ao exército,[37] mas essa correspondência tem duplo sentido. Se uma evolução social pode acarretar uma nova maneira de combater, as técnicas militares se impõem à sociedade. A questão de saber se os hoplitas fizeram a cidade grega ou o contrário não chega a ter real significado.[38] Uma coisa é certa: as armas acarretam consequências determinantes conforme sua manipulação — seja ela especializada ou de massa — e de acordo com o peso econômico que representam. Quanto mais as armas forem associadas a uma formação ou um talento especial, mais tenderão a distinguir os que as dominam, podendo chegar ao ponto de criar uma aristocracia militar. O feudalismo repousava no equipamento pesado de um cavaleiro que era treinado a vida inteira no manejo de armas. Esse sistema, que, historicamente, gera as diferenças sociais mais contrastadas, pode ter o mérito de limitar os confrontos às suas camadas mais baixas. Autoriza a guerra esportiva, semelhante à caça, composta de uma infinidade de combates singulares empreendidos pela glória ou pelo espírito de lucro. As fronteiras são secundárias, contando apenas a posição ocupada em uma escala de vassalagem. Os feudos são trocados, podendo ser repartidos em territórios muito distantes, sendo um rei eventual vassalo de outro príncipe no que diz respeito a essa ou aquela de suas possessões.

Quanto mais os armamentos exigirem efetivos, sejam armas pessoais ou equipamentos cujo emprego requeira muitos artilheiros (artilharia, fortalezas ou embarcações), mais o povo será convocado em grande número às funções militares. Ele tem sua importância aumentada em relação às elites, que se tornam dependentes dele e contra as quais ele pode se voltar. Os exércitos revolucionários franceses foram, assim, os primeiros exércitos de massa, tornando-se, então, o país mais populoso da Europa capaz de enfrentar a Europa coligada.[39]

Quanto mais elevados forem os custos das armas, mais favorecem, em tese, as elites que dispõem dos meios necessários para financiá-los. Todavia, quando o gasto supera certo limite, há necessidade de um Estado centralizado e de sua burocracia. As monarquias absolutas forjaram seu poderio nos canhões de bronze que lhes abriam as cidadelas dos feudais e as muralhas das cidades burguesas, e também nos navios de alto-mar, que só elas podiam equipar. As monarquias e as repúblicas constitucionais e burocráticas intensificaram a centralização, ao mesmo tempo integrando as massas a seus exércitos. Nenhum exército privado ou milícia local poderia ter desempenhado algum papel em 1914, pois, à época, eram necessárias siderúrgicas para participar da guerra; nenhum regimento mercenário[40] teria preservado algum interesse, perdido que ficaria entre milhões de combatentes.

O militarismo atua a partir de um ou outro dos dois ângulos — o da sociedade ou o do exército — para obter sua concordância, mas perde qualquer razão de ser quando o exército é profissional ou especializado. Nesse caso, o povo se limita a fornecer os recursos de retaguarda de que as tropas precisam. A combinação militarista perfeita é, portanto, oferecida por uma sociedade suficientemente homogênea para que todos participem da ação militar, mas hierarquizada o bastante para se prestar a uma cadeia de comando. A presença de castas e divisões sedimentares constitui um obstáculo ao militarismo, mas o igualitarismo o é ainda mais. É necessário que o emprego das massas seja decisivo e os armamentos, compatíveis; caso contrário, o militarismo fica desprovido de objeto. Mas é preciso, além disso, que as massas aceitem dobrar-se à hierarquia considerada indispensável à eficácia dos exércitos.

Ora, a característica mais visível das sociedades modernas no Ocidente é justamente o fato de serem estratificadas e desiguais. Elas deixaram para trás as divisões em "ordens" para se repartir em formações mais ou menos altas, em uma escala de educação e fortuna. Os indivíduos se habituaram, quando trabalham em uma empresa ou na administração, a passar sua vida civil dentro de um enquadramento hierárquico. Nele, integram-se ao longo de um aprendizado em estabelecimentos de ensino que os submetem ao mesmo princípio: o saber é transmitido por aqueles que são dotados de autoridade e só é adquirido pelos que aceitam sua disciplina. O indivíduo se eleva no sistema de educação por um procedimento análogo ao da empresa, da burocracia ou do exército, por fases e em decorrência de uma avaliação de mérito feita pela hierarquia. Um saber fundamental é imposto como o mínimo exigível de um cidadão, de um colaborador, de um funcionário ou de um soldado. A ausência desse patamar é sancionada pelo confinamento às tarefas mais humildes. O resto depende da capacidade avaliada pela autoridade competente.

A distribuição equânime das magistraturas e dos comandos não se aplica às sociedades modernas, e não seria compatível com o tamanho nem com a forma de seus exércitos. Nelas, a democracia é entendida como uma igualdade estatutária que protege o cidadão da tirania de uma autoridade segmentar — por exemplo, uma nobreza ou uma Igreja — sendo acompanhada de participação em um sistema representativo gerido pelas elites.[41] Essas sociedades estratificadas são adaptadas à existência de grandes empresas, administrações burocráticas e exércitos de massa hierarquizados. O cidadão participa, em graus diversos, da nomeação dos corpos representativos, dos quais emana a autoridade e que, segundo o regime, a exercem ou controlam. Embora o poder esteja fora do seu alcance, além da "eleição da elite", ele se submete na convicção de que aqueles que estão no seu comando agem, em última instância, em virtude de sua própria vontade, pois o "representam".[42]

A ideologia representativa é compatível com muitos regimes, do parlamentarismo puro ao messianismo autoritário de um rei ou do líder de um partido. O sentimento de liberdade leva a melhor sobre a realidade hierárquica, na medida em que a legitimidade daqueles que comandam repouse em uma substância comum entre os comandados. A "soberania nacional" surgiu como um veículo particularmente viável: a "Nação" é a substância comum entre o cidadão, seu chefe e a burocracia que lhes serve de intermediário.[43] Frederico II, o rei filósofo, havia pressentido isso antes do surgimento do nacionalismo. Ele não se apresentava com os trajes majestosos de um monarca transcendente, mas com as roupas gastas e sujas de um velho soldado, vivendo entre os companheiros de armas. Dava a entender que a autoridade absoluta que exercia sobre os súditos, que também eram seus filhos, vinha, antes de qualquer coisa, de sua capacidade de estrategista a serviço da Prússia, da qual não se declarava senhor, mas "primeiro servidor". Os prussianos compartilhavam com ele o "prussismo" (*preußentum*), uma identidade existencial que lhes conferia liberdade sem que fosse necessário um Parlamento para expressá-la. Oswald Spengler publicou sua teoria em 1919, em uma versão antiliberal, antiparlamentar e anti-inglesa.[44] Adolf Hitler adotou a mesma interpretação seis anos depois, a ela integrando, contudo, o antissemitismo, uma característica mais prussiana, segundo ele, e mais compartilhada com as Nações irmãs anglo-saxônicas.

Nessas condições, seria mais adequado falar de exércitos ideologicamente "livres", mais que institucionalmente "democráticos", no que diz respeito às sociedades modernas estratificadas. Neles, o soldado não participa de um exercício democrático de comando, combatendo sem reservas e aceitando a delegação aos superiores da liberdade que recupera depois da guerra, ainda que para voltar a delegá-la aos dirigentes de sua empresa ou administração. Essa fórmula antiga tinha sido retomada pelos suíços, com resultados impressionantes.[45] Camponeses autônomos formaram uma infantaria de massa organizada. Dotando-se de alabardas e arbaletas capazes de perfurar armaduras e cavalos, eles inauguraram a guerra moderna, impiedosa, pois nela não se fazem prisioneiros, e desprovida do antigo código de honra de seus adversários nobres, que não se justificava mais no contexto de uma luta mortal.[46] Um século depois, as cidades protestantes das Províncias Unidas, para se libertarem dos impérios católicos que as dominavam, adotaram o mesmo sistema, tão temível que, com frequência, foi reproduzido, de uma forma ou de outra, ao longo da história militar ocidental.[47] Sua posterior adaptação aos exércitos republicanos dos Estados Unidos e da França revelou um potencial ainda maior.[48] O imposto de Estado e o monopólio de emissão da moeda fiduciária financiavam quase sem limites a produção industrial de armamentos; a expansão da burocracia potencializava o suporte logístico. O desenvolvimento da liberdade de opinião adicionava maior iniciativa das unidades no caso de ruptura das comunicações, sem, por isso, afetar a autoridade da cadeia de comando.

Não só a igual liberdade estatutária dos soldados modernos não implica sua igualdade social, como o militarismo lhe opõe a boa ordem de comando. Os oficiais não são recrutados nos mesmos meios nem formados nas mesmas escolas que os suboficiais, estabelecendo-se uma barreira dificilmente transponível entre essas, que quase poderíamos chamar de duas "ordens". Um suboficial de carreira pode acabar recebendo um soldo superior ao de um oficial subalterno ou ter sujeitado, na juventude, um oficial general às humilhações da iniciação de um treinamento de elite, rito fusional do exército ao longo do qual era seu superior; e pode, em seguida, ter com ele uma relação de respeito mútuo, mas nunca será socialmente seu igual.[49] Essa ambivalência desempenhou papel crucial na história das sociedades aqui consideradas. Uma vez atribuídas as patentes e qualquer que fosse a origem dos protagonistas, o exército prussiano jamais admitiria a menor falta à deferência devida aos superiores. Mas se admitia perfeitamente que a atribuição de patentes estivesse estreitamente ligada à situação e às tradições militares respectivas das famílias, sendo os junkers notoriamente sobrerrepresentados nas funções de estado-maior. As características sociais pronunciadas da Reichswehr foram um dos motivos para a criação das *Waffen SS*, cujas unidades refletiam a sociologia do partido nazista, mais que a do *Kaiserreich*. Uma situação mais ambígua prevalecia na França e na Grã-Bretanha. Em ambos os países, a emancipação dos plebeus de modo algum impedia as famílias nobiliárias de desempenhar papel relevante nos cargos superiores do exército, contribuindo para conferir a ele uma tonalidade autoritária e antirrepublicana. Um dos aspectos do Caso Dreyfus foi trazer à luz essa preponderância, que teve então de ser encoberta, aos poucos se atenuando. Na Grã-Bretanha, cujos soberanos ainda se apresentam de uniforme, um sistema de enobrecimento contínuo e a presença de ordens de cavalaria abertas introduziram certa mistura, corroborada por uma lenta degradação do estatuto social de oficial.

O exercício elitista do comando nem por isso reduz a democracia "estatutária" a uma pura e simples ilusão. Há uma diferença considerável entre a liberdade graças à qual o cidadão é protegido das tiranias pelos tribunais e sua ausência. Na prática, essa diferença é muito mais importante que a forma institucional do regime. Muitos países europeus preferiram, assim, conservar um regime monárquico a adotar uma Constituição republicana suscetível de acarretar uma concentração dos poderes executivos que oferecesse eventual risco no plano das garantias judiciais.

Surgiu uma bifurcação entre um modelo que levou ao parlamentarismo, preferido na Inglaterra e depois na França, e um modelo mais autoritário que se implantou melhor na Alemanha. Uma vez instituída a mobilização em massa em uma das potências, os outros governos, até mesmo os mais conservadores, tinham de se adaptar para não morrer. Foi o que fizeram, uns pela via inglesa, outros pela via prussiana, ou seja, uns sem reduzir de modo algum os vastos direitos do Parlamento, mas aumentando pelo imposto os meios militares e o recrutamento, e outros ainda se equilibrando entre um verdadeiro Parlamento e fórmulas nacionais mais autoritárias.

O resultado comum foi a "subida aos extremos", que havia sido teorizada por Clausewitz na Escola de Guerra prussiana. Ela expressava os princípios da guerra total e não dispunha de aplicação retrospectiva. A figura do soldado "livre" não era menos exterminadora que as demais, pelo contrário. Indistinto da população civil, seu combate tendia *ipso facto* a assumir a modalidade de uma "guerra total". O conscrito da Revolução Francesa cantava sem hesitar que provocava o derramamento de um "sangue impuro".[50]

As Nações se tornaram seres militares, aspirando à guerra e a ela dedicando o grosso de seus recursos. Assim como o soldado-cidadão francês se dedicara, antes de qualquer coisa, a ser o campeão de uma luta mitológica que só seria interrompida com a morte do último rei na Europa, o soldado prussiano aprendeu aos poucos a ser membro de um imenso organismo solidário, com o apetite de um império sem limites. Um desejo de guerra se disseminou na filosofia e na literatura. Não se tratava mais de um elogio da proeza em que a galanteria ainda tivesse seu lugar, mas de um frenesi sagrado, sem precedentes na história ocidental, movido pela vontade de ganhar cada um sua identidade pessoal por meio de uma fusão mística e apaixonada em uma totalidade humana feroz e fraterna. Hegel considerava que o Estado devia proceder ao sacrifício sangrento da contingência individual, a fim de elevá-la à universalidade racional da lei por meio da contemplação da morte. Mas ainda acreditava, com Clausewitz, que ela continuaria a ser instrumental, uma "continuação da política pela interferência de outros meios". Ambos ignoravam que ela poderia escolher outro senhor que não fosse nem a lei nem o Estado, mas a ideologia nacionalista, colocando todas as instituições a seu serviço. Menos de um século depois de Fichte haver atribuído a si mesmo a missão de criar *ex nihilo* a Nação alemã, Erich Ludendorff, o homem forte do exército alemão durante a Grande Guerra, concluía que "toda atividade humana e social só se justifica caso se prepare para a guerra". Nesse intervalo, o belicismo perturbara até os humanistas.[51] Foi como sacerdote do sacrifício que Dostoievski escreveu seu louvor à guerra. Depois de Kipling, esteta da Guerra dos Boers, D'Annunzio nutriu o fascismo com a rejeição dos valores medíocres do comércio, do dinheiro e da paz civil, exaltando a transcendência heroica em face do rebaixamento econômico e a comunhão dos mártires em relação ao egoísmo. O nazismo também nasceu de um mundo cujos pensadores mais profundos e os melhores artistas tratavam a doação coletiva da morte como uma condição de grandeza da humanidade.[52]

A guerra se tornava uma necessidade existencial que não era reservada aos heróis. O fato de não se engajar nela era interpretado como uma feminilidade, uma covardia, uma traição, um pecado inconfessável. Categorias que sempre haviam sido proibidas de matar, plebeus e burgueses eram investidos do poder mágico de dar legitimamente a morte, privilégio ainda há pouco reservado aos magistrados, aos nobres e aos reis, de modo a potencializar sua existência, mais que um cotidiano incerto e obscuro, em que sempre havia alguém para colocá-los em seu lugar, por sua aparência, sua fortuna ou sua cultura superior. A guerra agora era um exercício de dignidade. E também tinha, pelo menos no dia de sua declaração, esse poder misterioso de envolvimento que, subitamente, elimina as distâncias entre os habitantes de um mesmo país e os enche de entusiasmo pela comemoração, uma comunhão única que mais de um veterano da Primeira Guerra desejaria voltar a experimentar. De modo recíproco, a derrota não era a derrota das elites, mas uma tragédia pessoal, a perda da energia vital. Quando tanto se dera ao ser coletivo admirado com amor filial, restava apenas uma maneira de honrar o sacrifício feito por milhões de companheiros: expulsar como um corpo estranho os traidores sob suspeita de não se haverem integrado ao tecido vivo da Nação, a fim de se reerguer até a vitória final.

Principal sociedade militarista que não optou pela via puramente parlamentar, a Alemanha a considerava um freio à mobilização dos recursos, pois envolvia compromissos, e menos propícia ao exercício geral da autoridade. Bismarck se ativera, contudo, a uma política mediana, consolidando o estado de direito, aceitando a liberdade de imprensa, concedendo ao Reichstag eleito por sufrágio universal (masculino) um poder de obstrução que obrigava o governo a recorrer a escrutínios plebiscitários, desenvolvendo a mais eficaz das burocracias modernas, estimulando a indústria, financiando a pesquisa científica e técnica, conduzindo uma política externa moderada, quase desprovida de imperialismo, mas também preservando a aristocracia militar à frente de um exército constantemente reforçado, impondo uma cultura luterana a um país com um terço de católicos, multiplicando leis de exceção contra os socialistas e o movimento operário. Quando é sucedido pelo vaidoso Guilherme II, o Reich é a maior potência econômica do continente, a mais rica em descobertas científicas, contando com o mais poderoso exército de terra do mundo, fortalecido por uma esquadra que quer rivalizar com a marinha britânica. A higiene e o crescimento tornaram sua demografia explosiva. Os alemães buscavam influência mundial, colônias, um império. Com sucessivos episódios de imperícia, alienam umas após outras todas as potências com as quais construíra certo equilíbrio — a Rússia, por sua intrusão na Turquia, a Grã-Bretanha, por sua esquadra e sua expansão na África. A França quer a guerra para recuperar a Alsácia-Lorena, cuja anexação Bismarck não fora capaz de impedir. A guerra, que todos os nacionalistas não se cansavam de invocar, julgando cada um deles que realizaria seu sonho particular, advém sem que seja decidida, por pequenos encadeamentos diplomáticos sem grande importância.[53]

O autoritarismo se defronta com o atoleiro na guerra, exigindo as oposições novas liberdades às primeiras derrotas. A unidade nacionalista assegurada ao Parlamento na França e na Grã-Bretanha se esfarela em Berlim.

Um erro tático de consequências colossais leva as autoridades do Reich a escoltar, por malícia, o exilado Lenin até a Rússia, para que desempenhe seu papel de agitador, enquanto um ministro das Finanças judeu, Walther Rathenau, consegue a proeza de prolongar até o fim o esforço de guerra nacionalista prussiano a despeito do bloqueio. A revolução bolchevique acrescenta à dimensão nacionalista da guerra um novo conflito ideológico radical. O socialismo alemão começa a exigir a paz. Em vez de enfrentar a derrota de Ludendorff, Guilherme II foge para a Holanda. O caos permitiria a Hitler ir-se manifestando aos poucos. Ele está munido de uma ideologia que começa por inverter a análise dos acontecimentos e leva à abolição do Parlamento, o qual é substituído por um Partido único inteiramente dedicado à nova guerra interna e externa que ele prepara de modo impaciente, transformando a Alemanha em um imenso exército.[54] Longe de se opor à representação do cidadão "livre", o Partido afirma representá-lo melhor ainda, graças à ideologia que lhe propõe e que se lhe revela conveniente. O preço a pagar foi a perda das garantias estatutárias.

Na França, o jovem Charles de Gaulle propôs que se saísse do militarismo republicano para melhor conduzir uma guerra mais técnica, ainda que precisando torná-la menos "democrática". Indo de encontro a Jaurès, ele preconizou a introdução de um exército profissional, em condições de manipular os novos equipamentos pesados (os tanques) e reservando a conscrição às tarefas defensivas ou auxiliares, como a guarnição.[55] Essa evolução só acabaria levando a melhor no Ocidente depois das guerras de descolonização, quando as tecnologias se tornaram mais indiferentes aos efetivos, e tendo o nacionalismo adquirido uma forma mais burocrática que não exigia a mobilização para se expressar.[56] A Segunda Guerra Mundial, por sua vez, conservou a modalidade de mobilização maciça e exterminadora adotada na Primeira, exacerbando-a.

5.4 O populismo, o messianismo carismático e a burocracia

> *"A indústria, essa fonte de riqueza, não tem hoje regra, nem organização, nem objetivo. É uma máquina que funciona sem regulação; pouco lhe importa a força motora que utiliza. Igualmente moendo em suas engrenagens o homem e a matéria, ela despovoa o campo,*

> *aglomera a população em espaços sem ar, enfraquece o espírito e o corpo e depois atira na calçada, quando não sabe mais o que fazer com eles, os homens que, para enriquecê-la, sacrificaram sua força, sua juventude, sua existência. Verdadeiro Saturno do trabalho, a indústria devora seus filhos e só vive da sua morte."*
>
> Luís Napoleão Bonaparte[57]

Para acabar de situar o nazismo no contexto ideológico ocidental, resta confirmar sua ausência de isolamento intelectual na questão social, no papel da burocracia e nas modalidades de seu controle político.

O comunismo era uma ideia bastante minoritária antes do bolchevismo, mas o socialismo de fato se disseminava de uma forma ou de outra junto à maioria dos atores, inclusive à direita, estando quase todos em busca de uma resposta urgente à questão social. Surgira a ideia de um líder carismático incumbido de tratá-la. A burocracia se alçava ao posto de candidata à transformação das sociedades, tornando-se seu controle a questão essencial de uma batalha política em que o nacionalismo vinha de se impor. O nazismo, fusão explícita do nacionalismo com o socialismo, ao preservar a propriedade privada em reação ao bolchevismo, propunha uma solução de acordo com todas as ideologias dominantes no Ocidente, não constituindo suas outras características supremacistas, antissemitas e escravagistas um obstáculo intransponível, como já constatamos.

Desde a origem do mundo moderno, manifestara-se uma contradição entre a promoção do indivíduo em relação às antigas hierarquias de ordem divina e sua sujeição crescente a hierarquias econômicas novas, mas não menos poderosas.[58] Nascia a luta secular entre, por um lado, a figura do indivíduo liberal, liberto da autoridade política ancestral, mas já agora dominando o econômico, e, por outro, a figura coletiva socialista, que se esforça por escapar à sujeição liberal.

No começo, o poder de Estado fora um inimigo comum, tendo inicialmente os pensadores liberais e socialistas afirmado o primado da sociedade civil. Para aqueles, o Estado deveria limitar-se a fornecer o direito, a força pública e a infraestrutura coletiva com o objetivo de promover a prosperidade. Esses o consideravam defensor dos exploradores, retirando aos trabalhadores o produto de suas obras.[59] A preeminência do Estado também tinha entre seus partidários os contrarrevolucionários e os nacionalistas, que, aos poucos, convergiam uns para os outros, negligenciando os monarcas seus parentescos dinásticos para se enfrentar permanentemente por meio da soberania nacional. Em sentido inverso, socialismo e liberalismo antes continuavam internacionalistas, pois o empreendimento moderno, ao contrário das antigas corporações protecionistas, defendia a abertura das fronteiras e pretendia esquivar-se ao controle público, enquanto o socialismo se pensava, em parte, como um organismo pan-europeu.

Com o tempo, todavia, o Estado era cada vez menos rejeitado pelos liberais preocupados com a defesa da ordem, assim como pelos socialistas que desejavam assumir o controle de seu aparelho para subtrair o trabalho ao domínio do capital. Aqueles tinham prospectado possíveis alianças com as elites tradicionais, às quais desejavam misturar-se, mas também com os socialistas que aceitassem um compromisso burocrático. Esses se dividiam em função das modalidades de ação: partidários social-democratas do processo eleitoral, partidários anarquistas ou não do sindicalismo revolucionário e promotores de um partido revolucionário.

A incapacidade coletiva de resolver a questão social, decorrente da primeira revolução industrial e, após, da proletarização generalizada por parte da segunda, levaria ao surgimento de uma ameaça endêmica contra as hierarquias e a propriedade. Por toda a Europa, os liberais se viam obrigados a emendar seus princípios para formar alianças com os estadistas, melhores defensores da ordem. Os conservadores, por sua vez, aceitavam lentamente a possibilidade do governo representativo, em troca de disposições policiais. Todos consentiam com o desenvolvimento de uma burocracia, meio seguro e organizado de adaptar a sociedade nos casos em que ela não poderia evitar.[60]

O surgimento de um indivíduo excepcional, capaz de resolver a questão social mediante um dirigismo compatível tanto com a propriedade privada como com os interesses fundamentais dos trabalhadores, ao mesmo tempo pondo o terreno político ao abrigo das revoluções, se tornara uma opção séria. O messias político, com a imagem construída a partir da imagem de Bonaparte, seria separado das elites e, assim, poderia conseguir a adesão dos dominados. Acumularia o poder militar, a autoridade governamental e o estatuto de um legislador livre de vinculações partidárias. A ele seria confiado o controle da sociedade por meio da burocracia. Estando o bonapartismo estreitamente ligado aos particularismos franceses, a esperança na

Alemanha se fixou no Kaiser, assessorado por Bismarck, para, em seguida, projetar-se em Adolf Hitler, autêntico "Kaiser oculto".

Enquanto os liberais se adaptavam a uma fórmula de coabitação com um Estado forte que, sem estar totalmente de acordo com seus ideais, lhes oferecia paz social e mercados públicos, certos socialistas, os saint-simonianos, haviam proposto o estabelecimento de uma tecnocracia sob a égide de dirigentes empresariais, destituída de qualquer influência ideológica além da busca por prosperidade e da eliminação da miséria. Essa proposta, ao privar os pobres de qualquer contribuição à própria salvação, encontrou pouco eco nos meios socialistas. Em compensação, foi recebida com entusiasmo por Luís Napoleão Bonaparte, primeiro grande candidato ao messianismo social. *Da Extinção do Pauperismo*[61] preconizava uma solução que, sem abolir a propriedade privada, objetivo apenas dos comunistas, visava resolver inteiramente a questão social.

O futuro imperador dos franceses, após afastar a ideia, pelo contrário, essencial ao liberalismo e ao sonho americano, de que a pobreza fosse resultado do vício, observava que ela provinha do subemprego e dos salários baixos. Em outras palavras, o único efeito do mercado era esgotar "o exército de reserva do capital", a massa de desempregados dispostos a se oferecer a um preço irrisório. Prefigurando fordismo e keynesianismo, ele considerava a elevação do rendimento operário a condição de uma demanda interna, chave da prosperidade. Por ser o mercado então incapaz de esboçar esse bombeamento virtuoso, ele propôs a criação de um setor público que reduzisse a mão de obra ociosa e forçasse a alta dos salários. Para evitar a concorrência com a indústria, preferia que o esforço se voltasse à agricultura e às grandes obras. Luís Napoleão criticava o mercado como sendo destituído de sentido e regulação. É o sentido do texto reproduzido como epígrafe deste capítulo. O tema operário do planejamento socialista, tanto em sua versão fascista e nazista como em sua versão bolchevique, é aí prefigurado. Só o Estado é capaz, pela organização, de conferir sentido a uma atividade econômica que, sem a sua intervenção, produziria miséria e continuaria desumana.

A diferença considerável em relação aos futuros partidários do partido único é que Luís Napoleão, candidato às eleições republicanas de 1848, ainda considerava possível evitar a ditadura: "Mas seria o caso, para enfrentar seus defeitos, de colocá-la sob um jugo de ferro, de privá-la dessa liberdade, que é a única capaz de sustentar sua vida, matá-la, em uma palavra, porque ela mata, sem levar em conta seus imensos benefícios? Acreditamos que basta curar seus feridos, prevenir suas feridas. Mas é urgente fazê-lo, pois a sociedade não é um ser fictício; é um corpo de carne e osso, que só pode prosperar na medida em que todas as partes que a compõem estejam em perfeito estado de saúde. É necessário contar com um remédio eficaz para os males da indústria: o bem geral do país, a voz da humanidade, o próprio interesse dos governos, tudo exige isso imperativamente." A busca da maneira de se chegar a isso une todos os socialismos democráticos e todos os liberalismos sociais até os nossos dias, até mesmo a social-democracia, o cristianismo social e o radicalismo, assim como os messianismos políticos da Europa e da América Latina.[62]

O programa socialista bastante radical de Luís Napoleão não foi aplicado por Napoleão III. Nem sua ambiciosa reforma fiscal redistributiva, nem a criação de um setor público agrícola recrutando 1 milhão de empregados, tampouco a participação dos operários no capital e nos rendimentos das empresas vieram à luz. A Segunda República, seguindo a proposta de Louis Blanc, reduziu toda a questão às catastróficas Oficinas Nacionais. Badinguet, como era chamado por seus adversários, não traiu seus ideais por livre e espontânea vontade, mas sob a pressão de seus esteios conservadores e da independência crescente das grandes empresas — ele que, apesar de tudo, continuava a se cercar ativamente de saint-simonianos.[63] A Assembleia republicana não o havia acompanhado no aspecto coletivista da apropriação das terras agrícolas. O Império teve de se contentar em favorecer o sindicalismo e humanizar o direito do trabalho. Apesar da elevação da renda operária, a questão social ainda se colocava integralmente, ao passo que o caminho messiânico já estava aberto. Mas a tentativa demonstrava que o socialismo não estava mais afastado do pensamento dominante na Europa, mesmo de direita. Tornara-se parte integrante dele, ao contrário do que acontecia nos Estados Unidos, pelo menos até o New Deal.

Em bases semelhantes, Hitler propôs um caminho original de resolução. Ele criticava o liberalismo por aceitar uma contradição fundamental entre a democracia parlamentar, que nivela os indivíduos, e a propriedade privada, que não é igualitária, tanto na partilha dos benefícios da produção como na estrutura de comando dentro da empresa: "Os senhores acreditam que a construção da economia alemã deve basear-se no conceito de propriedade privada. [... Mas] só podem sustentar a ideia de propriedade privada se, de alguma forma, ela parecer baseada na lógica. [... Ela] só é moral e eticamente justificável quando se parte do princípio de que as realizações dos homens são diferentes. Só então posso dizer que, como as realizações dos homens são diferentes, os resultados dessas realizações também são diferentes. [... Mas] não seria lógico atribuir a administração dos frutos de uma realização ligada a um indivíduo em particular a um indivíduo menos capaz ou a um conjunto de indivíduos que já demonstraram, pelo simples fato de não terem sido capazes de chegar a essa realização, que não são capazes de administrar seu produto. Devemos, portanto, reconhecer que, do ponto de vista econômico, os homens não têm valor igual nem competência igual em todos os setores desde o início. Admitido isso, seria loucura pretender que, embora existam indubitáveis diferenças de valor no setor econômico, não exista nenhuma no setor político! É absurdo basear a vida econômica no conceito de realização, de valor pessoal e, portanto, na prática, na autoridade do indivíduo, ao mesmo tempo negando essa autoridade do indivíduo na esfera política para substituí-la pela lei da maioria, a democracia. Isso geraria, lenta e inevitavelmente, uma fratura entre a visão econômica e a visão política, que se tentará reduzir identificando aquela com essa — tentativa que certamente já foi feita, pois essa fratura não se limitou a uma teoria pura e vazia. Enquanto isso, o conceito de igualdade de valores foi erigido em sistema não só na política, como também no setor econômico. E não apenas como uma teoria abstrata: não, esse sistema econômico prospera em gigantescas organizações — sim, atualmente, ele já se apropriou do enorme território de um Estado inteiro."[64] Em outras palavras, o igualitarismo parlamentar leva ao igualitarismo bolchevique e à sua administração econômica aquém do ideal. A dissociação entre sociedade civil e Estado é o erro comum ao liberalismo e ao marxismo.

Um vínculo, contudo, unia quase todos os protagonistas da cena política, à parte os anarquistas: a aceitação da burocracia como forma moderna de governo, independentemente da natureza do regime. Sem essa alavanca que permite a um pequeno número controlar tão estritamente vastas populações que tudo que não lhes fosse proibido haveria de se tornar obrigatório, segundo a formulação de Malaparte, o projeto nazista teria sido totalmente quimérico. Ora, a burocracia se escorava na mais ocidental de todas as instituições modernas: a empresa.

Hegel e Marx[65] haviam sido os primeiros a entender a burocracia, não como desenvolvimento da ação administrativa dos governos, mas como um modo de organização próprio das empresas. Segundo a definição clássica, a sociedade civil é o terreno normal da guerra de todos contra todos. É natural, portanto, que a empresa, instrumento da guerra econômica, tenha tomado por empréstimo aos exércitos seu modo de organização, dotando-se de uma hierarquia de combate expressa em termos estratégicos.

Como a empresa tinha mais liberdade que o Estado em relação às heranças sociais, estava em melhores condições de dar precedência aos imperativos da ação sobre a escolha das pessoas. Enquanto a política insistia sempre em privilegiar o "quem" em relação ao "por que fazer", a burocracia empresarial podia focar-se na ação e permanecer indiferente às pessoas, pelo menos fora dos órgãos limitados de sua direção-geral. Seu objetivo era simples e previamente estabelecido: maximizar os lucros do capital investido. Desse modo, ela podia estruturar-se racionalmente, dar primazia à *expertise* e disciplinar seus empregados de maneira semelhante à de um exército, tendo como única exigência o cumprimento das instruções recebidas. Sua cadeia de comando assumia a forma de um triângulo em que o dirigente era o único a dispor de uma visão mais ampla do campo de batalha frente à concorrência, correspondendo cada nível inferior a uma restrição do ângulo de visão e determinando, pelo jogo das especialidades técnicas, a microaplicação de um plano de ação que só preservava seu sentido no nível mais elevado. O programa estratégico só era submetido à aprovação do conselho de administração, representando os acionistas. A combinação de disciplina, competência e dedicação se tornava um fator de elevação na hierarquia e, portanto, na escala de renda, sendo as infrações sancionadas com o desemprego. Por esse motivo, a burocracia empresarial era "anempática". Não levava em conta, por si mesma, os efeitos da perda de emprego na pessoa dos empregados. O empresário era considerado o supremo tomador de riscos, que são monetários. Ele e seus acionistas eram os principais interessados na vitória ou na derrota. Deviam aos empregados exclusivamente a remuneração de seu trabalho, negociada ou imposta, no cumprimento das leis sociais. Como a prova da exatidão de sua visão era determinada pelos resultados financeiros, considerava-se que eles não podiam causar mal a ninguém, sendo os únicos provedores de emprego, um bem raro que não existiria sem eles e cuja interrupção em geral não acarretava a morte de ninguém.

A princípio, o tamanho da burocracia empresarial era mínimo, pois é do interesse dos acionistas reduzir os custos gerados pela estrutura administrativa. Da mesma forma, o nível dos salários era considerado ideal a partir do momento em que fosse mantido suficientemente baixo para não deprimir a oferta de emprego e em que a interferência do poder público e dos sindicatos não impedisse a redução da massa salarial em caso de contração dos mercados. Nessas condições, o sucesso da burocracia empresarial a tornava, em contrapartida, um modelo ideal para a ação política. Ela fora identificada por M. Weber e H. Kelsen como a forma normal do governo administrativo liberal da República de Weimar.[66] Seria também a fonte do *Führerprinzip*.[67]

A burocracia administrativa foi calcada na burocracia empresarial, que, por sua vez, se inspirara na organização militar. No máximo até o século XIX, todos os Estados-Nação ocidentais se dotaram de uma burocracia para cumprir sua missão de provedores de equipamentos coletivos e fiadores da ordem pública. As infraestruturas de transporte e urbanismo, assim como os serviços escolares, sanitários, militares, policiais e judiciários, foram entregues a essas organizações especializadas e disciplinadas, que, em sua maioria, fizeram o aprendizado de sua aplicação em ampla escala no contexto da colonização.

Já no século XVII, quando a empresa moderna mal nascia e ainda dependia da iniciativa pública,[68] os impérios tinham concebido um sistema de articulação da burocracia empresarial com a burocracia de Estado, confiando todo o seu domínio colonial ou parte dele a companhias privadas dotadas de atributos soberanos.[69] Essa experiência lhes foi de grande valia no momento de estender a burocracia aos territórios metropolitanos. O Estado começou então a reintegrar as burocracias coloniais à sua própria administração direta.

Assim foi que a burocracia, sem ter expressamente uma ambição socialista, mas, apesar disso, realizando uma parte do programa socialista, se desenvolveu, especialmente na Áustria-Hungria, na Rússia, na Alemanha, na Grã-Bretanha e na França. Os governos encontravam nela uma forma consensual de se adaptar ao mundo moderno, pela sistemática elevação do nível educativo e sanitário das populações, associado ao desenvolvimento dos grandes equipamentos.[70]

A Primeira Guerra Mundial permitiu avaliar quanto seu poder se tornara enorme. Os beligerantes, unanimemente, acreditavam em uma guerra breve. Achava-se que as munições se esgotariam em alguns meses e que a mobilização geral rapidamente privaria os exércitos dos indispensáveis recursos da retaguarda. Mas assim não aconteceu. A burocracia já era capaz de reorganizar a produção e os transportes de um país inteiro, mobilizar camponesas nas fábricas, transferir os instrumentos financeiros para o Estado, criar do nada um sistema hospitalar de massa e prolongar as operações pelo tempo necessário. Dessa forma, a questão política essencial do futuro seria o controle da burocracia, a partir de então, o único intermediário capaz de impor sua vontade a toda a sociedade, até mesmo às empresas.

Na virada do século XX, ninguém sabia quem acabaria levando a melhor na Europa, se os nacionalistas, os liberais, os social-democratas, que mordiscavam (sobretudo na Alemanha) um lugar no Parlamento capaz de levá-los ao poder, ou os comunistas revolucionários, desejosos de abolir pela força a propriedade privada. Os nacionalistas haviam desejado a guerra. Os liberais a haviam financiado. Os social-democratas a haviam aprovado. Sua burocracia comum a organizara. Os comunistas pretendiam aproveitar-se dela para entrar em ação. A deflagração militar de alcance incontrolável representou uma inesperada resposta que preparou as três formas violentas de economia dirigida: o bolchevismo, o fascismo e o nazismo.

Tornara-se possível que um grupo ultraminoritário, sem afinidade sociológica especial com as elites nem com as massas, mas profissionalmente preparado para a agitação e o golpe de estado, se apropriasse da oportunidade fugidia de uma decomposição militar. Tendo conseguido entre os soldados um número suficiente de deserções para prevenir a repressão da sublevação que, em parte, haviam preparado, os bolcheviques se apoderaram do controle da burocracia que lhes conferia o controle de toda a Rússia.

Os historiadores não conhecem bem o processo de burocratização[71] centralizada dos sovietes, que se multiplicavam espontaneamente nas fábricas e nas aldeias, ao influxo da nova ideologia e do vazio provocado pelo súbito desaparecimento do antigo regime. Uma coisa é certa: não era pela via eleitoral que os comitês locais e as unidades sindicais autogeridas vinham logo que possível a ser retomados por dirigentes fixos com mandato ou estímulo do Partido e expurgados de seus elementos anarcossindicalistas. O leninismo não o exigia e mesmo não o permitia: havia inventado uma representação tanto mais democrática na medida em que não fosse democrática. Os dirigentes da revolução representavam melhor o povo que o próprio povo, pois eram os únicos detentores da verdade conferida à ciência materialista-histórica, enquanto as eleições davam lugar a revisionismos condenados *a priori*.[72]

Internamente, o regime bolchevique se valia de um nacionalismo semelhante ao dos antigos convencionais franceses, apresentando a Rússia soviética como uma fortaleza assediada pelas forças mundiais da reação. Em nome do direito militar, Trotski mandava fuzilar os opositores, equiparados a agentes do exterior e traidores da Nação em armas. A "anempatia" dos massacres encontrava sua justificativa no historicismo. Ao romperem as resistências por um terror tomado de empréstimo à Revolução Francesa, mas levado a uma escala mais ampla e a uma intensidade mais radical,[73] os bolcheviques se viam à frente de uma grande potência que não podia ser atacada por vizinhos exangues. Enfrentando apenas fragmentos do antigo exército que se mantiveram fiéis ao czarismo, eles dispunham de tempo suficiente para consolidar seu governo sobre as bases coloniais do Império Russo. Era até concebível levar adiante uma nova ambição imperial, pelo canal do "internacionalismo proletário". Se a revolução comunista obtivera êxito no terreno menos propício às lutas operárias, pois a Rússia estava economicamente atrasada em relação aos demais países da Europa, parecia evidentemente concebível onde o contexto se mostrasse favorável: os países industrializados mais desarticulados pela guerra, a saber, a Itália do norte e a Alemanha. Depois do Outubro Vermelho, o bolchevismo conquistou instantânea ascendência sobre o conjunto dos socialismos na Europa, provocando neles instantânea agitação e ameaça revolucionária direta.

O fascismo e o nazismo surgiram em resposta imediata a esse contágio, agregando as forças opostas ao comunismo, que eram, de longe, as mais numerosas, em programas nacionalistas de reordenamento cujo componente socialista fosse suficientemente afirmado para pregar uma peça na ideologia bolchevique.[74] De maneira semelhante ao fascismo italiano, o NSDAP propôs a sua contrarrevolução, prometendo resolver a questão social sem apropriação coletiva dos meios de produção e, sobretudo, sem a interferência da potência estrangeira soviética. O controle seria efetuado pela organização destinada à tomada do poder, o Partido, enquadrando a burocracia preexistente. Conquistar essa última era mais fácil que na Rússia, pois na Alemanha, como na Itália, o governo fora concedido sem golpe de estado ao líder que *ipso facto* se beneficiava da legitimidade da função pública. Em ambos os casos, depois de um período preparatório de participação na agitação, o assentimento das elites conservadoras e liberais oferecera a ferramenta administrativa que restava apenas reformar, ao preço de uma neutralização do Parlamento para adequá-lo à ideologia do regime, nacionalista, autoritária e racista na Alemanha, nacionalista, autoritária e corporativista na Itália.

Mas Hitler não apreciava muito a burocracia que herdara de Weimar. Preferia uma organização de tipo mais militar, como a do Partido, dispondo de um recrutamento mais popular e juvenil. Suas declarações eram recheadas de críticas recorrentes aos "burocratas" e de projetos para descentralizar a administração ou torná-la mais leve.[75] Mas nem por isso a burocracia deixava de ser a alavanca que permitia agir sobre toda a sociedade. Sua firme manipulação em direções inusitadas pressupunha simplesmente a criação paralela de forças de "segurança" inteiramente dedicadas ao regime, emanando diretamente dele e capazes de uma tomada de ação maciça e implacável. Himmler foi incumbido desse aspecto das coisas, com poderes pelo menos tão amplos quanto os de Felix Dzerjinski e seus sucessores, o que autorizava ações repressivas de amplo alcance.

A crítica de Hitler tanto à democracia como ao liberalismo era paradoxalmente a negação do indivíduo. Toda doutrina que separe a sociedade civil do povo em sua totalidade tem por efeito sujeitar o povo a interesses particulares ou "médios" e reprimir a expressão tanto do povo como do indivíduo: "[a democracia substitui] o valor do indivíduo pelo nivelamento de um conceito numérico. [... Ela é] a negação do valor do povo, a recusa de aceitar a diversidade das capacidades naturais, das realizações etc., dos povos individuais. [...] Internacionalismo e democracia são conceitos inseparáveis. É perfeitamente lógico que a democracia, que nega o valor especial do indivíduo no interior de um povo, colocando em seu lugar um valor genérico, numérico, proceda da mesma forma em relação à vida dos povos, degenerando então no internacionalismo. [...] Essa concepção, que constitui a base de todo o nosso corpo de pensamento internacional hoje em dia, tem consequências tão profundas que um negro acabará em condições de presidir as sessões da Sociedade das Nações; ela também leva necessariamente a essa outra consequência: no interior de um mesmo povo, da mesma maneira, todas as diferenças entre o valor dos membros individuais desse povo serão particularmente contestadas. Dessa maneira, é claro que toda capacidade especial existente e todos os valores de base de um povo podem, para todos os fins práticos, tornar-se ineficazes. [...] A grandeza de um povo não é a soma de todas as suas realizações, e sim, no fim das contas, a soma de suas realizações notáveis. Não devemos permitir que ninguém diga que a imagem originalmente veiculada pela cultura da humanidade é a impressão de uma realização global. Toda a estrutura da cultura, a partir dos alicerces e em cada um dos tijolos que a constituem, nada mais é que o resultado do talento criador, da realização da inteligência e da indústria dos indivíduos. [...] Mas isso significa naturalmente que, quando as mentes capazes de uma Nação — que sempre são uma minoria — recebem um valor igual ao de todos os outros, isso deve resultar em uma sujeição do gênio à maioria, processo equivocadamente chamado de reinado do povo. Não é o reinado do povo, mas, na verdade, o reinado da estupidez, da mediocridade, das meias-medidas, da covardia, da fraqueza e da inadequação. O reinado do povo implica que esse povo aceite ser governado e conduzido em todos os domínios da vida pelos indivíduos mais capazes que nasceram com essa missão, em vez de permitir que todos os domínios da vida sejam administrados por uma maioria que, pela própria natureza, é estranha a esses domínios."[76] Como a democracia reprime o indivíduo, o sistema nacional-socialista se propunha a gerir a Nação por meio de uma administração sob controle das elites biológicas, mas a serviço de "todos".

Uma vez adquirido o controle do aparelho administrativo, militar e policial por meio do Partido, um dos objetivos hitleristas era, assim, suprimir as classes sociais e transformar a sociedade em um contínuo no qual a carreira se faria exclusivamente pelo mérito, sem castas hereditárias, no interior de um organismo nacional que se comportava como uma única empresa coletiva, movida pelo *Führerprinzip*.

Na mente de Hitler, o socialismo do nacional-socialismo de modo algum era um fingimento, embora só tivesse oportunidade de funcionar em economia de guerra. Para ele, os liberais eram "plutocratas".[77] Os burgueses com os quais chegara a "flertar"[78] antes da tomada do poder só podiam, segundo ele, desempenhar papel marginal na Nova Ordem, que devia conferir o devido lugar aos operários e camponeses, obtendo, antes de mais nada, o seu apoio. Tratava-se de aplicar em nível nacional um plano de reindustrialização e remilitarização que garantisse emprego e renda aos operários para, em seguida, confiar essa missão aos recursos coloniais. A questão social seria resolvida, em base nacional, pela escravização daqueles que já tinham sido sujeitados a leste pelo coletivismo e à purificação racial da Nação.

A fusão do socialismo com o nacionalismo reconciliava, relativamente à questão social, os temas ideológicos até então opostos: aceitação do modelo da empresa privada, tratamento messiânico da pobreza, eliminação das classes, o Estado colocando a ferramenta burocrática sob controle do Partido, ao mesmo tempo nacionalista e socialista. O sistema atendia nominalmente ao objetivo declarado dos socialistas. Era compatível com a propriedade privada. O Partido único acabava de encontrar seus precedentes na Rússia e na Itália. O supremacismo racial havia muito encontrara os seus nos Estados Unidos e nas Índias britânicas.

Mas as práticas supremacistas, escravagistas e antissemitas não eram tão marginais e acessórias no sucesso desse socialismo. Assim como os antigos romanos tinham evitado cobrar impostos na metrópole, explorando as províncias, e assim como a prosperidade inglesa em parte repousava nas rendas do Raj,[79] a pilhagem das propriedades dos judeus e o saque dos países conquistados representaram a condição *sine qua non* para o financiamento do socialismo nazista.[80] Ao captar os capitais, os imóveis e os ativos de todos os tipos em poder de seus alvos, apropriando-se gratuitamente dos recursos das zonas invadidas, o nazismo obtinha os meios de um sistema fiscal leve e distributivo, mesmo durante o esforço de guerra, e da construção de um Estado previdenciário mais avançado que o de Roosevelt. Dessa maneira, seu socialismo concorreu tanto quanto o seu nacionalismo para o extermínio. O primeiro o justificava e permitia financiar o segundo.

CAPÍTULO 6

O Antagonismo[1]

6.1 Uma estrutura ideológica comum

Os componentes ideológicos identificados teriam algum outro ponto em comum, além de suas afinidades? A resposta é positiva, mas exige um esforço de linguagem, pois estamos despreparados para percebê-la. São todos eles *antagônicos*, não no sentido de terem adversários com os quais entram em contradição, o que, em geral, é o caso de toda tomada de posição, mas no sentido de que são estruturados pela oposição a homens. Toda ideia conduz ao debate contra outras ideias que são incompatíveis com ela e, de maneira mais geral, toda determinação é uma negação, como diz Spinoza. O que caracteriza especificamente a ideia antagônica é o fato de se constituir, não em vista de uma finalidade própria e um contraste natural com ideias concorrentes, mas em oposição proativa a grupos humanos que representam uma alteridade que ela pretende combater.[2]

Vejamos o caso do nacionalismo, que deriva a identidade social primária do indivíduo do fato de pertencer a um agrupamento humano considerado substancial e se comporta em rivalidade com todo agrupamento homólogo. Ainda que seja um imigrante recente, o nacionalista se considera filho de uma linhagem de cuja luta permanente deve participar. A rivalidade entre Nações assume uma modalidade primordialmente militar. As atividades por elas empreendidas em tempo de paz também se expressam em termos estratégicos, seja o caso de trocas econômicas, de influência cultural ou de competições esportivas. Ao contrário do membro de uma associação, o membro de uma Nação lhe deve mais do que dela recebe, a começar pela própria vida, sendo a Nação linguisticamente definida como aquilo que lhe deu nascimento. O reconhecimento dessa dívida vital contraída junto aos pais míticos ou àqueles que morreram em combate constitui a virtude do "patriotismo". Essa virtude é exercida materialmente nas guerras, que se tornam inevitáveis pela rivalidade entre Nações. E é exercida simbolicamente em tempo de paz por uma reverência ritualística em relação à bandeira e ao hino nacional. O tamanho da comunidade nacional quase sempre é considerado insuficiente se a extensão em foco for obtida por predação, e excessivo, quando resulta de uma fusão paritária com outras Nações. Territórios adicionais são buscados em geral, ainda que desérticos ou de manutenção onerosa, se reduzirem o campo de propagação das outras Nações. O nacionalismo veda qualquer forma de cooperação externa que não tenha como consequência aumentar a influência sobre outras Nações ou libertar-se de uma dominação. O ataque ou a defesa contra o outro, pelas vias civis ou militares, é sua razão de ser.

É fundamental entender que essa estrutura antagônica não é universal nas comunidades humanas, nascendo de uma desordem cognitiva que se instaura em situações históricas específicas. É natural construir projetos e lutar contra os obstáculos, entre os quais, com frequência, se encontram, naturalmente, outros homens. De modo algum, porém, é natural fixar suas intenções em oposição primordial a alguém. Pode-se desejar construir uma casa por outros motivos que não privar os vizinhos da paisagem ou causar-lhes inveja. Da mesma forma, pode-se combater ativamente os assaltos sem visar primordialmente a uma parte da população, ainda que considerada tendente a cometer roubos; pois é razoável identificar os atos que se pretendam evitar associando-os aos indivíduos que os cometem, em vez de designar grupos indefinidos como seus responsáveis.[3] O combate militar ou a resistência armada contra um invasor tampouco têm a ver necessariamente com o Antagonismo.

O Antagonismo não se desdobra em simples ampliação do egoísmo infantil, da preferência familiar ou do chauvinismo local, como afirma o nacionalismo. Pelo contrário, as famílias tendem a se aglomerar naturalmente em aldeias para se beneficiar das mais amplas possibilidades de cooperação. As próprias aldeias, exceto em raras circunstâncias patológicas, não tentam eliminar-se umas às outras nem se apropriar de todas as maneiras possíveis dos ativos das outras aldeias. Diversos tipos de comunidades autônomas se agregaram historicamente em ligas, confederações ou vastas zonas de cooperação estreita, ainda que ao preço de sacrificar uma parte decisiva de sua independência. Exceto as Nações, que só consentem com o reagrupamento sob pressão estratégica imperiosa, preferindo, ainda assim, modos de cooperação aquém do ideal, desde que preservem sua soberania. Caso ocorra entre elas uma cooperação plena e inteira, a Nação como tal deixou de existir, não obstante os esforços contrários do nacionalismo.

Naturalmente, a Nação não é a única forma política belicista, mas o é mais que qualquer outra, pelo fato de não ser definida apenas por seu regime ou pelos que o controlam, mas pela identidade de sua população. Os impérios, como tais, não são obrigados a tomar como alvo povos estrangeiros pelo simples motivo de que sua identidade é diferente, sendo seu objetivo exclusivo controlar o espaço que atribuem a si mesmos. As realezas exercem sua rivalidade usando os recursos humanos a elas sujeitos, não sendo motivadas pela identidade desses recursos, que, até certo ponto, podem ser substituídos. Desse modo, podem mais facilmente contentar-se com compromissos limitados. As menores comunidades políticas, se não estiverem ao abrigo de tendências hegemônicas, não têm motivo particular de se manter em guerra contra suas vizinhas, sobretudo quando as populações falam a mesma língua, adotam as mesmas confissões, dispõem do mesmo regime e do mesmo nível de desenvolvimento e sabem ter uma longa história comum. Muitas vezes seus conflitos se restringem às questões mais objetivas, como o crescimento demográfico, o repentino desequilíbrio dos recursos ou o risco de alianças de algumas delas com potências imperiais perigosas.

Já a Nação é obrigada permanentemente a se identificar. É necessário que em tudo se diferencie por características nacionais, às vezes difíceis de descobrir ou inventar. Ela repousa em uma cultura da diferença que trabalha os elementos homogêneos para separá-los. As diferenças externas são ampliadas por relatos históricos opondo populações que, contudo, têm um passado em comum. As diferenças internas, em sentido inverso, são negadas por outros relatos que apagam a heterogeneidade dos elementos; e quando ela é por demais visível para ser negada, ocorre um processo de expurgo que assume a forma da expulsão ou da criação de castas, com vistas a conter o resíduo estrangeiro, pois o corpo da Nação deve constituir sozinho e inteiro o corpo político que a comanda.

A integridade do corpo da Nação exige identificação biológica e defesa imunológica. O estrangeiro que ela não integrou suficientemente a seu gosto é encarado como um perigo constante de "quinta coluna" em proveito de outras Nações, o que, periodicamente, desencadeia reações autoimunes em que a Nação se destrói, por meio de guerras civis, perseguições, ostracismos ou toda sorte de aviltamento. Como já indiquei, a Nação admite, contudo, a filiação adotiva. Concede ao imigrante o privilégio de se incorporar biologicamente, desde que se conforme mais perfeitamente com seus outros elementos à imagem identitária que a Nação tem de si mesma, exigindo dele em especial um patriotismo irretocável e uma participação ativa no esforço nacionalista.

Esse mimetismo interno vem somar-se a um mimetismo externo paradoxal. Sendo toda Nação uma ameaça para o restante do mundo, em virtude de sua estrutura antagônica, tende a provocar mecanicamente outras fusões nacionais, que, por sua vez, fortalecem os Antagonismos. A hostilidade de cada Nação obriga as comunidades políticas externas a se prevenirem mediante a aquisição de sistemas de armas compatíveis, levando à adoção de modos de produção análogos e, aos poucos, de formas de pensamento e organização social semelhantes. Desse modo, os opostos acabam por se acomodar com a finalidade única de se combater. Dessa maneira, não só a Nação vive do Antagonismo, como o nacionalismo assegura sua difusão circular melhor que qualquer outra ideologia.

É desnecessário frisar o caráter estritamente antagônico da supremacia racial, do antissemitismo, do escravagismo, do terrorismo de Estado, do "anempatismo", do acivilismo, do militarismo, do eugenismo, que pode ser percebido ao primeiro olhar. Pouco mais difícil de perceber é o do juvenilismo, estabelecendo uma oposição entre categorias de idades; do historicismo, opondo destinos condenados a destinos prometidos; do populismo, opondo classes sociais, em vez de promover sua cooperação; do colonialismo, opondo um modelo universal de desenvolvimento às diversas populações a serem submetidas; do propagandismo, impondo sem contemplação ideias justas aos adeptos das ideias ruins, independentemente das regras da discussão crítica; do positivismo jurídico, opondo a vontade de uma maioria ou de uma autoridade legítima à das minorias, ao afastar a existência de toda norma de equilíbrio mais profunda; do autoritarismo, opondo a competência dos dirigentes ao caráter informe da mentalidade dos dirigidos; do messianismo, dotado por sua transcendência de uma autoridade *a priori* contra as divagações do debate natural; ou do burocratismo, que se opõe à retroação dos administrados e subalternos. Existem outras formas de Antagonismo não relacionadas aqui, porque considero que não foram determinantes para o nazismo.[4] Em qualquer dos casos, é o outro representado por um grupo que é visado, e não a coisa.

Ora, se o Antagonismo é comum a todos os componentes das ideologias dominantes no Ocidente, coloca-se a questão de saber por que o extermínio ocorreu na Alemanha e não nos outros países que, em grande medida, as compartilhavam — por exemplo, na União Soviética, na França, na Suíça ou na Austrália. A hipótese levantada não seria tão genérica que privaria a análise de qualquer pertinência?

Todos os componentes enumerados implicam o Antagonismo, mas a recíproca não é verdadeira: o Antagonismo não implica a supremacia racial, que, por sua vez, não implica o antissemitismo, o qual, por sua vez, não implica o extermínio. Uma pessoa não antissemita, e mesmo militante contra o antissemitismo, pode praticar um supremacismo racial virulento, e um antissemita fanático pode, em sentido inverso, opor-se categoricamente ao extermínio, em função dos demais componentes de sua ideologia. O extermínio é, sem dúvida, multifatorial, embora tenha origem inteiramente ideológica.[5]

Devemos ter sempre em mente que os componentes geram efeitos distintos em função das combinações. Na Rússia soviética, o supremacismo racial, o eugenismo e o nacionalismo estavam presentes de forma atenuada. O Antagonismo se fixa, de preferência, no populismo, por sua vez hipertrofiado, pelo contrário, a ponto de levar ao extermínio de classes e grupos sociais inteiros. A figura imperial herdada do czarismo era estruturada por um colonialismo interno, quase único na Europa, e não por um nacionalismo propriamente dito (a União Soviética se pretendia composta por Nações diferentes, à frente das quais estava um georgiano). Em momento algum se pretendeu purificar uma "raça russa" de seus elementos, por exemplo, asiáticos. O antissemitismo tradicional, embora fosse retomado pelo regime por motivos de equilíbrio político interior dos meios dirigentes, não era um elemento da propaganda. Em outras palavras, a ideologia soviética, por mais antagônica que fosse, não convidava, nem mesmo autorizava, o regime a investir energia considerável no extermínio de judeus ou ciganos. Ele podia se dedicar a seus próprios massacres. *Mutatis mutandis*, o mesmo se aplica aos muitos países em que o antiparlamentarismo era minoritário ou nos quais o terrorismo de Estado para uso interno estava proscrito. Quanto às potências do Eixo, exceto a Alemanha e a Romênia, elas eram mais debilmente antissemitas.[6] Da mesma forma, vimos que os Estados Unidos estavam precavidos contra um Partido único, que é indispensável para a realização do nazismo, sem estarem imunes a seus elementos ideológicos mais característicos. Apenas a configuração nazista, tal como se havia constituído na Alemanha, era plenamente adequada aos acontecimentos que se verificaram.

Uma vez reconhecida a combinação, somente os historiadores estão em condições de observar o desenrolar do processo para indicar em que momento os componentes individuais se tornaram preponderantes nos diversos grupos de atores e em quais deles permaneceram minoritários. Seria interessante, em especial, conhecer sua propagação nas administrações ou entre os diferentes grupos de vítimas, pois é certo, segundo a hipótese, que a maioria das vítimas, que eram, por sua vez, de educação ocidental e suficientemente repartidas na sociedade, participava dessas ideologias em várias dimensões. É importante discernir o caráter antagônico comum a esses componentes, a fim de descobrir um método geral que eventualmente permita inibi-los juntos. Mas não é menos importante eximir-se de reduzi-los a isso. O Antagonismo seria um conceito amplo demais para determinar o nazismo. A própria aplicação das categorias é insuficiente. A fim de proceder de maneira adequada, é necessário entrar nos detalhes dos grupos e dos agentes individuais quando são dirigentes ou executam tarefas especialmente importantes. Uma vez adquirida localmente uma visão de suas maneiras de pensar, nas diferentes fases, vamos dispor de um modelo explicativo digno do nome.

Se verificássemos que os eventos não poderiam se passar dessa maneira, que os atores-chaves tinham outros modos bem divergentes de raciocinar e teriam agido de maneira distinta caso se tivessem defrontado com as mesmas circunstâncias munidos das lógicas e dos valores a eles atribuídos por nossa hipótese, teríamos então de rejeitá-la e encontrar outra melhor. Mas não é o caso atualmente. O nazismo e o Grande Extermínio são entendidos como tendo sido produzidos por uma matriz ideológica que se combinava em função de determinantes históricos dependentes do equilíbrio ideológico. Sua inteligibilidade em nada diminui o horror vivido nem, felizmente, a relativa exceção que ele representou.

Por outro lado, não podemos concluir daí que os acontecimentos derivavam mecanicamente da matriz e de sua combinação ou que já estavam pré-formados no cérebro dos dirigentes. Nem os cérebros humanos nem os fatos históricos funcionam dessa maneira. As ideias mais estabelecidas evoluem, se adaptam, desdobram-se em determinadas direções, e não em outras, sob o efeito de fatores externos. Acontece que os fatores externos mais teimosos não são as pedras e o clima, mas os pensamentos dos outros homens. Até mesmo o ditador estava submetido a eles e não podia se livrar. Essa interação é o motor do curso das coisas e pertence ao modelo.

6.2 Da responsabilidade

Chegando ao fim desta primeira parte dedicada à ideologia do extermínio, a questão da responsabilidade pode voltar a ser formulada e agora de maneira direta. Se reconhecemos que a ideologia de fato é responsável pelos acontecimentos, o que dizer da responsabilidade das pessoas?

A ideologia nazista é a matriz que gera os modelos políticos do mundo das diferentes pessoas envolvidas. Ela se constituiu pela recombinação dos componentes que existiam antes do nazismo, que já se haviam combinado de maneiras diversas e eram dominantes nos territórios ocidentais, antes de se disseminarem pelo planeta. Esses componentes não representam a totalidade da cultura ocidental. Ela também contém temáticas opostas que, por uma simplificação, vêm a ser agrupadas sob o conceito de humanismo.

Um modelo do mundo[7] é um sistema de representação que indica à pessoa que o executa de que maneira convém interpretar as informações que ela recebe e se comportar nesse ou naquele tipo de circunstância. Essa abordagem não distingue entre a vontade e a representação: o que eu quero fazer é aquilo que eu julgo conveniente fazer de acordo com o meu modelo.[8]

No caso do pensamento humano, é razoável esperar que o modelo seja tão complexo que jamais seria possível apreendê-lo em sua totalidade. No máximo, podemos ter uma ideia a esse respeito. É verdade que boa parte de sua complexidade decorre do fato de o código referir-se a si mesmo, entre outros mecanismos, tendo como efeito fazê-lo permanentemente evoluir. Ele contém procedimentos do tipo "será que estou certo em ver as coisas assim ou em me encarar dessa maneira?", que só vão encontrar sua resolução na interação com os outros. É o que chamei, em outro contexto, de *especularidade*.[9]

No entanto, se atribuo a responsabilidade ao modelo e ao código, que sentido haveria em acusar também o executante do código? Como não há dicotomia entre a vontade e a representação, parece que o executante não tem escolha. Dessa maneira, não seríamos levados a afirmar: "Hitler é apenas vítima de um distúrbio cognitivo, alguém que estava sujeito ao código nazista ou em quem o código nazista foi primeiro sintetizado?" Nesse caso, qual é sua responsabilidade no extermínio de milhões de pessoas, já que se teria limitado a executar o código que trazia em si ou com o qual se identificava? E o mesmo não se aplicaria a todos os outros atores do extermínio?

Felizmente, essa chocante conclusão não é boa. Cabe, antes de qualquer coisa, contemplar a responsabilidade penal. O direito em geral reconhece que eu sou responsável por meus atos: se atirar um vaso de flores pela janela, com ou sem a intenção de matar alguém, terei de arcar com as consequências. Ele imediatamente leva em conta a intenção, portanto, o modelo do mundo que me levou a isso, pois não é em absoluto a mesma coisa deixar um vaso cair por acidente, quando minha única intenção era regar a planta, e ter desejado derrubá-lo. Em qualquer dos casos estará envolvida a minha responsabilidade, mas não da mesma maneira. O direito se mostra ainda mais sutil ao distinguir o ato acidental do ato imprudente, e este do ato com objetivo homicida. Em cada um dos casos, minha responsabilidade será diferente. O direito leva em conta o meu modelo do mundo para determinar a intenção e o objetivo. Quanto mais o meu ato estiver em consonância com meu modelo do mundo, menos será acidental e maior será a minha responsabilidade. E, quanto mais o modelo produzir estruturalmente objetivos maléficos, mais pesada será a qualificação: se meu ato foi premeditado, ou seja, se foi filtrado mais completamente pelo meu modelo, é considerado mais grave do que se for fruto de um impulso transitório do momento. Isso significa que, do ponto de vista jurídico, somos responsáveis por nosso modelo do mundo, na medida em que ele produza atos que tenham consequências. Mas o direito aceita integrar como atenuante as condições de formação do modelo, se forem anormais — por exemplo, minha infância infeliz ou a educação que recebi. Reconhece, por fim, que uma disfunção do modelo é possível em caráter temporário ou definitivo, sendo essa a teoria da "demência", conceito apreendido muito subjetivamente. Hitler pode ser penalmente condenado; portanto, não só apesar do seu modelo do mundo, mas por causa dele, exceto se tivesse sido considerado incapaz de funcionar mentalmente. De resto, sua infância não foi particularmente infeliz, nem sua educação muito distinta da educação de milhões de outras pessoas.

Nada disso implica que eu disponha de uma vontade independente do modelo, de um "livre-arbítrio" incondicionado que contemplaria o modelo do exterior e viesse a fazer escolhas que, de alguma maneira, não fossem determinadas por qualquer de minhas ideias, de meus conceitos, de meus hábitos de pensamento. Nosso modelo do mundo é considerado indissociável de nossa pessoa e de nossa identidade; e, em geral, supomos que, se um acidente subitamente nos tivesse privado do nosso modelo do mundo, substituindo-o por outro radicalmente diferente, não seríamos mais a mesma pessoa.

A conclusão é corroborada se dermos prosseguimento à análise do que é um modelo do mundo, com o objetivo de abordar a responsabilidade moral. Pois o direito trata apenas de uma pequena parte da responsabilidade, aquela que está diretamente ligada aos fatos reais e à sua cadeia de comando, afastando, *a priori*, a culpa das outras pessoas que apenas tenham exercido uma influência, ainda que muito importante, sobre os responsáveis. De tal maneira que Madison Grant, por exemplo, não teria sido inculpado, mas convocado como testemunha, caso tivesse vivido até o julgamento.

Ainda que o modelo do mundo de um ser humano funcione como uma máquina de tratar a informação,[10] nem por isso pode ser considerado determinista. Suas regras, com muita frequência, geram estados de indecisão, especialmente quando a situação é radicalmente nova. A questão passa então de um módulo de tratamento de certo tipo, por exemplo, emocional, a outro, de tipo racional, até encontrar uma resposta, por meio de circuitos eventualmente complicados. Ainda não estamos lidando com um "livre--arbítrio" incondicionado. A arbitragem, inclusive, se torna cada vez mais sujeita a tratamentos intensos, quando a indecisão perdura.

Como último recurso, existe uma instância suprema de regulação, que consiste, nos casos mais difíceis, naqueles que questionam toda a nossa identidade, em recorrer a um princípio geral.[11] Pode ser até mesmo o caso mais frequente, um princípio inteiramente metafísico, como a compaixão e o amor ao próximo ou, em sentido inverso, a honra e a vontade de poder.

Essa instância é o senso moral. O senso moral é interno ao nosso modelo de mundo, como todos os demais módulos que efetuam seus tratamentos, mas, em última análise, é ele que determina mais profundamente nossa pessoa e seu maior ou menor grau de universalização. É por meio dele que, no fim das contas, somos mais nós mesmos. Ele é a nossa "alma", no mesmo sentido em que falamos da "alma de um violino", pela qual transita a vibração de todas as cordas, e também no sentido em que o pensamento helênico fala de *psyché*, por meio da qual todo o nosso sistema físico e mental se unifica em algo que tem um sentido. Ele não é a alma no sentido de um vapor flutuando acima das coisas e habitando um corpo que lhe fosse externo.

Sem dúvida, o senso moral nos permite fazer julgamentos sobre os outros, constatando, por exemplo, que falhou em um número muito maior de pessoas que o daquelas que têm alguma responsabilidade penal no nazismo. Mas ele está em melhores condições — sendo essa, na verdade, sua função primária — de fazer julgamentos sobre si mesmo. Somos responsáveis não só por nós mesmos, mas também pelo impacto que causamos sobre o modelo e o comportamento alheio. Aquilo que somos — portanto, no fim das contas, o que é nosso modelo de mundo — aos poucos vai influenciando todos os outros homens, incluídos os nossos adversários. Dessa maneira, afinal bastante precisa, cada um é responsável por todos os outros homens.

Essa é a nossa responsabilidade pessoal em relação ao nazismo, ainda que estejamos entre as suas vítimas. Essa conclusão nos indica diretamente nosso dever mais urgente: colocarmo-nos em posição de afastar em nós aquilo que ainda é comum a ele.

SEGUNDA PARTE

SAIR DA IDEOLOGIA DO EXTERMÍNIO

CAPÍTULO 7

Terapias cognitivas

7.1 Das universalidades do Ocidente

Teria cabimento limitar-se à análise histórica das origens do nazismo sem buscar um caminho para combater suas sequelas? Poderia parecer que, tendo surgido nos territórios ocidentais muitos dos males que foram analisados,[1] deveria buscar-se uma alternativa fora deles. E isso enfrentaria várias objeções. A primeira é que os componentes ideológicos mencionados não constituem todo o conjunto das ideologias ocidentais, embora tenham sido dominantes por muito tempo e pelo menos parcialmente ainda o sejam. A cultura europeia e a americana contêm múltiplas tradições, laicas ou religiosas, que visam promover a paz e a generosidade entre os homens, e nem sempre ou necessariamente se converteram em seu oposto. A segunda é que, em seu conjunto, os mundos estranhos ao Ocidente não se destacaram historicamente como oferecendo uma saída inteiramente distinta e claramente mais humana, com a exceção principal da ética chinesa da guerra.[2] Houve até quem censurasse o budismo, incontestavelmente um dos caminhos mais suaves, por uma ataraxia e uma indiferença excessivas, que o tornam inadequado para aliviar flagrantes injustiças.

A terceira objeção é que, hoje em dia, a ideologia ocidental ocupa amplamente o espaço do pensamento, até mesmo nas regiões em que os Estados ocidentais encontram a maioria de seus adversários. Atualmente, todos os nossos contemporâneos dependem, em algum grau, de suas categorias. Mesmo quando alguns se expressam em línguas que provêm de outros países, preservando a frágil possibilidade de outros modos de ver as coisas, seus conceitos relativos à vida social e política se ocidentalizaram em toda parte e em uma proporção significativa. Sem dúvida, caberia dizer que as oposições atualmente mais fortes ao Ocidente ocorrem nos termos introduzidos por suas próprias populações, com uniformes calcados nos seus, com armas e métodos de propaganda inaugurados por elas ou princípios estatais e nacionalistas nelas germinados.

Isso, certamente, não implica nenhum mérito *a priori* em relação aos valores diferentes anteriormente cultivados em outras regiões, mas significa, em compensação, que toda tentativa de se livrar deles parcialmente deve proceder hoje em dia, para o melhor e para o pior, do contexto de pensamento comum que herdamos voluntária ou involuntariamente. Não está excluída a hipótese de que propostas exógenas venham a se manifestar ou a se renovar de modo suficiente, mas sua contribuição ainda não é conhecida.

Libertar-se dos componentes ideológicos dominantes sem rejeitar em bloco sua matriz é uma operação permitida no Ocidente, embora não fosse destituída de riscos muito altos em certas épocas. Trata-se de uma característica que contribui para suas tradições, mas que não é destituída de ambivalência. Se estiver cercada de precaução suficiente, a crítica pública é admitida, pelo menos em tese. Sua ideologia tolera a inovação, e mesmo a exige, de maneira às vezes perversa. Seus momentos mais homicidas foram pensados como revoluções, e os ídolos de seus conservadorismos eram todos revolucionários. Da mesma forma, é estreita a passagem entre a necessidade de mudanças importantes e as violências que acarretam. Antagonismo chama Antagonismo, e nada lhe agrada mais que um adversário declarado que ele possa aniquilar para início de conversa no plano das ideias e depois no plano material. Enfrentar o Antagonismo dominante com métodos antagônicos é um combate perdido por antecipação.

Poderia, então, parecer que o caminho a ser tomado seja o de uma luta positiva em favor da parte não antagônica da nebulosa ideologia existente. A dificuldade aqui é que essa parte não é constituída por uma doutrina da qual fosse possível apropriar-se como de um produto pronto para uso. Usei várias vezes a palavra "humanismo", sem por isso dar a entender que existisse de forma compacta, permitindo sua discussão ou análise como um todo. A rigor, o humanismo é menos real quando sua própria denominação pode ser questionada.

Depois dos horrores de um século de ferro que não parece superado por nenhum outro em desumanidade, certos pensadores se perguntaram se o próprio humanismo não seria a verdadeira causa das desgraças. Não teria sido certa ideia do Homem surgida no Renascimento uma abstração arrogante que deu origem a um Moloch seguro de si e querendo ver sacrificados, em seu próprio culto, pequenos homens muito mais reais que, no fundo, nada tinham em comum com ele?[3] Esses pensadores "pós-modernos" foram escavar os alicerces mais antigos da metafísica europeia para mostrar quanto ela se prestava à interpretação monstruosa que dela fora oferecida; e que se insinuara nos mais estreitos meandros dos hábitos sociais para exercer sua violência.[4] Eles não voltaram de mãos vazias, pois de fato, por trás dessa imagem por demais luminosa e pura do Homem, se escondia, com frequência, a vontade de poder de certos homens sobre todos os demais, homens que tinham abatido os deuses antigos para ocupar o seu lugar com raiva e que representavam apenas uma parte da humanidade, talvez a mais sombria. Nossos bem-intencionados pensadores tentaram, então, abater o Homem. Mas seu tiro impreciso acabou por ferir também a ideia humanista, e alguns deles, por sua vez, se associaram a causas cujas modalidades, em diversas ocasiões, não eram muito distintas daquelas que denunciavam.[5]

Se ainda pode haver algum humanismo, não seria, naturalmente, o de Madison Grant, nem o da realidade cínica da política das potências; tampouco o dos filantropos empenhados em disseminar pelo mundo os valores antagônicos ou dos filósofos tão sem esperança no homem que acabam apoiando lutas antagônicas contra o Antagonismo, assim o reforçando. Só pode ser o humanismo dos pequenos homens, que querem apenas viver sem impedir ninguém de viver e gostariam de ser dignos sem destruir nem matar.

Esse humanismo está disposto na tradição de algumas credenciais, muito embora elas também não estejam isentas de ambiguidade. Advogado formado na escola britânica, tendo começado sua carreira nas colônias da África para, em seguida, enveredar pela política, Gandhi tinha descoberto um método para dobrar o Antagonismo ocidental e obrigar a Grã-Bretanha, que tinha na Índia sua menina dos olhos e teria combatido encarniçadamente qualquer exército hostil, mobilizando toda a sua superioridade militar com implacável determinação, a se retirar praticamente sem dar um tiro. A não violência era o sistema que esse intelectual de excelente família, transformado em faquir seminu, encontrou para fazer a violência ceder. Ele havia compreendido que o Ocidente, mesmo em seus componentes mais dominadores, não gostava de ser considerado mau. Adolf Hitler, que tinha seus livros, mostrava por ele certa consideração. Embora não tivesse considerado o método eficaz contra os bolcheviques, reconhecera em Gandhi algo em comum com ele: dizia que ambos eram os dois grandes líderes nacionalistas de sua época. Gandhi havia combatido o Antagonismo com armas não antagônicas,[6] e com um objetivo, apesar de tudo, antagônico. A Índia não violenta se tornou uma potência intensamente nacionalista, dotada de arma nuclear.

O procedimento não era completamente novo, pois fora tomado de empréstimo à própria religião do colonizador. Os mártires cristãos enfrentavam um império conhecido por sua dureza com as oposições e habituado a quebrá-las recorrendo, se necessário, a meios "anempáticos" e "acivis". A utilização de feras contra rebeldes puramente religiosos era uma forma caracterizada de terrorismo de Estado: eles eram mortos uns após os outros da maneira mais espetacular e cruel possível até que acabassem cedendo. A surpresa foi que, não contentes em continuar sempre resistindo, eles próprios passaram a exigir mais perseguição. Um único grupo poderia ter passado por um conjunto de dementes e fanáticos, mas não um número aparentemente ilimitado, que aumentava na proporção da violência usada para esmagá-lo. O império paradigmático do Ocidente descobriu que se defrontava com uma força invencível, pois não antagônica. A força militar que constituía seu principal motivo de orgulho se tornara, para ele, objeto de vergonha, sentimento que nenhuma entidade dominante no Ocidente jamais suportou sentir por muito tempo.[7] Logo ele começou a se perguntar como apropriar-se dessa força. E foi o que fez, porém a desvirtuando quase instantaneamente, com grande sucesso, a serviço de seus próprios objetivos antagônicos que não haviam mudado. A Europa cristã progressivamente se tornou a senhora do mundo, convertendo em seus valores aqueles mesmos que havia combatido, a começar pelos guerreiros germânicos.

Os Estados Unidos não se retiraram do Vietnã depois de uma derrota militar. Sofreram uma derrota militar porque estavam se retirando; e o faziam sob pressão das imagens de atrocidades às quais se haviam associado e que lhes eram exibidas por seus próprios meios de comunicação. Se fossem imagens de exércitos estruturados cometendo massacres, a juventude americana poderia contemplar a perspectiva de combatê-los, mas em hipótese alguma quando se tratava de mulheres, crianças ou monges desarmados. A maior potência do mundo — ou pelo menos sua juventude — sentia vergonha. O que nenhuma força antagônica, nem a União Soviética nem a China juntas, seria capaz de lhe impor, ela impunha a si mesma.

Com base nesses precedentes, adversários de Israel, convencidos de não poder alcançar seus fins pela luta militar clássica, optaram por recorrer também ao método do mártir. Mas, em vez de se ater a uma forma não antagônica capaz de envergonhar aqueles que os dominavam, como no caso de crianças atirando pedras em tanques, empreenderam ações camicases, sem levar em conta quanto a ideologia ocidental as considera bárbaras, sobretudo quando são "acivis" e adotam como vetor principal mulheres ou crianças sacrificadas por terceiros. Longe de reduzir o Antagonismo, essa estratégia constantemente o estimulava. A força e a fraqueza do Antagonismo repousam juntas na busca do poder e da honra, cuja perda gera vergonha. Ele não se deixa dobrar por uma força menor, nem pela desonra do adversário.

Se as análises propostas estão corretas, cabe extrair a conclusão de que a única maneira de se libertar da ideologia antagônica é recorrer ao Não Antagonismo, eximindo-se de colocá-lo prontamente a serviço de objetivos antagônicos. O fato de que semelhante projeto não esteja *a priori* fadado ao sentimentalismo do pensamento e a um comportamento servil já apresenta alguns indícios no alcance de seus êxitos toda vez que foi tentado. Não dispomos, contudo, de nenhuma experiência de não Antagonismo que não tenha acabado por se colocar a serviço de um Antagonismo.

Mas o fato é que, se é possível conceber um humanismo autêntico, ele não poderia, naturalmente, adequar-se à vontade de poder, que consiste, para certos homens, em dominar outros em nome de um conceito do Homem que seja reflexo daqueles que o enunciam ou de um senso da honra cujo objetivo seja elevar-se acima dos outros homens. Seus valores antes correspondem à ampliação da comunidade inter-humana, tradicionalmente expressa como "compaixão" ou "amor ao próximo".[8] Pode eventualmente disseminar-se usando a honra para dobrar a força, ou, melhor ainda, tentando converter a vontade de poder em universalização não antagônica, e a busca da honra, em busca de uma dignidade compartilhada.

O problema é que já não acreditamos mais em intenções declarativas. Os mais ingênuos sabem perfeitamente que as formulações inocentes com facilidade dissimulam sonhos sem alcance ou projetos sectários. Sem um método válido que proteja ao mesmo tempo de uma volta ao Antagonismo e da inação, é preferível calar-se. Que risco correríamos se tentássemos encontrá-lo?

7.2 A carta

> *Não farás o Homem à tua própria imagem.*
> *Combaterás as ações adversas, e não seus autores, e não designarás nenhum grupo como teu adversário, sem poder individualizar seus membros.*
> *Agirás sobre ti mesmo para agir sobre a sociedade, antes pelo teu comportamento que pelo teu discurso, sem nela combater nada que já não tenhas combatido em ti mesmo.*
> *Pertencerás a várias comunidades ao mesmo tempo.*
> *Permitirás que os outros se expressem na primeira pessoa do singular.*
> *Aprenderás a conhecer aquele que se opõe a ti melhor do que ele próprio se conhece, assim como as ideias e a história que compartilham.*
> *Cuidarás de ampliar a comunidade humana.*
> *Evitarás ter de agir na urgência.*

Essas são regras esqueléticas e sem brilho. Simples e ingênuas. Poderiam ser formuladas de maneira muito melhor. Mas sua aplicação acarretaria a total derrubada do Antagonismo. Não sei se alguém, diante da guerra ou da dominação, jamais chegou a observar tais princípios, e se alguém algum dia será capaz de fazê-lo. Eles não exigem o pacifismo, muito menos a passividade. Mas são de natureza apta a destruir as fontes do nazismo e dos malefícios aparentados. A respeito disso, talvez não tenham concorrência.

Nem é preciso dizer que o humanismo, supondo-se que tais formulações lhe convenham, não pode resolver sozinho todos os problemas enfrentados pelos homens. Mas considero necessário situá-lo em primeiro lugar, condicionando todo esforço político, econômico, intelectual ou social que viéssemos a fazer ao respeito às suas regras. Não se trata de "liberdades formais" que servissem para encobrir a ausência de "liberdades reais". Elas constituem as primeiras liberdades efetivamente reais sem representar o seu todo.

As realidades do século de ferro, a ausência de pacificação depois de suas guerras mundiais, coloniais, "de civilização", assim como o descalabro dos valores de liberdade, igualdade e fraternidade prometidos no século XVIII, desmoralizaram muitos de nós. Daria para ficar por muito menos.

Mas eis que os desmoralizados se tornaram moralizadores. Não querendo admitir que aquilo que lamentamos tem por origem comportamentos e pensamentos que ainda são os nossos, pintamos a nós mesmos como distribuidores de lições. Denunciamos nos outros a presença bem real daquilo que trazemos em nós. Em vez de agirmos, condenamos os "atos odiosos" — é a expressão consagrada — cometidos pelos outros. Denúncia e condenação praticamente se transformaram nas principais modalidades da ação política. Nossos governos publicam sucessivos comunicados por meio dos quais denunciam "firmemente" os atentados, as guerras, as tomadas de posição de seus adversários. Nossos parlamentos passam um tempo considerável votando propostas que deploram ou condenam fatos ocorridos em outros lugares ou no mais profundo da História. Um dia vão acabar denunciando os hunos. E, por sinal, o infame ataque *ad hominem*, panfletário ou suspeito é, hoje em dia, a forma mais habitual de filosofar, sendo o método para debater coisas acusar alguém.

Tornamo-nos seres bem pensantes que oscilam entre a imprecação e o arrependimento para nos abstrair do mal que nos assusta e da realização do bem que poderíamos fazer. Ser moralizador nada mais é que isto: atribuir a alguém a tarefa de fazer aquilo que não fazemos. A questão não é saber onde encontrar a moral, na razão pura, na religião ou no sentimento do coração. A moralidade é uma água que facilmente se encontra quando se começa a cavar e à qual se tem acesso qualquer que seja o ângulo de perfuração. A dificuldade reside em não se equivocar no seu uso. Ela pode ser facilmente confundida com prescrições que indicam o que os outros precisam fazer. Só que não é nada disso. A moral, como o humor, é um ato sobre si mesmo.[9] É legítimo, e até mesmo desejável, convocar reforços, pois as coisas são bem-feitas sobretudo coletivamente, e algumas são impossíveis isoladamente. Mas seria vão, ou sobretudo imoral, reduzi-la a regras que não sejam aplicadas primeiro que tudo a si mesmo.

O Antagonismo negligencia o impacto da ação sobre si mesmo na formação dos modelos sociais; portanto, sobre o próprio mundo. Ele tem conhecimento do interesse de preparar, em caráter privado, seus discursos públicos para melhor projetá-los no espaço público, mas ignora que esse espaço resulta da comunicação entre modelos íntimos, uma comunicação que não se faz de maneira exclusivamente discursiva nem unicamente a respeito dos termos da confrontação.

O fundamental é que cada um adquira e regule sua própria compreensão do mundo. Ora, essa compreensão não é mimética, mas especular. Não nos limitamos a imitar aqueles que nos cercam ou suas ideias. Antes de tudo, perguntamo-nos de que maneira os outros ao nosso redor, sejam nossos aliados ou adversários, enxergam as coisas; como chegaram a ver corretamente ou a se enganar; de que maneira nós mesmos poderíamos ver as coisas corretamente a seu respeito e a respeito de sua maneira de ver as coisas. Levamos em conta aqueles que nos são próximos porque interagimos mais com eles, mas também levamos em conta os que estão distantes de nós e de nossas ideias, pois podem ser os mais perigosos. E todos fazem o mesmo a nosso respeito. Dessa maneira, nossa influência maior não decorre de nossos esforços para convencer os outros de nossa opinião correta de ver as coisas ou para transmitir-lhes ideias que, segundo eles, poderiam ser enganosas. Basta que eles constatem que existe outra forma viável de ver as coisas, que, de qualquer maneira, lhes seria útil levar em consideração. Dessa maneira é que cada um de nós, queira ou não, chega a influenciar as demais pessoas, que, de modo algum, estariam dispostas a nos ouvir e se afirmam nossas adversárias.

São pouquíssimas as chances de convencer um racista por meio de um discurso a deixar de sê-lo. Ainda que o informemos de que Puchkin e Alexandre Dumas, ambos grandes escritores segundo ele próprio sabe ou ouviu dizer, não se encaixam em seus critérios de "brancura", será a seus olhos muito fácil afirmar que se trata de exceções. E se tentarmos explicar que sua reação não é razoável — não sendo, nem de longe, evidente que a epiderme tenha a menor pertinência em matéria de cultura, vontade e inteligência —, ele em geral se limitará a nos acrescentar à lista de seus adversários, reforçando a intensidade de sua convicção. Se, pelo contrário, fizermos o exercício de verificar adequadamente que nosso próprio modelo do mundo, nossas ideias, nossos sentimentos e nossa linguagem não estão contaminados pelo racismo — e, se estiverem um só pouquinho, de nos convencer a retificá-los —, ainda que imperfeitamente, teremos aumentado a parte não racista do modelo de todos os homens, introduzindo alguma perturbação, ainda que mínima, àqueles que o promovem.

Isso não significa que devêssemos prestar uma homenagem exterior a formulações consideradas "politicamente corretas", compatíveis com a condescendência, e sim trabalhar para não conceber interiormente o mundo como se fosse segmentado em raças, até mesmo em nossas pesquisas históricas, o que é muito mais difícil e, de resto, que eu saiba, praticamente nunca foi feito. Ainda estou para ler uma história da Eurásia que abra espaço para as misturas realmente espantosas entre as comunidades culturais, linguísticas, políticas e étnicas que há milênios atravessaram o imenso continente nos dois sentidos sem se limitarem apenas ao folclore da "rota da seda". Ainda estou para ler uma simples história da Europa que não comece por retraçar a origem de suas fronteiras nacionais.[10] O que bem pode se dizer do que ainda está por ser feito, sem ser apenas verbal. Trata-se de disponibilizar uma opção intelectual aceitável da qual muitos nem tinham ideia, mas que pode revolucionar o mundo, revolucionando, antes de qualquer coisa, a visão que dele herdamos.

São menores ainda as chances de levar um nacionalista a não extrair sua identidade da Nação em cuja existência acredita. Mas, ainda assim, é possível demonstrar-lhe que somos capazes de viver no mesmo país que o seu, de servir à comunidade ou às comunidades que nele vivem, de nos comportar de maneira civil e produtiva, de defender, se necessário, suas fronteiras ou sua constituição sem nos referir a uma entidade que, para nós, só tem existência imaginária e consolida a oposição a outras comunidades com as quais teríamos interesse em nos entender, sem por isso nos submeter à sua vontade. Buscar para si mesmo, com a necessária discrição, modos de cooperação que ofereçam uma real alternativa ao Caribe do nacionalismo e ao Cila de uma burocracia tão bem pensante quanto sufocante já seria um passo. Bem sabemos que ele não é dado todo dia. À falta dele, temos apenas testes de força eleitorais frágeis e tensões perigosas. Debater consigo mesmo é a primeira coisa. E geralmente é o que acontece por último, costumando a reflexão pessoal ocorrer com base em Antagonismos tomados de empréstimo ao debate público.

E, se assim conseguimos, de certa maneira, ainda que apenas perceptível, diminuir cada um o império desses dois primeiros monstros, o supremacismo racial e o nacionalismo, teremos começado a puxar um fio que, sem dúvida, acabará deixando em farrapos os temas mais afins com eles na ideologia antagônica: o antissemitismo, o eugenismo, o colonialismo, o escravagismo, o autoritarismo e todos os outros.

Desse modo, a empatia é tão mimética quanto a "anempatia", sendo mais aconselhável. A empatia permite entender as motivações daqueles com quem interagimos e resolver certas dificuldades que nos opõem. A capacidade mimética da empatia foi posta à prova, por exemplo, nas negociações De Klerk-Mandela, que levaram dois adversários divergentes a tentarem se entender e encontrar um caminho de resolução para um conflito considerado insolúvel. O caminho não podia ser descoberto sem a integração das preocupações principais do outro ao modelo que cada um tinha da situação.[11] Era preciso colocar-se no lugar do adversário sem abandonar seus próprios objetivos mais elevados, depois de ter feito um esforço de hierarquização. A coisa teria sido impossível se a ideologia das partes fosse tratada como um bloco ou se não houvesse rigorosamente nenhum valor em comum (sobretudo o messianismo carismático, que permitiu a cada um dos líderes impor a visão paradoxal a suas respectivas comunidades). A empatia era necessária e não pressupunha renúncia. E, se não oferecia nenhuma garantia de sucesso, pelo menos abria uma opção que, em sua ausência, teria permanecido totalmente fechada.

Não há, nessa operação cognitiva, qualquer magia nem o menor sinal de misticismo. Ela pode ser repetida e generalizada enquanto tivermos força para fazê-lo. Não exige nenhum Antagonismo. Não visamos a uma pessoa específica, nem a um grupo, mas literalmente a toda a humanidade, que o nosso Antagonismo contribua, então, para se livrar dele próprio.

Disso não decorre que devamos sempre praticar a não violência e nos submeter silenciosamente à opressão. O Não Antagonismo não funciona bem em situações de urgência; e pode acontecer que não estejamos em condições de esperar que ele gere seus efeitos e que devamos lançar mão de um fuzil. Por isso é que um dos objetivos consiste em evitar as situações de urgência, cuidar para que as coisas não se tornem binárias. A urgência é o terreno fértil do Antagonismo.

Por outro lado, podemos, em geral, exercer nossos direitos de legítima defesa e nossos deveres de socorro de outra maneira que não o Antagonismo e o ódio. Podemos converter o Antagonismo, a vontade de sujeitar o outro para destruir seus objetivos, em um "agonismo",[12] a vontade de agir sobre as coisas agindo sobre si mesmo. Podemos nos esforçar para entender os outros, especialmente aqueles que se apresentam como nossos inimigos, melhor do que eles próprios se entendem, a fim de abrir a possibilidade de acordos que até então pareceriam impensáveis. Podemos demonstrar-lhes com nossa própria liberdade que certas forças que eles consideram inabaláveis só podem ser mantidas mediante um crédito que precisa apenas ser retirado deles. E, ainda que a sua ideologia fosse tão entranhada e bloqueada que em nada pudesse ser modificada ao nosso contato, teríamos, de qualquer maneira, contribuído para melhorar nossos companheiros. E se não conseguíssemos isso também, pelo menos teríamos melhorado a nós mesmos, de certa forma.

Falou-se de um "desmoronamento moral" do Ocidente, que teria representado um obstáculo para os que seriam capazes de se levantar heroicamente contra o nazismo. Essa acusação foi às vezes estendida às vítimas. Ora, se houve crise moral, ela não tinha como origem a covardia. Ela consistira em tornar coletivamente o nazismo possível pela proliferação de modos de pensar antagônicos. E tivera prosseguimento mediante um esforço sistemático para reduzi-lo a um simples alvo militar, caracterizado apenas por uma brutalidade excepcional e uma ausência extremamente chocante de *fair play*. A crença equivocada de que a vitória seria, por si mesma, a prova de uma superioridade moral não se limitava aos meios dirigentes soviéticos. Esperava-se que os vencidos aprendessem a adotar em todos os aspectos os valores dos vencedores, que, por sua vez, exceto no contexto de suas próprias rivalidades, tomavam o cuidado de não se questionar sobre seu mérito. Quem quer que sugerisse questioná-los teria sido considerado um espírito fraco, ignorante da realidade política.

Ora, só se torna possível combater realmente e sem fraqueza a ideologia geradora do nazismo ou, mais exatamente, sua parte viva se o seu alcance não for dissimulado. O método não é um arrependimento. Afinal, não faria sentido desculpar-se por uma desgraça que nada fizéssemos para corrigir ou impedir de se reproduzir. Por outro lado, não podemos, se não quisermos nos submeter mais uma vez ao mito dos povos e das raças, tomar o lugar de nossos antepassados nem equiparar as vítimas a seus descendentes. Somos responsáveis apenas por nossos próprios atos, mas eles abrangem nossa atitude a respeito das desgraças antigas e nossa capacidade de tratá-las como desgraças compartilhadas, das quais poderíamos nos precaver juntos.

CAPÍTULO 8

Construções míticas, perspectivas concretas

Em 1276, os embaixadores de Kubilai, imperador mongol, explicaram em Roma, diante do papa e dos cardeais, que "o senhor supremo de todos os tártaros tinha recebido o batismo e desejava que a Santa Sé lhe enviasse homens experimentados nas coisas divinas para instruir seus filhos na religião. [... Em 1285, Arghun, rei mongol da Pérsia, escreveu ao papa para lembrar] a benevolência que os mongóis haviam demonstrado, desde a época de Gengis Khan, seu primeiro pai, pelo papa, o sereníssimo rei dos francos e o sereníssimo rei Carlos de Anjou; a proteção que sempre deram aos cristãos, que foram isentados de tributos e ficaram livres em suas terras. [... Ele propõe] aos francos uma partilha do Egito [... e] pede que os príncipes cristãos queiram comunicar, por um homem digno de fé, onde pretendem que se faça a junção das forças. [... Em 1289, Arghun escreveu uma carta a Filipe, o Belo.] Ela tem a forma de um rolo de quase seis metros e meio de comprimento e dez polegadas de altura, em papel de algodão. Apresenta, de um lado apenas, trinta e quatro linhas de escrita em tinta negra, e a marca, repetida três vezes, de um selo de cinco polegadas e meia em um quadrado, impresso em vermelho. A carta foi escrita em língua mongol e em caracteres uigures, formando linhas que são lidas verticalmente. O selo apresenta seis caracteres chineses antigos. [... A negociação] destinava-se a organizar uma expedição contra os muçulmanos [...]. Um encontro marcado na planície de Damasco em certo dia do ano de 1290 é tudo que há de preciso na carta mongol. Na paráfrase do embaixador, Arghun comunica ao rei da França e a seu irmão que seu corpo e sua alma estão prontos para partir em conquista da Terra Santa, para estar juntos com o rei da França nesse abençoado serviço. Se o rei da França comparecer em pessoa, Arghun promete levar dois reis cristãos georgianos que se encontram sob sua suserania, que de noite e de dia oram a Deus para que sejam integrados a esse bem-aventurado serviço e que têm o poder de levar consigo 20 mil homens a cavalo e até mesmo mais. [...] Arghun não limita sua solicitude a providenciar auxiliares para o rei da França; ficou sabendo, diz o seu enviado, que é muito penoso para ele e seus barões atravessar o mar com tantos cavalos, como cabe a eles e aos seus. O príncipe tártaro se oferece para fornecer-lhes 20 ou 30 mil, como doação, ou a preço conveniente, e ainda para juntar em toda a Turquia o gado, os bois, as vacas e os camelos, os grãos, a farinha e toda espécie de víveres que atendam às necessidades do rei da França, a sua vontade e mando. [...] Os historiadores franceses nos deixam em total ignorância quanto aos efeitos da negociação [...]. Sabe-se pelo menos que ela não gerou naquele momento nenhuma resolução de acordo com os objetivos de Arghun e os interesses dos cruzados. [...] Em vez de se indignar com a inutilidade de suas iniciativas, Arghun voltou a tomar mais uma ação em 1291. Enviou a Roma um personagem [... portando] cartas para o papa e o rei da Inglaterra. [...]. Como nas ocasiões anteriores, o rei da Pérsia exortava os cristãos a empreenderem com ele uma expedição à Síria. Mas, embora o rei da Inglaterra de fato tivesse tomado a cruz, a rendição de Ptolomeu, que acabava de ganhar um filho naquele ano [...] certamente impediu que se concretizassem os projetos de então. A perda dessa praça, a única que os francos ainda detinham na Síria, fez com que os príncipes do Ocidente deixassem de pensar nessas terras distantes. Só os papas continuaram se empenhando, mas sem êxito, em sua renovação, e, circunstância tão singular quanto pouco notada, encontraram nos reis mongóis auxiliares tão ativos e perseverantes quanto eles mesmos no empenho de exortá-los nesse sentido. Os franceses não tinham mais interesse em conservar ligações com os tártaros, mas os tártaros, por sua vez, se empenharam em todo tipo de esforços para restabelecer negociações das quais aparentemente esperavam *grandes vantagens. Na resposta de Nicolau à última carta de Arghun, o pontífice não parece acreditar muito na ajuda do rei da Inglaterra, invocando os motivos mais prementes para atrair o príncipe mongol para o cristianismo. Se tivesse sido efetuada, essa importante conquista bem teria valido a conquista da Palestina; e a conversão dos mongóis, ocorrendo depois das cruzadas, teria sido o resultado mais feliz e mais sólido das expedições de além-mar e das relações a que haviam dado origem."*

Abel-Rémusat

O mundo em que vivemos não é mais aquele em que se manifestava a combinação nazista. Mas as ideologias que se reformaram a partir das mesmas raízes continuam a ser exercidas com toda a força. Alguns de seus componentes se tornaram ilegais no plano do direito internacional, obrigando seus adeptos a se mostrarem mais discretos. Mas o Antagonismo, longe de ter sido erradicado, se polarizou de uma nova maneira, cuja análise devemos já agora assumir o risco de esboçar.

Podemos observar, desde logo, que o conflito entre israelenses e palestinos fornece boa parte de seu vocabulário. O caso específico tem um vínculo histórico com os acontecimentos já abordados. Contamina boa parte das lutas nacionalistas e interétnicas de nossa época, mesmo em se tratando de situações sem relação direta com ele. Tem o caráter de uma luta ideológica intensa, confirmando a natureza cognitiva dos riscos com que depara a humanidade.

A constituição de Israel como Estado não é mais produto da Segunda Guerra Mundial, mas fruto de uma lenta colonização sionista, iniciada no último quartel do século XIX e com o intuito primordial de fornecer um refúgio aos *Ostjuden* vitimados por pogroms. A necessidade de um refúgio era antiga, e não desapareceu com a derrota do Terceiro Reich. Os anos de guerra, que deveriam ter representado uma oportunidade para afastar as vítimas dos territórios nos quais eram mais ameaçadas, permitiram apenas uma imigração estritamente limitada pelos Aliados. A política constante da Grã-Bretanha durante a guerra consistira em restringir severamente a entrada de imigrantes para preservar a calma no Oriente Médio.[1] Em 1938, Roosevelt pedira a seu geógrafo oficial, I. Bowman, presidente da

Universidade Johns Hopkins, que estudasse as alternativas à implantação de refugiados judeus na Palestina ou a sua imigração para os Estados Unidos. Ele recomendou o financiamento, se necessário, de uma infinidade de pequenas colônias de assentamento nas zonas mais afastadas, incluídas as florestas virgens, sob reserva da concordância dos Estados envolvidos. Como o problema não encontrava solução política, aumentou mecanicamente a pressão sobre a Palestina. Só depois de 1948, os sobreviventes, quase sempre asquenazes da Europa central, puderam migrar para lá em grande quantidade,[2] e aos poucos se juntaram a eles os sefarditas, que muitas vezes estavam bem integrados nos países dos quais agora se viam obrigados a que se afastassem,[3] e mais tarde judeus soviéticos fugindo de um ambiente hostil endêmico.

Logo depois da Segunda Guerra Mundial, as distorções cognitivas começaram a se manifestar de diversas maneiras. Para uns, nada ocorrera de especial, senão as devastações de um conflito de primeira grandeza. A historiografia se fixava nas operações militares e de resistência,[4] sem uma clara tomada de consciência do caráter central do extermínio, nem, muito menos, da profundidade de suas raízes. Para outros, pelo contrário, Auschwitz e os campos da morte haviam metamorfoseado a Palestina em Israel. As grandes potências consideravam que o Estado-Nação israelense podia ser legitimamente construído a partir de um aniquilamento que gerasse um novo povo.[5] Paradoxalmente, essa representação era mais rara na implantação judaica na Palestina dos mandatos (o *Yishuv*), na qual o nacionalismo havia muito assumia sua configuração europeia clássica, segundo a qual a cada povo deve corresponder simplesmente uma Nação instalada em seu próprio território.[6] Por outro lado, e por motivos às vezes opostos, o trauma infligido pelo mais industrial dos campos de extermínio deixava à sombra os outros métodos de aniquilamento que haviam sido quase igualmente mortíferos[7] e com vistas também às vastas populações não judias. Os antissemitas, de bom grado, concordavam com uma concepção restritiva que lhes permitisse discutir a mais ínfima construção e a mais ínfima janela que ainda subsistissem nesses lugares infernais para negar a existência, ainda que óbvia, de todo o imenso extermínio.[8]

O Grande Extermínio é um fato histórico ainda mais amplo e destruidor do que o expresso em todos esses relatos, pois não foram apenas Hitler e o nazismo que o empreenderam, mas a imensa nebulosa ideológica da civilização ocidental; e não foram apenas milhões de judeus que foram arrastados em uma luta étnica de alcance e crueldade sem precedentes, mas também dezenas de milhões de pessoas consideradas "sub-humanas" (*Untermenschen*) ou "subgermânicas".[9] O sionismo existia antes do nazismo; portanto, independentemente dele.[10] Suas motivações, que inicialmente eram encontrar uma terra para os perseguidos,[11] persistiam depois dele: os países ocidentais, tendo à frente os Estados Unidos, continuavam a se recusar firmemente a receber os refugiados, cujas dezenas de milhares viviam em campos depois de 1945; e os pogroms foram reiniciados logo depois da Liberação. Os sobreviventes sofriam em toda a Europa, na melhor das hipóteses, de uma profunda subestimação das atrocidades sofridas, mas com frequência também de uma autêntica ressurgência antissemita. Em toda parte, as solicitações de recuperação dos bens roubados deparavam com patente má vontade, e muitas vezes o pesar pelo fato de os alemães não terem concluído seu trabalho se expressava em termos não dissimulados no conjunto dos territórios liberados.[12]

Essa verdade desesperadora corresponde tão pouco aos mitos envolvidos quanto a história da França, por exemplo, corresponde aos mitos da Nação francesa. Um relato bipolar, limitado a dois adversários estritamente identificados, a Alemanha nazista e o povo judeu, começou a dominar. Esse relato era análogo ao que fora na versão do carrasco, pois ele nunca dissera outra coisa, afirmando sempre que um ou outro haveria de desaparecer. Um era uma nação que tomava a frente de uma raça; o outro, um povo etnicamente constituído e tendo sofrido uma catástrofe de natureza bíblica. As leis de Nuremberg tinham sido redigidas com a mesma minúcia que a lei judaica,[13] e o "destino" de cada uma das duas Nações era interpretado, de ambas as partes, a partir de literaturas mitológicas.

Poderia ter sido de outra forma. O Grande Extermínio poderia ter sido encarado como um pavoroso desastre que devastou as populações judias da Europa, e não apenas elas, no contexto de um programa de aniquilamento que as unia a outros alvos. Israel poderia ter sido um país habitado por pessoas de tradição judaica, nele buscando refúgio de perseguições ocorridas desde o século XIX, entre outras populações que muito tempo antes já haviam pertencido ao Império Otomano. Os sobreviventes que lá tentavam se estabelecer porque os Aliados se recusavam a recebê-los e as populações de seus lugares de nascimento encaravam seu retorno com ódio ou suspeita; poderiam ter sentido solidariedade com todas as vítimas, quaisquer que fossem seus grupos étnicos, considerando uma nova obrigação mundial acabar, antes de qualquer coisa, com as distinções de cujo risco se tinha agora conhecimento. Caberia até mesmo imaginar que o extermínio tivesse como efeito converter a visão sionista inicial em um projeto já agora desprovido de caráter étnico; que Israel convocasse todos os seus irmãos de sangue a se juntarem a ele com base em uma cidadania que tinha como única exigência o juramento de combater os resíduos da ideologia assassina e talvez também ter sido vítima dela para evitar um afluxo grande demais; que os religiosos o aprovassem como fazendo parte da missão de Israel, essencial no Talmud, de ser um modelo para a humanidade. Mas era pedir demais a pessoas que ninguém havia socorrido e às quais todos haviam fechado suas fronteiras. Ainda assim, talvez não fosse impossível que essa utopia, embora racional, ganhasse corpo no entusiasmo da Liberação. Mas os mitos compartilhados e o nacionalismo queriam ver as coisas de outra maneira.

Estado laico cujos fundadores eram, em sua maioria, socialistas e ateus, Israel confiou a definição jurídica de sua cidadania aos adeptos de uma doutrina religiosa ortodoxa com base na origem materna[14] e abrindo uma exceção, em sentido inverso, ao pequeno número de autóctones de fala árabe que não tinham fugido do território durante a guerra de 1948. Não se tratava mais, como no caso dos primeiros sionistas, de construir um refúgio para os judeus perseguidos, mas um Estado-Nação no qual os judeus estariam, na medida do possível, protegidos de interações políticas com os não judeus. Parecia evidente aos novos dirigentes, como deveria ser para todos, que os judeus tinham sido alvo de um Antagonismo extremo que não podia mais ser tratado de maneira hesitante. Mas eles não enxergavam que a solução que preconizavam deixaria o próprio Antagonismo incólume, proteiforme e não específico.

Em vez de um combate geral, no qual ninguém mais se empenhava tanto, contra sequelas da ideologia assassina, vários componentes foram abertamente reintroduzidos.[15] Sendo o Antagonismo endógeno à ideologia ocidental, claro que a situação não podia mudar brutalmente. Observou-se uma progressiva atenuação de certos componentes,[16] mas não sua substituição por valores opostos. Isso se verificava em toda a extensão da civilização ocidental, da qual Israel é parte integrante. E se aplicava inclusive a todo o planeta, pois a Segunda Guerra Mundial acelerara sua difusão.

A cultura israelense tinha naturalmente banido o antissemitismo, situando-o como fundamento das discordâncias internas e das oposições externas em relação a ela.[17] O historicismo também se debilitara nela. A história não deveria mais ser facilmente entendida como um percurso orientado ao progresso, como julgavam os partidários da Revolução Francesa, do stalinismo e do nazismo. Voltava-se, em certa medida, às ontologias pessimistas ou cíclicas que tinham dominado o pensamento do mundo antes da era moderna, considerando, sabiamente, que uma comunidade de homens é um milagre frágil, constantemente ameaçada de destruição tanto pelo que a cerca como pelas forças internas que tenderiam a afastá-la de seu equilíbrio inicial. Daí a necessidade de ritos memoriais fazendo as vezes de repetições simbólicas da gesta que presidiu seu surgimento. Já era dar um primeiro passo em direção a uma identificação mais completa das origens do extermínio. Mas não passou disso. Os outros aspectos da ideologia assassina não eram reconhecidos.

O historicismo continuava a impregnar as culturas americana e soviética, sendo a corrida à Lua um símbolo disso. O progresso garantia a cada um a vitória sobre o outro. Muitos em Israel sentiam ter vivido a demonstração do contrário e, se observavam com emoção o entusiasmo otimista dos jovens pioneiros nos kibutzim, estavam longe de compartilhá-lo unanimemente. Os militantes sionistas, munidos de um nacionalismo de tipo tradicional, conservavam, contudo, uma visão historicista em geral inalterada.

Tornava-se importante que a sociedade israelense se organizasse de maneira étnica, já que o carrasco não recorrera a outro critério para concretizar ou mesmo empreender sua obra sanguinária. Que se tornasse militarista, pois se dizia que só a força destrói a ideologia, não tendo nenhuma pessoa bem-intencionada sido capaz de prestar socorro às vítimas, nem podendo as próprias vítimas se socorrerem sem dispor da força.[18] Que se interessasse em cultivar uma "anempatia" militar para que nenhum tipo de nova fraqueza, sentimentalismo, falso humanismo de belas almas veiculado pela propaganda adversa abrisse uma brecha na fortaleza nacional, que tinha como referência Betar ou Massada, cidadelas assediadas pelo Império Romano, um dos inimigos históricos de Israel mais "anempáticos". Era igualmente lógico que o Estado se pretendesse uma Nação: como praticamente já não havia no planeta uma comunidade política que não se considerasse um Estado e uma Nação, não havia motivo para que Israel constituísse uma exceção. Por encadeamento lógico, admitia-se que toda Nação deve dispor de espaço vital suficiente para garantir sua defesa e o desenvolvimento de sua população — no caso, uma população tanto mais considerável na medida em que integrava virtualmente todas as pessoas que a *halakha* teria considerado judias.[19] De maneira perfeitamente coerente, restava ao direito tornar tudo isso possível, inscrevê-lo no mármore da lei, e que direito mais facilmente estaria em condições de fazê-lo senão o positivista, o único que só vem a ser cerceado pela vontade de uma maioria parlamentar?

Essa evolução, perfeitamente compreensível, teria prosseguido quase sem inconveniente se Israel fosse um planeta sem interação com o restante do mundo. Mas ele estava bem presente e, à sua maneira, se tinha nutrido da ideologia antagonista. Assim foi que se fez a transição do antissemitismo industrial para o novo antissionismo, que deve ser distinguido do primeiro antissionismo, contemporâneo ao surgimento do semitismo e principalmente interno às comunidades judaicas.[20]

Não só na Palestina, mas em toda parte, em todos os lugares, havia populações sedentas de também construir para si uma Nação —, portanto uma identidade coletiva —, pois o nacionalismo se tornara uma pandemia cujos doentes se julgavam impossibilitados de conquistar a dignidade por outro caminho. Mas, no Oriente Médio, é que a questão nacional, outrora, acima de tudo, europeia, se tornara mais aguda.[21] Nacionalismo, propagandismo, militarismo, autoritarismo, positivismo jurídico, messianismo, terrorismo, acivilismo, populismo, juvenilismo, historicismo e "anempatismo" se cristalizaram, tomando o antissionismo como catalisador. Israel fornecera a Nêmesis de uma formação ideológica hostil, tendo a origem que se sabe, na qual certos componentes haviam sofrido uma mutação.

Assim como o nazismo recompusera, em sua época, o tabuleiro político alemão, pela fusão do nacionalismo com o socialismo, a ideologia do "antissionismo anticolonialista" misturou, frente aos israelenses, militantes que jamais se teriam cruzado em outras circunstâncias. Uma aliança outrora impossível foi selada entre notáveis palestinos que tinham colaborado com o nazismo para lutar contra a Grã-Bretanha e a imigração judaica;[22] aristocratas beduínos posicionados pelo governo britânico à frente de países com fronteiras arbitrárias no momento da decomposição do Império Otomano;[23] oficiais nacionalistas árabes formados nas academias otomanas, alemãs, francesas e britânicas; predicadores muçulmanos; militantes comunistas; conservadores antijudaicos; todos os tipos de partidários do antissemitismo industrial; mas também agricultores que tinham ocupado terras que os colonos sionistas haviam comprado, não deles, mas de seus proprietários otomanos, e que delas se viam espoliados; e famílias palestinas deslocadas dos territórios sob controle israelense entre 1947 e 1949,[24] incluídas as que, não tendo encontrado acolhida nos países circundantes, acabaram se instalando permanentemente nos campos de refugiados, privadas de liberdades elementares.

Estando o equilíbrio mundial do pós-guerra estruturado pela guerra fria, a rivalidade das grandes potências se apropriou da região para transformá-la em um teatro fundamental das estratégias indiretas. A Grã-Bretanha e a França se aliaram a Israel contra o Egito para retomar o canal de Suez. A ameaça nuclear com que a União Soviética respondeu acarretou duas grandes consequências: a primeira é que os norte-americanos rechaçaram os europeus para tomar seu lugar como mentores de Israel; a segunda é que a França transmitiu a arma atômica a Israel.

Os Estados Unidos, onde vivia a maior população asquenaze, e cujo Congresso, por esse motivo, se mostrava, em certa medida (é verdade que muito menor do que afirmam as teorias conspiratórias antissemitas), sensível às aspirações das associações judaicas, transformaram Israel em cabeça de ponte militar, destinada a impedir qualquer avanço soviético no Oriente Médio. O pequeno Estado isolado, fortalecido pelos armamentos e o apoio da superpotência, aparentemente se tornara invencível. Essa nova força se tornou sua pior fraqueza. Pois, aos adversários já mencionados, logo viriam somar-se todos aqueles que tinham qualquer motivo para se oporem aos Estados Unidos e ao que então era conhecido como "imperialismo americano". Todos os movimentos de "libertação nacional" de todas as regiões do mundo onde os Estados Unidos apoiavam governos conservadores ou ditatoriais para contrariar a expansão da influência soviética ou maoísta se tornaram adversários resolutos. Assim como aqueles que lutavam contra a França e a Grã-Bretanha, potências atlantistas amigas de Israel. Somavam-se os simpatizantes, então numerosos nos meios intelectuais e sindicais, da União Soviética, país que outrora contribuíra para o nascimento de Israel, mas mudara de opção geoestratégica, e os partidários da China. Não demorou e, logo depois da guerra do Vietnã, facções estudantis que a ela se opunham começaram a comprometer o consenso pró-israelense que existia nos Estados Unidos, o que significa que Israel atraía contra si uma coalizão sem precedentes. A autêntica ameaça que daí resultava teve como efeito enrijecer os habitantes em uma atitude defensiva que servia de argumento adicional às forças adversas.

As periódicas vitórias militares, que haviam gerado em Israel um orgulho evidentemente relacionado à memória do extermínio e da humilhação, começaram a derrubar o imaginário mítico. O acontecimento-chave, no plano simbólico, fora a aquisição da capacidade nuclear. Foi a mola propulsora de uma transformação do mito aos olhos dos adversários de Israel:[25] a vítima passava por um carrasco potencialmente exterminador. O mito "antissionista libertador" havia adquirido sua principal crença. O Antagonismo do mundo encontrava um novo ponto de fixação.

Todos os atos do governo israelense passaram a ser examinados atentamente para neles detectar gestos de "acivilismo" e outros sinais de "anempatismo", que indubitavelmente existiam em relação aos refugiados, mas também podiam ser identificados nos adversários de Israel. O objetivo agora não era mais conter o expansionismo de Israel, nem mesmo obrigá-lo a negociar a devolução dos territórios ocupados e equiparar os direitos de seus cidadãos árabes. O objetivo se tornara erradicá-lo e jogá-lo no mar. Surgira um novo combate mortal, tendo como efeito endurecer o belicismo dos dirigentes israelenses, que, assim, podiam qualificar como traição as orientações pacifistas sempre vivas na *intelligentsia* do país.

Cristalizara-se um antissionismo que se pretendia anticolonialista e libertador. Esse antissionismo alcança seu paroxismo com o desmoronamento ideológico da União Soviética.[26] Como não havia mais um foco de análise para entender os acontecimentos mundiais, como antes houvera a dialética materialista-histórica, o antissionismo libertador tomou seu lugar.[27] Os intelectuais antiliberais o transformaram em sua doutrina, pertencessem ou não aos países ocidentais. O movimento se desenvolveu no interior de Israel como uma opção política. De uma forma que anteriormente teria parecido aberrante, situações sem qualquer relação direta com o Oriente Médio começaram a ser interpretadas nos termos do mito antissionista, forma invertida daquilo que, para muitos, havia sido o mito fundador de Israel.[28] No momento em que escrevo, a presença de bandeiras palestinas nos bairros católicos e de bandeiras israelenses nos bairros protestantes de Belfast representa uma ilustração particularmente marcante. As direitas radicais aceitaram a natureza de um debate que os radicalistas de esquerda haviam postulado. Desse modo, os países europeus que recebiam um fluxo migratório importante das antigas colônias cujas populações eram majoritariamente muçulmanas rapidamente passaram a interpretar seus problemas internos utilizando uma nomenclatura análoga.

O mundo não se dividia mais entre nazistas e civilizados, nem entre capitalistas e comunistas, mas entre "libertadores" e "reacionários", definidos nos termos do sionismo e do antissionismo universalmente ampliados. Os "Estados Unidos e seu bastião israelense", seus aliados atlantistas misturados ao conjunto dos liberais e dos conservadores, formavam o campo da "reação pró-sionista", ao passo que a Palestina viria a se tornar a vanguarda do campo dos "libertadores antissionistas", agregando os que a eles se opunham pelo motivo que fosse. Alguns extremistas escavaram os ouropéis do antissemitismo industrial[29] para atribuir a um complô a posição dominante dos "reacionários" na globalização, esperando que essa ou aquela potência regional do Oriente Médio aceitasse a missão histórica de pôr fim a essa situação. O Irã, que tinha as ambições geoestratégicas da antiga Pérsia, e cuja revolução fora feita em bases religiosas, aceitou a bandeira.

Uma consequência concreta desses acontecimentos foi que a troca de cartas de reconhecimento mútuo entre a OLP e Israel, nos dias 9 e 10 de setembro de 1993, e, portanto, o reconhecimento de Israel em suas fronteiras de 1967, tropeçou na resistência dos atores antagônicos, no caso na ambição iraniana e na carta do Hamas, assim como na ausência de efetiva vontade dos governos de Israel de voltar às antigas fronteiras.

Os "reacionários", por sua vez, inventaram uma doutrina para responder a seus novos inimigos. Essa doutrina consistia em afirmar a existência de um "choque de civilizações", eufemismo para designar a única civilização que para eles interessava defender, frente a bárbaros que promoviam interesses nacionalistas, cuja legitimidade às vezes podia ser respeitada, mas que se pretendia combater. Esqueciam que a ideologia ocidental se havia disseminado por todo o mundo. Ela o dominava de tal maneira que seus próprios componentes formavam a matéria essencial, em diferentes combinações, da totalidade das ideologias em jogo, incluídos os adversários mais encarniçados do "Ocidente".

De ambas as partes da luta, com efeito, não havia nenhum elemento ideológico novo em relação aos que estavam presentes no nazismo, do qual, no entanto, haviam sido retirados em geral (embora nem sempre) o supremacismo racial e o escravagismo. O islamismo se apresentara como único candidato a mudar a distribuição de cartas. Entre as inovações, o feminismo, movimento por sinal de grande importância, era transversal e, portanto, não interferia senão de maneira mínima, introduzindo uma estranheza inédita na percepção do Islã.

Cabe lembrar aqui que o grupo religioso islâmico[30] se inseriu inicialmente no contexto cultural ocidental, embora sua expansão demográfica mais duradoura decisivamente se situasse no Oriente.[31] Ele representa inicialmente um dos ramos da árvore cultural bíblica,[32] e sua filosofia religiosa, em grande parte, é de inspiração helênica.[33] O império mongol, que lhe abriu seu espaço mais vasto, desejava aliar-se às monarquias católicas da Europa e pretendia converter-se à sua religião.[34]

O Islã se tornou, na era contemporânea, o único grupo de religiões em expansão. A primeira causa disso era demográfica, sendo essa religião dominante na maior parte das zonas de forte natalidade, e estando o declínio das confissões de rivais, em sentido inverso, ligado à estagnação demográfica e à irreligiosidade crescente de suas respectivas zonas de origem. As regiões de preponderância muçulmana estavam entre as mais pobres, mas invadidas, como as demais, pelo modelo da sociedade de consumo, embora não dispusessem de meios econômicos para satisfazê-lo. O Islã, desfrutando em sua origem de uma complexidade teológica deliberadamente menor que seus concorrentes, representava uma alternativa viável — e a única em oferta — ao modelo de consumo, descrevendo um projeto de vida segundo o qual a riqueza, em tese, só é valorizada do ponto de vista caritativo.[35] Além disso, livrou-se antes das outras religiões dos exclusivismos étnicos ou raciais, o que a tornava particularmente atraente às populações vítimas de discriminações dominantes.[36]

Mas o dinamismo demográfico e a impregnação cultural islâmica, que eram antigos, poderiam ter conservado menor teor ideológico, como ocorrera pela maior parte de sua história, a partir do momento em que os reinos muçulmanos empreenderam sua expansão planetária. A combinação do nacionalismo com o "antissionismo libertador" conferiu ao Islã uma função ideológica inteiramente nova. Mais uma vez, ela se concretizou com base em conceitos ocidentais, não raro por meio de autores ocidentais, cada vez mais no próprio interior dos territórios ocidentais, enquanto o Ocidente se convencia de estar diante de uma raça inimiga movida por conceitos fanáticos absolutamente estranhos aos seus.

O arabismo foi uma das formas assumidas pelo nacionalismo árabe, produto direto do nacionalismo ocidental, quando da dissolução do Império Otomano. Apesar de representar a configuração regional de uma ideologia moderna de origem francesa, o arabismo permitia uma volta mítica à guerra santa, ressurreição de acontecimentos antigos sem pertinência contemporânea evidente. A fixação em Israel da ideologia dos conflitos conferia ao arabismo papel de primeira linha, assim como permitia ao Islã estabelecer um vínculo entre a questão arável local e uma problemática de civilização. Os religiosos se rejubilavam com o ressurgimento do sentimento islâmico daí decorrente, vendo nisso uma confirmação providencial tanto mais notável na medida em que parecia ocorrer uma volta à gesta do Profeta.

Em todas as partes do mundo de religião muçulmana, ou seja, nos territórios dos antigos impérios mongol e otomano, aos quais se somavam a Indonésia e a África negra, as oposições políticas aos governos pós-coloniais tenderam a assumir contornos cada vez mais islamistas. Esses governos tinham sido formados, a princípio, por personalidades laicas, socialistas e nacionalistas, contando com o apoio da União Soviética, exceto os Estados criados ou apoiados pela Grã-Bretanha e a França, pois agora entravam, uns após outros, na órbita americana, quando já se evidenciavam o enfraquecimento e, após, a dispersão soviética. Como não faria sentido combatê-los exatamente em nome dos valores que proclamavam (nacionalismo e socialismo), e como a opção democrática liberal parecia descartada pelo apoio das potências ocidentais às ditaduras, o islamismo gradualmente se impôs aos seus oponentes como um caminho eficaz.

Ele não dispunha, porém, dos meios clássicos da guerra ou pelo menos não dispunha em grau suficiente para levar a melhor. Justificado pela existência de um inimigo visto como militarmente invencível, dotado de ferramentas de aniquilamento, optou pelos métodos terroristas.[37]

Quando os atentados "acivis" do antissionismo não só chegaram ao território americano, como, acima de tudo, adquiriram proporções espetaculares em 11 de setembro de 2001, os Estados Unidos, em estado de choque nervoso, responderam com uma política contraditória, misturando uma guerra de grande envergadura contra o regime iraquiano que, até então, haviam apoiado, e que não era a fonte dos atentados, com práticas de terrorismo de Estado (detenções arbitrárias e tortura) cobertas por interpretações jurídicas de natureza extremamente leviana e leis de exceção. Chegou-se a ponto de pretender criar Nações pela força ("Nation building") em situações nas quais só um federalismo teria sido possível, projetando as comunidades locais em uma rivalidade mortal pelo controle dessas entidades artificiais.

Hoje, as ideologias dominantes, que são irmãs, exigem que se apoie, de maneira mais ou menos ativa, um dos agrupamentos antagônicos, incapazes de ver a legitimidade senão de um lado, e os crimes apenas do outro. Esse dilema se expressa nos termos da ideologia ocidental, à qual as duas partes estão sujeitas, às vezes sem sabê-lo.

Ora, o confronto está fadado a chegar aos extremos, pois, desde o início do século XX, o aniquilamento se tornou o horizonte favorito do Antagonismo. Se não aprendermos a condenar os atos "acivis" e "anempáticos" de onde quer que procedam, eximindo-nos, antes de qualquer coisa, de invocar realidades imaginárias, como "os judeus" e "os árabes", e tratando apenas das ações dos governos, partidos e pessoas específicas envolvidos no conflito, sejam árabes ou de tradição judaica, continuaremos a ser cada um de nós pessoalmente responsável pelas desgraças correlatas. Não se trata de ficar indiferente em uma situação que não o permita, mas de demonstrar, na prática, a possibilidade de um pensamento não antagônico que leve a soluções agônicas.

Uma parte significativa das tensões políticas existentes no mundo no início do século XXI tem a ver, de alguma maneira, com alguma perturbação da identidade. O caso que acabamos de examinar é apenas uma ilustração paradigmática, de modo algum excepcional. Comunidades e populações inteiras se perguntam, não raro em meio ao sofrimento, quem são, de onde vêm, que hábitos devem preservar, de quem devem declarar-se "irmãos" e "irmãs" ou inimigas. Os indivíduos que a compõem nem sempre percebem que têm a possibilidade de responder pessoal e livremente a essas perguntas, exceto quando se veem impedidos por um adversário que opere um reagrupamento antagônico. Para viver em comunidade, não é obrigatório nem desejável proceder constantemente a um recorte do espaço social mediante a busca de parentescos e diferenças. Em caso de se estar submetido a uma potência que tente impô-lo, convém tentar esquivar-se e não permitir que o procedimento tenha prosseguimento uma vez liberto dele.

Conjuntos como "os judeus" e "os árabes" são absolutamente malformados,[38] pois não existe nenhum critério unívoco, certo e não conflituoso para se identificar um árabe ou um judeu, e também porque, supondo-se que ele exista, a expressão abarcaria indivíduos que às vezes mantêm relações apenas tênues uns com os outros. Claro que é permitido e até mesmo muito desejável que cada um sinta um vínculo específico com determinada tradição. Pode dar oportunidade a uma grande riqueza e se constituir em um meio para não permitir que as culturas do mundo se diluam em uma sopa única e insípida. Mas há uma grande diferença concreta entre nutrir-se dessas raízes e assumir-se em oposição ou, pior ainda, presumir o outro, de uma posição de autoridade, como oponente, independentemente de suas próprias interpretações subjetivas. Se "judeidade" e "arabidade" certamente podem revestir-se de alto significado pessoal, religioso, intelectual, familiar e comunitário, tais noções não podem ser convertidas em categorias políticas sem incorrer nos mais graves perigos. Sem dúvida, é possível encontrar nesse ou naquele texto religioso ancestral a afirmação imperativa de uma identificação política. Mas não existe nenhuma religião que não tenha precisado aprender o papel essencial das interpretações, interpretações que dependem da intenção com que são desenvolvidas. Ora, em tese, o objetivo geral das religiões é propor aos que são mortais acesso a maior universalidade, mediante práticas generosas que ultrapassem suas pessoas transitórias. As recomendações que fornece nesse sentido sem dúvida podem dizer respeito ao conteúdo da ação política para tornar suas modalidades mais adequadas, mas não se metamorfosear — sem se perder — em constituição de uma comunidade política em oposição a todas as outras.

Uma comunidade, agrupamento em cujo seio é trocado o *munus* (a doação que acarreta a contradoação), não constitui necessariamente um "povo" e nem sempre adquire sua identidade em oposição às demais. Um indivíduo pode participar simultaneamente de várias comunidades, correspondendo às diversas dimensões de sua própria existência. Da mesma forma, uma comunidade ganha ao se definir por suas próprias finalidades, até a de preservar um patrimônio cultural ou histórico comum, e não por suas exclusões. Nessas condições, a identidade comunitária pode ter prosseguimento sem inconveniente nem usurpação.

Pode parecer uma pena privar-se do conceito de "povo", que, não obstante seus defeitos de construção e sua natureza mítica, tem evidente capacidade unificadora e certa beleza. Mas chegou o momento de constatar que agora seus aspectos destruidores são ainda mais danosos. Sua carga negativa o transforma no meio mais perigoso que existe de fixar a relação social.

Devemos aceitar tratá-lo como objeto de estudos históricos, sem validade científica, e depositá-lo no chão, como um antigo artefato enferrujado mas sempre letal, para, em seguida, dar prosseguimento de maneira menos perigosa ao nosso caminho político comum.[39]

Ora, se o conflito israelense-palestino e a questão do islamismo constituem os principais focos de conflito de nossa época, muitas instabilidades políticas que a eles não estão ligadas permanecem sujeitas a cerceamentos ideológicos derivados da nebulosa identificada, e a esse respeito são suscetíveis dos mesmos remédios cognitivos.

Tornada inevitável pela expansão mundial das ideologias ocidentais, a descolonização foi conduzida com a arma das nacionalidades, gerando em toda parte, principalmente na África, Estados que, desde logo, se tornavam instáveis pela impossibilidade de neles supor a homogeneidade étnica exigida pela ideia de Nação. Nem os antigos colonizadores nem os colonizados pretendiam promover o surgimento de grandes federações organizadas e aptas a evitar os conflitos tribais, dispondo de uma massa econômica crítica. Aqueles esperavam dar continuidade à sua dominação nos mesmos territórios, transformando-os em domínios reservados econômicos cuja política externa seria por eles orientada mediante fornecimento de armas e créditos. Esses, que haviam sido formados nas escolas dos colonizadores, às vezes se tornando membros de seus parlamentos e governos, se limitavam a tomar seu lugar em nível local. Eles sabiam que as fronteiras artificiais de seus Estados e a repartição aleatória de seus recursos e idiomas requeriam apoio militar permanente dos antigos colonizadores ou de seus rivais, a fim de evitar secessões e golpes de Estado. Preferiam agir como ditadores a diluir seu jovem poder em unidades ampliadas e indiferentes às Nações, fórmula política a cujo respeito permitiu que lhes fosse inculcado que não havia alternativas, constituindo a condição de toda democracia futura.

Ao se considerar a insuperável indeterminação das Nações, a correlata facilidade de suscitá-las e um contexto ideológico no qual o nacionalismo se opõe a toda outra forma de união, nada permite conter sua proliferação nem atenuar suas consequências.[40] Essa contradição é diariamente vivenciada pela Europa. Em certo sentido, ela deseja unir-se, tendo levado suficientemente longe a experiência das guerras intestinas, temendo ser engolfada econômica e estrategicamente por conjuntos externos que se tornaram grandes demais para seus pequenos Estados, preocupada com seus microindependentismos regionais, suscetíveis de assumir formas terroristas, e também com a insaciável propensão de as regiões balcânicas se dividirem e se matarem diante de seus olhos. Em outro sentido, mostra-se relutante em se unificar, em certos casos, para não oferecer um contexto favorável às regiões que tenham o tamanho da autonomia, como a Escócia (mas também a Catalunha, a Lombardia, Flandres e a Baviera), o que reduziria a muito pouco suas Nações, já mínimas; e, no conjunto, porque seus governantes não conhecem ideologia política desprovida de cores nacionalistas.

A Europa Ocidental sofreu em primeira linha o desmantelamento da URSS, que tanto havia desejado. Vê-se obrigada a transferir uma parte de seus recursos para populações com as quais não tem nenhuma afinidade nacional, e cuja chegada coletiva à União bloqueia os frágeis equilíbrios de sua burocracia comum, na ausência de um controle político que não passasse por suas Nações, já agora excessivamente numerosas. Como ela é mecanicamente empobrecida pela globalização que se seguiu à queda da cortina de ferro, pois a renda do trabalho deve agora ajustar-se em favor de populações distantes, não se beneficiando das vantagens do seu Estado previdenciário, seus governos tentam expulsar os imigrantes provenientes das regiões coloniais que haviam feito sua prosperidade, percebendo-os como um peso e uma ameaça a uma "identidade nacional" fabricada, nas condições que vimos, no fim do século XVIII, e cuja homogeneidade é superestimada.[41]

De forma recíproca, os comunitarismos com que esses mesmos países se chocam cada vez mais consistem, em sua maioria, em construções recentes que atraem pessoas ou grupos desejosos de adquirir uma identidade subjetivamente valorizadora que escape às escalas dominantes de comparação social. Em geral, trata-se menos de preservar tradições autênticas ameaçadas por uma vontade de homogeneização nacional do que de se afirmar pela sua rejeição, em nome de um novo combate contra a sociedade liberal. As oposições teológicas muitas vezes são de menor importância que os sinais exteriores de diferenciação.[42] Desse modo, manifestações simbólicas acabam passando por diferenças substanciais e alimentando formas de hostilidade que teriam poucos motivos objetivos de existir, poderiam ser atenuadas pelo tratamento de suas causas econômicas e sociais ou se resolveriam pela revelação de sua origem cognitiva, não fosse seu novo papel nas oposições doutrinárias no interior do mundo ocidental. O deslocamento do combate islamista para o interior da Europa confronta as sociedades liberais com a contradição entre seu pluralismo e seu nacionalismo. E, aos poucos, se vê obrigada a abandonar um ou outro contra a vontade.

Enxergar as coisas de outra forma que não a fatal dupla "eles ou nós" não produz nenhuma resolução instantânea, mas permite, com o tempo, encontrar caminhos menos conflituosos, até então vedados por ideologias que os apresentavam como indignos até mesmo de serem debatidos. Não existe força política mais poderosa que a busca da própria identidade. Ora, trata-se de um artefato que podemos, em tese, optar por trabalhar de maneira ao mesmo tempo menos antagônica e mais de acordo com as realidades históricas.

Um sinal de encorajamento pode ser detectado na simultaneidade entre a universalização do Antagonismo e o surgimento de um humanismo planetário. A partir de Hiroshima, começou a se manifestar um sentimento de partilha de perigos e interesses, transcendendo as fronteiras nacionais. Surgido da vontade de proteger indivíduos e grupos, o humanismo evoluiu para o desejo de preservação global da biosfera. Paralelamente, manifestou-se o princípio de uma vontade coletiva de restringir, em toda parte, as práticas exterminadoras, mesmo quando não se está diretamente envolvido. Dessa maneira, formou-se um melhor equilíbrio entre os dois polos ideológicos, que, contudo, não foi capaz até hoje de inibir as identificações antagônicas como modalidade primordial do olhar político para o outro.

Outro avanço favorável é a aquisição de um novo senso de responsabilidade pessoal. A recuperação desse reconhecimento no indivíduo foi o significado profundo dos movimentos estudantis das décadas de 1960 e seguintes. Uma aspiração inicialmente libertária, tendo como motivação preponderante a liberação sexual, acabou gerando efeitos consideráveis no conjunto das instituições cardeais. A universidade e, depois, a escola progressivamente aceitaram tornar seu ensino mais interativo e individualizado, chegando mesmo a autorizar aos alunos que expressassem julgamento sobre os professores. A igreja católica, por sua vez, lentamente se move em uma direção semelhante a partir do Vaticano II. Aos poucos, as empresas introduziram formas de colaboração menos hierárquicas. Os exércitos abriram um embrião de diálogo com as tropas, cuja obediência incondicional deixou de ser considerada *a priori* em todos os casos. As formas autoritárias de governo começaram a precisar se esconder por negação. E, acima de tudo, o direito estabeleceu uma responsabilidade individual em terrenos cada vez mais numerosos, gradualmente privando os dirigentes de sua irresponsabilidade jurídica ancestral.

Sem dúvida, a prevenção de práticas de extermínio pode ser amplamente alcançada por uma responsabilização penal explícita e digna de crédito dos mandantes e executantes, a qual começou a se instaurar, mas sua universalização depende, no momento, do consentimento de governos que não afastaram tais práticas. Só uma evolução cognitiva que afete seu modo de legitimidade pode acabar por forçá-los. Ela exige, por sua vez, uma compreensão coletiva da ideologia de extermínio mais profunda que a habitual, que atribui os crimes de massa apenas à barbárie de certos regimes ou povos. Assim, sugerir que a democratização integral do planeta ou sua ocidentalização seria a condição prévia e suficiente para a prevenção é produto de uma confusão.[43] A democracia e o parlamentarismo, como infelizmente constatamos em diversas oportunidades, não fornecem, por si mesmos, nenhuma garantia suficiente a esse respeito. Como existe, além disso, uma interação constante com os regimes não democráticos a que continua sujeita grande parte do mundo, acarretando intervenções, represálias e medidas extraordinárias de direito positivo, da parte de países democráticos que constatam do exterior esses abusos ou sofrem seus efeitos, a prevenção só será eficaz se for generalizada.

Essa evolução requer nada menos que uma modificação global de nossa concepção da legitimidade de todo e qualquer regime, democrático ou não. Enquanto a forma do regime for considerada mais importante que o respeito à integridade das populações civis ou enquanto os grupos sociais de costumes distintos forem tratados como realidades substanciais passíveis de eliminação de qualquer forma, haverá homens dispostos a ordenar um extermínio e outros, a obedecer.

O mundo melhorou desde 1945. A queda de Berlim e, após, a do seu muro constituem os grandes momentos desse processo. Mas o mundo também tinha melhorado entre as duas guerras, e de maneira brilhante: o presidente Wilson e vários grandes dirigentes europeus eram humanistas, a Sociedade das Nações fora constituída, a guerra fora posta fora da lei. A proliferação de invenções técnicas prometia um desenvolvimento pacífico da humanidade, a erradicação progressiva da fome e da doença, um enriquecimento universal e a generalização da educação. O capital tomava o lugar do sangue como objeto de ambição. Uma coisa, contudo, não mudara: um antigo adubo ideológico continuava surdamente a macerar. E continua a constituir o fundo de nossa cultura.

Estão em causa todos os componentes ideológicos tóxicos, sem exceção, cuja presença tinha enraizado o nazismo na civilização ocidental. "Acivilismo" e terrorismo de Estado, ainda que pensados como operações defensivas, são tão perigosos quanto populismo, positivismo jurídico, colonialismo e supremacismo em todas as suas formas. Devemos aprender a tratar nacionalismo e xenofobia não como forças ou provas de realismo, mas, já agora, como fraquezas políticas e manifestações de uma desordem cognitiva. Da nebulosa ideológica identificada, nada mais resta a ser preservado. A magnitude da tarefa deve ser adequada à simplicidade do remédio, que estritamente depende apenas de cada um de nós, pois os males cognitivos requerem unicamente remédios cognitivos e eles não foram administrados.

CONCLUSÃO

Encarar o Ocidente

Terminei este livro de uma forma diferente em relação àquela quando nele entrei. Naturalmente, eu esperava surpresas, mas de modo algum esperava constatar que a perturbação cognitiva de efeitos mortíferos de que uma parte dominante do Ocidente estava acometida havia tanto tempo fosse tão profunda que me obrigaria a me modificar para dela me libertar. O Antagonismo não é um comportamento natural nem uma simples maldade ou estupidez; é a forma aos poucos assumida por nossa maneira de estar no mundo e concebê-lo, que se intensificou constantemente na era moderna. Tornamo-nos pouco capazes de forjar projetos e de adquirir uma identidade qualquer sem colocar em suas bases nossas oposições a outros homens. E nós os temermos tanto mais na medida em que os agrupamos em conjuntos indefiníveis, suscetíveis de não nos dar paz alguma se não os eliminarmos por completo. Não temermos menos os fracos que os fortes. O extermínio, embora só seja executado em circunstâncias especiais, é uma consequência lógica dessa desordem. O extermínio nazista, que é, de longe, o mais destruidor, reuniu as forças intelectuais mais poderosas que obedeciam a esse princípio.

Uma via humanista é urgente e mais nova do que parece. Suas chances de sucesso são ignoradas, levando-se em conta as trevas ideológicas nas quais continuamos a viver. Ela requer que sejam solapados, um a um, os componentes do Antagonismo, e que nos eximamos de combater grupos como tais, mas unicamente atos. Isso exige esforço para tornar nossa linguagem mais nominalista[1] em relação aos seres humanos. Não se trata apenas de abrir mão de misturar nossos adversários em amontoados confusos que não permitam distingui-los individualmente, em função de seus atos pessoais; trata-se também de não nos identificar a partir de agrupamentos cuja existência, às vezes bem real em seus efeitos, é, todavia, imaginária do início ao fim, como, por exemplo, os povos, as Nações e as raças. Naturalmente, podemos formar comunidades, desde que não sejam exclusivas; considerar-nos e ser reconhecidos como cidadãos de determinado país ou súditos deste ou daquele soberano. O mesmo ocorre se formos militantes de um partido, movimento, igreja ou organização. Mas não seria quimérico opor-nos a que esses conjuntos aos quais nos vinculamos adotem como alvo entidades não individualizáveis.

Espero ter deixado claro que a hipótese de que o nazismo tem sua origem na ideologia ocidental dominante e que cometeu um crime ainda maior que o extermínio dos judeus não é desprovida de fundamento. Sei quanto proposições dessa natureza podem suscitar interpretações falaciosas. As objeções de "diluição de responsabilidades" ou "banalização do mal" são as primeiras que ocorrem. Aqui, quero limitar-me a dizer que estender as responsabilidades de um crime e ampliar seu objeto não equivalem a reduzir sua responsabilidade e minimizar o objeto. Partindo-se do princípio de que o mal dependia de uma ideologia compartilhada, tentei frisar que o tratamento deveria ser mais radical do que se supunha, voltando-se para os canais por meio dos quais a doença se propaga. Para expandir um pouco a metáfora, nossos pensamentos são os locais distantes de células ainda tumorais. A excisão do nazismo na Alemanha, deixando a proliferação sem obstáculos uma vez desaparecido o tumor primário, não é terapêutica suficiente. Reconhecido o mecanismo, cada um dispõe em si mesmo dos recursos para a única cura disponível.

O papel central que o extermínio dos judeus desempenha no projeto global dos nazistas não é uma objeção a essa ideia. O incendiário voltou para eles uma parte preponderante do seu esforço, por motivos ideológicos identificados, com consequências que ninguém mais poderia contestar. E isso, naturalmente, desperta na cultura judaica uma atenção muito particular para o fenômeno e seu risco de repetição, que deveria suscitar nos outros um cuidado específico no sentido de vigiar para que o componente ideológico antissemita desapareça antes de tudo, o que ainda está longe de ser o caso. Mas isso não transforma os judeus em pessoas distintas no sentido do carrasco. Tratá-los como tais ou pensar assim, de alguma maneira associando a personalidade do alvo ao crime de que foi vítima, em vez de associar o crime ao criminoso, seria uma escolha desalentadora, propícia a retardar o desaparecimento do mal. Ouso desejar que os mais próximos das vítimas se sintam no dever superior de extirpar a ideologia patogênica em todas as suas dimensões.

Outra objeção seria uma "exoneração da Alemanha". O gesto foi cometido por cada um daqueles que o conceberam, que para ele contribuíram ou que o deixaram acontecer, com seus atos ou a adesão à ideologia que o gera. É evidente que a maioria dos membros da população alemã, na época em questão, tinha uma responsabilidade mais direta que a maioria dos outros. Os filhos e os netos que educaram sentiram, em grande número, a necessidade de efetuar um trabalho de expurgo. Se ele não se concretizou, muitas vezes não terá sido por falta de sinceridade, mas porque, na Alemanha, como em tantos outros países, a profundidade das raízes foi minimizada. Contudo, o fato é que a responsabilidade não termina nas fronteiras do Reich. Em todos os países invadidos, surgiram, em massa, protagonistas ou cúmplices das operações de extermínio. À parte a cumplicidade material, a responsabilidade intelectual também atinge pessoas que, em certos casos, estavam mortas antes do nascimento de Hitler ou viviam a milhares de quilômetros dos lugares em que foram cometidas atrocidades, tendo contribuído para o avanço da ideologia antagônica. Algumas tinham servido de modelo para os dirigentes nazistas. A maioria se limitara a agir como elos de uma imensa cadeia de reação assassina, cuja suprema manifestação não tinha como prever e que, em geral, teria reprovado. Era inevitável que as houvesse entre as vítimas. Ora, os habitantes dos países situados fora da Alemanha se sentiram menos obrigados que os alemães a entender o que ocorrera e encontrar qual parte de sua formação poderia estar em causa. Muitos partiam do princípio de que estavam isentos, na qualidade de habitantes de Estados que haviam combatido os exércitos do Terceiro Reich ou, em certos casos, membros de famílias ou partidos nos quais havia resistentes e vítimas. Esses chegaram, no máximo, a aprovar passivamente a acusação dos últimos culpados que acaso ainda vivessem entre eles, na ideia de concluir definitivamente a purificação sem grande esforço pessoal. Mas o essencial do trabalho que seria desejável levar a seu término foi relegado aos historiadores, que, paradoxalmente, não estavam exatamente em condições de realizá-lo, por maior que fosse a qualidade de seus indispensáveis trabalhos.

Como a ciência fragmenta seus objetos para apreendê-los com rigor, o nazismo se tornou uma entidade complicada demais para que fosse possível reunir seus elementos. Periodicamente, os especialistas trazem à luz novos aspectos que permaneceram obscuros. Mas, quando deixam o terreno antes delimitado para tentar compreender o quebra-cabeça, quase sempre transformam a zona que iluminaram — a administração,[2] o antissemitismo,[3] a economia,[4] o Estado-Maior, as raízes "völkish",[5] a frente russa e as considerações de ordem estratégica,[6] o socialismo, o antibolchevismo,[7] a psicologia dos dirigentes ou a opinião das testemunhas passivas ou dos executante, ou ainda outras — em candidata à condição de explicação principal, tentativa que necessariamente fracassa.[8]

Um consenso reconfortante, mas que, na verdade, deveria antes preocupar-nos, atenua atualmente essa carência fora da Universidade. Costuma-se apresentar o nazismo como algo que desafia a razão; portanto, estranho a nós, que nos consideramos racionais. O nazismo é analisado como um fenômeno não democrático; portanto, estranho a nós, que nos consideramos democratas; racista; portanto, estranho a nós, que supostamente o seríamos menos que nossos antepassados; e produzido pela sua época; portanto, estranho a nós, que vivemos em um mundo mais esclarecido. Sem ser propriamente incomparável, pois reconhecemos que nossos atuais inimigos também cometem genocídios, ele é considerado único e inefável: combatê-lo é possível, ainda mais mediante uma reverência ritualística às vítimas e uma condenação das interpretações históricas. Em uma palavra, ficamos desolados, sem nos sentirmos realmente implicados. Receio que seja necessário acabar com essa visão enfeitada se de fato quisermos começar a nos comportar um pouco melhor.

Se fosse o caso de qualificar a interpretação aqui apresentada a respeito da nomenclatura habitual dos historiadores do nazismo, poderíamos até chamá-la de "intencionalismo realista": a realidade é produto de intenções que se compõem entre elas, e não uma intenção única e predeterminada que se imporia às coisas, como, por exemplo, a intenção de um Hitler *a priori* onipotente. A estrutura do Partido único tornava seu papel muito importante e, ainda que levemos em conta o essencial componente de caos inerente a todo desdobramento histórico, não seria razoável apresentar os dirigentes como protagonistas como outros quaisquer, levados por acontecimentos que não teriam grande ligação entre si. Ainda seria necessário que o Partido único viesse a ser instaurado, que sua linha política fosse compatível com as expectativas iniciais da população e que essa população, por sua vez, estivesse predisposta pela cultura da qual constituía uma das principais expressões. A relativa unidade ideológica do Ocidente dominante se expressou por modalidades diferentes nos países aqui considerados, pois, cada um à sua maneira, percorreu seu próprio *Sonderweg* (caminho particular), nenhum deles, contudo, possível isoladamente. O caminho próprio de cada região foi condicionado por essa matriz comum, ao mesmo tempo que, naturalmente, se dotava de características locais compatíveis com ela. Em outras palavras, o nazismo é um fenômeno alemão profundamente enraizado na civilização ocidental, e os atos que o caracterizam tinham, na época, adquirido alta probabilidade de se produzir no país.

Não considerei adequado atribuir papel central aos conceitos de totalitarismo e modernidade, não obstante sua importância na historiografia contemporânea,[9] pois ambos acabam levando a simplificações.[10] Naturalmente, o nazismo tem um profundo parentesco com o bolchevismo, expresso como "totalitarismo", e com o fascismo italiano, espanhol ou francês. As influências diretas do regime comunista de Partido único, assim como as do nacionalismo mussolinista, são evidentes e ensinadas aos escolares. Mas essas relações, em parte contraditórias, não são capazes de explicar, por si mesmas, a natureza do projeto nazista, o alcance de sua intenção exterminadora e seus êxitos. O conceito de "crise da modernidade" tampouco carece de pertinência. Esse conceito permite uma aproximação simétrica e complementar com os regimes parlamentares das outras grandes potências ocidentais, mas capta apenas outro aspecto limitado da matriz, que, na verdade, dá à luz de maneira convergente o conjunto desses fenômenos. Ela restringe o enraizamento do nazismo, reduzindo-o a um desvirtuamento do sistema industrial e, assim, ocultando componentes essenciais, porém separados, como o supremacismo racial e o nacionalismo.

Essas distinções repousam na compreensível vontade de os autores salvaguardarem suas respectivas orientações políticas. Uns querem isentar o comunismo; outros, a sociedade liberal, tentando naturalmente cada país, a começar pela Alemanha, obter circunstâncias atenuantes. Ora, o nazismo resulta de uma hibridação final das diferentes linhagens ideológicas. Justamente ele, que cultivava a pureza das origens, é o sistema cujas fontes são mais misturadas. Os múltiplos cruzamentos de que é produto, em vez de neutralizarem as características transmitidas, se manifestaram com extraordinária sinergia. Desse modo, o monstro traz em si a quintessência, senão da cultura ocidental, pelo menos de sua parte dominante.

Tais circunstâncias fazem dele uma realidade ao mesmo tempo absolutamente única e representativa. Daí sua importância crucial para todos nós, sem exceção. O crime é de tal envergadura e de tal intensidade, sua concepção e sua realização exigiram tantos recursos materiais e intelectuais, tanta determinação e tanta cumplicidade, que somos forçados a nos perguntar o que dele nos separa ou nos aproxima, moral e culturalmente, para saber quem somos no fim das contas e do que somos herdeiros. A respeito disso, ele não constitui simplesmente um acontecimento histórico da maior importância, como a Revolução Francesa ou a Revolução Russa. É o acontecimento crítico de nossa civilização, o de mais poderosa irradiação, e que não deixou a seu redor nenhuma outra cultura isenta de sua influência.

Por esses motivos, julguei necessário olhar o Ocidente bem de frente. Ele gerou nazismo, liberalismo, comunismo, fascismo e também humanismo. Ninguém pode considerar-se autônomo em relação a ele. O câncer exterminador de que foi cometido — que assumiu diversas formas de metástase, quase o levou, durante as guerras mundiais e a guerra fria, e infectou o restante do mundo — certamente não é irreversível. Mas é uma realidade. Ora, as amputações classicamente propostas são por demais parciais para que se possa esperar uma cura.

Resta considerar o argumento do risco que haveria em reconhecer a persistência de uma ideologia maléfica em nossos países. Um remorso indecente teria como efeito apenas convidar seus adversários, que são violentos, a investir contra suas populações por mais um motivo. A meu ver, o procedimento seria mais risível que perigoso, se fosse só verbal e não ocasionasse efetiva transformação. Questionar a si mesmo, e não aos outros, tem a vantagem de atenuar por contágio o Antagonismo. Ele subentende uma hostilidade que, de qualquer forma, seria exercida sem que fosse estimulado, e contra a qual somos absolutamente impotentes.

Desiludir-se não confere meios superiores de ação. Devemos encontrar forças para nos apropriar das pobres armas de pedra que nos restam, pois, lembra Montesquieu, "a política é uma lima surda que se gasta e lentamente chega ao fim".[11]

Roma, novembro de 2013

Notas

Prólogo

1. Hitler havia, no entanto, cumprimentado Himmler por ter recrutado delinquentes. Via neles uma força brutal que correspondia à natureza popular do nazismo: "A melhor coisa que você fez, Himmler, foi ter transformado o incendiário em bombeiro. Desse modo, o bombeiro vive sob a ameaça de ser enforcado se houver um incêndio" (Hitler, *Libres propos sur la guerre et la paix recueillis sur l'ordre de Martin Bormann*), 24 de janeiro de 1942. "Minhas tropas de choque em 1923 tinham alguns elementos extraordinários [...] Esses elementos não podem ser usados em tempos de paz, mas é muito diferente em períodos de agitação. Nessas condições, esses alegres salteadores eram, para mim, insubstituíveis como auxiliares. Cinquenta burgueses não valeriam um só deles. Com que confiança cega eles me seguiam! Fundamentalmente, não passavam de crianças grandes. Quanto à sua suposta brutalidade, estavam simplesmente próximos demais da natureza", *Ibid.*, 2 de novembro de 1941.
2. Para uma exposição das diferentes explicações propostas pelos historiadores até o fim do século XIX, ver (Kershaw, *Qu'est-ce que le nazisme? Problèmes et perspectives d'interprétation* [trad. fr.]). Ver também sobre a questão mais específica do extermínio (Bauer, *Repenser l'holocauste* [trad. fr.]). Costuma-se estabelecer uma distinção entre as interpretações "intencionalistas" e as "funcionalistas", atribuindo àquelas um lugar preponderante às intenções hitleristas, enquanto essas insistem, pelo contrário, no caráter caótico da evolução do poder nazista. Outra distinção comum opõe os partidários do *Sonderweg* (caminho particular), que colocam em primeiro plano as particularidades sócio-históricas alemãs, aos adeptos da tese de uma crise da modernidade.

3. (Goebbels, *Journal 1923-1933* [trad. fr.]) (Goebbels, *Journal 1933-1939* [trad. fr.]) (Goebbels, *Journal 1939-1942* [trad. fr.]) (Goebbels, *Journal 1943-1945* [trad. fr.]). Uma edição alemã completa em 29 volumes foi publicada por KG Saur, Munique.

4. No caso específico de Hitler, dispomos, além de *Mein Kampf* (Hitler, *Mein Kampf* [trad. fr.]), do manuscrito do *Segundo Livro* de 1928 (Hitler, *Hitlers zweites Buch* [G. L. Weinberg, ed.]), em alemão e em tradução inglesa; da coleção em alemão e da tradução inglesa dos *Discursos e Proclamações* por Max Domarus (em quatro volumes) (Domarus), que pode ser completada, no que se refere ao período 1925-1933, pela compilação dos *Discursos, escritos e diretivas* editada em alemão pelo Instituto de História Contemporânea de Munique; da transcrição alemã e das traduções inglesa e francesa dos *Comentários à mesa* [*Propos de table*] de 1941 a 1944, também conhecidos como *Conversas secretas* ou *Bormann-Vermerke* (Hitler, *Libres propos sur la guerre et la paix recueillis sur l'ordre de Martin Bormann*), texto em geral digno de confiança, apesar de serem prováveis as interferências de Bormann; das *Cartas e anotações* da idade de 17 anos até a morte de Hitler, editadas por Werner Maser, em alemão e em tradução inglesa; do *Testamento Político* de 29 de abril de 1945, em seu original alemão e nas traduções das línguas do processo de Nuremberg; dos *Testamentos Privados* de 1938 e 1945 em alemão e em tradução inglesa; da reprodução estenográfica das *Conferências de Situação Militar* com os membros do Alto Estado-Maior, de 1942 a 1945, em alemão e em traduções inglesa e francesa; das *Diretivas ao Estado-Maior da Wehrmacht de 1939-1945*, em alemão e em tradução inglesa. Somam-se a esses documentos os enormes arquivos diplomáticos e militares da Alemanha e dos outros países beligerantes citando Hitler; e a abundante coleção de jornais, cadernos e recordações de muitos personagens que conviveram com ele, como os *Cadernos de guerra 1939-1942*, do general Franz Halder. Por outro lado, a documentação, que durante muito tempo ficou reduzida aos dirigentes, pouco a pouco se ampliou para as diferentes categorias de atores, população civil e executantes, cujos diferentes estados de espírito hoje conhecemos muito melhor. Ela se amplia progressivamente e continuará assim paralelamente à abertura ao público dos arquivos ainda secretos relativos a esse período.

5. Seus objetivos de extermínio, por sua vez, se intensificaram com os reveses militares, que deixavam menos espaço para as ambições escravagistas. Ver seção 2.3.1.

6. Escrevo "judeu" em minúsculas, assim como "cristão" ou "muçulmano", de acordo com as regras da língua francesa relativas a um grupo religioso. E escrevo "Judeu" com maiúscula quando uma pessoa designa a si mesma ou é designada por seus adversários como membro do "povo" judeu, de acordo

com as regras ortográficas francesas a respeito de nacionalidades, exatamente como um "Francês" ou um "Alemão". No caso de gentílicos que não se referem a uma nacionalidade, adotei a minúscula (por exemplo, os "escravos", os "africanos" ou os "ameríndios"). Espero que as conclusões deste ensaio justifiquem essas soluções excepcionais.
7. Cinquenta mil vítimas.

Introdução
Nuremberg, cidade do Ocidente

1. Na verdade, 22, se excluirmos Gustav Krupp von Bohlen und Halbach, medicamente inapto a ser julgado.
2. Dos 22 acusados de fato julgados em Nuremberg, três foram pura e simplesmente absolvidos. Um deles, Alfred Jodl, seria reabilitado postumamente, em 1953. Para uma lista dos criminosos de guerra e dos criminosos contra a humanidade das potências do Eixo que foram julgados, à exceção das pessoas julgadas por traição em seus respectivos países, ver (wikipedia/procesnuremberg/5.2). Cabe notar o baixíssimo número de condenações pesadas não comutadas. Ver também (Hilberg), III, p. 2000 *sq*.
3. Proprietário em particular da AFA VARTA, fabricante de baterias e administrador das maiores empresas nazistas, Günther Quandt, imediatamente depois da guerra, se tornou proprietário da BMW, grupo ainda hoje controlado por seus herdeiros. Graças à sua complacência para com Goebbels, que quis casar-se com sua mulher, Magda, e o fez no próprio castelo do antigo casal, em sua presença e na presença de Hitler, ele conseguiu que fossem destinados às suas fábricas escravos submetidos ao regime concentracionário. Também se beneficiou da ajuda da SS na extorsão das empresas de seus concorrentes nos países conquistados.
4. Extraído da Ordem do Dia ao Exército, de Erich von Manstein, comandante em chefe do 11º Exército, 20 de novembro de 1941 (documento Nuremberg USA 927): "Esse combate não deve ser conduzido apenas contra as forças armadas soviéticas e de acordo com as leis de guerra reconhecidas na Europa [...] Os judeus servem de intermediários entre o inimigo na nossa retaguarda e os restos do Exército Vermelho e do Comando Vermelho que ainda estão lutando. Eles controlam mais que na Europa todos os pontos-chaves da direção política, da administração, do comércio e dos negócios, e continuam formando a célula de todos os problemas e revoltas possíveis. [...] O soldado deve entender a necessidade de promover represálias severas contra os judeus,

que são as forças intelectuais por trás do terror bolchevique. Essas medidas também são necessárias para sufocar no nascedouro as sublevações de que os judeus são os principais instigadores."

5. Os *Einsatzgruppen* eram unidades móveis especialmente formadas para operar as execuções em massa de civis por trás das linhas. No caso, trata-se do *Einsatzgruppe* D, comandado por Otto Ohlendorf, economista e general SS, anteriormente chefe de serviço na SD. O grupo agia sob o comando de Heydrich, e não de von Manstein, mas de modo algum podia atuar sem o apoio da Wehrmacht no setor sob a responsabilidade deste. Ohlendorf esclareceu, em Nuremberg, que, sem as instruções de Hitler aos comandantes em chefe dos grupos de exércitos e dos exércitos, "as atividades dos *Einsatzgruppen* não teriam sido possíveis", e que ele recebera de Von Manstein um pedido para acelerar a liquidação em Simferopol, a fim de evitar a fome. Interrogado pelo procurador sobre a quantidade e a natureza das execuções do *Einsatzgruppe* D, ele deu estas respostas: "Cem mil?" (Ele declarou que esse número era menor que o dos outros grupos.) "Talvez." "Havia muitas crianças judias entre os que eram mortos?" "Sim, naturalmente." Segue-se a frase usada como epígrafe deste capítulo, citada pelo procurador americano Benjamin Ferencz. Ele pediu a absolvição pura e simplesmente, pelo fato de o réu ter agido sem intenção criminosa, por obediência a ordens justificadas pela necessidade de uma autodefesa preventiva. Indicou, por fim, que sua condenação não deixaria de ter consequências para os judeus americanos. Sobre a personalidade de Otto Ohlendorf e as condições de seu depoimento, ver (Earl).

6. O chanceler Adenauer escolheu Erich von Manstein como seu assessor militar e o nomeou para a chefia da comissão incumbida de auxiliar o Parlamento da Alemanha Ocidental na organização do exército e em sua incorporação à OTAN.

7. (Lemay), p. 487. Em certa medida como consequência das pressões feitas por seu lobby britânico (sustentado, em particular, pelo historiador militar Sir Basil Henry Liddell Hart), E. von Manstein teve sua libertação antecipada para 7 de maio de 1953. A lenda de uma Wehrmacht sem máculas podia ter prosseguimento com o assentimento de uma parte das elites aliadas.

8. Ver (Weisenborn). A obra é um pouco antiga (1953) e, desde então, os dados foram revistos para mais. Ela dá conta de 1 milhão de detenções políticas não especialmente raciais na Alemanha, tendo resultado em várias centenas de milhares de mortos ou desaparecidos. A oposição assim reprimida pelos nazistas partia principalmente dos meios de esquerda (social-democratas e comunistas) ou liberais, religiosos (protestantes, católicos, testemunhas de Jeová), nacionalistas (Alsácia e Mosela, Áustria), administrativos e militares. Naturalmente, incluía alguns humanistas individuais. Os campos de concen-

tração de Dachau, no subúrbio de Munique, e Buchenwald, perto de Weimar, foram concebidos para quebrar essa resistência interna mediante técnicas de terror, desgaste e desumanização, que posteriormente seriam reproduzidas e intensificadas nos campos de extermínio de finalidade racial. Com o mesmo objetivo, eles haviam sido precedidos por um breve período pelos campos de internamento arbitrário da SA. Theodor Eicke introduziu os métodos empregados em Dachau depois da sua própria internação psiquiátrica, a pedido do Gauleiter, da Renânia-Palatinado. Ele próprio, depois de nomeado "Inspetor dos Campos de Concentração e Comandante das Unidades SS Caveira", é que viria a ensinar esses métodos aos responsáveis pelos campos da Polônia.

9. Esses conceitos, dos quais apresentamos aqui algumas breves definições prévias, são explicitados nos capítulos a eles dedicados. O *supremacismo racial* considera que os seres humanos são repartidos em espécies biológicas distintas, chamadas "raças", em rivalidade pela dominação, uma das quais dispondo de superioridade natural que a destina a levar a melhor. O *eugenismo* político atribui aos poderes públicos a missão de melhorar a espécie humana pela eliminação das características consideradas não adaptativas, por meio da seleção, da criação, da eutanásia ou da esterilização. O *nacionalismo* é a ideia de que os homens adquirem sua identidade primordial pela filiação a grupamentos históricos e territoriais, apresentados como substanciais e designados como "Nações", às quais eles devem dar prioridade em detrimento de qualquer outro tipo de agrupamento, se necessário sacrificando seus próprios interesses. O *antissemitismo* visa submeter ou afastar as pessoas de tradição judaica e aquelas que lhes são aparentadas mediante todos os dispositivos discriminatórios de ordem privada ou pública, o acantonamento, a expulsão ou a eliminação física. O *propagandismo* é a utilização sistemática dos meios de comunicação, inclusive pela seleção e distorção da informações transmitidas, com vistas a realizar um consenso político de acordo com os interesses de seus mandantes. O *militarismo* é a ideia de que, prevalecendo os objetivos militares sobre quaisquer outras considerações de ordem jurídica ou moral, a sociedade e o exército devem tender a se confundir em uma organização única para alcançá-los. O *burocratismo* é o controle administrativo de uma população, por meio de uma organização hierárquica isenta de recursos jurídicos eficazes. O *autoritarismo* é a convicção de que toda organização eficaz está sujeita a um princípio de comando hierárquico, que seria debilitado por retroações não solicitadas da parte dos executantes ou pelo pluralismo. O *antiparlamentarismo* é a afirmação de que toda eleição que não seja plebiscitária constitui um fator de divisão da sociedade. O *positivismo jurídico* identifica como fonte única do direito a vontade de um legislador, à qual as jurisdições

devem submeter-se, sem ponderá-la com outras fontes, como a doutrina, a jurisprudência, os costumes ou a equidade. O *messianismo* político é o apoio ou a espera de um indivíduo dotado de qualidades extraordinárias que lhe permitem resolver as principais dificuldades políticas enfrentadas por uma população. O *colonialismo* autoriza os países mais poderosos no momento em questão a assumir, direta ou indiretamente, o controle econômico e político dos países menos poderosos. O *terrorismo de Estado* é a ideia de que é legítimo que um governo iniba pelo terror a resistência de seus adversários, especialmente pela espionagem da vida privada, a tortura, o encarceramento arbitrário ou o assassinato. O *populismo* é a afirmação de que o interesse de certos grupos desfavorecidos justifica medidas extraordinárias contra uma parte das elites. O *juvenilismo* é a ideia de que o poder político e econômico deve ser prioritariamente atribuído aos jovens adultos. O *historicismo* atribui à História um sentido estritamente orientado, justificando o combate contra pessoas designadas como obstáculos à sua realização. O *escravagismo* é a ideia de que certas pessoas, pelo fato de uma suposta inferioridade substancial ou em virtude do direito de guerra, do fato de pertencerem a um grupo adverso, de uma condenação judiciária ou de uma transação comercial, podem ser legitimamente submetidas pela força ao trabalho ou à sujeição sexual.

10. Não se trata de uma enumeração limitativa, pois uma descrição realmente completa se confundiria com o próprio fenômeno, nem da única possível, pois de modo algum estamos impedidos de dividir ou agrupar de outra maneira alguns de seus elementos, introduzindo, por exemplo, os termos fascismo, totalitarismo, anticlericalismo ou socialismo corporativista, e até mesmo especificando alguns deles, sendo, por exemplo, o nacionalismo alemão encarado como "völkismo", ou o historicismo como um modernismo industrial nacional.
11. Ver (Goldensohn) ou (Neitzel).
12. Em dezembro de 1939, o general Keitel se queixou da recusa de os soviéticos receberem os judeus poloneses que fugiam da zona alemã. A partir de 1940, o NKVD deportou para a Sibéria cerca de 350 mil pessoas detidas na zona soviética da Polônia e depois para a Bessarábia, a Bucovina e zonas bálticas.
13. O montante sem precedentes da ajuda americana à União Soviética no contexto do acordo de arrendamento financeiro de 11 de março de 1941 é superior a 140 bilhões de dólares de 2013. Entre os fornecimentos, estavam 409 mil caminhões, 12 mil aviões, 13 mil veículos de combate, 2 mil locomotivas e 735 navios. Os Estados Unidos abriram mão de qualquer reembolso relativo a fornecimentos destruídos, perdidos ou consumidos durante a guerra, e receberam apenas um reembolso muito baixo dos materiais subsistentes. Ver (Dunajewski).
14. Ver (Hilberg), T. III, p. 2273.

15. Simbolicamente, o primeiro tiro disparado pelas tropas britânicas em 2 de setembro de 1939, no dia seguinte à invasão da Polônia, foi em uma praia de Tel Aviv, contra refugiados que desembarcavam da Polônia, da Tchecoslováquia, da Romênia e da Bulgária.
16. As vítimas civis dos bombardeios das cidades alemãs são, em geral, estimadas em 600 mil.
17. Ver a análise retrospectiva de Robert McNamara em (Morris). Ver também a reprovação da decisão de Truman por Eisenhower em (Eisenhower), p. 312 *sq.*
18. A operação "Paperclip" (Hunt), que não era única, com o objetivo de obter a colaboração de cientistas nazistas depois da guerra, alcançou proporções consideráveis e teve prosseguimento pelo menos até o fim da década de 1980. Não se tratava apenas de violar a lei para proteger grandes criminosos comprovados, mas também, às vezes, de importar seus métodos. Experiências terríveis, particularmente químicas, foram realizadas em soldados americanos sem o seu consentimento. Em nome do realismo ou da razão de Estado, uma cultura do cinismo e da ilegalidade começou a impregnar os serviços de informação e os Estados-Maiores americanos, assim como seus correspondentes soviéticos. O alcance e a duração dessas práticas implicavam a aceitação tácita da parte da administração e do Congresso. Sua justificação junto ao público foi, durante muito tempo, a conquista espacial, para a qual contribuíram, como colaboradores de Werner von Braun, muitos engenheiros que tinham utilizado conscientemente mão de obra escrava no campo de Dora.
19. Alguns exemplos: Obersturmbannführer Friedrich Buchardt, *Einsatzgruppe B* (134 mil mortos), para o MI6 e depois o OSS; Sturmbannführer Viktors Arājs, *Sonderkommando* da Polícia Auxiliar da Letônia (100 mil mortos), para o MI6; Obersturmführer Heinz Felfe, SD, para o MI6, o BND (Alemanha Ocidental), e o KGB; Hauptsturmführer Horst Kopkow, Gestapo e SD, para o MI5; Hauptsturmführer Klaus Barbie, Gestapo, para a *US Counter Intelligence* (Barbie trabalhava então contra os serviços franceses). Ver (Richard Breitman & alii), (Breitman R & Goda N.) & (Walters).
20. Mas a Segunda Guerra Mundial demorou a acabar. Os cinco anos que se seguiram, se nos abstivermos de estender suas sequelas à duração total da ocupação soviética na Europa, foi um período em que vingança, limpeza étnica, guerra civil, colonialismo, abuso do direito positivo, burocratismo, propagandismo, antissemitismo, xenofobia, nacionalismo, trabalhos forçados e tirania continuaram a se nutrir da decomposição do nazismo e da vitalidade de suas fontes. Sobre o conjunto desse tema, ver (Lowe, *L'Europe barbare 1945-1950* [trad. fr.]). As recentes guerras balcânicas, assim como a

ressurgência dos movimentos neofascistas, mostraram que esse tronco ainda estava bem vivo na Europa. Em diferentes graus, podemos encontrá-lo em todo o tabuleiro político.

Capítulo 1
Comentários sobre um mistério

1. "Holocausto", que é um conceito religioso e parece deslocado em um contexto no qual a irreligião, justamente, era uma característica exigida dos executantes SS, caiu em desuso, exceto nos Estados Unidos.
2. O recurso a essas expressões decorre da intenção de prestar às vítimas uma homenagem tão respeitosa quanto possível e de impedir a redução do extermínio nazista a acontecimentos históricos de alcance ou intensidade menor. Nesse sentido, essas denominações não podem ser reprovadas, mas também não podem tomar o lugar da designação extermínio. Ainda que consideremos a palavra Shoah produto de um "ato de nomeação radical", segundo a expressão de Claude Lanzmann, seu introdutor, logo, livre de sua etimologia de "catástrofe natural", imprópria no caso, a utilização excepcional nas línguas europeias de uma raiz hebraica tem por efeito desvincular o extermínio das populações judias do conjunto do projeto do qual ela forma uma parte essencial, mas cuja totalidade não representa. É legítimo designar por um termo específico o extermínio das populações judias, considerando-se seu caráter extraordinariamente maciço, cruel e prioritário; e é legítimo também abordar sua história pelos pontos de vista subjetivos das vítimas. Mas a realidade histórica exige que se associe a um conceito mais amplo. É importante apreender o programa nazista em sua totalidade, a fim de descrevê-lo e compreendê-lo, assim como preservar o vínculo realmente existente entre seus diversos alvos e suas diferentes modalidades sem equiparar uns e outras. A diferença específica em relação ao tratamento reservado às populações eslavas é que estas seriam, em parte, exterminadas e, em parte, submetidas à escravidão, ao passo que as populações judias seriam integralmente exterminadas. Em ambos os casos, o projeto teve sua execução amplamente iniciada. A Shoah é, portanto, o conjunto formado pela perseguição, o aviltamento e o extermínio das populações judias pelos nazistas. É o componente primário do programa nazista de extermínio e sujeição, que é ainda mais vasto.
3. A palavra alemã oficial usada por Hitler e Himmler é *Ausrottung* (verbo: *ausrotten*, forma passiva: *ausgerottet*). Sua etimologia remete à "extirpação

de raízes", e o sentido é o do inglês *extermination* (de insetos) ou *wiping-out* (de uma população). A tradução precisa em francês é *"extermination"* ("ato de matar até o último"), sendo a palavra distinta do termo genérico *Beseitigung*, que tem o sentido de "eliminação" em todas as suas formas.
4. Quando o conceito de *genocídio* (surgido em 1943) foi proposto em Nuremberg, enfrentou resistência dos que enxergavam nele antes um "crime contra a língua" que um crime contra a humanidade. Era, no entanto, um equívoco, pois a palavra é corretamente formada, apesar da mistura de raízes grega e latina. Essas resistências pretendiam, na verdade, levar a qualificação jurídica à situação do direito anterior aos fatos para evitar uma retroatividade das leis. A objeção era fundamentada e atravessou todo o processo, cujas sentenças tiveram de recorrer a certos artifícios, como o conceito de "crime contra a paz" (com base no Pacto Briand-Kellog assinado pela Alemanha), que pusera a guerra fora da lei. Mas a principal dificuldade é de outra natureza. Um extermínio pode caracterizar-se por uma grande variedade de autores, alvos, intensidades e motivações. Seu conceito é puramente factual. É legítimo falar de extermínio a partir do momento em que se constata um início de aniquilamento voluntário de uma população. Nenhum contexto jurídico predeterminado é necessário. Um "genocídio" é, pelo contrário, um conceito jurídico que torna a qualificação estritamente dependente da natureza dos autores, dos alvos, dos procedimentos, dos modos de planejamento, das motivações e do estado do direito positivo. Foi concebido inicialmente com a intenção de limitar sua aplicação ao caso nazista e, por aproximação, aos casos que parecessem suficientemente semelhantes. Segue-se que um extermínio nem sempre é necessariamente reconhecido como genocídio e que a qualificação quase sempre gera polêmica. Em sentido inverso, o conceito de genocídio passou a incorporar outros crimes além do extermínio, como o etnocídio e a deportação. Existe, por fim, uma utilização não jurídica e vaga do conceito de genocídio, que se disseminou na língua corrente. A indeterminação é de tal ordem que qualquer massacre e mesmo qualquer catástrofe de grande envergadura provocada por negligência podem ser interpretados como genocidas, mesmo na ausência de tentativa de aniquilamento. No fim das contas, "genocídio" designa um ato "acivil" de grande alcance cometido por um adversário. Como tal, é inoperante e mesmo contraproducente. A utilização do conceito de extermínio continua, portanto, necessária.
5. Ver seção 2.3.1.
6. O massacre ou encarceramento concentracionário na Polônia de centenas de milhares de turcomenos (como descendentes dos mongóis de Gengis Khan,

por oposição aos tadjiques e uzbeques — considerados de origem iraniana —, e, portanto, ariana) que estavam exilados nos países bálticos, na Polônia e na Ucrânia teve início com o plano Barbarossa. O príncipe Kajum Khan, observador turcomeno em Berlim, foi torturado nessa qualidade. Interrogado pelos aliados em 1947, declarou-se vítima de uma ordem de extermínio sistemático dos turcomenos assinada por Heinrich Müller, superior imediato de Eichmann (Breitman, *Hitler and Gengis Khan*).

7. Um decreto de Himmler, datado de 16 de dezembro de 1942, ordena a deportação de todos os ciganos para o campo de extermínio de Auschwitz. Temos amplas informações sobre os tratamentos sistematicamente aplicados aos escravos das zonas de fato ocupadas, especialmente aos ucranianos e poloneses. Só o destino reservado aos eslavos e turco-mongóis da Rússia oriental não é inteiramente conhecido, em vista do fracasso do plano Barbarossa, mas, a esse respeito, dispomos de indicações concordantes mencionadas na seção 2.3.1.

8. (Bauer, *Repenser l'holocauste* [trad. fr.]).

9. Até mesmo uma tentativa macabra de hierarquização dos métodos de extermínio encontraria obstáculos insuperáveis, pois os nazistas praticaram quase todas elas maciçamente. Certas populações foram submetidas principalmente ao extermínio maciço por balas, atrito e gás (caso dos judeus e dos ciganos). Outras sofreram principalmente o extermínio maciço por balas, desnutrição e trabalho servil (caso dos ucranianos). Algumas foram submetidas principalmente ao extermínio seletivo por atrito e sujeição em campos de concentração não destinados ao extermínio de ciclo curto (caso das vítimas da Europa Oriental) e outras ainda sofreram o extermínio seletivo por balas (caso dos poloneses não judeus). Os holandeses foram alvo de bombardeios de populações civis com destruição de cidades (método testado na Espanha pela aviação alemã). Os judeus de Varsóvia sofreram, além disso, o extermínio por destruição urbana, mesmo destino que fora previsto para os habitantes das grandes cidades da Rússia. Certas populações concentracionárias, entre as quais os judeus eram majoritários, foram submetidas igualmente às "marchas da morte" (*Todesmärsche*). Cabe notar, por outro lado, que todos esses métodos, à exceção da gasificação industrial, mas incluindo fuzilamentos, fome organizada, marchas da morte, escravização e o atrito, foram aplicados em diferentes escalas pelo regime soviético contra suas próprias vítimas políticas e sociais. Em sua maioria, haviam sido praticados pelas potências coloniais, até mesmo a utilização de gás de combate contra populações civis. Os Estados Unidos, por sua vez, introduziram os bombardeios atômicos.

10. O governo jovem turco (Enver, ministro da Guerra, e Talaat, ministro do Interior) tinha decretado, em 1915, a deportação em massa dos cristãos armênios,

que considerava aliados da Rússia, a ela fornecendo apoio durante as operações de guerra. O massacre foi alvo de protestos diplomáticos da Alemanha e da Áustria, apesar de aliadas da Turquia, temendo efeitos desastrosos na opinião pública. Hitler considerava o massacre dos armênios e seu posterior esquecimento uma ilustração da aceitação histórica dos extermínios por parte do Ocidente.

11. Se levarmos em conta as proporções, o extermínio atingiu 67% dos judeus da Europa (fonte: Anti-Defamation League); 25% dos ciganos europeus (fonte: *Holocaust Encyclopedia*, United States Holocaust Memorial Museum) e até 75% segundo as fontes ciganas. Sessenta por cento dos tutsis, se admitirmos que 80% dos mortos computados pela ONU eram tutsis. A população armênia do Império Otomano se reduziu em 95% entre 1905 e 1927, se levarmos em conta apenas as estatísticas otomanas.

12. Também acontece que a abordagem de discriminações por uma mesma pessoa seja considerada "pragmática", quando essa pessoa agia no contexto colonial, e "ideológica", quando agia no contexto do nazismo, como, por exemplo, Marcel Peyrouton, inicialmente residente na Tunísia, depois ministro do Interior de Vichy. Ver (Bensoussan, *Europe. Une passion génocidaire*), p. 127, n. 1.

13. (Bauer, *Juifs à vendre? Les négociations entre nazis et Juifs 1933-1945* [trad. fr.]). Essa tentativa fora antecedida por um arranjo (conhecido pelo nome de *haavara*) datado de setembro de 1933 e em vigor até 1938, entre o governo nazista e a Agência Judaica para a Palestina, que permitia aos judeus emigrar para a Palestina mediante o compromisso de compras em marcos junto a exportadores alemães. Estranhamente, essa extorsão foi às vezes interpretada como um compromisso com Hitler. Da tomada do poder por Hitler até a declaração de guerra, em 1939, cerca de 226 mil judeus do Reich emigraram para os Estados Unidos (56 mil), a Palestina (53 mil), a Grã-Bretanha (50 mil), a França (40 mil), a Bélgica (25 mil) e a Suíça (10 mil), assim como a Argentina, o Brasil, a Austrália e o Canadá. Esses dados teriam sido muito superiores se os países envolvidos não tivessem rapidamente tratado de fechar suas fronteiras para evitar um afluxo que consideravam intolerável em relação ao antissemitismo de suas populações. De 1939 a meados de 1941, Eichmann foi incumbido de administrar as partidas condicionadas à chantagens (não sendo de modo algum impossível que se tenha marginalmente aproveitado disso a título pessoal). Mensagens estimulando esse comércio foram periodicamente enviadas aos aliados por meio de diplomatas neutros. Trens com as portas trancadas continuavam circulando no fim de 1940, transportando judeus alemães para Lisboa ou os portos espanhóis. Em maio de 1941, Göring assinava um decreto com vistas a acelerar a emigração judaica. Como, além disso, os países do Leste (Hungria, Romênia, Polônia) tinham bloqueado

totalmente a entrada de refugiados, 30 mil chegaram até Xangai, cujo estatuto especial permitia uma imigração simplificada. Pouco mais de 160 mil refugiados provenientes da Polônia, da Romênia, da Tchecoslováquia, da Grécia e dos países bálticos entraram na Palestina no mesmo período, duplicando o tamanho de sua comunidade judaica, o que acarretou a rebelião árabe de abril de 1936 (Wasserstein, *Britain and the Jews of Europe 1939-1945*), cap. 1.
14. (Bauer, *Juifs à vendre? Les négociations entre nazis et Juifs 1933-1945*, [trad. fr.]), p. 63.
15. A rejeição foi quase total, à exceção da República Dominicana, da Holanda e da Dinamarca: a Austrália, subpovoada, queria evitar "a importação de um problema racial", e o Canadá se sentiu forçado a receber apenas agricultores. A rejeição foi confirmada pela Conferência das Bermudas em abril de 1943 (dias antes da insurreição do gueto de Varsóvia), que abriu mão da organização da acolhida aos refugiados, por receio, segundo uma expressão do Foreign Office, de que "os alemães e seus satélites transformassem sua política de extermínio em uma política de expulsão e pretendessem, como haviam feito antes da guerra, criar embaraços para outros países, inundando-os de imigrantes estrangeiros" (sic). Em março de 1941, H. F. Downie, responsável pela Palestina no British Colonial Office, declarou: "Chegamos até a lamentar que os judeus não estejam do outro lado nessa guerra" (*ibid.*, cap. 2), para se opor militarmente a eles. A cota máxima de 75 mil entradas na Palestina em cinco anos foi aplicada. Dela, foram deduzidos retroativamente os que haviam entrado desde 1939, assim como as entradas ilegais estimadas. A Grã-Bretanha se prodigalizou em *démarches* junto aos governos búlgaro, romeno, iugoslavo, liberiano, panamenho, turco, grego e mesmo ao governo de Vichy, que buscava acolhida para órfãos, no sentido de protestar contra a assistência, incluindo a passiva, aos deslocamentos de refugiados suscetíveis de tentar entrar no Império. Navios foram interceptados em alto-mar pela alfândega de Sua Majestade em violação ao direito marítimo. Todas as tentativas de encontrar em outras partes do império ou em suas portas (até mesmo no Quênia, em Tanganica, nas Ilhas Maurício e na Guiana) um ou vários territórios de acolhida, temporários ou não, haviam fracassado, diante da sistemática recusa da administração. Nas ilhas britânicas propriamente ditas foram instalados em campos de internação sob regime de isolamento, especialmente na Ilha de Man, até 30 mil cidadãos das potências inimigas, sem discriminar os sobreviventes dos primeiros campos, permitindo que a propaganda nazista ironizasse quanto às práticas inglesas em relação aos judeus. Nem os Estados Unidos (ver adiante seção 2.4) nem a Suíça se mostraram mais abertos. A recusa dos aliados foi reiterada em 1944, quando Eichmann, por ordens de

Himmler, tentou negociar a troca de 1 milhão de judeus por 10 mil caminhões a serem usados na frente oriental (Hilberg), III, p. 2106 *sq*. Esse episódio, conhecido como "caso Brand", é revelador. A oferta nazista, que parece ter sido séria, incluía o desmantelamento de Auschwitz. A negociação abortou, sem maiores explorações. O governo britânico não pretendia indispor-se com o governo soviético por meio desse fornecimento de veículos destinados à frente oriental, nem alterar as cotas de imigração judaica para a Palestina (Weissberg). Houve ainda outras negociações, em condições às vezes obscuras, envolvendo agentes duplos ou triplos (Aronson), incluindo o controvertido caso do "trem de Kasztner", para o qual haviam sido selecionados emigrantes abastados. Ver (Maoz) e (Porter). De qualquer maneira, as rotas de fuga dos refugiados do Reich tinham sido barradas, umas após outras. A aceitação em massa de refugiados teria deparado com consideráveis obstáculos materiais: zonas de acolhida, transportes, alimentação e financiamentos. Mas a própria análise dessas dificuldades foi enterrada. Os argumentos de segurança e ideológicos levaram a melhor sobre qualquer consideração de urgência. Até meados de 1944, só indivíduos isolados e algumas organizações privadas deram alguma ajuda.

6. "No Paraíso soviético, existe o tipo mais miserável de escravidão que o mundo jamais conheceu: milhões de pessoas amedrontadas, oprimidas, abandonadas, quase morrendo de fome! Acima delas, há o regime dos comissários, noventa por cento dos quais são de origem judaica, que dirige esse Estado de escravos", A. Hitler, 8 de novembro de 1941 (Domarus). No plano da realidade: "A maioria dos judeus não era de comunistas, e a maioria dos comunistas não era de judeus. [... Mas os] judeus de fato eram representados desproporcionalmente entre os membros do Partido Comunista em todos os países da Europa Oriental. [...] Na Polônia, os membros judeus flutuavam entre 22 e 35 por cento do total. Os judeus ainda estavam mais representados nos órgãos de direção: em 1935, considera-se que constituíram 54% da 'direção de campo' e 75% da *teknika* (responsável pela propaganda) [...] Os judeus, como tais, não eram um alvo primário do Grande Terror. Aparecem em grande número entre os perseguidores e as vítimas. Alguns foram inicialmente uma coisa e depois outra, como no caso de Genrikh Yagoda, chefe da polícia secreta de 1934 a 1936, detido em 1937 e fuzilado como traidor no ano seguinte. Embora a proporção de judeus em posições de direção tenha diminuído no fim da década de 1930, eles não eram automaticamente excluídos em virtude de sua origem. [...] Em 1939, 10% dos membros do comitê central do Partido Comunista da União Soviética ainda eram judeus. Segundo Sheila Fitzpatrick,

que examinou o registro dos visitantes oficiais ao gabinete de Stalin na década de 1930, cerca de 75 e 90 por cento tinham nomes judeus" (Wasserstein, *On the Eve. The Jews of Europe before the Second World War*), cap. 3.

17. A doutrina da unicidade adquire significações muito distintas segundo vise distinguir vítimas judias e não judias do extermínio nazista, vítimas do extermínio nazista e de outros extermínios, vítimas do extermínio nazista e vítimas de guerra da Alemanha nazista, vítimas do extermínio nazista e de outros atos "acivis" em geral. Vários italianos que fugiram dos campos (Primo Levi e Giuliana Tedeschi, em particular) relataram que, na década de 1950, não era bem-visto que falassem de sua experiência, pois muitos na Itália a confundiam com a experiência dos partisans italianos, que tinham tombado contra o exército alemão. Essa confusão é uma forma de negacionismo, assim como qualquer tentativa de redução do extermínio a um "acivilismo" genérico. Estabelecer uma hierarquia entre sofrimentos comparáveis, infligidos por métodos comparáveis, por carrascos idênticos ou outros que também tivessem objetivos raciais de extermínio, levando em conta apenas quantidades, constitui outra forma de negacionismo.

18. Chegou-se, algumas vezes, a contestar o caráter sociorreligioso do antijudaísmo, com base no conceito de "pureza do sangue" (*limpieza de sangre*) surgido na Península Ibérica no Renascimento. Ver (Bensoussan, *Europe. Une passion génocidaire*), seção 2.2.1. Os soberanos não o aprovaram em relação aos judeus, e ele foi condenado pelo papa Nicolau V. Na prática, o conceito permitia às autoridades religiosas, especialmente na Inquisição, que não tinha jurisdição sobre os não cristãos, estender sua ascendência a eles, por meio dos convertidos recentes. O conceito teve origem nas regras da linhagem aristocrática (o futuro "sangue azul") e de ascensão social em vigor naquela que se havia tornado uma sociedade de castas. E também estava associado ao tema teológico da hereditariedade do mal. A diabolização dos heréticos e seu eventual massacre eram práticas muito antigas, as quais não eram especificamente ocidentais. A suspeita de um malefício diabólico hereditário era uma de suas formas particularmente virulentas. O supremacismo ibérico, nessa época, era, assim, religioso e social, e não xenófobo ou racial, embora se expressasse com uma arrogância, um ódio e uma crueldade mórbidos. Os judeus eram submetidos à conversão forçada, que culminou com a expulsão de 1492 (e a de 1496 em Portugal), e os convertidos sofriam forte estigma social. Este não impediu que muitos descendentes de judeus se tornassem cristãos de primeiro plano, como Torquemada em pessoa e Santa Teresa d'Ávila, já que a doutrina cristã — que devemos, bem verdade, distinguir das

atitudes sociais dos cristãos — se opunha à concepção étnica da religião que continuava presente no judaísmo. A transição do supremacismo religioso para o supremacismo racial ocorreu apenas no século XVI com a descoberta dos "canibais" nas Américas, homens nos quais a comunhão cristã parecia inverter-se em antropofagia.

19. Assim como a expulsão, o gueto é um fenômeno pan-europeu, contemporâneo do extremo fim da Idade Média e do Renascimento. Corresponde a uma exacerbação histórica do antijudaísmo, observada principalmente a partir da Peste Negra. Frente aos acontecimentos catastróficos com que se defrontam, muitas mentalidades religiosas procuram entender e prevenir a cólera divina. O processo de purificação, em vez de ser conduzido por cada um sobre si mesmo, se estrutura de encontro a outros grupos humanos (ver cap. 6) que supostamente alteram, com sua existência, a construção da cidade de Deus na Terra. Os alvos escolhidos são a totalidade das minorias religiosas, as mulheres solteiras (as feiticeiras) e, mais tarde, sob a Reforma, a própria Igreja Católica (a "Puta de Roma"). As mulheres suspeitas e as pequenas minorias são, na medida do possível, eliminadas. A Igreja Católica só pode ser combatente ou combatida. Materialmente, só os judeus, que constituem a minoria religiosa mais importante, são suscetíveis de acantonamento ou expulsão. A temática antijudaica que se intensifica então ao extremo, retomando conceitos antigos sobre o Mal e os castigos do inferno, seria incorporada no fim do século XIX pelo antissemitismo industrial, que repousa em alicerces arreligiosos, mas tenta nutrir seu desejo exterminador com todas as justificações disponíveis. O principal empréstimo por ele tomado ao antijudaísmo é a temática do empréstimo com juros, sendo antropologicamente universal a infâmia que recai sobre aquele que empresta (como sobre o carrasco). Os monarcas medievais tinham incorporado o crédito, atividade vital mas vergonhosa, à especialização de minorias suscetíveis de serem despojadas em caso de necessidade. Na era industrial, a infâmia foi deslocada para a "Finança Internacional", identificada exclusivamente com o judaísmo pelos teóricos antissemitas do complô.

20. Enquanto a atenuação do antijudaísmo, virulento na época merovíngia, remonta já a Pepino, o Breve, as relações de Carlos Magno com Harûn al Rashîd começam com a embaixada de 797, composta pelo negociante judeu Isaac e dois legados imperiais (Missi Dominici), Langfrido e Sigismundo, que não sobreviveram à viagem, mas voltaram com um elefante que ficou famoso e muitos presentes. Ver (Sénac). Os acordos levaram às trocas sistemáticas efetuadas pelos comerciantes *rhadanitas*, que estabeleceram circuitos comerciais entre Europa, África e China. Ver (Rabinowitz).

21. (Dunlop) O debate histórico sobre os khazares continua vivo e marcado por fortes colorações ideológicas (Golden), (Gil). A posição mais razoável consiste em afirmar que a monarquia se converteu, o que é certo, e não a totalidade da população, na medida em que não dispomos de provas. O mesmo acerca dos reinos berberes e outros casos de conversões reais ao judaísmo.
22. Veneza, de resto, sempre teve forte presença judaica, não obstante sua opção cristã, reforçada pela concorrência com Bizâncio.
23. A transição entre especialização e segregação foi efetuada pelas guildas de artes e ofícios, a partir do século XI. Cada vez mais restritivas, elas logo seriam inteiramente reservadas aos católicos.
24. Assim, Rachi (1040-1105), viticultor da região de Champagne, se tornou uma das mais altas autoridades rabínicas de todos os tempos.
25. Houve muitos pogroms e expulsões. Eles ocorriam em um contexto de agitação política subsequente a uma crise econômica. A segregação religiosa antiga acarretara a especialização econômica medieval, acumulando-se seus efeitos quando das perseguições. Assim, o massacre de York, em 1190, relatado pelas crônicas de Guilherme de Newburgh, fora cometido por devedores. Os autores foram sancionados e as dívidas aos judeus, consolidadas em dívidas à Coroa, em caso de vacância dos credores. Houve também políticas expressamente antijudaicas, como a de Filipe Augusto no século XII, e depois a de São Luís no século XIII, inscrevendo-se em um programa mais amplo de luta contra as heresias (especialmente cátaras e islâmicas), ao passo que os abusos de Filipe, o Belo, na virada do século XIV, faziam parte de um plano global de espoliação de que os templários também foram vítimas. Os massacres ocorridos no conjunto da Península Ibérica em 1391 parecem ter representado o grupo mais importante de pogroms. Foram seguidos da expulsão dos judeus da França por Carlos VI, em 1394. No conjunto desses casos, o fundamento ideológico permanece estritamente religioso, ainda que as motivações muitas vezes fossem financeiras. Só na era industrial, a segregação racial tomaria esse lugar ideológico, em um momento em que as motivações econômicas se intensificavam.
26. De forma muito significativa, o gueto de Roma, criado em 1555 por uma teocracia e emblema do antijudaísmo cristão, foi abolido em 1870, quando surgiu o antissemitismo industrial (que foi menos virulento na cidade que nas outras capitais da Europa, em parte, certamente, por causa da maior pobreza da população judia romana). Provisoriamente liberado pelas tropas francesas de 1798 a 1814, o gueto fora restabelecido por Pio VII. O comando dos canhões que abriram a Cidade Santa às tropas da Unidade Italiana foi entregue a um piemontês judeu.

27. Salônica, tendo quase metade de sua população de confissão judaica, também foi a base original do movimento Jovem Turco, do qual muitos membros eram salonicenses, incluindo Mehmed Talaat e Mehmet Bey (membro da comunidade *dönme* ou sabateana, uma obediência judaica convertida ao islã no século XVII). O movimento Jovem Turco, que tomou o poder na Turquia, foi voluntariamente fundado em 14 de julho, pois, na época, a França representava o modelo cultural comum das elites salonicenses de todas as confissões.
28. (Sledkine), *passim*. Os judeus de Berlim, por exemplo, estavam demograficamente sobrerrepresentados nas profissões terciárias, nos bancos, nos escritórios de advocacia e nos conselhos de administração; e sub-representados nos setores tradicionais da economia.
29. Ver (Wasserstein, *On the Eve. The Jews of Europe before the Second World War*), p. 95 *sq*.
30. A teoria da conspiração se manifesta pela primeira vez no século XVII, na forma de uma contrafação intitulada *Monita privata Societatis Iesu*. Nessa época, trata-se de um instrumento de propaganda contra os jesuítas. Por volta de 1797, o padre jesuíta contrarrevolucionário Barruel a inverte para ter como alvo a maçonaria, e, alguns anos depois, seus aliados, entre eles, acessoriamente, os judeus. Em 1848, Alexandre Dumas populariza o tema em *Joseph Balsamo* sobre a seita dos iluminados. Um plagiário de Dumas, Hermann Goedsche (com o pseudônimo de sir John Retcliffe), redige a partir daí, em 1868, em seu romance *Biarritz*, uma transposição especificamente antissemita. Uma adaptação panfletária da novela é publicada na Rússia em 1873 sob o título *Os Judeus, senhores do mundo*. Uma década depois, o ciclo se conclui com a elaboração da tese da conspiração judaico-maçônica por padres jesuítas. O polemista laico Edouard Drumont a difunde em *La France Juive* [A França judia] (1886), enquanto outros jesuítas a desenvolvem nas colunas da revista *La civilta cattolica*. A teoria afinal se dissemina mundialmente por meio dos *Protocolos dos sábios de Sião*, a partir de 1903 (ver adiante). Sobre o conjunto dessas questões, ver sobretudo os trabalhos de Pierre-André Taguieff (*La Foire aux illuminés: Esotérisme, théorie du complot, extrémisme*, Paris, Mille et Une nuits, 2005; *L'imaginaire du complot mondial: aspects d'un mythe moderne*, Paris, Mille et Une nuits, 2006).
31. Trata-se da transposição de um panfleto de Maurice Joly contra Napoleão III (*Dialogue aux enfers entre Machiavel et Montesquieu, ou La politique au XIXe siècle*, 1864), no qual os judeus mal eram mencionados. A contrafação foi redigida em francês por Mathieu Golovinski, em Paris, 1901, e divulgada pela Okhrana a partir de 1903. A prova de sua inautenticidade foi publicada

pelo *Times* já em 1921. Ambos os documentos estão disponíveis online: (Golovinski) e (Joly). A extraordinária eficácia dessa impostura, apesar de não passar de simples ferramenta de uma propaganda rústica, decorre do desejo frenético de que fosse verdadeira. Ela significa que a ideologia que a reivindicava, o antissemitismo industrial, já se estabelecera com toda a força. Ver seção 4.4.

32. A emigração também se orientou para a França e a Grã-Bretanha, onde teve o efeito de contaminar de xenofobia o antissemitismo industrial que se desenvolvera nesses dois países. Essa dupla judeofobia, por sua vez, teve como consequência introduzir, a partir de 1902-1903, um debate político sobre uma implantação judaica fora da Europa. Ver (Wasserstein, *Britain and the Jews of Europe 1939-1945*), cap. 1.

33. Houve inclusive uma xenofobia entre os judeus alemães assimilados, às vezes nacionalistas alemães, em relação a judeus do Leste que usavam barba e caftã, falavam iídiche e não pareciam sentir o desejo de se integrarem à Nação do país no qual imigravam. Essa xenofobia aumentou depois de 1917, com o afluxo de refugiados que fugiam da Rússia comunista. Surgiram movimentos políticos judeus nacionalistas alemães como o *Verband nationaldeutscher Juden* de Max Naumann, que tentou, em 1932, uma aliança com o NSDAP para fazer os *Ostjuden* (judeus do Leste) atravessarem a fronteira. O movimento foi dissolvido pela Gestapo, por se ter recusado a atender ao pedido de Göring, no sentido de oferecer sua garantia às associações judaicas americanas quando do boicote antinazista de 1933. Da mesma forma, o *Deutsche Vortrupp-Gefolgschaft deutscher Juden* de Hans-Joachim Schoeps, que queria contribuir para a "obra de restauração nacional" do NSDAP eliminando os judeus do Leste, que, segundo ele, geravam tensões inúteis entre judeus e arianos. O movimento foi dissolvido em 1935. Nenhum deles tinha entendido que supremacismo racial não é xenofobia e que o nacionalismo alemão não bastava para reconciliar os judeus com Hitler.

34. A Primeira Guerra Mundial havia representado mais um fator de assimilação. A mobilização geral não só integrou diretamente os judeus à ação nacional essencial, como também privou os praticantes da cozinha kasher e do sabá, conduzindo muitos deles ao abandono dessas práticas depois da guerra.

35. De maneira bem característica, a estruturação de uma Nação judia foi inicialmente etnolinguística, com a escolha do hebraico, que, na época, era uma língua morta, como o latim.

36. O "völkisme" é o tratamento literário do folclore (palavra de raiz idêntica) alemão.

37. Desse modo, o fogo cruzado das metralhadoras defendendo as trincheiras criava um muro de balas contra o qual se chocavam os atacantes, que eram dizimados a cada tentativa de tomada de um novo objetivo.
38. A ideia da *Dolchstoßlegende* partira de Ludendorff, que então merecia grande admiração de Hitler, e que, desse modo, encontrara uma maneira pouco suscetível de ser exonerado de seu próprio fracasso militar. Curiosamente, ela fora tomada de empréstimo aos britânicos, pois o marechal Haig, "anempático" em relação a suas próprias tropas, acusara Lloyd George de "apunhalar o exército pelas costas" ao se recusar a apoiar sua estratégia. A lenda era tanto mais falaciosa na medida em que, no outono de 1918, antes dos primeiros acontecimentos revolucionários, Ludendorff, consciente de sua situação militar, exortara as autoridades políticas a negociar um armistício, provocando a substituição do governo Hertling por uma coalizão incumbida de tomar a frente dos entendimentos.
39. "O golpe mais grave infligido à humanidade", observou Hitler em um de seus monólogos, "é o cristianismo. O bolchevismo é filho ilegítimo do cristianismo. Ambos provêm dos judeus. Por meio do cristianismo, o mundo foi tomado por uma mentira consciente sobre as questões de religião". Dietrich Eckart, citado por (Ryback), cap. 2.
40. "Não esqueçam que foi por apenas um voto no Congresso que a língua alemã foi adotada como língua nacional", afirma Hitler, citado por (Rauschning), p 117. A afirmação era inexata. Em 1776, no momento mais agudo da guerra de Independência, houve quem militasse pelo abandono da língua inglesa em favor do francês, então *língua franca*, ou de uma língua bíblica, a saber, o grego ou... o hebraico. O que foi rejeitado por um voto em 1795 foi simplesmente uma petição para traduzir para o alemão as leis americanas. A esse respeito, ver (Baron).
41. Ele o chama também de "Terror Judeu", cf. por ex. *Journal*, entrada de 14 de fevereiro de 1942.
42. Houve quem contestasse a realidade do risco revolucionário que se sucedeu à revolta dos marinheiros de Kiel, pelo duplo motivo de que o movimento estava inicialmente voltado contra o comando militar, que se tornara faccioso, e não contra o governo, e de que os social-democratas se opunham firmemente ao bolchevismo. Ver (Haffner). Na verdade, o chanceler Ebert, presidente do SPD, cuja coalizão era majoritária no Parlamento, e que conseguiu controlar os conselhos de operários soldados, governou em estreito entendimento com o Estado-Maior, a ponto de montar corpos francos e de esmagar com eles a liga spartakista. Seria ilusório concluir daí que o movimento revolucionário

fosse puramente reformista, inofensivo para as instituições e que não assustava os outros atores. Era notório que os bolcheviques tinham por objetivo uma revolução alemã. As reservas manifestadas por Rosa Luxemburgo e Karl Liebknecht em relação aos métodos leninistas não impediam o novo Partido Comunista, que tentara, em vão, conduzir a sublevação espontânea em direção a uma "ditadura do proletariado", de ser universalmente percebido como bolchevique. Pouco importava que os spartakistas fossem mal-organizados e incapazes de tomar o poder na prática. A violência tirânica da revolução russa, à qual eram assimilados, com ou sem razão, os condenara antecipadamente aos olhos de todas as demais forças políticas alemãs, e não apenas as mais reacionárias. Essa rejeição inibiu as resistências a uma elite militar vencida mas pronta para defender seu poder a todo custo contra um inimigo interno. O antibolchevismo, assim, foi o motor dos movimentos contrarrevolucionários, que, por sinal, também eram hostis à social-democracia. Na guerra civil que tentara impedir, esta se viu involuntariamente apanhada do lado que na realidade tinha combatido. As milícias, às quais sua aliança com o Estado-Maior dera origem, foram a ferramenta de sua destruição e da destruição da democracia parlamentar na Alemanha.

43. A parte fundamentada se resume a muito menos: a origem germânica de muitas monarquias europeias, a começar pela monarquia britânica, e de uma fração significativa dos aristocratas americanos; a existência de uma ameaça revolucionária e de uma anarquia na Alemanha; o capitão tirânico da revolução russa; a aspiração das elites ocidentais a acabar, o mais breve possível, com o bolchevismo; uma proporção elevada de judeus no conjunto das profissões terciárias e entre os intelectuais, especialmente de esquerda; uma interpretação étnica da religião judaica; as disposições humilhantes do Tratado de Versalhes; um grande empobrecimento da Alemanha; um profundo desejo de vingança entre muitos ex-combatentes.

Capítulo 2
Um modelo americano

1. Mas a existência de financiamentos não implica um vínculo ideológico. É possível encontrar vários motivos para financiar cinicamente pessoas cujas ideias não compartilhamos, que desprezamos e cuja vitória em caso algum desejamos, no mínimo com um objetivo comercial ou com a intenção de manipular. Assim como o NSDAP recebeu alguns financiamentos dos serviços secretos franceses, na época em que Hitler ainda podia passar por um vulgar agitador capaz de provocar uma secessão da Baviera, tendo recebido

até subsídios de raros industriais judeus alemães que, por um breve momento, chegaram a ver nele um instrumento sem verdadeiro perigo contra o bolchevismo, o objetivo perseguido pelas empresas americanas era, o mais das vezes, consolidar sua implantação no mercado alemão sem a menor consideração de ordem política ou moral. Havia pró-nazistas caracterizados entre os dirigentes dessas empresas, mas aparentemente foram raros os que agiram por inclinação, mais que por cupidez. O esquema em geral era o mesmo: cultivar apoios junto às autoridades nazistas para desenvolver, ou ao menos preservar, os interesses de suas empresas na Alemanha; em seguida, proceder a montagens jurídicas para não perder suas filiais no período de guerra, não obstante a proibição do governo americano de dar prosseguimento a atividades em território inimigo; e, finalmente, recuperar seus negócios depois da capitulação para retomar seu desenvolvimento abertamente. Caberia, no máximo, frisar a existência de um clima suficientemente favorável para não permitir que uma repulsa moral inibisse as considerações econômicas. Sabe-se, a respeito disso, que a IBM adotou uma prática particularmente odiosa, pois suas máquinas de processamento de cartões perfurados, cujo uso ela conhecia perfeitamente, fazendo sua manutenção, serviam para a gestão dos campos de concentração. Ver (Black, *IBM e l'Holocauste* [trad. fr.]). Da mesma forma, cabe deplorar a maneira como o Chase se antecipou em Paris às obrigações legais para confiscar as contas de seus clientes judeus. Sobre a estreita colaboração do Chase com a extorsão nazista dos judeus candidatos à emigração, ver (Breitman R. & alii), cap. 7. O mesmo se aplica à Standard Oil (da qual a IG Farben era o segundo maior acionista, depois de Rockefeller), que colocou uma parte de sua frota sob bandeira panamenha para continuar abastecendo os exércitos alemães, em violação ao embargo. Mas não poderíamos qualificar em termos idênticos, embora reprovemos sua indiferença, a Coca-Cola, que, impossibilitada de continuar exportando seu sumo secreto para a Alemanha, inventou, nesse país, a Fanta. Sobre as questões de financiamento do partido nazista, ver (Pool).

2. "Dentro de muito pouco tempo, teremos uma organização de SA nos Estados Unidos [...] Caberá à nossa juventude retomar a grande missão que Washington não cumpriu e que a democracia corrupta pisoteou [...] Conseguiremos transformar nosso sistema político e social em uma realidade mundial, impô-lo a todas as Nações [...] Garanto-lhes, senhores, que no momento desejado saberei moldá-la à minha maneira, essa sua América, e ela será o melhor esteio no dia em que a Alemanha saltar da Europa na direção dos espaços de além-mar" (Rauschning), p. 117.

3. Os títulos dos capítulos desse primeiro volume são os seguintes: *1. The Jew in Character and Business; 2. Germany's Reaction Against the Jew; 3. Jewish History in the United States; 4. The Jewish Question — Fact or Fancy? 5. Anti-Semitism — Will It Appear in the U.S.? 6. Jewish Question Breaks Into the Magazines; 7. Arthur Brisbane Leaps to the Help of Jewry; 8. Does a Definite Jewish World Program Exist?; 9. The Historic Basis of Jewish Imperialism; 10. An Introduction to the 'Jewish Protocols'; 11. 'Jewish' Estimate of Gentile Human Nature; 12. 'Jewish Protocols' Claim Partial Fulfillment; 13. 'Jewish' Plan to Split Society by 'Ideas'; 14. Did the Jews Foresee the World War? 15. Is the Jewish 'Kahal' the Modern 'Soviet'? 16. How the "Jewish Question" Touches the Farm; 17. Does Jewish Power Control the World Press? 18. Does This Explain Jewish Political Power? 19. The All-Jewish Mark on "Red Russia"; 20. Jewish Testimony in Favor of Bolshevism.*

4. Batalha de procurações conduzida por um acionista com vistas a assumir o controle de uma empresa cotada em bolsa com o assentimento de pequenos acionistas.

5. Henry Ford derivava suas ideias, além dos *Protocolos dos sábios de Sião*, do livro de Werner Sombart publicado em 1911, *Les Juifs et la vie économique* (Sombart), apresentando os judeus como inventores do capitalismo, em resposta a Max Weber, que, em 1905, designara como tais os protestantes. Esses autores, tratando apenas do período moderno, esqueciam que a invenção era anterior, tendo reformados e judeus, mas também católicos (especialmente italianos), atuado juntos, como atores de sua expansão. E por sinal cabe notar que investimentos coletivos, cotações, valores fiduciários e até produtos derivados já existiam em Roma, onde antigos escravos libertos exerciam a banca, as sociedades financeiras ("publicanas") às vezes eram cotadas e onde Crassus multiplicara sua fortuna (em parte investida no campo agroalimentar e no *shipping*) levantando opções imobiliárias adquiridas durante as guerras civis.

6. (Ford) para esta citação de Henry Ford e as seguintes. A obra, que se tornou anônima desde a assinatura do acordo de retratação de 1927 (cf. a nota seguinte), é composta por artigos publicados no *Dearborn Independant – The Ford International Weekly*, de 22 de maio a 2 de outubro de 1920. (Dearborn é o subúrbio de Detroit no qual as empresas Ford têm sua sede.) As traduções são minhas, assim como de todos os textos citados cuja tradução não é especificada.

7. Depois de uma série de ações judiciais, foi firmado com o American Jewish Commitee, em 1927, um acordo que obrigou Ford a apresentar uma retratação (Wallace), p.31 *sq*. As posteriores reedições dos panfletos antissemitas de Ford foram publicadas sem o nome do autor, como ainda hoje acontece. (Ver nota anterior.)

8. Ford era elegível para a presidência dos Estados Unidos. As pesquisas de 1923 atribuíam-lhe ampla vitória contra Harding. Provavelmente por oposição de sua mulher, ele acabou por abandonar a ideia e apoiou Coolidge (Wallace), p. 28.
9. Parece não ter havido financiamento direto partindo da sede, pois tais saídas de capitais poderiam ser desaprovadas pelos administradores. Quanto às possíveis gratificações pessoais, ver (Pool), cap. 3.
10. (Wallace), p. 45.
11. "O jovem líder do Partido Fascista bávaro declarou, sombrio: 'Consideramos Heinrich Ford o líder do movimento fascista nos Estados Unidos. Admiramos particularmente sua política antijudaica, que é a plataforma dos fascistas bávaros. Mandamos traduzir e publicar seus artigos antijudaicos; o livro circula em milhões de exemplares em toda a Alemanha.'" (Fendrick).
12. Colaborando em particular com a Siemens e a Krupp.
13. Publicidade citada por (Ford Motor Company Archive), documento oficial da empresa Ford em defesa de suas atividades durante a guerra. O documento afirma, sem comprovação, que a influência da sede americana sobre a Ford Werke cessou em dezembro de 1941, ou seja, um ano depois.
14. (Wallace).
15. (Kühl), p. 85.
16. (Grant).
17. Madison Grant de modo algum estava isolado. Sobre as relações entre cientistas supremacistas e eugenistas americanos e alemães, ver Kühl, *op. cit.* Mas ele foi a fonte mais direta de Hitler no tema em questão.
18. (Gobineau) Gobineau e os outros autores do supremacismo político (como Vacher de Lapouge e Le Bon) representam apenas um grupo restrito em uma imensa literatura racial na França e na Inglaterra, escrita pelo conjunto dos especialistas em etnologia física e social do século XIX a meados do século XX, por sua vez escorados nos trabalhos naturalistas dos séculos XVI ao XVIII. Atribui-se, em geral, a William Petty, em 1677, a origem das primeiras teorias raciais. Sobre esses temas, ver (Blanckaert) & (Reynaud Paligot). Mesmo os progressistas que queriam levar a toda a humanidade os benefícios dos méritos da civilização ocidental se questionavam quanto à capacidade das diferentes raças de recebê-los. Tal como o direito, a medicina havia absorvido o conceito de "atavismo": a hereditariedade determinava a saúde tanto quanto a profilaxia; o crime, tanto quanto o vício pessoal; a inteligência, pelo menos tanto quanto a educação. Tentava-se um estabelecimento geométrico dos critérios antropométricos da capacidade craniana que explicassem o handicap dos "negros" e "hotentotes". O supremacismo racial não era uma ideia própria da direita panfletária, mas também dos cientistas, filantropos e humanistas.

19. (Chamberlain). A primeira edição alemã é de 1903.
20. (Galton).
21. Darwin, pelo contrário, se mostrou mais reservado quanto ao evolucionismo social, tal como começara a ser esboçado por Herbert Spencer pouco antes de seus próprios trabalhos. O "darwinismo social" é uma criação posterior (da qual M. Grant é um dos protagonistas), contradizendo, pela intervenção política, o princípio natural de seleção que lhe serve de justificação.
22. Ver (Williams).
23. Veremos, no que se segue, a importância do alvo ucraniano, que representou, do ponto de vista numérico, uma das principais vítimas do nazismo. Ao contrário do acontecido com os judeus, e indo de encontro às ideias de Grant, a intenção era preservar a maioria dos ucranianos para a escravidão.
24. Chama-se "protolíngua" uma língua em si mesma perdida mas reconstruída e apresentada como a origem hipotética de línguas históricas com características léxicas e gramaticais comuns. O indo-europeu é a primeira protolíngua reconstruída. Sua identificação remonta ao século XVII. A linguística alemã é que lhe traz, ao longo do século XIX, as contribuições mais importantes. Ela permitiu o surgimento de uma antropologia indo-europeia em busca dessas invariantes culturais dos povos que falam as línguas históricas que convergem para essa origem. Émile Benveniste, que ensinou no Collège de France a partir de 1937, e Georges Dumézil, que lá também ensinou a partir de 1949, são as principais figuras da antropologia indo-europeia contemporânea (que se tornou não racial). Muito antes de seus trabalhos, e sob o estímulo de Gobineau, a descoberta do indo-europeu abrira caminho para uma etnologia racial indo-europeia que serviu de apoio empírico a todas as teorias raciais. Fazia-se confusão entre língua e raça, que foi rejeitada, depois que se provou que os grandes agrupamentos políticos unilíngues em geral são, como os Estados Unidos, compostos de populações heterogêneas no plano étnico. Essa confusão levou à invenção dos "arianos" como povo histórico que supostamente teria uma identidade racial. Por um curioso paradoxo, foi um autor judeu, Ludwig Geiger, quem primeiro sustentou, em 1871, que a origem dos "arianos" estaria na Europa Central e na Alemanha. O alemão Karl Penka e, depois, o inglês Gerald Rendall, em 1889, retificaram essa hipótese, propondo uma origem escandinava que justificava a existência de uma comunidade racial entre as elites do conjunto europeu. É esse o estado da teoria ariana quando Hitler toma conhecimento dela e adere com entusiasmo.
25. Galton, que era, na Grã-Bretanha, um dos que mais contribuíam para o desenvolvimento da estatística, forjara os termos "psicometria" e "eugenismo".

Foi Alfred Binet, a pedido do governo francês, quem criou em 1905 os primeiros "testes de inteligência". Na Alemanha, William Stern introduziu o "QI" em 1911. Em 1916, Lewis Terman estabeleceu a "Revisão Stanford da Escala de Binet-Simon", que logo se tornaria, pelo menos até a década de 1950, a ferramenta-padrão da psicometria. Terman, que presidiu a Associação Psicológica Americana, foi um dos mais ativos promotores da psicometria racial, particularmente por meio da Fundação para a Melhoria Humana, grupo de pressão eugenista do qual foi um dos fundadores em 1928.

26. A expressão raça humana, inicialmente importada da pecuária, não designava, a princípio, as "espécies", mas as "variedades" dentro de uma mesma espécie. Nessa direção é que a antropologia física e social das escolas francesa e inglesa se orientava preferencialmente. Acontece que, para os racistas, as "variedades" têm o inconveniente de não se deixarem posicionar simplesmente em uma escala linear única (a "grande cadeia dos seres"), pois em geral dispõem de vantagens distintas segundo os critérios empregados, como o cavalo de corrida, que não pode ser declarado superior ao cavalo de tração sob nenhum ponto de vista. O supremacismo científico radical exigia, portanto, a translação da variedade para a espécie.

27. Existem, naturalmente, charlatanices e puras não ciências, que, no entanto, não alcançam o reconhecimento da comunidade científica como tais, mesmo quando conseguem seduzir alguns cientistas isolados que as consideram fora de sua especialidade.

28. É habitual que se procurem correlações epidemiológicas entre haplótipo e prevalência das doenças, sob a ótica de medicina preventiva. Existem também propostas comerciais de vinculação étnica (viking, asquenaze etc.) ou dinástica (Carlos Magno, Napoleão, reis irlandeses) com base no haplótipo determinado a partir de material bucal. Surgiu um debate científico para determinar a coerência étnica e mesmo tribal ("Cohen") das pessoas de tradição judaica — ver (wikipedia/juifs/3.2 e 3.4). Esse debate adquiriu proporções consideráveis para certos nacionalistas judeus, assim como para seus adversários. Uns afirmam que os hebreus conservaram amplamente sua identidade etnogenética anterior à diáspora. Outros consideram que, atualmente, existem mais pessoas de patrimônio genético próximo do patrimônio dos hebreus entre populações que praticam o cristianismo ou o Islã, especialmente os palestinos, do que nas populações contemporâneas de religião judaica, que seriam, inversamente, fruto de conversões majoritárias (tendo os praticantes da religião judaica representado, em certos momentos, de 3 a 10 por cento do Império Romano e uma parte importante dos khazares, iemenitas e berberes).

Qualquer que seja a verdade a esse respeito, ainda muito incerta, o simples fato de constituir um debate vivo no século XXI confirma a afinidade racial do nacionalismo, tanto quanto a persistência de uma ciência racial que utiliza um vocabulário novo: para os ideólogos, ainda não é indiferente que os palestinos sejam ou não, em sua maioria, camponeses hebreus da zona do Jordão convertidos ao Islã pelos exércitos beduínos, ou que as pessoas de cultura judaica possuam ou não patrimônios genéticos muito heterogêneos. Também não é indiferente para o observador que as opiniões prejulguem com veemência uma conclusão científica ainda por vir e que deveria ser tornada politicamente indiferente por uma atitude humanista.

29. Boas combateu o ortogenismo, teoria segundo a qual a evolução se daria mediante passagem obrigatória por uma mesma série de estados. O ortogenismo biológico encontrou, na sociologia positivista, um equivalente que justificava o supremacismo cultural, tendo a civilização ocidental alcançado, antes das demais, um estado supremo de evolução acessível unicamente pela passagem por meio dos estados sociais anteriores.

30. A influência direta de Auguste Comte sobre Hitler não se limita ao cientificismo ou à ideia de progresso. Também tem a ver com o primado absoluto atribuído à sociedade.

31. As especulações sobre as inclinações ocultistas de Hitler não têm fundamento e são desmentidas em *Mein Kampf*. Ele veio a conhecer Rosenberg (ele, sim, um adepto da sociedade esotérica de Thulé, da qual também eram membros Himmler, Streicher, Hess e Göring) por meio de Dietrich Eckart, do qual ele aproveitara, pelo contrário, a ideia de uma explicação científica da história pela hipótese da dominação judaica.

32. "Se existem pessoas com necessidades de natureza metafísica, não posso satisfazê-las com o programa do Partido. O tempo haverá de transcorrer até o momento em que a ciência esteja em condições de responder a todas as perguntas" (Hitler, *Libres propos sur la guerre et la paix recueillis sur l'ordre de Martin Bormann*), 14 de outubro de 1941.

33. O conceito de *Lebensraum* remonta ao geógrafo Friedrich Ratzel, em 1871. Torna-se um tema dominante do pensamento nacionalista a partir do geopolítico Karl Haushaufer, em 1924.

34. A frequente resistência a empregar a própria expressão "escravidão" no caso nazista decorre, em parte, de uma compreensão incorreta da situação dos escravos antigos que servem de referência à palavra. O escravo grego (*doulos*) ou romano (*servus*) é um "servidor" protegido, em tese, pelo direito (em Roma, pela magistratura do censor). Suas condições de vida eram em

geral melhores que as dos escravos da França do Iluminismo ou dos Estados Unidos de George Washington, ou ainda que as das vítimas escravizadas pelo nazismo. É, portanto, perfeitamente legítimo falar de escravidão nesse caso.

35. Pelo menos 34 mil mulheres foram sexualmente escravizadas pelos exércitos do Terceiro Reich, não se incluindo aí os estupros, que foram muito mais numerosos (que, no entanto, estão comprovados no que diz respeito à totalidade da Segunda Guerra Mundial, até no tocante aos exércitos aliados no momento do Desembarque).

36. Nos campos de extermínio, os procedimentos estabelecidos por Himmler também não descartavam a escravidão. Neles, uma minoria de deportados era programada para sobreviver temporariamente, sendo, assim, destinada ao trabalho servil. De maneira geral, a morte dos escravos sobrevinha naturalmente em questão de poucos meses, sendo periodicamente executados os detidos incumbidos de tarefas "especiais" (quase sempre o extermínio), que por isso desfrutavam de condições superiores de sobrevivência fisiológica. Tudo indica que, nas futuras colônias da Rússia, posteriores ao extermínio dos judeus, ciganos e outros alvos prioritários, as proporções teriam sido invertidas, com vistas a uma escravidão de longa duração de eslavos e asiáticos.

37. A ecologia política inicialmente é cinegenética. Entre os paradoxos da personalidade de Grant, está sua oposição à livre venda de armas, que tampouco é, como sua posição desafiadora em relação à escravidão, motivada por considerações de ordem humanitária, mas pelo desejo de reservar as armas aos aristocratas, os únicos, segundo ele, capazes de ser caçadores dignos do nome.

38. Existe, em tese, um "eugenismo positivo", distinto do eugenismo seletivo. Aquele consiste em adotar técnicas de aperfeiçoamento genético. Mas ou é aplicado a toda a humanidade, fundindo-se com a medicina, ou consiste em cavar fossos biológicos entre os indivíduos. Não existe, até hoje, nenhuma forma conhecida de eugenismo não seletivo.

39. (Spiro), Introdução.

40. A versão de 1923 do livro de Grant é citada pelo Dr. Karl Brandt como um Documento da Defesa nº 51 no Processo de Médicos (NMT 01. Medical Case – USA v. Karl Brandt, et al., English Transcript: p. 10179 [26 de junho de 1947]). Brant, que se declarara inocente, referiu-se expressamente à obra de Grant, às leis segregacionistas, às leis de imigração de 1924 e à decisão da Corte Suprema de 1927 confirmando a esterilização obrigatória (*Buck v. Bell*).

41. Mas a eutanásia foi aplicada em dois anos a 70 mil vítimas entre os pacientes de hospitais psiquiátricos e cinco mil outras entre os recém-nascidos com alguma deficiência; a eles, somam-se, depois de 1941, 20 mil doentes dos campos de

concentração (à parte os campos de extermínio) e 30 mil tuberculosos ou psicóticos entre os trabalhadores escravizados poloneses e soviéticos. A esses dados, cabe acrescentar ainda os da esterilização: cerca de 400 mil pessoas (entre elas, em 1937, os filhos alemães de pais negros pertencendo às tropas francesas estacionadas na Alemanha).

42. "Por acaso seria de bom alvitre debater publicamente a questão da eutanásia nas dimensões como a coisa foi feita nos últimos meses?", J. Goebbels, 23 de agosto de 1941 (Goebbels, *Journal 1939-1942* [trad. fr.]). Himmler compartilhava dessas reservas (Breitman, *Himmler et la Solution finale* [trad. fr.]), cap. 4.

43. Sobre o detalhe da questão essencial do segredo, ver, mais adiante, a análise do "anempatismo".

44. Himmler substituiu pela enigmática palavra *Durchgeschleust* ("canalizado") o termo *Sonderbehandlung* ("tratamento especial"), já, em si mesmo, um eufemismo para designar os assassinatos, no relatório Korrherr, estudo estatístico secreto da eliminação dos judeus de 1937 a janeiro de 1943.

45. Depoimento juramentado do Hauptsturmfuehrer Dieter Wilsliceny, Nuremberg, 29 de novembro de 1946: "Em novembro de 1942, no gabinete de Eichmann em Berlim, fui apresentado ao Standartenfuehrer Plobel [Paul Blobel], que era o chefe do Comando 1005, especialmente incumbido de apagar os traços da solução final (extermínio) do problema judeu pelos *Einsatzgruppen* e de todas as outras execuções. O Comando 1005 operou pelo menos desde o outono de 1942 até setembro de 1944, e durante todo esse período esteve subordinado a Eichmann. A missão foi criada depois que ficou claro que a Alemanha não poderia continuar controlando todo o território ocupado a leste, considerando-se necessário apagar qualquer traço de execuções criminosas até então cometidas. Durante uma estada em Berlim, em novembro de 1942, Plobel deu uma conferência para a equipe de especialistas de Eichmann sobre a questão judaica nos territórios ocupados. Falou dos incineradores especiais que, pessoalmente, havia construído para servir ao trabalho do Comando 1005. Sua missão específica era abrir os túmulos e retirar para incineração os corpos das pessoas até então executadas. O Comando 1005 operava na Rússia, na Polônia e na zona báltica. Voltei a me encontrar com Plobel na Hungria, em 1944, e ele comunicou a Eichmann, na minha presença, que a missão do Comando 1005 fora realizada." Na liberação, os campos de Belzec, Sobibor e Treblinka tinham sido arrasados, e as instalações de extermínio de Auschwitz-Birkenau, demolidas. Na expectativa de Himmler, o negacionismo podia prosperar, pois as construções não estavam mais em seu estado original. A descoberta, pela organização Yahad in Unum, do padre Patrick Desbois,

das ossadas manipuladas pelo Comando 1005 encerra cientificamente o debate sobre a existência de um extermínio nazista, seus alvos e seu caráter maciço (e não o estudo das circunstâncias).

46. Não se tem conhecimento do número exato dos executantes diretos do extermínio, que pode ter sido muito superior ao que se imaginava inicialmente, chegando talvez a várias dezenas de milhares, e mesmo a várias centenas de milhares, segundo alguns historiadores. Não resta muita dúvida de que Himmler limitou esses efetivos ao mínimo necessário, e de que dispunha dos meios necessários para recrutar a quantidade que fosse exigida. O supremacismo racial facilitava a obediência às ordens de extermínio, mas não a condicionava inteiramente. A existência de ordens transmitidas em caráter militar era uma condição suficiente da execução, em um contexto em que se voltavam contra alvos considerados "inimigos da Nação". Um antissemitismo generalizado junto à população foi indispensável para as práticas de extermínio contra os judeus cidadãos alemães. Mas tudo indica que bastava um "acivilismo" genérico para as operações conduzidas contra estrangeiros ou na frente de batalha

47. Não se trata necessariamente de uma adesão aos princípios fundamentais do nazismo. Muitos se contentavam com a recuperação econômica, a defesa contra um bolchevismo sanguinário, assim como os partidários de Mussolini continuam a elogiar suas rodovias, seu urbanismo e a pontualidade de seus trens. É de temer que, entre os decepcionados com o sistema, seja o caso de contar os 336 mil clientes do Fusca da Volkswagen, cujo protótipo foi lançado em 1938. Essas pessoas fizeram a compra sem jamais receber o produto, pois a produção automobilística ficou reservada ao esforço de guerra a partir de 1939.

48. "Já existe hoje na Europa uma frente mais ou menos unida contra a judiaria. É o que já podemos constatar em toda a imprensa europeia, que apresenta, não só nessa questão, mas em muitas outras, uma posição perfeitamente uniforme. [...] Seu último refúgio é a América do Norte; e lá também eles haverão de pagar um dia, mais cedo ou mais tarde", 19 de agosto de 1941 (Goebbels, *Journal 1939–1942* [trad. fr.]).

49. Ela não foi a única. O cantão suíço de Vaud praticou a esterilização forçada de 1928 a 1985. Medidas equivalentes existiram no Canadá e nos países escandinavos. A Grã-Bretanha escapou graças a uma campanha promovida por G. K. Chesterton contra o projeto de lei apresentado nesse sentido, em 1913, por Winston Churchill.

50. Sobre esse tema de maneira geral, ver (Black, *War against the Weak. Eugenics and America's Campaign to Create a Master Race*).

51. Eles preconizavam, em geral, a utilização de gás, método usado para animais na Grã-Bretanha desde 1884.
52. O Dr. William Robinson, famoso urologista de Nova York, recomendava "cloroformizar suavemente essas crianças ou dar-lhes uma dose de cianureto de potássio (Robinson), p. 74. O Dr. Haiselden, acusado pelas autoridades médicas de Chicago de defender a eutanásia de recém-nascidos, demonstrou que se tratava de uma prática cotidiana na profissão", citado por (Black, *ibid*.), cap. 13.
53. A primeira execução capital em câmara de gás data de 1921. Charles Davenport, a mais alta autoridade científica do eugenismo nos Estados Unidos, e assessor científico da Carnegie Foundation, considerava a pena capital um procedimento eugenista.
54. Por oposição aos que o Census Bureau ainda hoje chama de "caucasianos", abrangendo europeus do Leste e mesmo indianos do Punjab, de acordo com a teoria ariana anterior aos trabalhos de Grant. Em uma decisão de 1923 (US v. Bhagat Singh Thind), a Corte Suprema rejeita a teoria ariana sob o duplo argumento de que era obsoleta (sendo linguística, e não racial) e, sobretudo, *insuficientemente restritiva* em sua definição do "homem branco", tal como recomendada pelo "bom senso".
55. No capítulo IX (que reproduz amplamente as teorias de Grant) do *Segundo Livro*, podemos ler: "O perigo tornou-se particularmente grande desde que — diante da total indiferença da nossa parte — a própria União americana, motivada pelas teorias de seus investigadores raciais, estabeleceu critérios específicos para a imigração. Ao condicionar a capacidade de um imigrante de pôr os pés em solo americano a critérios raciais específicos, por um lado, além de certo nível de saúde física do próprio indivíduo, a sangria dos melhores elementos de seu povo sofrida pela Europa tornou-se praticamente regida pela lei."
56. Essa fantasia recorrente havia sido formulada em particular pelo teórico socialista das raças Georges Vacher de Lapouge. Hitler viria a retomá-la, com o cuidado de dessexualizar sua própria imagem pública pelo modelo monástico militar.
57. Esse sonho tinha alguma substância. A American Colonization Society, sociedade filantrópica (como muitas organizações supremacistas, colonialistas e eugenistas), conseguira, em 1867, instalar 13 mil ex-escravos em terras compradas em 1821 com essa finalidade, as quais foram transformadas na república independente da Libéria em 1847. A Libéria se tornou uma colônia segregacionista que só hoje está entrando em um período de transição democrática.
58. Adolf Hitler, *op. cit*. Em dezembro de 1945, em Nuremberg, o procurador americano Jackson fez questão de esclarecer: "Não deve haver nenhum

mal-entendido quanto à acusação de perseguição aos judeus. Os acusados não são recriminados pela arrogância e as pretensões que tantas vezes acompanham a mistura de raças e as diferenças entre povos, e que, não obstante o leal empenho dos governos, tendem a gerar crimes e perturbações lamentáveis. [...] A perseguição dos judeus foi uma política contínua e deliberada." Ele queria dizer que não se devia confundir o supremacismo racial público dos nazistas com o de caráter mais privado dos povos vitoriosos. As ideologias não estavam no banco dos réus em Nuremberg.

59. (Segundo Livro, cap. IX)
60. Von Manstein tivera inicialmente a franqueza de solicitar a reintegração dos oficiais judeus a seu Estado-Maior, pois ele se considerava vagamente judeu, tendo nascido von Lewinski. Mas nem por isso se opôs ao extermínio.
61. 17 de setembro de 1941 (Hitler, *Libres propos sur la guerre et la paix recueillis sur l'ordre de Martin Bormann*).
62. As reiteradas instruções do Estado-Maior eram de se comportar de maneira cortês, e mesmo "cavalheiresca", em relação a franceses ("autênticos") e respeitar escrupulosamente seus bens culturais (não obstante a pilhagem reservada aos ministros do Reich). A propaganda, especialmente em Paris, se esforçava consideravelmente para obter a simpatia da população vencida, que se mostrava, em geral, desconfiada — mais por seu nacionalismo do que por sua oposição política. A obrigação de se mostrar *korrekt* era facilmente cumprida por oficiais muitas vezes impregnados de cultura francesa, assim como por uma tropa camponesa cheia de admiração pelo interior da França. Ver (Vercors). Nem é preciso dizer que essa atitude não tornava as autoridades mais tolerantes e civis que na própria Alemanha em relação a alvos raciais e oposições políticas. A exploração econômica do território com vistas ao esforço de guerra era da mesma ordem que a exploração imposta às populações alemãs, se excluirmos os trabalhos forçados dos prisioneiros de guerra e dos operários do STO, apresentados como uma compensação pelo Tratado de Versalhes. Mais de 200 mil crianças nasceram da união voluntária entre homens e mulheres de ambos os países, consumadas na França e na Alemanha, uma situação inconcebível na Europa do Leste.
63. A concessão da zona sul não tinha como único objetivo reduzir a necessidade de guarnição, mas também servir de modelo para a futura Europa da Ordem Nova, uma estratégia que foi adotada por Laval.
64. Mas a colaboração na França não foi apenas pragmática e passiva, encarnada como tal pelas principais estrelas do mundo dos espetáculos e numerosos funcionários e comerciantes. O próprio diário *L'Humanité* solicitou às autoridades

alemãs autorização para voltar a circular, e o Partido Comunista só viria a inverter sua atitude em 22 de junho de 1941, data do ataque contra a Rússia. A Colaboração também foi ativa e violenta. O nazismo facilmente encontrou funcionários administrativos e efetivos policiais tendentes à tortura: mais de 30 mil voluntários (na verdade, cerca de dez vezes mais, pois devemos levar em conta o rigorosíssimo processo de seleção física) aceitaram servir com uniforme alemão e prestar juramento a Hitler. Intelectuais de grande público se juntaram a esse esforço de maneira perfeitamente espontânea. A denúncia nominal de pessoas perseguidas e a divulgação de seus endereços por *Je suis Partout* eram acompanhadas da elaboração literária de uma exortação ao extermínio imediato e maciço. Rebatet e Brasillach foram grandes exemplos nesse sentido: "É preciso livrar-se dos judeus em bloco e não guardar pequenos" (Brasillach, 25 de setembro de 1942).

65. "Na população, seu prestígio [dos italianos] caiu a zero. [...] Para variar, gostaríamos de ver um aliado tão corajoso e fiel quanto os franceses", 23 de junho de 1940; "Laval certamente não contou com o menor apoio na população. Conduziu a aproximação com a Alemanha de maneira por demais servil. Nenhum povo suporta esse tipo de coisa em longo prazo", 16 de dezembro de 1940 (Goebbels, *Journal 1939–1942* [trad. fr.]). A atitude francófila mudou com o desembarque da Normandia, contexto em que se inscreviam as ações da divisão Das Reich (em parte composta por alsacianos), culminando com o massacre de Oradour-sur-Glane, de 10 de junho de 1944, que causou 642 vítimas: os métodos "acivis" empregados até então na frente Leste eram importados para a França, pois, de uma hora para outra, o território se tornara hostil.

66. "Entre nós, no povo, a opinião é perfeitamente clara: temos de derrubar totalmente a Inglaterra. Mas a coisa ainda não é assim tão certa. Ainda é possível que se encontrem em Londres, na última hora, homens razoáveis. Seria uma pena, pois a Inglaterra assim ficaria basicamente intacta, o que nada parece augurar de bom para o futuro", 25 de junho de 1940, *Ibid*. No outono de 1940, diante da obstinação inglesa em não negociar, Hitler pensou em associar a França, e não a Espanha, ao Pacto Tripartite (dito do Eixo) que acabava de concluir com o Japão e a Itália. A procrastinação de Pétain, como de hábito mais estudado que Laval, acabou por dissuadi-lo. Ele se dispusera a devolver à França sua condição de potência e a suspender as sanções previstas no Armistício em troca de alguns prisioneiros de guerra na África. Ver (Kershaw, *Hitler* [trad. fr.], 2008), cap. IV.

67. Uma paz de compromisso com a Grã-Bretanha, deixando a Alemanha com as mãos livres contra a União Soviética, às vésperas do início do plano

Barbarossa, ia de encontro aos projetos japoneses; mas Hitler achava, então, que a campanha na Rússia seria extremamente curta, poupando-o de uma dupla frente.

68. Ver em especial a "Nota Hossbach", minutas da conferência na Chancelaria do Reich com data de novembro de 1937, que definiu os objetivos para a guerra futura.

69. "Os bancos do mundo plutocrático e os cofres do Kremlin perseguem o mesmo objetivo: o extermínio do povo ariano e de sua raça" (Mensagem de Hitler aos dirigentes nazistas a 24 de fevereiro de 1942). "Quem haveria de acreditar que as garantias e outras declarações no papel dos governantes anglo-americanos poderiam salvar o mundo, ameaçado por um ataque de uma potência que, como os correspondentes de imprensa americanos afirmam claramente hoje, há vinte anos persegue o objetivo de atacar a Europa, como na época das grandes migrações de povos e das invasões mongóis, destruindo sua cultura e, sobretudo, exterminando o europeu para ganhar escravos a serem postos para trabalhar na tundra siberiana?" (proclamação de Hitler em 30 de janeiro de 1943).

70. Na reunião ministerial de 16 de julho de 1941, Hitler afirmou que os territórios soviéticos a oeste do Ural seriam o "Jardim do Éden alemão" e que seria necessário "naturalmente pacificar essa vasta zona o mais rápido possível, atirando em quem quer que chegasse sequer a nos olhar enviesado".

71. "Estou convencido de que, particularmente hoje, nosso Povo representa o ápice alcançado por uma evolução na direção do aperfeiçoamento gradual, racial, sem equivalente neste planeta até hoje. Do ponto de vista estatístico, é necessário ter sempre em mente que os Estados Unidos são formados por 126 a 127 milhões de habitantes. Todavia, se retirarmos os alemães, os italianos, os negros, os judeus, etc., restarão apenas cerca de 60 milhões de anglo-saxões, pessoas que, por sua vez, fazem parte da raça anglo-saxônica. O Império Russo não contém sequer 55 ou 56 milhões de verdadeiros russos. O Império Britânico contém menos de 46 milhões de ingleses vivendo na terra natal. O Império Francês contém menos de 37 milhões de verdadeiros franceses. A Itália mal possui mais de 40 milhões de italianos. Restam apenas 17 milhões de poloneses na Polônia. Todavia, a partir de 1940, 80 milhões de pessoas de uma mesma raça viverão na Alemanha, cercadas de cerca de oito milhões de outras pessoas que também são da mesma raça. Quem quer que tenha dúvidas quanto ao futuro de um povo assim formado de um só bloco, quem quer que não acredite no seu futuro, não passa de um fracote. Acredito nesse futuro sem a menor reserva!" (Discurso dito "secreto" de 10 de novembro de 1938, em Munique.)

72. Trata-se do famoso discurso de 18 de novembro de 1943, no Palácio de Esportes de Berlim, no qual ele pergunta à multidão se quer a guerra total, e como ela responde de uma só voz *"Ja!"*, ordena: "E agora, povo, ergue-te, e que se desencadeie a tempestade!" Na realidade, a guerra total tinha começado em 1º de setembro de 1939, início da campanha da Polônia, ou no máximo em 22 de junho de 1941, quando 4,5 milhões de homens investiram contra a Rússia. Oficialmente, o conceito de "guerra total" dizia respeito à mobilização total dos recursos em vista da guerra, e não às modalidades de um extermínio sem qualquer limite. É esse o sentido do decreto de 25 de julho de 1944 nomeando Goebbels como "Plenipotenciário do Reich para o Desenvolvimento da Guerra Total". Mas Goebbels era apenas uma fachada. Havia anos, o verdadeiro plenipotenciário para a guerra total, no sentido próprio da palavra, era Himmler.
73. A União Soviética não havia assinado a Convenção de 1929, mas se comprometera com as de 1864 e 1906. A Alemanha assinara as três. As duas potências também eram signatárias das Convenções de Haia de 1899 e 1903.
74. Hitler era partidário da repressão terrorista, mesmo em situações desprovidas de objetivos raciais. Considerava que as execuções coletivas de reféns anônimos eram preferíveis aos processos de culpados individuais para evitar o surgimento de um culto dos heróis da resistência. Ver suas instruções a Günther Pancke, dirigente da Gestapo na Dinamarca, em (Breitman R. & alii), cap. 6.
75. O vínculo não teria feito sentido enquanto a judeofobia fosse um antijudaísmo clássico. Era necessário que o antissemitismo industrial atribuísse aos judeus o papel de senhores de todas as subversões para reconciliar antissemitismo, eslavofobia (muito disseminada na Alemanha e até então focalizada no desastre de Tanneberg) e antibolchevismo.
76. O almirante Raeder registra em suas anotações, com data de 9 de janeiro de 1941, a seguinte argumentação de Hitler: "[Ele] não acredita que os ingleses venham a se mostrar de uma 'audácia irrefletida'. Se virem que não têm possibilidade de vitória, eles se conterão. Pois, se perderem a guerra, não lhes restará força nenhuma para sustentar seu império. Se persistirem e conseguirem mobilizar 40 a 50 divisões, e se os Estados Unidos e a Rússia os ajudarem, então surgirá uma situação muito séria para a Alemanha. Isso não pode acontecer. Nas atuais condições, ele agirá sempre segundo o princípio de romper as mais importantes posições do inimigo antes de passar à etapa seguinte. Por isso a Rússia precisa ser esmagada. Nesse caso, ou os ingleses se rendem, ou a Alemanha continuará combatendo em condições favoráveis.

Além disso, o esmagamento da Rússia permitiria ao Japão voltar-se, com todas as suas forças, contra os Estados Unidos. Isso os impediria de entrar na guerra." E novamente em 24 de setembro de 1941: "O quadro geral que me foi apresentado pelo Führer é altamente satisfatório. Ele tampouco teme uma eventual participação dos Estados Unidos na guerra. Uma vez que tenhamos abatido a União Soviética, tampouco nos poderá ocorrer grande coisa. É até possível que a Inglaterra peça a paz; o próprio Churchill não tem essa possibilidade, é verdade; mas tampouco está tão solidamente instalado que a Inglaterra se veja forçada a pôr em jogo sua existência por ele. As condições nas quais o Führer estaria disposto a concluir a paz com a Inglaterra são as mesmas que antes: a Inglaterra deve desaparecer da Europa; o Führer está disposto a deixar para a Inglaterra seu império mundial" (Goebbels, *Journal 1939–1942* [trad. fr.]).

77. "Tantas pessoas agem como se acreditassem que o Oeste judeo-plutocrático venceria o Leste judeo-bolchevique", A. Hitler, 8 de novembro de 1943 (Domarus).

78. Quanto à influência dos judeus no governo soviético, Hitler logo perderia suas ilusões: "O filho de Stalin, que foi capturado pelo exército alemão [em 16 de julho de 1941], prestou um depoimento detalhado. [...] Aparentemente não existe nenhuma divergência entre ele e o pai. Suas respostas são inteligentes e se sustentam. Não há grande coisa a extrair delas para a propaganda. [...] Ele afirma que Stalin é antissemita, não tem grande estima pessoal pelos judeus, vê no regime soviético a única possibilidade de governar os povos russos e assim por diante. [... O Führer] também considera que [esses relatos] não têm como ser explorados para a propaganda", 23 de julho de 1941, *Ibid*.

79. As leis de Nuremberg, promulgadas com o objetivo expresso de pressionar as campanhas de boicote da Alemanha, inserindo-se na mesma estratégia de perseguições/ameaças de radicalização, não conseguiram, contudo, atingir esse objetivo: "Somos, além disso, forçados a reconhecer que aqui, como em toda parte, são quase exclusivamente elementos judeus que trabalham como instigadores dessa campanha, a fim de disseminar a animosidade e a confusão entre os povos. O insulto à bandeira alemã — que foi tratado de maneira muito leal em uma declaração do governo americano — é, ao mesmo tempo, uma ilustração da atitude dos judeus, até mesmo na função pública, em relação à Alemanha, e uma prova reveladora da pertinência de nossa legislação nacional-socialista, concebida como medida de precaução para impedir desde o início que incidentes semelhantes ocorram na administração e nos tribunais alemães e para bani-los a qualquer preço. Mas, se ainda fosse necessário frisar a pertinência de nossa análise, ela ficaria fartamente comprovada pelo

reinício da campanha de boicote que o elemento judeu acaba de lançar contra a Alemanha. Essa agitação internacional no mundo infelizmente parece ter dado origem, entre os judeus na Alemanha, à opinião de que está na hora de afirmar os interesses judeus em clara oposição aos interesses nacionais do Reich. Ruidosas queixas contra as ações provocadoras dos membros individuais dessa raça chegam de toda parte, e a impressionante frequência desses relatos, assim como a semelhança de seu conteúdo, parecem indicar certo método por trás desses abusos. Tais atos se ampliaram, chegando a manifestações em um cinema de Berlim contra uma empresa estrangeira fundamentalmente inofensiva, que os círculos judeus imaginam nociva a eles. Para impedir que esse comportamento leve a uma ação defensiva muito determinada da parte da população ultrajada, cujo alcance é impossível prever, a única alternativa seria uma solução legislativa para o problema. O governo do Reich é guiado pela esperança de instaurar, mediante uma única medida prática, um contexto no qual o povo alemão esteja em posição de estabelecer relações toleráveis com o povo judeu. Mas, se essa esperança revelar-se vã e a agitação judaica intra-alemã e internacional tiver prosseguimento, uma nova avaliação da situação terá de ser feita. Proponho então que o Reichstag adote as leis que o presidente do Reichstag, nosso camarada do Partido Göring, lerá em voz alta [: as leis de Nuremberg... Esta] tentativa de solução legislativa para um problema que, se voltar a se revelar insolúvel, deveria ser transmitido ao Partido Nacional-Socialista para uma solução final nos termos da lei." A. Hitler, *Discours au Reichstag du 15 septembre 1935* (Domarus).

80. A frase foi pronunciada em 1º de setembro de 1939. No dia 30 de janeiro de 1942, ele repete mais ou menos nos mesmos termos uma afirmação martelada desde 29 de março de 1933.
81. Ele é acompanhado de privação de acesso aos telefones e jornais, assim como aos cartões de racionamento. O uso da braçadeira com a Estrela de Davi azul se tornara obrigatório na Polônia ocupada desde novembro de 1939.
82. O projeto de extermínio total dos judeus que habitavam os territórios controlados pela Alemanha foi elaborado de maneira gradual, correspondendo a conferência de Wannsee apenas à fase mais documentada. Quando, com base em uma missão confiada por Göring a Heydrich em 31 de julho de 1941, ela se realizou em janeiro de 1942, para concluir o desenvolvimento da Solução Final, a saber, a utilização de campos de extermínio, os *Einsatzgruppen* e batalhões policiais de Heydrich estavam muito adiantados em sua obra étnica, iniciada com a invasão da Polônia em setembro de 1939 e desdobrada na mais ampla escala em junho de 1941, com o plano Barbarossa. Em fevereiro de 1941,

Hitler ainda não havia desistido do plano "Madagascar", tomado de empréstimo aos antissemitas poloneses, que o haviam elaborado antes da guerra, e apenas começava a pensar em uma deportação para os territórios hostis orientais (dos pântanos de Pripet às zonas árticas). Provavelmente tomara sua decisão definitiva na primavera de 1941, em vista das dificuldades insuperáveis encontradas por todas as tentativas de expulsão e o deslocamento sem extermínio de populações tão numerosas, pois, paradoxalmente, a Alemanha havia incorporado com suas conquistas as mais vastas populações judias existentes no mundo. A proposta fatal provavelmente foi feita por Himmler e Heydrich ou em entendimento com eles. Quando esse último foi assassinado, em junho de 1942, restava apenas aplicar seu plano sob o comando de Kaltenbrunner, mediante os ajustes técnicos que se revelassem adequados.

83. Seu erro era ainda mais grave: os judeus não tinham o poder que lhes atribuía. Sabemos hoje que o almirante Canaris e seu adjunto, o general Hans Oster, ambos dirigentes do serviço de informações do Exército, nacionalistas porém antinazistas (Canaris é proposto pela comunidade lubavitch como Justo entre as Nações), informavam seus pares britânicos. Para um levantamento dos conhecimentos sobre a penetração aliada na *Abwehr*, com base em documentos recentemente abertos ao público, ver (Breitman R & alii), cap. 4. Os Aliados não fizeram qualquer gesto para tentar deter diretamente o extermínio ou para retardá-lo, abstendo-se de alertar as associações judaicas. Quando, finalmente, a realidade da Solução Final filtrou-se de maneira definitiva para fora das esferas governamentais — em 1944, no caso dos menos informados —, houve pressões com vistas a uma reorientação limitada das operações militares destinadas a interromper o extermínio. Nenhuma organização judaica teria sido capaz de impor a paz separada com que sonhava Hitler, se é que alguma delas viesse a considerá-la desejável. O simples bombardeio das linhas ferroviárias conduzindo a Auschwitz, oficialmente solicitado pelo War Refugee Board, foi constantemente rejeitado por John McCloy, subsecretário de Estado americano para a Guerra, a pretexto de dificuldades e prioridades táticas. Acontece que diversos objetivos militares imediatamente próximos haviam sido bombardeados, incluindo uma fábrica de armas do complexo de Auschwitz-Monowitz, segundo revelaria mais tarde George McGovern, candidato à presidência dos Estados Unidos, que tinha participado das operações aéreas. O mesmo McCloy, tendo-se tornado em 1951 alto-comissário dos Estados Unidos para a Alemanha, recomendou e obteve que as penas de 77 dos 89 grandes criminosos de guerra nazistas sob jurisdição americana fossem comutadas.

84. Uma contradição semelhante o havia levado, em setembro de 1940, a assinar o tratado do Eixo, para dispor de uma garantia contra os Estados Unidos, caso não conseguisse entender-se com a Grã-Bretanha em relação a um acordo a respeito das colônias (como explicou a Mussolini, ele não se interessava muito pelas antigas colônias, dispondo-se a deixá-las para a Inglaterra, à parte alguns enclaves destinados à produção de borracha e café. Suas colônias seriam no Império Russo). Ora, foi justamente sua aliança com o Japão que selou sua sorte depois de Pearl Harbor, embora, ainda na véspera, Lindbergh e os não intervencionistas ainda dessem as cartas em Washington. De fato, nada prova que os Estados Unidos teriam entrado na guerra por si mesmos para apoiar a Inglaterra, pelo menos antes que surgisse um vencedor entre o nazismo e o bolchevismo, duas potências cuja destruição mútua era de interesse norte-americano.
85. "Não conseguiremos alimentar os quase 3,5 milhões de prisioneiros que estão em nossas mãos. A população é perfeitamente suscetível de um procedimento radical, pois, embora os alemães sejam sentimentais, não creio que se dispusessem a abrir mão de sua carne e de sua gordura para alimentar 3,5 milhões de incendiários, ladrões e salteadores de estrada soviéticos", 14 de dezembro de 1941 (Goebbels, *Journal 1939-1942* [trad. fr.]).
86. Cabe notar que cerca de 40% dos sobreviventes foram enviados pelos próprios soviéticos para o Gulag.
87. (N. Davies).
88. A título de exemplo, cerca de 20 mil deles serviram e morreram só no campo de Ban-Saint-Jean, na região de Mosela (França), cujo campo de extermínio ainda hoje é visível. O total de trabalhadores forçados no Grande Reich, de todas as nacionalidades envolvidas, foi superior a 10 milhões. O programa no Leste ficou, a partir de 1942, sob a responsabilidade de Fritz Sauckel, plenipotenciário geral para a Mobilização do Trabalho, à exceção dos escravos dos campos da Polônia. Sauckel deportou cinco milhões de escravos, recrutados muitas vezes em ataques militares.
89. (Riordan).
90. A respeito disso e sobre a política de Koch, ver (Marzover), p. 153 *sq*.
91. Com o tempo, o "ponto de vista de Hitler" se tornou cada vez mais difícil de entender do ponto de vista de Martin Bormann, que se valia de sua condição de secretário particular para se apresentar como "adjunto do Führer", e agir como primeiro-ministro a partir de 1941. A ambiguidade de seu papel era reforçada pela tendência crescente de Hitler a se isolar cada vez mais fisicamente à medida que a guerra ia tomando rumos adversos. Bormann jogava o tempo

todo com as fortes rivalidades pessoais entre dirigentes e a desconfiança do Führer em relação aos generais. A linha por ele favorecida era a mais dura, indo ao encontro dos interesses de Himmler, que Hitler cuidara de não promover à condição estatutária de primeiro dignitário do Partido e do Reich. O fato de a sujeição das populações do Leste não corresponder a uma situação transitória ligada aos horrores da guerra, mas a um projeto durável, foi confirmado, por exemplo, pelo general SS Jürgen Stroop, próximo colaborador de Himmler, que dizia ter recebido deste a promessa de um feudo privado cheio de escravos. Stroop fora o responsável pela destruição do gueto de Varsóvia, a cujos habitantes se referia como "judeus e bandidos" em seu relatório detalhado (Nuremberg 1061-PS). Uma das ideias de Stroop para desaculturar e sujeitar os ucranianos era a abertura de débitos de bebidas nos quais a vodca poderia ser paga com livros e jornais velhos. Ver a respeito (Moczarski).

92. Departamento Central de Segurança do Reich, diretamente encarregado da SD, da Gestapo, da Kripo, da Espionagem e Inteligência (à exceção da Abwehr de Canaris).

93. Cinquenta por cento dos tchecos, 35% dos ucranianos e 25% dos bielorrussos e rutenos, devendo os lituanos, por exemplo, ser todos deportados para a Sibéria. A germanização incluía o rapto de crianças "racialmente selecionadas", com sua educação na Alemanha (pelo menos 20 mil crianças polonesas foram vítimas desse processo).

94. As oscilações da identificação racial também disseram respeito aos judeus, pelo conjunto de grande importância dos "Mischlinge", os de "sangue misturado". Mais de 120 mil soldados de ascendência judaica parcial, alguns deles voluntários, foram incorporados ao exército alemão, entre eles o futuro chanceler Helmut Schmidt. Como uma parte significativa deles era de judeus no sentido das leis de Nuremberg, Hitler concedeu pessoalmente a arianização aos oficiais. Alguns chegaram à patente de oficial-general e até mesmo de marechal de campo, no caso de Erhard Milch, adjunto de Göring na Luftwaffe e alma do armamento aeronáutico alemão. Como as definições de Nuremberg não coincidem com as da *halakha* (prescrições religiosas), por sua vez interpretada de maneira variável em função das diferentes fés, situações complexas se apresentavam no caso desses soldados. Essas identificações formais não correspondiam às identificações subjetivas ou sociais: pessoas não judias no sentido da *halakha* ortodoxa e das leis de Nuremberg se sentiam judias e/ou eram percebidas como tais, enquanto pessoas judias nos dois sentidos não se consideravam judias e/ou não eram percebidas dessa maneira. A confusão era tão generalizada que um agente da Gestapo foi

agredido por antissemitas simplesmente por sua morfologia nasal. Na mesma época, a capa de uma brochura de propaganda nazista, ilustrando o "Soldado Alemão Ideal", reproduzia a fotografia do cabo Goldberg (Rigg).

95. Sessenta mil vítimas no contexto da operação cristalinamente batizada de *Intelligenzaktion*, em 1940, e 30 mil no da chamada operação de "pacificação" (*AB-Aktion*), que sucedeu a ela no mesmo ano. O número teria sido superior sem os protestos do comando da Wehrmacht. Cabe acrescentar as vítimas de execuções racialmente indiscriminadas, as centenas de milhares de poloneses não judeus posteriormente enviados aos campos. No total, 2,9 milhões de poloneses judeus foram assassinados e 2,8 milhões de civis não judeus morreram (150 mil dos quais sob a ocupação soviética).

96. A prova de número URSS-522 no processo de Nuremberg indica que a intenção final, expressa por Himmler em 15 de março de 1940, era usar os poloneses não judeus como mão de obra servil no esforço de guerra, para, em seguida, eliminá-los. Se esse documento de origem soviética for autêntico, o plano geral de extermínio deve ser datado, no máximo, do mesmo ano.

97. Alfred Frauenfeld, um dos adjuntos de Koch, escreveu em um relatório: "Continuamos dizendo que os alemães simplesmente não se comportam como os britânicos em suas colônias; mas o resultado não poderia ter sido mais desastroso para os interesses alemães se os próprios britânicos o tivessem planejado" (Marzover), p. 153.

98. "Descobri que uma das igrejas mais famosas de Kiev era um monte de ruínas [...] Soube por Goebbels que a igreja tinha sido destruída por ordem de Erich Koch [...] A ideia era destruir esse símbolo do orgulho nacional ucraniano. [...] Goebbels ficara horrorizado com o rumo tomado pelas coisas nos setores ocupados pela União Soviética. Na verdade, nessa época, a Ucrânia ainda era tão pacífica que eu podia passear de carro por suas vastas florestas sem escolta. Um ano e meio depois, graças à política perversa dos comissários do Leste, toda a zona estava infestada de partisans" (Speer), cap. 17.

99. O Partido Operário Social-Democrata da Rússia nascera em 1903, como partido de vocação expressamente única e monolítica, pela vitória das teses de Lenin expressas, um ano antes, em *Que fazer?* Já em suas primeiras fases, o livro condena a "liberdade de crítica" como um desejo de levar à convivência da verdade científica com o erro: "A expressão 'liberdade de crítica', tal como empregada hoje em dia, contém a mesma mentira. Pessoas realmente convencidas de ter contribuído para o progresso da ciência não exigiriam liberdade de existir para concepções novas, ao lado das antigas, mas a substituição destas por aquelas." As opiniões divergentes são qualificadas de "oportunistas"

A ideologia do Partido, designada como "teoria revolucionária", é algo de que "os operários *ainda não podiam ter* [itálicos de Lenin] consciência. Esta só poderia advir-lhes de fora [...] principalmente de homens que tinham como profissão a atividade revolucionária." Dezesseis anos depois, o programa inicial do Partido Operário Alemão Nacional-Socialista proclama: "Os jornais que vão de encontro ao interesse público devem ser proibidos. Exigimos que a lei combata um ensino literário e artístico gerador de desagregação na nossa vida nacional e o fechamento das organizações que não obedeçam às medidas acima. [...] Os dirigentes do Partido prometem envidar todos os esforços pela realização dos pontos acima enumerados, sacrificando, se necessário, sua própria vida." *Mein Kampf* especifica ainda em relação à organização interna do Partido: "O movimento é, em sua essência e em sua organização íntima, antiparlamentar, ou seja, nega em geral o princípio — como em sua própria organização interna — de uma soberania da maioria [...]. Nenhuma comissão tem direito de voto; existem apenas comissões de estudos, entre as quais o chefe responsável reparte o trabalho" (cap. 12).

100. Citado por Cité (Rauschning).
101. Ver (Mommsen), cap. 3. Por outro lado, a burocracia da Alemanha nazista é menos hipertrofiada que a burocracia soviética.
102. (Morin).
103. "Se alguém se afasta do Partido de tal maneira que não entende mais a sua linguagem, é sempre esse alguém que está errado. [...] O fato de não votarmos e não executarmos decisões de uma maioria não significa que nossa política seja sem controle. Ela é constantemente submetida ao controle do Partido." Hitler citado por H. Rauschning in (Rauschning).
104. Quando do plano Barbarossa, o erro estratégico de Stalin já fora cometido. Seu antigo aliado o havia levado a uma luta de morte. Ele se via obrigado a se defender mobilizando todos os seus recursos. A União Soviética ainda podia cometer erros táticos na conduta das operações, mas não o erro de não combater nesse momento e dessa maneira. O resto era estrategicamente secundário, incluindo os massacres inúteis do NKVD pouco antes da chegada da Wehrmacht, que justificavam as modalidades drásticas da guerra total aos olhos de jovens soldados alemães apavorados com a visão de corpos empilhados e às vezes emasculados.
105. "O Führer está interiormente inconformado por se ter assim deixado enganar quanto ao potencial dos bolcheviques pelos relatórios sobre a União Soviética. Antes de qualquer coisa, o fato de haver subestimado a arma blindada e a aviação inimiga representou para nós problemas extremamente sérios em

nossas operações militares. Ele sofreu muito com isso. Tratava-se de uma crise grave. [...] Mas o Führer frisa, mais uma vez, que também para ele fora muito vantajoso — pelo menos agora que as operações retomaram seu curso — não ter tido consciência com tanta precisão do que nos esperava. Quem sabe como as coisas teriam acontecido nesse caso?!", J. Goebbels, 19 de agosto de 1941 (Goebbels, *Journal 1939-1942* [trad. fr.]).

106. "Repeti o que havia dito ao conselho de ministros: se Dantzig não conseguisse tornar ativa sua balança de pagamentos, seria necessário desvalorizar o gulden, no máximo, em seis meses. Hitler ficou indignado e começou a vociferar; opunha-se formalmente a qualquer desvalorização: 'Dei a minha palavra. Não vou estimular a inflação. O povo não entenderia. Cabe aos senhores encontrarem meios de sair dessa situação sem tocar na moeda.' Ele gritava tanto que eu não entendia mais suas palavras" (Rauschning).

107. O expurgo, método predileto de Stalin, não fazia parte do arsenal favorito de Hitler, que só recorreu a ele em duas oportunidades, a Noite das Facas Longas e a repressão ao atentado de Stauffenberg. Aquela parece ter-lhe sido imposta pelo Alto Comando por meio de Blomberg, em troca do apoio da Reichswehr e com base em um projeto de rearmamento e conquista havia muito concebido pelo Estado-Maior. Independentemente das crescentes liberdades que Röhm e Strasser assumiam em relação ao Führer, o exército não podia aceitar uma milícia sem controle cujos efetivos (dois milhões de homens) eram desproporcionais em relação aos seus. Ora, Hitler não tinha como governar e concretizar suas intenções sem o assentimento do exército.

108. "Jamais tomarei uma decisão importante sem me certificar da concordância do meu Partido. Não sei governar a meu bel-prazer. O que ordeno nunca é arbitrário. É a expressão de um consentimento que devo obter a cada vez. Vamos mais longe que qualquer Parlamento do mundo, pois nos submetemos a uma consulta popular permanente. É assim que se forma a verdadeira comunidade nacional. Eu não dependo do homem da rua, mas sou responsável perante meus companheiros do Partido. As democracias parlamentares podem cozinhar a opinião pública a seu bel-prazer. Mas eu me submeto, aceito prestar contas diante do meu juiz incorruptível, perante meu Partido." *Ibid*.

109. O imperador Gaius (Calígula), hostil ao regime que o havia perseguido até a sua subida ao trono, jamais conseguiu reformá-lo, pois todas as suas tentativas tiveram como efeito reforçar o caráter autoritário do sistema. Ele passou por louco e foi assassinado.

110. Não teria feito muito sentido criticá-la de dentro durante a sua execução, exceto para provocar o caos descrito por Federico Fellini em *Ensaio de orquestra*, metáfora da democracia italiana.

111. "Na condição de artista, sentia muito exatamente quando uma ideia havia amadurecido. [... Ele] não era um ditador, mas um arquiteto. Era como esses grandes construtores de catedrais que trabalham de geração em geração em um edifício imenso, vendo-o crescer segundo uma lei interna que lhes parecia mais importante que suas ideias pessoais, por mais geniais que fossem", *Ibid.*
112. Apesar de seu interesse pela coisa militar, de sua memória e de sua intuição, Hitler foi, durante toda a vida, um amador apaixonado, incapaz de comandar operações. Desafiando oficiais-generais e confiando apenas em sua vontade, ele nunca foi capaz de reconhecer essa limitação e extrair as consequências que pudessem salvá-lo. Impediu constantemente o Alto Comando de explorar a mobilidade dos exércitos alemães, impondo perdas inúteis para defender, a qualquer preço, posições expostas. Nunca dissociava ideologia e técnica militar, sendo capaz de interromper longamente uma discussão de Estado-Maior que estivesse tratando de um problema da maior urgência para debater o caráter caucasiano ou não dos turcomenos e daí extrair conclusões sobre as ordens de movimento. Ver os relatos estenográficos das conferências do Quartel-General (Hitler, *Hitler parle à ses Généraux* [trad. fr.]).
113. Até mesmo Gengis Khan consultava seus generais, seus filhos e os sábios que mandava capturar para assessorá-lo. Os faraós tinham de levar em conta o clero, e aquele que se aventurou a esquecê-lo, Akhenaton, não se recuperou. Os imperadores de Roma não incendiaram o Senado e acabaram por compor com os papas. Os reis vikings e germânicos tinham suas assembleias. Napoleão, fora do campo militar, no qual dispunha de uma competência sem rival que nem mesmo o inimigo contestava, tentou governar com moderação muito maior que o Terror que o havia antecedido.
114. Gorbachev queria reformar a União Soviética. Mas não tinha poder para isso. Podia apenas desmantelá-la.
115. Para uma comparação sistemática, ver (KaKel III).
116. (Emerson).
117. Essa observação foi extraída de Russel Banks (Banks).
118. Desde Homero, Heródoto e Plínio, o Ocidente se assustava com a existência de antropoides monstruosos mas respeitados, como os monóculos, os cinocéfalos e os ictiófagos. Os romanos se haviam aliado aos númidas e os respeitavam. Mas o encontro dos canibais nas Caraíbas (as duas palavras têm a mesma raiz) acarretou uma revolução do imaginário (Lestringant). Como a antropofagia era o espelho invertido da teofagia cristã, eles se tornaram os primeiros "sub-homens", aviltamento corroborado por suas exibições genitais. Montaigne, que havia conversado com eles, tentou sustentar, no capítulo "Canibais" de seus *Ensaios*, que mais valia alimentar-se de homens mortos que de povos

vivos, como faziam os europeus. Cabe notar que o conceito de "devoradores de povos", *demoboroi*, para designar os tiranos, e que se aplica tão bem aos nazistas, é recorrente em Homero (por exemplo, *Ilíada*, L. 1, v. 231).

119. A atitude de Hitler em relação aos judeus era ambivalente, o que não acontecia com a sua relação com outros grupos. Como Henry Ford, ele precisava conciliar sua intensa hostilidade, à qual nunca fora capaz de conferir a modalidade do desprezo, com a superior capacidade de causar danos que lhes imputava.

120. A explosão demográfica data do século XIX: a população colonial passa de 275 mil em 1700 a 65 milhões em 1900. Não existem dados confiáveis sobre a demografia da América do Norte antes da colonização, variando as estimativas entre 1 e 18 milhões, embora a mais alta pareça mais verossímil (Thornton). As epidemias provocadas pelo contato com portadores europeus (coqueluche, rubéola, varíola, tifo, gripe, difteria e peste bubônica) podem ter dizimado 95% da população em todas as Américas, extraordinária proporção que foi localmente verificada em vários casos.

121. Ainda em 1797, o futuro rei Luís Filipe (Louis-Philippe) escreve: "Existem ao sul de Ohio e a leste de Mississipi quatro Nações indígenas (prefiro esta palavra a palavra selvagens usada entre nós, pois não considero que esses povos mereçam esse epíteto de maneira alguma). [...] Devemos ser justos, o sistema de espoliação dos brancos contra os índios continua o mesmo. Todos os vizinhos cobiçam as terras que eles ocupam no Tennessee. O mais recente tratado provoca muito descontentamento, pois eles queriam uma guerra com os indígenas para que eles fossem espoliados das terras cobiçadas por um novo tratado. Meses atrás, os brancos assassinaram dois indígenas (entre eles, um chefe chamado Pássaro Vermelho), esperando que essa provocação gerasse represálias e levasse a uma guerra."

122. A língua francesa não distingue, como o inglês, entre *alien* e *foreign*. Um "estrangeiro" (*foreigner*) é alguém originário de outro país. O conceito de *alien* remete também a um extraterrestre, e, desvinculando a pessoa visada de todo contexto, logo de entrada a desumaniza.

123. A doutrina jurídica de *Trust Responsibility*, instituindo o governo federal como guardião fiduciário dos interesses das Nações indígenas "intrinsecamente soberanas" (e não em virtude de uma concessão de soberania), é uma elaboração jurisprudencial tardia. Apesar de seu caráter condescendente, pois nela as Nações indígenas são apresentadas como pupilas, essa doutrina gerava vantagens financeiras suficientemente significativas (especialmente a partir do Indian Self-Determination and Education Assistance Act de 1975), para que os dirigentes das tribos acabassem em geral por se contentar com ela.

124. Tradução francesa de Thomas Jefferson.
125. A vacina de Jenner se dissemina a partir de 1800.
126. O tema de uma "guerra bacteriológica" mencionado por certos historiadores e talvez de fato contemplado por alguns oficiais britânicos é, em grande medida, fantasioso. Só as condições de um cerco de fortaleza, inaplicável aos nômades, permitiriam catapultar cadáveres e objetos infectados sem risco de haver um efeito de retorno. O extermínio biológico nas Américas assumiu assim, desde os conquistadores, caráter involuntário. Convém esclarecer que os ameríndios não eram culturalmente dispostos à vacinação. Uma tentativa de vacinação da Sioux Agency, em 1831, fracassou por esse motivo.
127. O mito recorrente da raça destinada a desaparecer remonta às origens da colonização, e sua fonte se perdeu.
128. *Removal* (retirada, deportação) substituía *extirpation*, que era habitual nos Estados Unidos.
129. Especialmente Elias Boudinot e John Ross.
130. A expressão costuma ser atribuída ao jornalista John L. O'Sullivan (O'Sullivan), que associa esse tema aos Estados Unidos pensados como começo absoluto, libertos da lei do declínio das Nações por suas instituições democráticas (não sendo os escravos e os ameríndios integrados a esse conceito). Essa figura ideológica retoma, bem de perto, a figura dominante em Atenas na época de sua hegemonia.
131. Ver (West).
132. Milícias dessa natureza existiam desde o início da colonização. Durante a conquista das grandes planícies, elas se profissionalizaram, empreendendo ataques em profundidade contra as aldeias.
133. Certos ameríndios haviam assimilado dos europeus. São conhecidos casos de chefes indígenas "brancos", e Luís Filipe menciona o de uma tribo cujos antepassados teriam sido galeses náufragos.
134. Em sua juventude, quando os filmes eram raros, Hitler devorava os romances de aventura de Karl May (autor alemão que nunca visitou os Estados Unidos) sobre o Oeste norte-americano. A essas leituras apaixonadas é que ele atribui, em *Mein Kampf*, a degradação de seus resultados escolares em Linz.
135. *Soldier Blue* (1970), *Little Big Man* (1970), *A Man Called Horse* (1970) e *Dances with wolves* (1990).
136. Em 1854, na continuação de *A Cabana do Pai Tomás*, um dos livros favoritos de Hitler (Ryback), Harriet Beecher Stowe dedica um capítulo aos "Poor White Trash", que viviam em condições morais e físicas mais lamentáveis que as dos escravos.

137. Não votamos em nosso *alter ego*, pois, em geral, não o consideramos mais capaz de defender nossos interesses. Votamos em pessoas que falam melhor que nós ou que saberiam fazer-se entender melhor, e que dispõem de competências administrativas que não temos a possibilidade ou o desejo de adquirir. Se pertencemos às camadas mais desfavorecidas, preferimos eleger pessoas mais bem-educadas de categorias socioprofissionais superiores à nossa. Se pertencemos às elites, confiamos essa tarefa a pessoas cujo perfil mais popular atraia mais as massas. Esse fenômeno é acentuado pelo surgimento de uma "classe política" mais ou menos homogênea. Chega ao auge quando o escrutínio é majoritário e não proporcional. Dessa maneira, ninguém é na realidade representado socialmente, exceto os que pertencem às camadas médias, nas quais os mandatários são recrutados de preferência.

138. O "princípio de equilíbrio ponderal" explica por que os sistemas parlamentares se revelaram mais difíceis de reproduzir fora do Ocidente. Supõe-se que os grupos sociais exigem ser representados nas instâncias políticas não em função de seu volume demográfico, mas em função de seu peso relativo na sociedade, tal como o percebem subjetivamente. A violação dessa exigência leva a tensões capazes de derrubar o regime. O sistema funciona bem nas sociedades estratificadas, pois as categorias inferiores sobrerrepresentam as elites em seu sufrágio. Mas, nas sociedades segmentares, que são cortadas verticalmente, segundo as divisões étnicas, religiosas ou castas subjetivamente intransponíveis, o sistema entra em disfuncionamento se não for retificado. As categorias inferiores continuam votando pelas superiores, mas quase sempre apenas no interior de seu segmento. O processo faz com que os segmentos sejam representados na proporção de seu valor demográfico, e não de seu peso social. Desse modo, o sistema parlamentar é mais instável nos países com fronteiras artificiais geradas pela colonização ou herdeiros de impérios multiétnicos ou ainda impregnados de castas ou oposições linguísticas. Não existe nenhuma sociedade histórica que seja estratificada em estado puro. Por isso os mecanismos de correção são mobilizados. O bicamerismo reserva a uma só das duas câmaras o sufrágio universal direto, atribuindo ao outro um modo de recrutamento adaptado aos particularismos da sociedade considerada: senado federal, câmara de pares favorecendo a representação das elites sociais tradicionais quando são hereditárias ou das elites emergentes, quando são recrutadas em caráter vitalício. Outros mecanismos de correção são as nomeações discricionárias pelo executivo, os sistemas de cotas e as reformulações do mapa eleitoral. Uma Constituição Federal contribui para a correção quando os segmentos são geograficamente bem repartidos.

139. O conceito de regime semiparlamentar tem acepções variáveis em ciência política, segundo se dê ênfase ou não à articulação dos poderes executivos do governo com os do Parlamento. Ele designa aqui, em sentido muito amplo, todo regime no qual o Poder Executivo deva prestar contas diretamente a um Parlamento representativo, seja ou não derivado dele.
140. Os partidos eram dotados de quadros profissionais, comitês locais, assembleias populares, endosso pelos parlamentares, levantamento de fundos, programa genérico suscetível de reconhecimento por um populismo mais ou menos pronunciado, e controlavam suficientemente os órgãos de imprensa para garantir a propaganda. Cada um desses aparelhos seria capaz de suscitar o surgimento de personalidades novas, selecionadas por sua apresentação ou seu caráter, mais que por sua experiência, seu pedigree ou sua doutrina. O líder seria apoiado enquanto se mostrasse capaz de garantir a vitória de seu partido, mas substituído em caso de derrota.
141. O surgimento do *spoils system*, sob Andrew Jackson, autorizando o presidente a substituir os responsáveis por todas as administrações, longe de suprimir o equilíbrio bipartidário, tornava-o ainda mais robusto: uma parte da tarefa do Congresso e de seus comitês passou a ser dedicada ao controle vigilante dos departamentos administrativos.
142. O primeiro grande filme norte-americano foi uma obra-prima de racismo declarado: *Nascimento de uma Nação*. Seu autor era de cultura Wasp.
143. Não obstante o empenho dos produtores e cineastas que eram judeus no sentido de combater o antissemitismo, Hollywood não conseguiu afastar totalmente o antissemitismo cinematográfico (Carr), nem muito menos abrir as fronteiras para os perseguidos da Alemanha nazista. Ainda mais que, o papel de Hollywood na difusão da imagística do sonho americano não impediu a acusação de ser um cavalo de Troia socialista ou, pelo contrário, uma ferramenta "hipercapitalista" hostil às outras comunidades americanas. Desse modo, confirmava-se a formação espontânea de um sistema no qual as comunidades racialmente desprezadas participam, depois de terem alcançado um nível mínimo de integração, de um racismo que se volta contra cada uma delas.
144. (Goebbels, *Journal 1939–1942* [trad. fr.]).
145. A propaganda pró-germânica nos Estados Unidos começara já em 1914, com a publicação do importante semanário *The Fatherland* (que logo passaria a chamar-se *American Monthly*), do poeta George Sylvester Viereck, militante pelo "fair play" em relação ao Reich e à Áustria e, em parte, financiado por fundos governamentais alemães.

146. O embaixador de Roosevelt em Londres de 1938 a 1940, Joseph Kennedy, patriarca do clã Kennedy, era um não intervencionista declarado, manifestando inclinações pró-germânicas.
147. Roosevelt assumiu o cargo em março de 1933, quando 12 milhões de americanos estavam desempregados e dois milhões, sem teto.
148. Henry Ford, naturalmente, mas também os dirigentes de Quaker Oats, Sears Roebuck, Morton, Chicago Tribune, Walt Disney; e, por exemplo, K. Brewster, futuro presidente de Yale, Gerald Ford, futuro presidente dos Estados Unidos, Sargent Shriver, futuro diretor do Peace Corps e cunhado de John Kennedy, o próprio John Kennedy, P. Stewart, futuro juiz da Corte Suprema, Sinclair Lewis, Gore Vidal, E. E. Cummings, Kurt Vonnegut etc.
149. Uma emenda (conhecida como "Ludlow") foi apresentada sete vezes para exigir um referendo em caso de entrada em guerra não provocada por um ataque direto.
150. Às vésperas da guerra, havia, nos Estados Unidos, pelo menos uma centena de organizações abertamente antissemitas ou pró-nazistas. As pesquisas de opinião realizadas de 1940 a 1945 indicam que um terço dos americanos se declarava antissemita. A maioria considerava os judeus responsáveis por suas próprias desgraças. Já em dezembro de 1862, o general Grant (Ordem Geral número 11) ordenara a expulsão militar dos "judeus como classe" dos territórios submetidos à sua autoridade (Tennessee, Mississipi e Kentucky).
151. Só em 23 de outubro de 1941, Himmler proibiu a emigração judaica. Os raros refugiados que haviam conseguido sair só receberiam a ajuda dos Estados Unidos em 1944.
152. (Steinhouse).
153. Esse comitê, presidido então por Martin Dies Jr., foi o mesmo que se recusou a investigar a Ku Klux Klan em 1947, alegando que se tratava de uma "velha instituição americana". Foi ainda ele que, sob a presidência de Edward J. Hart, serviu de instrumento jurídico ao macartismo.
154. (Long), ver em particular a entrada do dia 3 de outubro de 1940. Ver também (Medoff) sobre as tentativas de Henry Morgenthau e equipe de convencer Roosevelt a se opor à política do Departamento de Estado, no sentido de fechar as fronteiras às pessoas ameaçadas de extermínio. O embaixador Stuart E. Einzenstat, assessor de dois presidentes dos Estados Unidos, afirma no prefácio: "[em 1968] um livro extraordinário, intitulado *While six Million Died: A Chronicle of American Apathy* (Morse) [... foi o primeiro...] a revelar o fracasso da administração Roosevelt no sentido de salvar os judeus europeus das garras de Hitler. [...] Foi um grande choque para mim. Como a maioria

dos americanos da minha geração, eu fora criado na suposição de que, assim como o governo dos EUA conduzira o esforço militar vitorioso contra a Alemanha nazista e o Japão, assim também nosso governo, e certamente o presidente Franklin Roosevelt, tinham feito todo o possível para ajudar os judeus da Europa a escapar do Holocausto. Arthur Morse me convenceu de que não fora assim."

155. Medoff, *Ibid.* p. 41 *sq.*
156. Só em 22 de janeiro de 1944, após a entrega do relatório a Roosevelt, finalmente foi criado o War Refugee Board (WRB) na administração dos Estados Unidos, essencialmente com o objetivo de contornar a obstrução do Departamento de Estado à ajuda aos refugiados. Como reconheceu seu diretor, John Pehle, o organismo chegava bem tarde, com recursos parcos. Enfrentava a cooperação sem entusiasmo dos principais ministérios envolvidos, a oposição encarniçada de John McCloy na Guerra e ainda de B. Long no Departamento de Estado, a pura e simples recusa de muitos embaixadores nos países neutros (como Carlton Hayes na Espanha) de agir de alguma forma em favor da salvação, assim como a procrastinação de Whitehall. Não obstante esses obstáculos persistentes, cerca de 200 mil pessoas foram salvas *in extremis* pelo WRB, por meio da Turquia, da Espanha, da Itália, da Suécia e da Suíça. Ficava demonstrado que bastava querer minimamente.

Capítulo 3
A revolução nacionalista

1. Até as regiões têm uma identidade instável, tendo a Picardia, por exemplo, variado frequentemente em sua extensão e suas divisões.
2. Da mesma forma, a Savoia é atravessada pelo vale de Maurienne.
3. A perda de soberania do califa de Córdoba sobre o maciço de Maures ocorre após a batalha de Tourtour, em 972.
4. "Celta" é uma denominação cômoda sem identidade substancial. Costumam-se opor as populações celtas às populações germânicas que chegaram mais tarde ao Ocidente. Os bascos parecem formar uma população pré-celta na Europa ocidental. O mundo celta foi objeto de uma reconstrução imaginária no século XVII, a partir da mistificação dos poemas de Ossian. Para uma exposição sintética da lenda Caledônia e seu impacto, ver (Thiesse).
5. Pela lógica, o conceito de Estado-Nação não pode ser aplicado antes da formação tardia das próprias Nações.
6. Estas, por sua vez, podem eventualmente ser formadas por subcomunidades governadas indiretamente, e assim por diante.

7. Sobre o governo indireto, ver (Hechter). Governo indireto e governo repartido podem ser combinados, como no caso de uma autoridade imperial e de uma autoridade pontifical paralelas governando cada uma de maneira indireta. Para que o governo indireto seja democrático, é necessário que as autoridades de todos os níveis sejam eleitas diretamente, exercendo-se o poder superior por meio das autoridades inferiores.
8. Além da existência de dialetos que não eram, em todos os casos, mutuamente inteligíveis, a Alemanha estava longe de ser inteiramente germanófona: "25% dos territórios do Sacro Império Romano Germânico eram habitados por uma população de língua alemã. A Prússia era um reino no qual se falavam pelo menos seis línguas além do alemão. Entre elas, podemos citar o polonês, o letão, o [lituano] e o estoniano; os membros da *intelligentsia*, por sua vez, muitas vezes falavam francês. As regiões de língua alemã eram não só divididas no plano político, como também pela existência de vários dialetos" (Geary).
9. Sobre a situação nas ilhas britânicas, ver o capítulo seguinte.
10. Esses parlamentos eram cortes soberanas que ditavam o direito com base nos costumes e na jurisprudência, e não órgãos legislativos que formulavam a lei.
11. A França se arruinara na guerra de independência americana. Em 1776, no momento da Declaração de Independência, o governo francês podia optar entre auxiliar os insurretos ou invadir a Inglaterra, cujas defesas estavam desguarnecidas. Além disso, a Inglaterra enfrentava uma ameaça de guerra civil e seu primeiro-ministro chorava nos bancos do Parlamento, esperando a invasão. Sartine, o ministro da Marinha, tinha preparado a esquadra nesse sentido, mas Vergennes, nas Relações Exteriores, envolvido em complexas negociações com a Espanha e pouco inclinado, por temperamento, a optar por um caminho simples, deixou passar a oportunidade e se decidiu pela opção americana, com consequências imensas e poucos lucros para a França (Murphy), (Vaugelade).
12. (Diderot e d'Alembert).
13. Quando se designa uma abstração substancial, o que hoje é quase sempre o caso, o conceito de Nação se escreve com maiúscula.
14. Deparamos, periodicamente, com a tentativa de fazer com que Nação e nacionalismo remontem a um período ligeiramente anterior à Revolução. Uma das mais recentes é a de David Bell (Bell). Trata-se, ao que parece, de uma imprecisão. A progressiva perda do sentimento religioso antecedera a Revolução em muito mais de um século, reduzindo a justificação sagrada do confronto guerreiro. A desmoralização das monarquias, mais recente, porém parcialmente ligada ao mesmo fenômeno, remontava pelo menos à Guerra de

Sete Anos. Tornava-se necessário buscar uma razão de ser para o combate, que foi progressivamente encontrada na barbárie dos estrangeiros e em certo senso da honra heroica. Daí a intensificação de um vocabulário patriótico tomado por empréstimo aos romanos e declarações de xenofobia. Uma ilustração disso é fornecida por um dos exemplos mencionados por Bell: em 1754, George Washington, jovem oficial britânico, matou um oficial francês e nove de seus soldados, com a ajuda de membros de uma tribo indígena, na região de Fort Duquesne (Pittsburgh), em um momento em que a França e a Inglaterra não estavam em guerra. A barbárie era dupla aos olhos dos franceses: o oficial assassinado gozava de estatuto diplomático e seus homens tinham sido escalpelados. Seguiu-se a publicação na França de abundante literatura anti-inglesa, contendo um poema de 1757 (quando a guerra fora declarada) do qual reproduzimos um versículo: "Vai, para te entredestruir, armar teus batalhões / E com teu sangue impuro irrigar teus caminhos." Mas aquilo que em 1792, em Rouget de Lisle, se inseria em um contexto já agora claramente nacionalista, é interpretado 35 anos antes como uma propaganda de guerra xenófoba tradicional. A novidade está na inserção da vítima em uma linhagem heroica que, já agora, integra as figuras francesas de Bayard ou Du Guesclin à linhagem romana. A referência aos cartagineses foi constante durante a Guerra de Sete Anos. Tratava-se mais de opor a civilização à barbárie que de expressar a existência de uma comunidade que seria a única fonte do poder que se exerce sobre ela.

15. (Bodin).
16. (Pufendorf).
17. (Rousseau). O contratualismo, que remonta pelo menos a Guilherme de Occam (c. 1285–1347), consiste em basear a autoridade, não sobre um desenvolvimento histórico natural, mas sobre um ato de vontade dos que se sujeitam. O conceito de Rousseau a respeito do contrato social, todavia, não diz respeito a um ato formal, mas a um pacto transcendente e suposto que não é afetado pelas vontades particulares.
18. São imaginários apenas no sentido muito fraco, de que nem todos os seus membros se conhecem pessoalmente, exigindo toda identificação um processo cognitivo do qual participa a imaginação.
19. A esses agrupamentos de primeira ordem, se somam os agrupamentos da segunda ordem, que exigem a interpretação das crenças de seus membros e só com o devido cuidado podem conservar seu caráter numerável. Eles incluem os agrupamentos religiosos, se forem definidos a partir de um critério suscetível de ser decidido, assim como a reverência em relação a um mesmo conhecimento sagrado. Nas mesmas condições, o conceito de

agrupamento étnico pode ser utilizado quando se limita às pessoas que reconhecem uma vinculação histórica recíproca a uma mesma cultura (os helenos, por exemplo), definida pelo uso de uma mesma língua ou de dialetos que participam de uma mesma língua, assim como pela herança de hábitos característicos.

20. No caso desses agrupamentos da terceira ordem, posso me identificar como membro de um povo ou de uma Nação, embora outros membros desse povo ou dessa Nação não me reconheçam como tal, e vice-versa. Estruturalmente, eles não podem ser decididos, sendo, portanto, inumeráveis. Aí está toda a diferença entre uma população e um povo.

21. As distintas modalidades do nacionalismo derivam dessa escolha, mas não existe Nação sem pelo menos a suposição de uma comunidade genealógica mínima que forme seu cerne (a origem "gaulesa", no caso dos franceses).

22. (G. Hegel).

23. Heidegger diz, em seu idioma, "codestino": o Dasein "existe essencialmente no ser-com com outro, seu provir é um coprovir, determinado como codestino, termo pelo qual designamos o provir da comunidade, do povo. O codestino não se compõe de destinos individuais, como tampouco o ser-um-com-o--outro pode ser entendido como um cossurgimento de vários sujeitos. No ser-um-com-o-outro no mesmo mundo e na mesma resolução para possibilidades determinadas, os destinos estão, desde o início, orientados. É na comunicação compartilhada e no combate que se libera a força do codestino. O codestino destinal do Dasein na e com a sua 'geração' constitui o provir pleno, autêntico do Dasein" (Heidegger).

24. Foi acrescentado Tom Paine, cidadão da Revolução, e, nessa qualidade, adotado pela Nação.

25. Mal foi introduzida, a nomenclatura nacionalista se disseminou e começou a se voltar contra seus autores. Joseph de Maistre escreveu que "a Vendeia é uma *Nação*" (Maistre).

26. (Sieyès) Sieyès, que costuma ser citado como modelo de uma visão nacional não étnica, propôs que os nobres, que, segundo ele, eram germânicos, fossem separados da Nação, que, em sua opinião, era gaulesa.

27. (Rabaut).

28. Robespierre e Saint-Just preferem usar o termo "pátria", pois seu caráter mais marcial remete à ditadura romana. Cabe frisar que esta é institucionalmente o contrário de Terror, tratando-se de uma magistratura regulamentada, estritamente limitada no tempo e em seu objeto, dotada de um princípio de equilíbrio (o senhor da cavalaria controla o ditador), sujeita à aprovação da jurisdição financeira e privada de autoproclamação.

29. (Anderson).
30. Cabe dizer, em sua defesa, que Herder parecia, de longe, uma presa muito mais fácil que de fato era, ele que fizera o elogio do preconceito: "A Nação mais ignorante, mais cheia de preconceitos, muitas vezes é a esse respeito a primeira: o tempo dos desejos de emigração e das viagens cheias de esperanças ao exterior já é doença, inchaço, gordura mórbida, pressentimento de morte" (Herder, *Une autre philosophie de l'histoire* [trad. fr.]). Com a mesma inocência de Paulo e Virgínia agradecendo a Deus por haver cortado a laranja para poderem dispensar pratos, ele sustentava que "a Providência separou admiravelmente as Nações, não só com florestas e montanhas, mas sobretudo com as línguas, os gostos e os caracteres, para que a obra do despotismo fosse mais difícil e as quatro partes do mundo não se tornassem presas de um só senhor" (Herder, *Idées sur la philosophie de l'histoire de l'humanité* [trad. fr.], 1991). Pelo menos a sentença contém a ideia de que o nacionalismo entra em contradição com o desejo de império, posição que nenhum Kaiser aprovou, como se pode imaginar, sem pensar bem.
31. (Renan).
32. A frase completa é: "O esquecimento — e eu diria mesmo o erro histórico — é fator essencial para a criação de uma Nação, e é assim que o progresso dos estudos históricos muitas vezes representa um perigo para a nacionalidade", *ibid.*
33. *Ibid.*
34. Citado por Nicolas Tenzer in (Renan).
35. *Ibid.*
36. *Ibid.*
37. A "palavra raça remete a uma diferença que não existe" (Herder, *Idées sur la philosophie de l'histoire de l'humanité* [trad. fr.]).
38. Renan também inaugura o nacionalismo fúnebre, que seria o nacionalismo de Barrès, de Péguy e do culto dos monumentos aos mortos. Essa tradição, mais especificamente francesa, tende a identificar o solo nacional com seus cemitérios, dos quais emanam as sombras dos antepassados sacrificados ao animar o espírito da Nação.
39. (Renan).
40. *Ibid.*
41. Ele também é o precursor da teoria pós-moderna da linguagem.
42. (Herder, *Traité de l'origine du langage* [trad. fr.]).
43. É o princípio comum à teoria da "historialidade" em Heidegger e à teoria do "epistema" em Foucault. Também se pode sustentar que Herder é a fonte mais direta da filosofia da história de Hegel (Forster).
44. (Sikka).

45. Apenas "um francês de cada dois tinha o francês como língua materna em 1900" (Geary). Sendo esse resultado produto dos esforços maciços da escola da Terceira República, no sentido de impor o francês, podemos deduzir que a língua francesa era ultraminoritária em 1789.
46. A tese compara os méritos da França, representante do Iluminismo, às brumas românticas da Alemanha. Aquela, supostamente, é portadora de um projeto universal que continua viável, e esta, de um projeto particular condenado. A compatibilidade entre a vocação universalista da cidadania francesa e a existência de uma Nação francesa singular que pretende permanecê-lo em suas fronteiras é uma afirmação sustentada há muito tempo e ainda presente nos discursos oficiais. De fato, nunca se pretendeu que a cidadania abdicasse de sua limitação nacional para se integrar com todos aqueles que tivessem vontade disso. Mas se pretendeu a integração à Nação francesa das comunidades exógenas que abdicassem de suas particularidades no espaço francês.
47. Prova disso foi a ditadura do Consulado sobre os Estados do centro da Itália, seguindo-se à primeira campanha de Bonaparte: "No fim do século XVIII, Roma estava em República. De 15 de fevereiro de 1798 a 13 de novembro de 1799, uma república independente, pelo menos no nome, reunia todos os países da Itália central, de Ancona a Terracina e de Cività Vecchia a Fermo, em torno de Roma capital. O poder dos papas desaparecera; o Estado romano subsistira [...o exército francês é] incumbido, estilo oficial, de 'propagar a liberdade e derrubar os tiranos'; e é à sombra da bandeira de Valmy que os vitoriosos de Brunswick vão saquear os tesouros de Lorette" (Dufourq).
48. (Kerautret).
49. *Ibid.*
50. Uma hostilidade (atávica, ou seja, transmitida pelos relatos intergeracionais) entre duas populações pertence à esfera da xenofobia e não basta para constituir um nacionalismo.
51. (Fichte).
52. Stein reunira um grupo de letrados e escritores prussianos, entre os quais se destacavam Fichte, Kleist, Arndt, Körner e Jahn; entre 1807 e 1813, eles criaram uma literatura patriótica, mitogênica, antinapoleônica e pangermânica em todos os gêneros filosóficos, dramáticos e poéticos à sua disposição. Esse esforço coordenado, financiado pelo ministério britânico de relações exteriores, forneceu as bases do nacionalismo alemão posterior. O objetivo de Stein e do governo britânico era gerar movimentos insurrecionais com base no modelo da Vendeia. Sua inspiração era *L'histoire de la Guerre de Vendée et des Chouans* [História da guerra da Vendeia e dos Chouans], de Alphonse

Beauchamp, publicada em Paris em 1806, obra histórica que também era um tratado de técnicas de propaganda. Dessa forma, um ministro prussiano luterano, agindo por ordem de seu rei, apoiado pelo governo britânico, utilizava os métodos de insurretos católicos franceses, que, por sua vez, tinham voltado contra a República Francesa sua linguagem nacionalista (Johnston).

53. Tácito, escrevendo de segunda mão, retomara a invenção de César acerca de uma divisão étnica das tribos pelo Reno. A oeste do rio, elas supostamente seriam "gaulesas", e a leste, "germânicas", sem que a divisão se escorasse em uma análise da cultura linguística e material desses grupos (cujo sedentarismo e estabilidade eram mais que incertos). Não se tratava mais de justificar a extensão de um mandato pró-consular, mas de opor a pureza dos costumes de bárbaros primitivos e ainda não submetidos à decadência do reinado de Domiciano. Séculos depois, quando nacionalistas alemães descobriram a menção a uma endogamia dos germânicos em Tácito, nasceu a ideia da pureza da raça alemã, sem qualquer preocupação de estabelecer previamente uma filiação real com os grupos mencionados pelos romanos, presentes em um território artificialmente recortado pelo historiador e não coincidente com o da Alemanha moderna. De qualquer maneira, a endogamia era apenas aparente, pois se tratava de tribos diferentes. Sobre as desventuras e os abusos do opúsculo *Germania*, do jovem Tácito, redescoberto no século XV, ver (Krebs). A ilusão era corroborada pelo surgimento, um milênio depois de Tácito, do Império Otoniano, glorioso, mas restrito às zonas orientais da herança dinástica carolíngia, ele mesmo repartido geograficamente, e não em bases étnicas.

54. Um terceiro tema era a contribuição "asiática" (oriental), pelos germânicos, da religião cristã.

55. A principal característica do "völkismo" é uma germanização simbólica: substituição das raízes românicas na língua, substituição da mitologia greco-romana pelas mitologias escandinavas ou germânicas, uso de trajes tradicionais. O nazismo está impregnado dele, mas não depende dele. Com sua recusa das raízes judaicas e romanas do cristianismo, e, portanto, não raro, de todo o cristianismo, com sua judeofobia e sua francofobia, o "völkismo" lhe conferiu uma tonalidade reconhecível. São todos eles fatores favoráveis à disseminação do nazismo, mas que não surgem como uma de suas condições necessárias.

56. A realidade era diferente. Os germânicos não eram mais bem definidos que esses "povos", por exemplo, que os antigos chamavam de "citas". Tratava-se de agrupamentos diversos, repartidos da Europa Central aos limites da China, reconhecíveis por suas tropas montadas e sua joalheria. Os historiadores gregos se haviam interessado por suas características etnográficas, e os romanos, por suas táticas militares. Alexandre, que vira as coisas de mais perto

sem jamais chegar a cruzar com eles, descobria aldeias gregas implantadas há muito tempo no Leste do Irã. Tampouco ele era reconhecido como grego, afirmando-se "fileleno", adjetivo que bem mais tarde a dinastia arsácida do Irã inscreveria em suas moedas, no momento de combater a República Romana.

57. "A Nação como Estado é o espírito substancialmente realizado e diretamente real. Logo, é o poder absoluto na Terra. Em relação aos outros Estados, existe em soberana independência" § 331; "As Nações da Europa formam uma família em virtude do princípio universal de sua legislação, de suas práticas éticas e de sua civilização" § 339 (G. W. Hegel).

58. O nacionalismo é um ponto cego no pensamento de Marx. Tendo reduzido a história à luta de classes, derivando dela todo fenômeno social, coube aos seus sucessores, Kautsky, Bauer, Lenin e Stalin, a impossível tarefa de ligar as duas problemáticas. A teoria dominante entre os historiadores privilegia a tese, extraída desses autores, segundo a qual o surgimento do capitalismo seria uma precondição do surgimento do nacionalismo. Mas a anterioridade do capitalismo não o torna uma precondição, pois os nacionalismos foram, pelo contrário, indiferentemente capitalistas ou socialistas. O argumento de um capitalismo que desvincula as populações das antigas solidariedades locais e formando uma sociedade mais abstrata em busca de uma nova identidade não pode ser aplicado à França do século XVIII, que permanecia profundamente rural.

59. Leibniz é o último grande filósofo de língua materna alemã a publicar diretamente em francês, que, no entanto, continua a ser a língua da corte, no século XVIII, em 25 Estados da Europa e na Turquia. Na Rússia, ele preserva esse papel no século XIX, dividindo-o, no entanto, com o alemão. Continua a ser a língua diplomática até a Primeira Guerra Mundial.

60. O cruzamento começa no momento da "anglomania" francesa de meados do século XVIII. Essa evolução não era vivenciada então em termos nacionalistas. Da mesma forma, John Adams, segundo presidente dos Estados Unidos, preconizara o inglês como língua oficial, apesar do conflito entre os dois países: "Separated as we are from the British dominion, we have not made war against the English language any more than against the old English character. An academy instituted by the authority of Congress for correcting, improving, and fixing the English language would strike all the world with admiration and Great Britain with envy. The labors of such a society would unite all America in the same language, for 30 millions of Americans to speak to all Nations of the earth by the middle of the nineteenth century." (Carta ao Presidente do Congresso, 24 de setembro de 1780.) Em 1783, Rivarol vencia o concurso da Academia de Berlim sobre a Universalidade da Língua Francesa.

61. A esse respeito, como em quase todos os pontos, convém inverter as interpretações de Benedict Anderson (Anderson), embora seu trabalho seja estimulante no terreno das referências e ilustrações. Assim como só vê na arte particularismos nacionais, ele lê na cartografia um instrumento unicamente nacional, sem se dar conta de seu papel na cartografia imperial ou civilizacional.
62. A teoria dominante considera que "o conceito político de Nação se teria desenvolvido de qualquer maneira, embora de outra forma, se não tivesse encontrado seu primeiro terreno de eleição na França revolucionária. Em toda a Europa, a premente necessidade de uma nova legitimação da autoridade de fato o tornava indispensável em diversos graus" (Hermet). Afirmar que a Nação não tem alternativa para substituir a legitimação de direito divino nada mais é que a própria afirmação nacionalista, e, na melhor das hipóteses, uma profecia invertida. Sem sequer nos determos na constatação de que o nacionalismo se revelou compatível com qualquer regime que aceitasse o princípio representativo, resta observar que existiam, então, opiniões institucionais diferentes. Os revolucionários teriam podido levar a sério suas próprias declarações contratualistas ao conceder o direito de voto a todos os habitantes do antigo reino sem exclusividade. Poderiam oferecer a mesma possibilidade, de uma forma federalista, aos habitantes dos territórios conquistados. Sem o nacionalismo francês e sua reação em cadeia, não há qualquer prova de que o nacionalismo estivesse, *a priori*, fadado a se disseminar na Europa. O antigo regime podia desaparecer por uma via constitucional que não exigisse homogeneidade étnica, nem reconstituição histórica ou fechamento territorial.
63. Menos de 15% dos deputados do Terceiro Estado têm alguma atividade comercial, financeira ou industrial; menos de 10% são proprietários ou empreendedores agrícolas.

Capítulo 4
Colonialismo e brutalidade

1. É o único momento desse trecho em que Himmler eleva a voz.
2. *Discurso secreto* de 4 de outubro de 1943, falando em Poznan aos dignitários SS. (Himmler, Heinrich Himmler's Speech at Poznan [Posen]). A duração total da gravação sonora em disco vinil é de três horas. Considero impossível entender a intencionalidade do nazismo e sua lógica exterminadora sem ter ouvido fisicamente os cinco minutos e quarenta que lhe são dedicados nesse documento destinado aos carrascos. Ele foi comentado em particular por

Saul Friedlander (Friedlander), que distingue nele, por seu caráter secreto, uma prova de irracionalidade que permitiria opor o extermínio nazista à racionalidade dos extermínios bolcheviques. É reproduzido aqui tão literalmente quanto possível, respeitando seu caráter oral, improvisado a partir de notas, e seu vocabulário.

3. Outras profissões de alto nível estavam representadas: Paul Blobel, comandante do *Sonderkommando* 4a do *Einsatzgruppe C*, responsável pelo massacre de Babi Yar, era arquiteto. Max Thomas, adjunto do comandante do *Einsatzgruppe C*, era médico.
4. Otto Rasch, comandante inicial do *Einsatzgruppe C*, era doutor em direito, doutor em economia e advogado.
5. Franz Walter Stahlecker, comandante do *Einsatzgruppe A*, e Walter Haensch, comandante do *Sonderkommando* 4b do *Einsatzgruppe C*, eram doutores em direito.
6. Ernst Biberstein, comandante do *Einsatzgruppe C*, era pastor protestante.
7. Cabe notar, todavia, que o organizador da morte em Auschwitz-Birkenau era o médico chefe do campo (Mengele), e não um militar ou um policial. Os comboios e as proporções de escravos eram determinados por Berlim, mas cabia ao médico-chefe escolher quem poderia sobreviver por alguns meses, para atender a diversas necessidades.
8. Sobre a controvérsia de historiadores em torno dos batalhões de polícia, a partir das conclusões extraídas por Daniel Goldhagen (Goldhagen), que interpreta a crueldade policial como uma prova do caráter exclusivamente antissemita e alemão do extermínio nazista, ver (Husson).
9. (Browning, 2007), título.
10. *Ibid.*, p. 53.
11. Admitia-se possível esquivar-se às tarefas assassinas sem incorrer na pena de morte, pagando apenas o preço da carreira: "Em 45 anos e centenas de processos, não se encontrou um único advogado ou acusado capaz de apresentar um só caso em que a recusa de matar civis não armados tenha acarretado a terrível punição que supostamente se abateria sobre os insubmissos" (Browning), cap. 18.
12. Outro exemplo importante de distanciamento é a escolha de um sistema de controle indireto dos guetos por meio dos *Judenräte* (conselhos judaicos). Houve quem, surpreso com semelhante mecanismo, se questionasse (especialmente quando do processo de Eichmann) quanto aos motivos pelos quais as vítimas não aproveitavam para se revoltar, chegando mesmo a propor uma explicação psicanalítica para a submissão (Bettelheim) ou uma explicação étnica. Ora, o governo indireto, em toda a sua generalidade, é um dos mais

eficazes, bastando para justificar sua utilização pelos nazistas, sempre que podiam. Aquele que se sujeita, para preservar sua fraca autonomia, se obriga a concessões quanto ao essencial, enquanto uma renúncia à autonomia o deixaria inteiramente sem proteção. O governo indireto propicia compromissos, cegueira e traições. Representa uma alavanca para a força que a estabelece. Também pode limitar-se a um logro, mas quase sempre parece ao vencido preferível à sua sujeição integral. Seria ilegítimo concluir daí que todos aqueles que optavam por participar do *Judenrat*, ou seja, a maioria dos dirigentes das comunidades envolvidas, se transformavam por isso em aproveitadores ou covardes, embora incontestavelmente os houvesse entre eles. A maioria dos grandes dirigentes nazistas, no momento da derrocada, parecia, por sua vez, plenamente disposta a se submeter a um sistema semelhante se os Aliados tivessem pretendido impô-lo, sem ver nisso nenhum grave atentado ao seu orgulho. A questão de saber o que teria acontecido se as comunidades judaicas tivessem sido inteiramente desorganizadas ou se seus dirigentes houvessem considerado razoável atirar seus membros em uma luta corporal de mãos nuas contra os batalhões SS, e se, em uma hipótese não menos fictícia, o extermínio não teria feito um pouco menos de vítimas, o que de fato seria concebível, parece em si mesma, no mínimo, fruto de uma ignorância das realidades do governo indireto. Que as vítimas tenham contribuído grandemente, no contexto em que se encontravam, para sua própria destruição, trata-se de um fato; que uma estratégia diferente teria sido retrospectivamente preferível, isso é provável; mas seria extravagante sugerir por isso, como se permitiu Hannah Arendt, uma responsabilidade compartilhada com o carrasco.
13. Ver (d'Almeida).
14. Mas nem sempre o eram, pois, na prática, os princípios davam lugar a outras realidades. Nas deportações precipitadas, as condições dantescas de arregimentação e embarque nos veículos trancados não permitiam muitas dúvidas às vítimas: execução no local das pessoas incapazes de caminhar, desnudamento, tiros cegos contra grupos lentos no deslocamento, golpes mortais, superlotação extrema dos vagões. Nessas circunstâncias, o aviltamento tomava o lugar do distanciamento com resultados semelhantes.
15. A dureza das condições era maior nos campos de concentração não transformados em campos de extermínio (ou na parte dos campos mistos dedicada à escravização) que nas zonas de matança de ciclo curto. O objetivo era alcançar, pelo terror, uma obediência absoluta dos detentos, a fim de reduzir o número de guardas e os custos de alimentação, além de aumentar a mortalidade por esgotamento. A combinação desses fatores com a utilização de um serviço

de manutenção da ordem formado por kapos acarretava a desumanização característica de todos os campos nazistas. Nem mesmo o "campo-vitrine" de Theresienstadt, destinado, a princípio, às visitas da Cruz Vermelha e à reunião de vítimas com algum valor de troca, representava exceção.

16. Em sua primeira visita de inspeção a um comando de extermínio em Minsk, em 15 de agosto de 1941, relatada pelo SS Obergruppenführer Karl Wolff, Himmler se sentiu mal e Erich von dem Bach-Zelewski lhe pediu que encontrasse uma solução para poupar, não as vítimas, mas os carrascos.
17. (Himmler, *Discours secrets*, 1978).
18. Os protagonistas diretos do extermínio, os mesmos que executavam a matança da maneira mais determinada, de fato gostavam de se considerar corretos. Conhecemos o caso de um capitão do batalhão de Polícia 101, um dos mais profundamente envolvidos nas execuções em massa, que optou por desobedecer às ordens para não assinar um compromisso de não praticar pilhagem. Semelhante documento lhe parecia indigno a um oficial alemão, por natureza considerado incapaz de atos tão imorais (Goldhagen), Introdução.
19. O advogado de Erich von Manstein, Reginald Thomas Paget (membro do Parlamento britânico e futuro barão Paget of Northampton, QC), conseguiu fazer valer a ausência de obrigação de desobedecer às ordens de seu próprio governo soberano, mesmo quando eram ilegais.
20. Entre os acusados de Nuremberg, só Speer e Von Schirach manifestaram arrependimento, embora não desprovido de ambiguidade.
21. A frase certamente é apócrifa, mas seu sentido, autêntico.
22. Daí a frase atribuída ao marechal de Turenne, comandando tropas envolvidas em carnificinas: "Tremes, carcaça, e tremerias mais ainda se soubesses aonde te levo." A questão é superar o medo do horror, seja sofrido ou infligido.
23. Só o combate singular de tipo bíblico põe fim aos outros combates. O de tipo homérico (restabelecido pelos aviadores da Primeira Guerra Mundial) se limita a distinguir o confronto aristocrático dos combates vulgares, sem reduzir sua quantidade.
24. Sobre as batalhas ritualísticas andinas, envolvendo apenas algumas centenas de combatentes, ver (Molinié-Fioravanti).
25. Shaka, o "Napoleão Zulu", substituíra os confrontos simbólicos por enfrentamentos reais durante a colonização. Havia criado, treinado e dotado de táticas apropriadas o mais impressionante exército jamais visto na África meridional. Durante muito tempo, as lanças de seus sucessores levaram a melhor frente aos fuzis de longo alcance e à artilharia: as tropas britânicas foram esmagadas na batalha de Isandlwana (1879).

26. Seção 4.5.
27. Em *Guerra e Paz*, o príncipe André aspira à glória, uma glória que julga poder alcançar apenas sacrificando sua vida às ordens do czar. O próprio Kutuzov as executa em Austerlitz, tendo conhecimento do seu absurdo.
28. Verdade religiosa e verdade positiva se entrelaçaram de maneira mais duradoura nos Estados Unidos que na Europa. Firmou-se, entre os pioneiros da Nova Inglaterra, a ideia de uma sociedade democrática a serviço de Deus, repousando em uma educação científica sob a égide da teologia. Essa sociedade, empenhada em provar sua justiça pela pureza de seus costumes, não é estruturada para contemplar a possibilidade de vagar ou fazer o mal, considerando indispensável precaver-se contra isso por todos os meios ao seu alcance. Ela pune seus membros individualmente quando pecam, mas não pune a si mesma. Fortalecida, ao mesmo tempo, pelo procedimento democrático e pela revelação, não existe para ela nenhum sistema que possa dispor de legitimidade superior. Ela pratica ativamente o debate, mas desde que ele diga respeito às decisões subalternas a seus fundamentos. Todo questionamento de sua forma de vida é visto como maléfico, e não como um meio de fazê-la progredir. Para ela, é impossível submeter-se a uma confissão diferente que acaso se mostrasse mais poderosa, como outras culturas admitem, ou a uma autoridade que não tivesse origem em sua própria vontade eletiva, ou a uma concepção que enxergasse contradições na sua própria. Ela nem seria capaz de integrá-las em parte. A única solução seria a eliminação dos autores da ameaça, que são, *ipso facto*, diabolizados. Assim alicerçada, a "anempatia" não tem rédeas.
29. Sobre o vínculo histórico entre democracia e extermínio, ver (Hanson), *passim*.
30. (Arendt) *Post-scriptum*.
31. O adjetivo "banal" não implica qualquer desculpa: Eichmann era banalmente corrupto, banalmente covarde perante os superiores, banalmente brutal com os subordinados e banalmente capaz de atos desprezíveis por ideologia, interesse ou medo.
32. Em seu primeiro interrogatório policial, Eichmann se referiu, contra toda a expectativa, ao primeiro imperativo categórico de Kant, demonstrando ao juiz de instrução que pelo menos parcialmente havia lido a *Crítica da razão pura*. Sua compreensão do filósofo humanista se reduzia a uma concepção rigorista da moral e da lei (não abrir exceções), deixando-o na obrigação de executar, em quaisquer circunstâncias, a vontade soberana do Führer. É provável que interpretações desse tipo, confundindo lei moral e lei positiva e esquecendo a condenação da instrumentalização do outro por Kant, fossem habituais no

ensino. Cabe supor que esse homem, o qual, durante o processo, se expressava com uma franqueza surpreendente, não hesitando em se incriminar às vezes sem qualquer necessidade, tivesse previamente refletido, considerando, já então, que a execução da Solução Final de fato não estava inteiramente de acordo com a moralidade kantiana, não lhe convindo, portanto, valer-se dela em sua defesa. A seus próprios olhos, ele simplesmente se havia enganado.

33. O distanciamento se estendia à linguagem, sendo a morte nas câmaras de gás, em particular, apresentada como uma medida médica que permitia dar uma morte "misericordiosa" aos condenados, destinada a poupá-los de um fim mais terrível, especialmente pela fome. Parece verossímil que essa cosmética fosse empregada por muitos dirigentes nazistas de maneira puramente cínica, mas não é menos verossímil que fosse aceita por muitos em seu nível literal. O procedimento já se revelara capaz de provocar uma desordem cognitiva de mesmo tipo nos "filantropos eugenistas" americanos. Houve relatos de casos em que certos nazistas, uma vez certa a derrota, se teriam esforçado para tranquilizar os alemães, assinalando que o Führer planejara administrar-lhes gás para não entregá-los aos exércitos soviéticos. Hannah Arendt comenta, com humor negro, que, nesse caso, os judeus certamente seriam acusados de ter monopolizado todo o gás.

34. Os nazistas, como já indicamos, haviam acrescentado a União Soviética, alegando ausência de certos instrumentos jurídicos.

35. Assim foi que o governo britânico considerou necessário, em 1940, afundar a esquadra francesa em Mers-el-Kébir, matando mil marinheiros, não obstante a inexistência jurídica de estado de guerra entre os dois países. Esse crime de guerra, contudo, não é um ato de acivilismo.

36. O cálculo utilitarista de interesses abre espaço para o "mal menor", que autoriza a tortura a partir do momento em que permita salvar pelo menos uma vida, sendo o sofrimento avaliado em um grau mais abaixo na escala que a morte, assim como o direito da Inquisição considerava a salvação de uma alma um valor mais alto que a salvaguarda da integridade corporal. O rigorismo se opõe a isso, proibindo certos atos em quaisquer circunstâncias, em virtude do princípio segundo o qual a lei moral se impõe *pereat mundus* (ainda que o mundo tivesse de acabar). Ora, esse princípio, aplicável à moral pessoal, não pode ser transposto para o direito, que exige a preservação do mundo. Os utilitaristas costumam mencionar uma experiência que consiste em defrontar o adversário categórico da tortura com a seguinte alternativa: violar a regra, infligindo, ele próprio, um sofrimento atroz ao detentor de uma informação vital que permitiria salvar todo o planeta, ou entregá-lo à

destruição, para salvaguardar apenas seus princípios. Mas é patente que a tortura, quando admitida, é aplicada em situações menos críticas que o fim do mundo, e sem levar em consideração primordialmente sua eficácia.
37. Protocolo I, 8 de junho de 1977, Art. 44, al. 3.
38. (Jaurès).
39. Os reis de Daomé usavam unidades de amazonas contra a Legião Estrangeira.
40. Jon Bridgman & Leslie J Worley, *Genocide of the Hereros*, in (Totten & alii).
41. Os fatos relativos ao extermínio dos hereros foram reconhecidos pelo governo federal alemão, em agosto de 2004, data de seu centenário. Seriam confirmados pelos descendentes do general Von Trotha em 2007.
42. A palavra *Konzentrationslager* era a transposição alemã do inglês *concentration camp*, designando os sistemas de confinamento estabelecidos no Transvaal e na Colônia do Cabo na segunda guerra dos Boers. O conceito de *concentração* fora inicialmente introduzido em Cuba pelos espanhóis durante a guerra de independência. Os campos britânicos, cada um contendo milhares de prisioneiros, tinham um índice de mortalidade anual da ordem de 45%. Eram cercados de paliçadas e arame farpado. As rações eram inferiores ao nível de sobrevivência e não eram cozidas. Golpes violentos e maus-tratos, até mesmo contra mulheres e crianças, eram a norma da disciplina do trabalho. Essas condições foram descritas muitas vezes por missionários e colonos. Também se fizeram experiências médicas nos detentos, incluindo esterilização e injeção de cepas bacterianas. Entre os alemães, Eugen Fischer, um dos médicos que realizaram essas experiências, se tornou reitor da Universidade de Berlim, onde teve como aluno Josef Mengele Franz. Ritter von Epp, um dos assessores de von Trotha, se tornou *Reichsstatthalter* da Baviera em 1933.
43. (Drechsler).
44. *Ibid.*
45. (Bley).
46. Samuel Maherero publicara o seguinte manifesto: "Sou o principal chefe dos hereros. Proclamei a lei e a palavra justa, e o fiz para todo o meu povo. Eles não devem jamais levantar a mão contra os que se seguem: ingleses, berg damaras, namas e boers. Contra nenhum deles se haverá de levantar a mão. Empenhei minha honra no sentido de que isso não acontecerá. Os missionários tampouco deverão ser atacados. Basta!" (House of the Lords.)
47. 1:24.
48. Seu antecessor era pai de Hermann Göring.
49. As atrocidades cometidas no Congo Belga (assassinatos coletivos, sequestros, mutilações, torturas sistemáticas, estupros, escravização, despovoamento por

atrito) foram fartamente documentadas na Grã-Bretanha. O cônsul Roger Casement, autor do primeiro relatório oficial, também investigou os crimes cometidos no Peru pelas empresas de exploração de hévea cotadas na bolsa de Londres. Ele também foi um dos primeiros a estabelecer relação entre esses abusos e as brutalidades infligidas na Irlanda (Casement) (Connan Doyle). Casement, que, por esse motivo, se tornara militante nacionalista irlandês, foi executado pelas autoridades britânicas por ter negociado apoio militar da Alemanha à rebelião irlandesa durante a Primeira Guerra Mundial. Mario Vargas Llosa contou sua história (Vargas Llosa).

50. (Welch).
51. O "acivilismo" se estendeu, no século XIX, à brutal repressão militar de manifestações nas metrópoles: na Grã-Bretanha, o massacre de Manchester de 1819, dito de Perteloo (por analogia a Waterloo), deixou várias centenas de vítimas entre manifestantes desarmados. Na fuzilaria de Fourmies em 1891, as tropas francesas atiraram com armas de guerra contra os grevistas.
52. A expressão designa os militares formados no Marrocos. Mola fora general das tropas mouriscas; Franco, comandante do exército do Marrocos; Yagüe, por sua vez, servira na Legião no Marrocos. Varela nascera nesse país. Queipo de Llano tivera carreira semelhante. Sanjurjo, ex-alto-comissário para o Marrocos, tinha o título de Marquês de Rif.
53. "Os judeus não se preocupam com a destruição de uma nação, nem de dez, ou do mundo inteiro, pois, tendo a excepcional capacidade de extrair vantagens das piores catástrofes, se limitam simplesmente a cumprir seu programa. O que aconteceu na Rússia é um exemplo pertinente disso, estando muito presente no espírito de Hitler. O chanceler alemão — um nacionalista fanático — está convencido de que seu povo não poderá reerguer-se enquanto os judeus e as organizações parasitas que controlam ou influenciam continuarem incorporados à Nação. Por isso, persegue-os sem piedade." Emilio Mola, *El pasado, Azaña y el porvenir*, 1933, citado por (Preston), p. 41.
54. Logo que foram publicados na Espanha, em 1932, os *Protocolos dos Sábios de Sião* causaram sua habitual devastação, como em todos os lugares em que o antissemitismo industrial latente esperava uma prova documental que permitisse ao antijudaísmo anterior metamorfosear-se. Embora o presidente Zamora fosse católico praticante e os judeus, na época, ultraminoritários na Espanha, a República, cujo governo era partidário da laicização e da reforma agrária, foi entendida por muitos monarquistas como produto de um complô judaico-maçônico visando principalmente à destruição bolchevique da sociedade cristã. Certos teólogos declararam legítima a derrubada violenta de um poder despótico pelo simples fato de ser irreligioso.

55. A associação entre "esquerda" e "mouros" fora expressa pelo ditador Primo de Rivera como "nova invasão berbere".
56. O fato de essa teoria não ter sido um simples pretexto transitório fica mais que comprovado no discurso de vitória de Franco em 19 de maio de 1939: "Agora podem entender os motivos que levaram outros países a perseguir e isolar as raças marcadas pelo estigma de sua cupidez e de seu próprio interesse. A dominação dessas raças em uma sociedade é uma perturbação e um perigo para o destino da Nação. Nós, que nos libertamos desse pesado fardo há séculos, pela graça de Deus e a clara visão de Fernando e Isabel, não podemos nos manter indiferentes frente à moderna floração de espíritos avaros e egoístas, de tal maneira apegados a seus próprios bens materiais que seriam capazes de sacrificar a vida de seus filhos, de preferência a seus vis interesses. [...] É necessário pôr fim ao ódio e às paixões de nossa recente guerra, mas não à maneira dos liberais, com suas monstruosas e suicidas anistias, que representam mais uma fraude que um perdão, e sim pela redenção das condenações por meio do trabalho, com arrependimento e penitência. Quem quer que pense de outra maneira estará incorrendo em irresponsabilidade ou traição" (Preston), p. 471 *sq*.
57. Como que fazendo eco à Espanha, a França viveu uma guerra civil em duas etapas. Primeira, a da Colaboração, ilustrada particularmente pelas atrocidades da Milícia, ver (Giolitto) cap. 8; depois, a da Depuração Extrajudicial (1944-1945), materializada em pelo menos 10 mil execuções sumárias, segundo os dados usados pelo general de Gaulle, e abusos ainda mais numerosos, ver (Bourdrel), Conclusões.
58. O massacre de Nanquim em 1937, durante a Guerra Sino-Japonesa, realizado com métodos e sob ideologia idênticos, assinala a globalização do "acivilismo" colonial.
59. A. Hitler, Discurso ao Clube da Indústria de Düsseldorf, 27 de janeiro de 1932 (Domarus, 1962-1987). Todas as citações a seguir, no contexto deste capítulo, são extraídas desse mesmo discurso.
60. Discurso ao Reichstag de 28 de abril de 1939, cópia transmitida ao governo dos Estados Unidos (Domarus). No dia seguinte a Anschluss, ele havia declarado ao correspondente do *Daily Mail*: "Essas pessoas são alemãs. Uma nota de protesto de outros países a respeito da minha ação na Áustria não teria mais significado que uma nota do governo do Reich protestando contra as relações entre o governo britânico e a Irlanda", 12 de março de 1938, *Ibid*.
61. A alteração do estatuto das "colônias brancas" antecedeu em cerca de um século a das outras: Canadá (1840), Austrália (1901), África do Sul (1910), Índia (1947), Malásia (1957), Brunei (1984), Hong Kong (1997).

62. (Harvie).
63. (J. Davies).
64. (Colley).
65. Uma hierarquia também pode ser definida como um sistema em que a parte dominante está em condições de exprimir o todo. Assim, o termo "homem" é uma metonímia que muitas vezes designa o macho e a fêmea humanos (Dumont). A metonímia inglesa se encontra em Shakespeare (*Ricardo II*, Ato 2, 1):

> *This royal throne of kings, this sceptered isle,*
> *This earth of majesty, this seat of mars,*
> *This other Eden, demi-paradise,*
> *This fortress built by Nature for herself*
> *Against infection and the hand of war,*
> *This happy breed of men, this little world,*
> *This precious stone set in the silver sea*
> *Which serves it in the office of a wall,*
> *Or as a moat defensive to a house,*
> *Against the envy of less happier lands,*
> *This blessed plot, this earth, this realm, this England.*

66. Designar o todo pela parte.
67. Uma união ainda mais audaciosa foi proposta à França em 16 de junho de 1940. Ela também teria levado à fusão dos dois parlamentos. O general De Gaulle a transmitiu, da parte de Churchill, a Paul Reynaud, que, no entanto, já não estava mais em condições políticas de assiná-la (Great Britain Parliament).
68. Já em 1708, os livros de geografia adotavam a nova denominação (Devine).
69. A filiação mítica da Inglaterra a Israel remonta pelo menos ao século XIII. Desde essa época, todos os soberanos ingleses foram coroados sobre a "Stone of Scone", uma pedra que seria o travesseiro de Jacó (sobre o qual ele adormecera antes de ver a Escada) e que teria sido salvaguardada pelo profeta Jeremias. A pedra sagrada já servira aos reis da Irlanda (segundo a lenda, durante mil anos) e depois aos da Escócia, a partir do século VI.
70. "De modo algum cessarei o combate mental nem deixarei a espada adormecer na minha mão antes de ter construído junto Jerusalém, sobre a verde e aprazível terra da Inglaterra."
71. Essa investigação acabou recebendo um nome: "israelismo" britânico. As tribos perdidas e os rebeldes de Bar-Kokhba foram sucessivamente localizados na Alemanha, na Escócia, nas Américas e até no Japão. O antissemitismo

transformava os não judeus em verdadeiros judeus. Movimentos apocalípticos cuja origem remonta às conversas do rabino diplomata Manassé ben Israel com Cromwell visavam conseguir a vinda (ou a volta) do Messias por meio de uma restauração de Jerusalém e de Israel, na Inglaterra ou na Palestina, segundo as interpretações. O israelismo se manifestou em seguida na França, no pensamento contrarrevolucionário.

72. Händel, compositor alemão que inicialmente fez carreira na Itália, foi o músico dessas comemorações a partir de 1712. Wagner pôde observar pessoalmente seu impacto popular, para, em seguida, inspirar-se nelas e se tornar, por sua vez, o compositor do germanismo.
73. A aristocracia fundiária era, além disso, indispensável à burguesia comercial nesse mesmo período, oferecendo-lhe sua proteção clientelista, investimentos em capital e créditos.
74. A obrigação estratégica estava explícita desde os Tudor.
75. Ele oferecia, basicamente, escoadouros militares e facilidades jurídicas para a emigração.
76. As Leis Punitivas impostas por Guilherme de Orange representam um precedente às leis de Nuremberg (discriminações civis, políticas, econômicas). A principal diferença era o fato de ser possível esquivar-se a elas pela emigração ou a conversão. Elas foram abandonadas a partir de 1829 (*Catholic Emancipation Act*).
77. Até o século XIX, os camponeses católicos, que viviam em economia de subsistência, deviam o dízimo aos pastores protestantes, ao mesmo tempo que contribuíam, da melhor maneira possível, para a manutenção dos padres católicos.
78. No terceiro terço do século XVIII, apenas cinco por cento das terras irlandesas ainda estavam em mãos católicas (Kenny), ao passo que mais de 80% da população ainda eram católicos e majoritariamente de fala irlandesa.
79. Ver os depoimentos trazidos na parte documental do trabalho de Peter Gray (Gray). A precariedade não era uma novidade: em 1729, o mais famoso humorista irlandês publicara: "Uma humilde proposição para impedir que os filhos de pobres da Irlanda estejam a cargo de seus pais ou de seu país e para torná-las úteis ao público". A sugestão dessa obra-prima de humor negro era destinar os bebês irlandeses ao prazer dos gastrônomos ingleses (Swift).
80. O consumo de batatas era partilhado com os porcos, as vacas e as galinhas (Bartoletti). O aporte de nutrientes indispensável a um bolo alimentar exclusivamente formado de batata exige a ingestão de quantidades muito superiores às que correspondem apenas à cobertura das necessidades energéticas.

81. As raras regiões industriais, como o Ulster, recebiam suplementos de aveia, e outras, de leitelho.
82. A atribuição a Sir Walter Raleigh (por volta de 1580-1589), o importador de tabaco, é lendária (McNeill). A atribuição a marinheiros espanhóis, por volta de 1601, vai de encontro à cronologia.
83. As grandes propriedades aristocráticas muitas vezes ultrapassavam 30 mil hectares.
84. Esses católicos sociais estavam de acordo com os franceses Ozanam, Lacordaire e Lamennais.
85. Citados por David P. Nally (Nally).
86. Na Holanda, o governo decidiu testar a solidez das leis econômicas e nada fez, deixando dezenas de milhares de holandeses morrerem; na Bélgica, pelo contrário, o governo optou por subvencionar maciçamente as importações agrícolas e empreender grandes obras para garantir a solvibilidade da demanda.
87. Oito pence, representando 8/240º de Libra 1845, que, por sua vez, tinha poder aquisitivo de 1/72º de Libra 1998 (House of Commons Library).
88. A economia monetária era praticamente inexistente entre os pequenos camponeses.
89. Roupas, móveis e utensílios eram postos no prego. Os viajantes descrevem na época uma população fisicamente muito degradada, em andrajos, vestida como espantalhos, alimentando-se com ervas daninhas, urtigas, algas, às vezes ratos e carnes estragadas. A caça e os peixes de água doce eram reservados aos titulares de direitos de caça e pesca (quase sempre o senhor local). O roubo reincidente era punido com a deportação para as colônias penitenciárias da Austrália. Para uma descrição das condições que nelas prevaleciam, ver (Hughes). Certas fazendas passaram a se defender dos roubos com armadilhas para homens, cheias de estacas ou de água (Gallagher).
90. O provérbio *dura lex sed lex* (a lei é dura, mas é a lei) era oposto a *summum jus summa injuria* (o cúmulo do direito é o cúmulo da injustiça).
91. Ao contrário dos *quakers*, certos grupos evangelistas condicionaram sua assistência à conversão dos beneficiários católicos.
92. Peter Gray, *op. cit.*
93. A diferença entre a realidade física e a realidade social, sendo ambas, para cada um de nós, externalidades que não podemos manipular a nosso bel-prazer, está em que a realidade social é inteiramente formada por interações cognitivas. Um fenômeno astronômico se dá independentemente dos modelos científicos que temos dele; portanto, independentemente da atividade cognitiva que empenhamos na fabricação desses modelos. Não é o caso do movimento

de um exército ou de uma queda de preços, cujo comportamento depende diretamente do modelo que dele têm os agentes que o tornam possível (o que, por sua vez, é distinto dos modelos científicos que o descrevem).

94. (Rauschning) Rauschning esclarece: "Os princípios que ele acabava de enunciar se aplicavam exatamente à preparação psicológica de uma guerra na qual seriam empregadas, sobretudo, armas invisíveis. Ele reunia todo um arsenal delas, cuja revelação surpreenderia o universo. A propaganda inimiga da última guerra ficaria parecendo brincadeira de criança, comparada aos que ele mantinha em reserva. Ele jamais empreenderia uma guerra exclusivamente por ação militar. De modo algum tinha como certo que fosse necessário chegar a uma guerra sangrenta."

95. Para inspirar novas ideias aos que já não as tenha, a propaganda deve mascarar-se, assumir, por exemplo, o rosto de uma "imprensa de informação genérica" e de espírito objetivo, de um ensaio erudito, de um manual, de uma publicidade inocente ou, melhor ainda, pura e simplesmente abrir mão de ser propaganda para se reduzir a uma ideologia inconsciente de si mesma, o que é frequente em particular na instituição escolar. O único caso em que a propaganda chega a se impor a mentes que não estejam predispostas a ela é o da doutrinação infantil. Mas se pressupõe que a autoridade já tenha conseguido instalar-se por vias ideológicas mais naturais. Não ficou estabelecida a possibilidade de uma doutrinação de adultos, a "lavagem cerebral", senão em meios confinados e apenas pela duração do confinamento.

96. Ela foi descrita já em 1928 por Lorde Ponsonby (Ponsonby).

97. (Chomsky).

98. Chomsky se apresenta como um "cartesiano". Nesse sentido, uma vez afastada a mentira de Estado e retificada a informação, parece-lhe natural que a ideologia se dissipe, dando lugar a uma análise racional. Ele não admite que a ideologia imponha suas categorias independentemente da propaganda. Parece-me que essa posição está ligada às suas teorias linguísticas, embora ele próprio se afirme incapaz de estabelecer um vínculo substancial entre elas e sua filosofia política. A teoria da gramática generativa, da qual ele é o autor, implica a ausência de diferenças categoriais importantes entre as línguas, que são todas, por hipótese, geradas pelas mesmas regras. Isso parece indicar que a intelecção humana é pouco diferenciada pelas línguas, podendo, assim, formar um "senso comum". Supondo-se válida essa teoria, ela não impediria o surgimento das ideologias. Admitindo-se que todos os homens falem a mesma língua, nem por isso uma análise racional comum permitiria a todos eles ver o mundo da mesma maneira. Pelo contrário, é razoável pensar que não seria esse o caso.

99. (Le Bon).
100. A ideologia quase sempre se cristaliza nos políticos, que sintetizam seus componentes para a utilização de um amplo público já pronto para recebê-la. Só excepcionalmente um filósofo pode ser situado na fonte imediata de uma ideologia. Marx, que parece mais próximo dela, tinha, em sua época, maior influência como político e jornalista do que como filósofo ou economista. Ao se transformar em ideologia, sua doutrina sofreu distorções radicais por interferência de personalidades como Lenin e Trotski, os quais, por sua vez, não eram pensadores propriamente ditos, embora possam ter manifestado pretensões nesse sentido. Hitler pertence à mesma categoria que estes, embora suas aptidões intelectuais e seus conhecimentos tenham sido em geral subestimados, pois ele não costumava se referir aos autores e utilizava uma linguagem mágica.
101. (Himmler, Heinrich Himmler's Speech at Poznan [Posen]). Esse texto importante já foi parcialmente analisado no capítulo 4.1 *supra*.
102. As últimas décadas focalizaram muito a contribuição importante para o extermínio de unidades externas à SS ou de unidades particulares da SS pouco de acordo com seus cânones de origem (ver sobre esse ponto [Ingrao]). Mas nem por isso deixa de ser verdade que, sem o comando SS e a força de repressão da SS sobre as outras unidades, o sistema de extermínio organizado não teria sido montado ou não teria alcançado tamanha amplitude.

Capítulo 5
A ação histórica

1. Discurso aos dirigentes do Partido, Berlim, 22 de janeiro de 1933 (Domarus).
2. Para uma explicitação filosófica do tempo messiânico, ver (Agamben).
3. Essa mistura lembrava Lutero efetuando uma volta às Escrituras para, em seguida, reformar a religião. Julius Evola, que observa o nazismo do alto de sua própria doutrina arcaizante, aristocrática e anticristã, julga poder detectar na concepção nazista de uma raça predestinada um providencialismo protestante (Evola). Certos autores sugeriram que o nazismo também é messiânico. Mas isso seria confundir a expectativa de uma saída iminente do tempo, que não era dele, pois empreendia uma construção para a duração de mil anos, com a pretensão de resolver todas as contradições políticas pela visão do Führer. O messianismo político do líder carismático não se envolve em uma concepção messiânica da história. O messianismo histórico é incompatível

com uma evolução. A referência a uma duração de mil anos é a designação retórica de um período muito longo. Mas, enquanto os mil anos do "milenarismo" pressupõem a destruição brutal do mundo, os mil anos do nazismo expressam a solidez de seu império em processo de formação. Só a colonização da Rússia, cabe lembrar, supostamente exigiria "cem anos".
4. O nazismo, o bolchevismo e o liberalismo assim designam o estado estável para o qual tendem, respectivamente, embora não sejam capazes de descrevê-lo: a Ordem Nova encarnada por um Reich conquistador da Ásia e tendo tomado a frente da raça nórdica, a Sociedade Comunista livre das desigualdades e das classes, a Sociedade da Abundância dominando a técnica e livre de toda tirania.
5. Juan Donoso Cortés, sucedendo Joseph de Maistre e seu pessimismo histórico, promove o providencialismo cristão, que garante a permanência da ordem física da natureza e da ordem moral, contra o liberalismo e o socialismo, doutrinas destruidoras da ordem física e social (Donoso Cortés).
6. "É preciso [...] entender a passagem do capitalismo para o socialismo como uma catástrofe cujo processo escapa a qualquer descrição" (Sorel). A palavra "catástrofe" é usada aqui de maneira laudativa por Sorel.
7. Ver seção 5.4.
8. O mesmo se dá com as obediências milenaristas que esperam a volta do Messias antes do juízo final.
9. "O valor intrínseco de um povo [...] é transmitido de uma geração a outra sob a forma de herança e genótipo — um valor que só sofre alteração quando o portador dessa herança, o próprio povo, muda sua composição genética. É certo que as virtudes individuais e os vícios individuais são recorrentes nos povos enquanto sua natureza intrínseca e sua composição genética não sofrem alteração essencial. Posso ver as virtudes e os vícios do nosso povo alemão nos autores latinos com a mesma clareza com que os percebo hoje." A. Hitler, Discurso ao Clube da Indústria de Düsseldorf, 27 de janeiro de 1932 (Domarus).
10. As sociedades integralmente multicomunitaristas são raras. Não existe nenhum Estado-Nação que não restrinja o próprio exercício privado dos costumes sexuais e dos regimes de sucessão nem proíba certos consumos (cuja relação varia historicamente).
11. Ver seção 4.4.
12. A. Hitler, *Ibid.*
13. (Domarus).
14. Trata-se, na realidade, do conjunto do direito grego e romano e seus prolongamentos até o século XIV. O triunfo da concepção legislativa acarretou uma

reconstrução retrospectiva do direito romano. O ensino do "direito romano" nas universidades a partir do século XIX repousa em uma deformação profunda do direito em uso entre os romanos, sendo as complicações de decisões judiciais interpretadas equivocadamente como instrumentos legislativos (Villey). O 19º ponto do *Programa em 25 pontos* do Partido Operário Alemão Nacional-Socialista, proclamado a 24 de fevereiro de 1920 em Munique, estipula: "Exigimos que um direito público alemão venha a substituir o direito romano, servidor de uma concepção materialista do mundo." Pretendia-se, por equívoco, a substituição de um direito público positivo por outro da mesma cadeira.

15. O positivismo jurídico é tão dominante que acontece de certos juristas ignorarem que representa apenas uma opção possível, a que oferece menos garantias aos indivíduos sujeitos a uma jurisdição, pois subordina, estritamente, o julgamento a uma autoridade legislativa em última análise política e sujeita a mudanças. Quem tem o poder de formular a lei, tem também o de modificá-la. O perigo é tão grande que os positivistas introduziram "leis fundamentais" para enquadrar o capricho do legislador. Esse procedimento tem por efeito apenas retardar temporariamente a ação de uma autoridade política capaz de alterar as leis fundamentais que instituiu. Uma fórmula mista é, portanto, indispensável aos sistemas positivos que se pretendam protetores: tanto a verificação da constitucionalidade das leis como a das decisões judiciais são atribuídas a uma jurisdição suprema. Entretanto, como o poder político permanece suscetível de estender sua influência à pessoa dos juízes supremos ou de restringir sua ação por reformas constitucionais, essa barreira também pode falhar.

16. A própria lista das fontes do direito está sujeita a variações, podendo levar ao surgimento ou ao desaparecimento de referências religiosas ou filosóficas, ou então se manifestarem mimetismos explícitos em relação a direitos estrangeiros.

17. A estrita hierarquia visada pelo positivismo para impor a vontade soberana às jurisdições, a rigor, é uma impossibilidade lógica. Se admitirmos que a presença de jurisdições é uma condição de um direito que não se reduza a simples decretos, toda lei, até a que pretendesse restringir a margem de apreciação das jurisdições, ainda deve ser interpretada pelos tribunais. Em decorrência, um sistema jurisdicional pode eventualmente funcionar na ausência de leis codificadas, mas um sistema legislativo seria alheio ao direito se fosse privado de jurisdições. O positivismo jurídico de fato é, portanto, uma idealização ou uma violência contra o direito.

18. Ao contrário do stalinismo, o nazismo não pretende extrair a ciência da Universidade para lhe dar sua própria contribuição teórica. Hitler não se arvora em autor dessa ciência, mas em guardião de suas consequências políticas.
19. A tradição legislativa retomada por Hobbes remonta ao código de Hamurabi. Ela corresponde a regimes autocráticos, dispondo de apoio administrativo e utilizando a escrita como meio de controle social (recenseamentos, taxações, inventários, compilação de ordens). Está nos antípodas da tradição greco-romana, por sua vez provavelmente derivada das práticas egípcias. Atenas e Roma são culturas do verbo, e não da escrita, sendo a maior parte dos textos produzidos transcrição de falas vivas, ditas pelos aedos, os autores de teatro, os oráculos, os oradores, os professores ou os juízes. Sua natureza discursiva os torna propícios ao debate e ao entrelaçamento de falas. Paralelamente, se a Bíblia de fato é um livro, como indica seu nome, contendo uma Tábua da Lei que emana de uma autoridade indiscutível, é, antes de qualquer coisa, uma compilação de falas proféticas e relatos transmitidos verbalmente. O Evangelho se apresenta como um entrecruzamento de relatos redigidos por testemunhas ativas empenhadas em transcrevê-los, cada qual a partir do seu ponto de vista identificável. O conjunto das tradições religiosas do Ocidente é verbal e exegético. Os concílios são tão indispensáveis à formação da doutrina católica, e as pregações espontâneas, à das doutrinas protestantes, quanto a discussão talmúdica é necessária para a compreensão rabínica da vontade divina. Para essas tradições, é importante não congelar nada de maneira definitiva ou demasiadamente genérica, e encarar o direito como uma casuística suscetível de ser submetida à apreciação de jurisdições concorrentes, esclarecidas pelo debate dos interessados.
20. Não é apenas o decreto executivo que deve ater-se à lei, segundo o argumento de Antígona opondo o direito de sepultura ao decreto de Creonte, que pretendia privar Polinice dela. É também a norma legislativa superior que se vê inserida em uma ordem jurídica mais profunda que só pode ser interpretada pelos juízes.
21. A concepção jurisdicional sobreviveu por muito tempo na prática judiciária. Hobbes se posicionou ao lado dos conselheiros do príncipe em luta contra os jurisconsultos apoiados pela nobreza. Não compreendeu que a causa daqueles seria debilitada pela força crescente do Parlamento. Seu objetivo era suprimir, uma a uma, as fontes extralegislativas do direito: o costume não confirmado pela lei seria ignorado; os precedentes caíam sob suspeita de nunca serem transponíveis; a doutrina era reduzida a uma opinião útil para o advogado; os atos dos antigos reis eram todos suscetíveis de revogação pelos sucessores;

as opiniões dos conselheiros e do Parlamento ficavam privadas de sanção jurídica; o juiz devia limitar-se a buscar a intenção do legislador, que continha, *a priori*, a substância da equidade. A filosofia hobbesiana, embora tenha acabado invadindo o ensino do direito, nunca chegou a expulsar integralmente dos cursos e tribunais as práticas jurisdicionais, exceto nos regimes policiais.

22. Com isso, ele entrava em choque com a corte competente, o Parlamento de Paris, cujo papel era dizer a lei do reino, uma mistura de costumes, doutrinas e instrumentos antigos. O decreto foi revogado por seus sucessores, reconhecendo que a lei fundamental atribuída aos francos sálios não estava à disposição do príncipe (Valensise).
23. O poder constituinte extraía seus antecedentes das constituições redigidas para as cidades coloniais gregas. Essas constituições, contudo, se limitavam a fixar os procedimentos de organização do regime, inserindo-se no contexto de um direito natural.
24. Datado de 25 de fevereiro de 1932.
25. Kelsen não teve papel direto na construção jurídica do nazismo, mas sua influência foi suficientemente grande para se exercer sobre seus próprios adversários. Sua obra principal, *Teoria geral do direito e do Estado*, só foi publicada depois da guerra, nos Estados Unidos, mas os princípios do normativismo (que evoluiu até 1960) já haviam sido postulados na Alemanha na década de 1920 (Kelsen, *Théorie générale du droit et de l'Etat* [trad. fr.]).
26. Kelsen, que era um humanista, julgara poder assentar a norma fundamental em uma prescrição universal, como um imperativo categórico racional expresso na forma de princípios dos direitos humanos. Passou, contudo, toda a sua longa carreira intelectual em choque com uma antinomia: ele próprio havia postulado que o dever ser não pode nascer de um fato. Nada, portanto, impedia os que tivessem ao mesmo tempo a vontade e a força de estabelecer um comando oposto na origem da construção.
27. A essa altura, Hitler dispunha de superabundantes instrumentos de direito positivo. Assim foi que preferiu confiar ao Reichstag a votação das leis de Nuremberg que ele próprio teria o poder constitucional de formular.
28. Quando o cerceamento formalista dos decretos ainda era por demais pesado, a proclamação de 11 de setembro de 1935 ao congresso do Partido indicava claramente que era possível livrar-se dele mediante uma ação *motu proprio* do Partido: "A batalha contra os inimigos internos da Nação jamais será frustrada por uma burocracia formal ou sua incompetência; quando a burocracia formal do Estado revelar-se inadequada à solução de determinado problema, a Nação alemã ativará sua organização mais dinâmica, como ajuda para impor

suas necessidades vitais, pois seria um grave erro supor que a Nação existiria exclusivamente em virtude de algum fenômeno formal, e que, ainda assim, quando tal fenômeno não se mostrasse capaz de cumprir as tarefas que lhe são atribuídas, a Nação haveria de capitular diante dessas tarefas" (Domarus). Também se governou por meio de decretos secretos, de cuja existência apenas, e não do conteúdo, tomavam conhecimento as pessoas envolvidas.

29. Hitler esclarecia, corroborando a posição de Himmler: "Em hipótese alguma o Estado Nacional-Socialista tolerará que a politização das confissões se prolongue ou recomece, seja por que via for. [...] Temos hoje autoridade para isso. [...] Jamais empreenderemos essa batalha contra o cristianismo nem sequer contra uma das duas confissões. Mas a empreenderemos de maneira a manter nossa vida política pura e livre dos padres que se enganaram de vocação, e que deveriam ter-se tornando políticos, e não homens da igreja." *Ibid.*

30. (Cumin).

31. (Schmitt, *Parlementarisme et démocratie* [trad. fr.]).

32. Até Joseph de Maistre quase se dispunha a aceitá-lo: "Discutiu-se acaloradamente para saber se a soberania provinha de Deus ou dos homens: mas não sei se foi observado que as duas proposições podem ser verdadeiras. É perfeitamente verdade, em um sentido inferior e grosseiro, que a soberania se baseia no consentimento humano: pois, se algum povo decidisse de repente não obedecer, a soberania desapareceria; e é impossível imaginar o restabelecimento de uma soberania sem imaginar um povo que consinta em obedecer. Assim, se os adversários da origem divina da soberania quiserem dizer apenas isso, têm razão, e seria perfeitamente inútil discutir. Como Deus não julgou conveniente empregar instrumentos sobrenaturais para o estabelecimento dos impérios, é certo que tudo teve de ser feito pelos homens. Mas dizer que a soberania não vem de Deus porque ele se serve dos homens para estabelecê-la é o mesmo que dizer que ele não é o criador do homem porque todos temos um pai e uma mãe." (Maistre.)

33. Max Weber se pronunciara contra os dispositivos plebiscitários da Constituição, mudando posteriormente de opinião para enfrentar as crises.

34. Ele se distingue do belicismo, que visa manter o estado de guerra; e, paradoxalmente, pode perseguir o objetivo inverso: "O exército novo", de Jaurès (Jaurès), projeto militarista buscando fundir o exército com o corpo da Nação, tem intenção pacifista. Jaurès parte do princípio de que as guerras não são travadas pelo povo, que, se tivesse a capacidade de fazê-las, haveria de torná-las menos frequentes.

35. Uma anedota famosa mostra, a esse respeito, todo o espírito romano: Titus Manlius Torquatus, cônsul em -347, mandou executar seu filho, que havia alcançado uma vitória espetacular, mas violando uma ordem (Tito Lívio, 1999), VIII, 7.
36. O militarismo romano na era republicana combina o conjunto das forças sociais, excluídos os servidores: a especialização técnica de patrícios formados em estratégia e comando, posteriormente apoiados por cavaleiros dotados dos meios de se equipar em cavalos, entra em sinergia com o corpo de cidadão treinados em manobras e operações de engenharia. Ele se revela superior a todos os outros sistemas que enfrenta: aristocracias militares, completadas por regimentos de escravos ou mercenários propensos a desertar, ou hordas desordenadas de guerreiros igualitários incapazes de seguir as regras de tática ou de se dotar de equipamentos de assédio. Roma, que era tão belicista quanto militarista, se considera, então, uma sociedade militar cujos soldados se retiram durante a paz ou quando envelhecem, sendo a produção econômica gerida em tempo normal, vale dizer, em tempos de guerra, por suas esposas dirigindo os escravos (a "família").
37. (Caillois).
38. A falange dos hoplitas é formada por cidadãos proprietários fundiários, ricos o bastante para se equipar, por conta própria, de uma armadura de bronze. Esses cidadãos dispõem de tempo suficiente de lazer, dada a existência de escravos, para treinar manobras sincronizadas e experimentando um sentimento de comunidade suficientemente sólido com seus pares para entregar mutuamente sua vida diante do perigo. O sistema político lhes permite dialogar para fixar objetivos comuns. Contém procedimentos eletivos para gerar uma estrutura hierárquica de comando, que é indiscutível, apesar da igualdade estatutária, estando o debate reservado ao que antecede ou sucede ao confronto.
39. Esse sistema substituía outro que era exatamente inverso, às vésperas da Revolução: um exército de oficiais superabundantes, recrutados exclusivamente na ordem nobiliárquica, sem filtragem de competências, minado pelo pagamento de pensões que não correspondiam a nenhum emprego, pela corrupção e os equipamentos de prestígio, e disciplinando um proletariado oneroso, em matéria de alimentação, porém mal pago. Essa situação refletia o estado geral dos exércitos europeus. Os marechais ambicionavam manobrar com brilhantismo, combatendo o menos possível, sendo a vitória reconhecida de maneira cortês àquele que ocupasse o terreno depois do cair da noite. Era a época da "guerra de rendas", feita com encontros marcados, batalhas fixadas de comum acordo para celebrar o aniversário de um soberano e jantares entre os adversários

na véspera dos confrontos. A Guerra dos Sete Anos mostrara, todavia, que a guerra moderna não era inocente; ela arruinava as economias, provocava fome, acarretava a pilhagem das aglomerações civis e entregava a artilharia a carnificinas. A transição de um sistema para outro pode resumir-se na pessoa de Jacques Antoine Hippolyte, conde de Guibert, estrategista e pensador político. A reforma, por ele analisada em suas necessidades e seus meios, foi promovida praticamente sem ele, mas quase, na íntegra, de acordo com suas ideias. Ele previu sua consequência, a passagem à guerra total, e também seu remédio, o exército profissional (tendo imaginado que seria introduzido por um líder carismático). Ver (Groffier) e (Guibert).

40. Os gurkhas eram uma unidade colonial, mais que mercenária. O caso único da Legião Estrangeira não tinha como único objetivo recrutar soldados estrangeiros, mas também incorporar elementos socialmente marginalizados em sua nacionalidade e clandestinos.

41. A democracia, no sentido de um regime igualitário de magistratura direta estendida a toda a sociedade, não pertence, por assim dizer, à experiência ocidental. É quase universalmente condenada pelos filósofos, inclusive na época clássica da Grécia, e mal vem a ser mencionada pelos utopistas. A democracia suíça, a que mais se aproxima dela, por sua vez se diluiu em um parlamentarismo crescente, à medida que abandonava supremacismo sexual e sufrágio censitário. Mas o funcionamento harmonioso das instituições de democracia direta que ela conserva é uma indicação de que a rejeição ocidental é mais motivada pela ideologia que por uma necessidade.

42. Essa ideologia raramente foi objeto de uma crítica radical. Marx não pretendia destruir as hierarquias, mas a desigualdade econômica, entendida do ponto de vista do consumo. A abolição da apropriação capitalista dos meios de produção visava restituir ao trabalhador o resultado de seu trabalho, até então captado pelo lucro. Supunha-se que essa transformação haveria de se transfundir por toda a sociedade: consumindo de maneira igualitária "de acordo com suas necessidades", os indivíduos estariam equiparados do ponto de vista intelectual e político. Ora, como se dá "de cada um segundo seus meios", a função produtiva continua gerando uma hierarquia. Essa consequência foi incorporada pelo leninismo: as antigas elites econômicas seriam combatidas por elites intelectuais à frente de um exército de massa classicamente hierarquizado, de uma administração disciplinada e de empresas planejadas. A crítica igualitarista foi minoritária, moderada e parcial, antes decorrente de experiências de autogestão que de doutrinas libertárias estruturadas: as tentativas de cooperativas ou sociedades de capitalismo ope-

rário ou camponês (kibutz, republicanos espanhóis, titismo) continuaram a se mostrar compatíveis com as hierarquias.

43. Os liberais na França julgaram que, como a Nação implicava a representação, esta necessariamente assumiria uma forma parlamentar. Benjamin Constant considerava mais autoritários os regimes anteriores à Nação (Constant) e encarava o imperialismo de Napoleão como uma patologia. Não imaginava que a via autoritária haveria de se transformar em uma das formas mais frequentes da Nação e da representação, nem que o imperialismo se tornasse a tendência principal do nacionalismo. O combate dos liberais em favor de um sistema à inglesa, centrado nas garantias jurídicas e no papel do Parlamento, foi na França uma árdua luta. Toda ressurgência do nacionalismo era acompanhada invariavelmente da reintrodução de formas mais autoritárias. A V República, surgida da guerra da Argélia, representou, nesse terreno, um compromisso inovador entre um liberalismo parlamentar e uma autoridade carismática, assim como entre nacionalismo e União Europeia.

44. "A prussianidade é um *sentimento vital*, um *instinto*, uma *impossibilidade de fazer de outra maneira*; é uma encarnação das qualidades da alma, do espírito e, em consequência, também do corpo, qualidades que há muito se tornaram características de uma raça ou mais exatamente dos espécimes mais representativos e melhores dessa raça [...]. Existem naturezas verdadeiramente prussianas em toda a Alemanha — penso aqui em Friedrich List, em Hegel, em alguns grandes engenheiros, organizadores, inventores, cientistas e, sobretudo, em certo tipo de operário alemão — e existem, desde [as vitórias de Frederico II em] Rossbach e Leuthen, incontáveis alemães dotados no mais profundo de sua alma de um pouco dessa prussianidade [...]. Mas as *realidades* verdadeiramente prussianas não são muitas, senão as criações de Frederico Guilherme I e de Frederico, o Grande, o Estado prussiano e o povo prussiano" (Spengler).

45. Em três batalhas, Grandson, Morat (1476) e Nancy, eles desafiaram e mataram um dos primeiros príncipes da Europa, Carlos, o Temerário, tendo-se esquivado da sua artilharia pesada e ajoelhando para encomendar a alma a Deus. Esses católicos se tornaram os mercenários dos exércitos da França, da Áustria e do papado.

46. Essas maneiras corteses acabaram se tornando crime no século XX. As confraternizações de 24 de dezembro de 1914 deixaram preocupados os beligerantes, que as qualificaram de entendimento com o inimigo.

47. Victor D. Hanson (Hanson) atribui a ele a superioridade militar, que considera absoluta, dos exércitos ocidentais, da Antiguidade até hoje. No que diz respeito

aos períodos antigos, o autor parece vítima do mito ateniense do "despotismo oriental", conceito forjado com base nos exércitos aquemênidas, que haviam representado para os gregos sua única experiência de um adversário poderoso. Esse mito, retomado e teorizado por Karl Wittvogel (Wittvogel), transforma todo o Oriente em um território estruturalmente escravagista, ditatorial e politicamente organizado com vistas a grandes obras hidráulicas. Acontece que os impérios nômades orientais, que estão entre os mais vastos e duradouros da história, são absolutamente estranhos às problemáticas hidráulicas. Repousam no sistema da horda. Neles, a adesão dos guerreiros é, a princípio, voluntária. Ele contém instâncias de deliberação e prevê a eleição do chefe por aclamação. Esse sistema gera disciplina no combate, treinamento de manobras sincronizadas e estrutura modular das unidades.

48. A conscrição existia na Prússia, Estado militar, mas de maneira limitada e no contexto ideológico do Antigo Regime. Havia muito tempo era permitido que um autocrata "representasse" seus soldados. Maximiliano, Luís XI e Carlos V, respectivamente com seus infantes, arqueiros e piqueiros, se haviam dotado, com sucesso variável, de unidades de infantaria baseadas no modelo suíço, mas que ainda eram elementos de um dispositivo aristocrático.

49. As trincheiras da Primeira Guerra ilustram a desigualdade concreta dos exércitos. Classes inferiores e médias habitam, em geral, o inferno da frente, tentando sobreviver, quando as elites sociais ocupam, na medida do possível, os castelos dos Estados-Maiores, temendo motins e confraternizações. Os oficiais superiores se afastam da miséria e do perigo à medida que se vão elevando nas patentes, enquanto a coragem mantém os simples soldados sempre mais expostos.

50. O excesso numérico era agravado pelo hábito recente de perseguir os vencidos, perspectiva que provocava pânico nas linhas adversas à primeira hesitação.

51. (Proudhon). O pai do anarquismo dedicou à guerra sua pior obra, *A Guerra e a Paz*, cujo título Tolstói tomou de empréstimo, exaltação lírica da guerra como fonte única da civilização e essência divina do homem. Ela é representativa de algo que se tornara um lugar-comum: a estética civilizatória da guerra.

52. A obra de Ernst Jünger é dedicada a esse tema. Na época em que Hitler é seu leitor cheio de admiração, Jünger preconiza a aceitação histórica do monstro mecânico que permite ao guerreiro encontrar seu ser. Essa abordagem desvincula o belicismo de toda origem ideológica. A fascinação de Jünger pela guerra não é nacionalista (ele combatera nos exércitos franceses), mas pela guerra em si.

53. A guerra quase fora desencadeada, já em 1911, quando do Incidente de Agadir entre a Alemanha e a França.

54. As Waffen SS são o Partido em armas, e esse é o ferro de lança da Nação. As *Waffen SS se* apresentam como reflexo do que será a Nação socialista depois da vitória final. Nesse sentido, são o equivalente da Nação em armas de Jaurès. A diferença, que não é desprezível, é que Jaurès não quer purificar a sociedade antes de lhe impor integralmente a forma militar destinada a garantir a organização socialista do país.
55. (de Gaulle).
56. O progressivo abandono da forma militarista não impediu os exércitos de continuar a ter um peso político especial, por seu papel econômico e, às vezes, pela manutenção de um terror patriótico por meio da propaganda. Eles conservaram privilégios (jurisdições especiais, segredo militar) que lhes permitiam libertar-se de certos controles. Mas as tentações golpistas eram limitadas, exceto nos casos em que eram apoiadas por potências estrangeiras, como na América Latina. Foi com grande rapidez que de Gaulle sufocou o golpe de Argel.
57. (Bonaparte).
58. Sobre o processo de conversão da transcendência religiosa à transcendência política moderna, remeto globalmente o leitor à síntese de Marcel Gauchet (Gauchet).
59. A crítica de Marx a Hegel foi de ter atribuído ao Estado a virtude de universalizar interesses que teriam permanecido particulares na sociedade civil, quando, na verdade, ele universalizava apenas o interesse particular dos exploradores, não expressando o Estado nenhum interesse coletivo mais alto que o dos detentores do capital, aos quais fornece o seu poder. Leitor assíduo dos economistas liberais, Marx estava fundamentalmente de acordo com eles quanto ao fato de que a vida social se joga na economia, e afirmava que Estado e cultura são "superestruturas", reflexos ou derivados da produção. A discordância dizia respeito a uma questão técnica: enquanto os liberais consideravam que a miséria só pode ser combatida pelo aumento da produção, Marx acreditava que a "queda tendencial das taxas de lucro", consequência a seus olhos da livre concorrência, inevitavelmente perpetuaria salários baixos e exploração. Como, segundo ele, o liberalismo não pode erradicar a miséria, mas apenas agravá-la (em formas que a Grande Depressão de fato acabaria manifestando), inevitavelmente ele provocaria a revolução. No que diz respeito à questão técnica, Marx se enganara, por não ter observado a renovação das margens de lucro ao influxo da inovação e da especialização internacional. E se enganou também sobre o que seria a revolução comunista: em vez de uma sublevação dos trabalhadores progressivamente esclarecidos por suas lutas,

levando à atrofia do Estado, ao cabo de uma breve ditadura sobre o Estado destinada a destruí-lo, ela assumiria a forma de um estatismo duradouro sob a égide de intelectuais e profissionais da revolução.

60. No decorrer do século XIX, a coalizão forçada das elites liberais, conservadoras e burocráticas foi capaz de impedir pela força uma revolução comunista que as teria varrido do mapa. A experiência da Comuna de 1870, nascida da anarquia que se seguiu provisoriamente à derrota de Sedan, foi reprimida com igual violência e pelos mesmos métodos que uma revolta colonial. O consenso republicano francês se formou em torno da recusa definitiva da revolução, dando lugar ao regime mais estável que a França moderna conheceu: a Terceira República.

61. Para uma descrição do contexto histórico da obra e de suas consequências, ver (Sagnes).

62. A solução liberal para o problema do crescimento transitava pelo que hoje chamamos de "globalização", que na época se efetuava por meio da colonização militar. Luís Napoleão não considerava que ela fosse capaz de oferecer à indústria escoadouros suficientes para acabar com o subemprego. Para ele, a colonização era uma violência que gerava poucos consumidores novos: "A Nação é *composta de produtores que não podem vender e consumidores que não podem comprar*; e a falta de equilíbrio da situação obriga o governo, aqui como na Inglaterra, a ir buscar até na China alguns *milhares* de consumidores, em presença de *milhões* de franceses ou ingleses [...]. Baste-nos aqui dizer que a quantidade de mercadorias que um país exporta está sempre na razão direta do número de *balas de canhão* que ele pode enviar a seus inimigos quando sua honra e sua dignidade assim o exigem" (os itálicos são de Luís Napoleão). Ele cometia o erro de Marx: a combinação das balas de canhão com as ondas de inovação permitiu durante muito tempo que os impérios europeus se abrissem e conservassem mercados externos. Eles transferiam aos países submetidos as técnicas antigas, para neles vender produtos novos pagos com produtos de tipo antigo neles fabricados a preço mais barato (para a indignação dos sindicatos e dos pequenos produtores). Exceto nas crises, e, sobretudo, na Depressão, o mercado prosperou dessa maneira. Os empreendedores constantemente jogaram contra os reformistas o custo fiscal das políticas de reativação econômica, assim como o encargo de qualquer medida tendo como efeito aumentar o custo do trabalho.

63. "Que governo, o meu! A imperatriz é legitimista, Morny é orleanista, o príncipe Napoleão é republicano e eu sou socialista. Temos apenas um bonapartista, Persigny, que é louco."

64. A. Hitler, Discurso ao Clube da Indústria de Düsseldorf, 27 de janeiro de 1932 (Domarus).
65. (Marx), § 287 *sq.*
66. (Weber) & (Kelsen, *Wesen und Wert der Demokratie*).
67. O *Führerprinzip*, como tal, não requer violência física. Ele caracteriza toda organização formada de cima para baixo, sem necessidade de consenso, na qual os "conselhos" são consultivos e a subordinação se exerce por níveis hierárquicos. Permanece, em grande medida, sem contestação na grande empresa.
68. O mercantilismo deixou traços ainda visíveis no caráter das economias europeias. As empresas francesas conservaram partes de mercado significativas em todos os setores de que o Estado colbertista era cliente (luxo, equipamentos militares, infraestruturas), permanecendo o comércio internacional e seu financiamento mais como especialidades inglesas ou holandesas. Na Espanha, a importância do setor imobiliário e dos bancos é, ainda hoje, um reflexo distante do bulionismo.
69. A East India Company data de 1600; a Vereenigde Oostindische Compagnie, de 1602; a Companhia Francesa para o Comércio das Índias Orientais, de 1664; a Svenska Ostindiska Companie, de 1731; a Sociedade de Angola, de 1748; a Companhia Universal do Canal Marítimo de Suez, de 1859; e a Companhia Universal do Canal Interoceânico do Panamá, de 1880. A colônia de Massachussetts obteve sua carta de corporação comercial como Massachusetts Bay Company em 1624. Ela foi revogada por Carlos II em 1684 e readquiriu seu estatuto privado em 1689, para se tornar uma província em 1691.
70. Um dos traços burocráticos do Estado era também associar as elites intelectuais e militares, não raro formadas por suas escolas, a um consenso econômico-político apresentado como racional e dissociá-las do destino das camadas inferiores da sociedade. Não estando envolvida na concorrência do mercado nem temendo uma contração das necessidades, a burocracia de Estado podia estabelecer um vínculo com seus agentes, criando uma classe de funcionários públicos ao abrigo do desemprego e desfrutando de possibilidades de ascensão social. As profissões judiciais garantiam a ligação entre burocracia privada e burocracia pública, agregando, de maneira ainda mais íntima, a burguesia ao sistema assim formado.
71. Ver (Ferro).
72. Mussolini descobriu, mais tarde, que podia agir da mesma forma com sua própria pessoa, concentração quintessencial da italianidade, tornando as eleições inúteis ou contraproducentes.

73. No caso dos bolcheviques, tratava-se de projetar ferozmente sobre os contrarrevolucionários os métodos repressivos que eles próprios haviam usado durante a Comuna de Paris.
74. "Não defendemos interesses antissocialistas nem mesmo pró-capitalistas. Nossa luta contra o bolchevismo não é um combate contra, mas a favor do socialismo. [...] Um socialismo verdadeiro e autêntico só pode se concretizar uma vez eliminada sua forma mais vil e abortiva, o bolchevismo judeu [... em favor de uma estrutura] adequada aos valores dinâmicos e aos padrões do século XX: uma estrutura socialista com uma forma nacional. As classes médias burguesas de todas as Nações revelaram-se incapazes de tratar do bolchevismo e são inadequadas ao combate contra ele. [...] O bolchevismo não aceita compromissos [... ele] não hesita em cortar a garganta dos que o ajudaram a alcançar o poder. Não é uma perspectiva muito animadora para esses políticos burgueses de alguns Estados da Europa Ocidental que ainda acreditam que o dardo do bolchevismo pode ser-lhe arrancado por uma Frente Popular mais moderada. [...] As forças mais dignas de uma Nação devem mobilizar-se para exterminá-lo, pois ele é a organização de tudo aquilo que podemos chamar de forças antirraciais do povo. [... Ele] dispõe de recursos financeiros ilimitados, pois os ditadores bolcheviques deixam toda a população russa na fome sem o menor escrúpulo [...]. Os partidos comunistas fora da Rússia não passam de legiões estrangeiras do Kominterm. [...] Seu caminho está juncado de montanhas de esqueletos [...] venha ele a ter êxito, como na Rússia, ou fracasse e seja eliminado, como na Hungria, na Baviera, no distrito do Ruhr e em Berlim, ou ainda continue a lutar pelo poder, como no caso da Espanha hoje" (Goebbels, *Discours*).
75. "Entre nós, a concepção do Estado monolítico implica que tudo seja dirigido a partir do centro. A lógica extrema dessa atitude seria que o mais modesto dos funcionários tivesse afinal mais importância que o prefeito de Essen. Os ingleses na Índia fazem exatamente o contrário. Lá, 145 mil homens governam 150 milhões. Em seu lugar, precisaríamos de milhões de funcionários! Os franceses não têm nenhuma autonomia administrativa. Para nós, eles são o pior exemplo possível [...]. Nossos funcionários são treinados para não tomar nenhuma iniciativa, prestar contas de tudo e conseguir a cobertura de um superior hierárquico para tudo que fazem. Para Berlim, é esse o tipo ideal de funcionário! Precisamos cortar duramente com machado esse tipo de coisa. Com facilidade, podemos nos livrar de dois terços deles" (Hitler, *Libres propos sur la guerre et la paix recueillis sur l'ordre de Martin Bormann*), 16 de novembro de 1941. "Se permitirmos que os burocratas continuem agindo

como agem, em poucos anos descobriremos que a Nação perdeu a confiança em sua administração. Homens eficientes com os dois pés firmemente plantados na terra não tolerarão que o trabalho que prepararam, como, por exemplo, os prefeitos, durante longos anos de esforços zelosos, seja rejeitado ou destruído por algum miserável funcionariozinho em Berlim" (Hitler, *Libres propos sur la guerre et la paix recueillis sur l'ordre de Martin Bormann*), 3 de maio de 1942. "Poderíamos chegar à seguinte situação paradoxal: uma administração formada por cretinos e empresas privadas capazes de reunir cérebros. Nesse caso, para preservar seu papel, os funcionários, por falta de inteligência, terão apenas o poder alcançado por suas funções" (Hitler, *ibid.*), 2 de novembro de 1941. Particularmente surpreendente é sua ideia de uma política cultural inteiramente descentralizada segundo a qual Berlim não ocupe um lugar especial e que seja condicionada pela limitação voluntária do crescimento das grandes cidades.

76. A. Hitler, Discurso ao Clube da Indústria de Düsseldorf, 27 de janeiro de 1932 (Domarus).

77. "Não surpreende que o comunismo tenha encontrado seu bastião mais sólido no Saxe, nem que tenhamos precisado de tempo para conquistar os operários saxões para nossa causa. Como tampouco surpreende que hoje eles estejam entre nossos mais leais esteios. A burguesia saxônica era de uma estreiteza mental incrível. Essa gente insistia em que não passávamos de vulgares comunistas! Quem quer que proclame o direito das massas à igualdade social é um bolchevique! A maneira como exploravam seus operários era inimaginável. É um verdadeiro crime ter transformado os operários saxões em proletários. Existia lá o reinado de uma plutocracia comparável ao que existe hoje na Inglaterra. [...] Não culpo os pequenos por se terem tornado comunistas; mas culpo os intelectuais que nada fizeram além de explorar a pobreza dos outros para outras finalidades. [...] Em si mesmos, acho nossos comunistas mil vezes mais simpáticos que, digamos, Starhemberg [ex-nazista que se tornou nacionalista austríaco]. Eram bons sujeitos. Pena que não tenham ficado mais tempo na Rússia. Teriam voltado completamente curados." (Hitler, *Libres propos sur la guerre et la paix recueillis sur l'ordre de Martin Bormann*), 2 de agosto de 1941.

78. "Os burgueses com os quais tivemos de flertar na época de nossa luta eram simples estetas. Mas eu precisava de partisans que se entregassem de corpo e alma." (Hitler, *ibid.*), 2 de novembro de 1941.

79. "Um fato significativo que ressalta é que as partes da Índia que durante mais tempo ficaram sob o governo britânico são hoje as mais pobres. Certamente

poderíamos traçar uma curva mostrando a estreita ligação entre a duração do governo britânico e o aumento progressivo da pobreza" (Nehru). Como, atualmente, o tema dos benefícios do Raj é uma questão da política interna indiana, sua discussão científica está comprometida por vieses ideológicos. É provável que a Índia não tenha sido empobrecida pelo reinado britânico, mas que seu crescimento se tenha revelado particularmente fraco: a darmos crédito a um dos principais defensores da colonização britânica, a renda per capita da Índia em 1915 teria sido superior em 20% ao que era no início da... era cristã. Ver (Lal). Já o império nazista gerou um decrescimento drástico dos territórios conquistados, à exceção da Áustria.
80. Ver (Aly), *passim*.

Capítulo 6
O Antagonismo

1. Segundo a recomendação de Grévisse, a maiúscula aqui permite indicar uma utilização especial da palavra.
2. A pessoa de Stalin constitui ilustração viva de um Antagonismo paroxístico. Sua carreira pode ser integralmente descrita como a série dos grupos que ele pretende eliminar. O objetivo declarado, a "construção do socialismo", não requer de sua parte nenhuma descrição nem qualquer outro método senão a destruição daqueles cuja simples existência lhe parece um obstáculo. Ora, qualquer indivíduo é, em tese, uma ameaça, ainda que esteja entre os fiéis seguidores ou os capangas, devendo em consequência ser, por sua vez, suprimido ao chegar o momento, pois a desconfiança não tem fim e o executor da véspera pode ser um perigo amanhã. Só o historicismo justifica essa indefinida sucessão de sacrifícios humanos, não tendo nenhuma vida qualquer peso diante do princípio superior do qual Stalin se declara a encarnação e que não sente a menor necessidade de explicitar. Enquanto Hitler adota um Antagonismo de alvo certo, levando-o à sua intensidade máxima, Stalin exerce um Antagonismo serial, virtualmente ilimitado. Por isso as aniquilações extensivas pelas quais esse é responsável são demograficamente mais amplas ainda que as aniquilações mais intensivas daquele. Mas exatamente por isso é que os temores de Stalin são autorrealizadores, não estando seus colaboradores próximos entre os menos decididos a assassiná-lo.
3. A luta contra os atos é, na prática, muito diferente da luta contra os que os cometem, e mais diferente ainda da luta contra grupos mal determinados

que, supostamente, incluem os que os cometem. A indistinção pode levar a negligenciar os atos condenados para investir contra inocentes, e, tratando-se de um culpado, interpretar seu comportamento principalmente com base em sua filiação a determinado grupo. É tanto uma questão de eficácia como de justiça, pois a luta contra os atos condenados se debilita quando os acusados são estranhos aos grupos envolvidos, sendo acompanhada de equívocos quanto às motivações e causas do crime. Muitas vezes, confunde-se, assim, um "atavismo étnico" com uma situação social ou uma vestimenta com uma ameaça. Escapam à vigilância as pessoas perigosas que não emitem nenhum sinal de filiação aos grupos sobre os quais está fixado o Antagonismo. Em sentido inverso, é importante destacar que uma prática não antagônica não envolve necessariamente particular indulgência: fazer atravessar de volta a fronteira uma pessoa que entrou ilegalmente em um território, se o objetivo não for reprimir essa pessoa por nenhum outro motivo, é uma consequência jurídica do simples fato de que nenhum território pode materialmente oferecer, de forma graciosa, seus benefícios a todos que o desejem.

4. Os Antagonismos religiosos e o supremacismo sexual são outras manifestações disso (de maneira não limitativa).

5. A ideologia, por si só, explica o extermínio no contexto histórico considerado, sendo ele próprio de origem ideológica: foi a ideologia que gerou a Grande Guerra, assim como produziu o sistema econômico que está então em crise ou produziu o bolchevismo. A ideologia chinesa clássica não teria permitido o surgimento do sistema financeiro que levou à produção em massa, como na Depressão. As críticas do materialismo histórico contra o idealismo se voltam contra ele. O materialismo parte de uma imagem "fetichista" da produção, ignorando que ela deriva de interações cognitivas. Não é a roda que inventa a carroça, que inventa, por sua vez, as sociedades arcaicas hierarquizadas. A interação cognitiva é que produz todas elas. Mais justificadamente ainda é possível afirmar o mesmo a respeito dos sistemas econômicos que envolvem determinada concepção da organização social, sem a qual não podem funcionar. Esses processos econômicos, ao contrário do que pensava Engels, não são independentes nem iniciais, em relação aos modelos do mundo fabricados pelos sistemas biológicos de tratamento da informação que nós somos. Não é propriamente a matéria nem são as ideias que governam o mundo: o mundo é feito por sistemas materiais de produção de ideias. A matéria transita pelas ideias.

6. Na Hungria, por exemplo, o antissemitismo permaneceu amplamente como um antijudaísmo.

7. O conceito de "modelo do mundo" deve ser distinguido do que a língua alemã chama de *Weltanschauung* (visão de mundo). Esta é um estado perceptivo, ao passo que aquele é um processo ativo. A *Weltanschauung* deriva da ideia filosófica de que existiria uma adequação possível entre o pensamento e uma realidade externa independente dele. Pelo contrário, o modelo do mundo é o instrumento pelo qual toda realidade é construída a partir de informações que só adquirem sentido por meio de uma construção. Uma "ideologia" é um esquema de representação da sociedade humana, especificando-se em modelos individuais. Ele precondiciona certas operações de verdade possíveis no interior do modelo, podendo tornar-se objeto de uma análise reflexiva a partir do modelo.

8. O que "convém fazer" não equivale ao que eu "deveria fazer" em virtude de um código moral. O dever corresponde a uma função limitada dentro do modelo que leva a agir. É possível, inclusive, que meu modelo me indique que convém fazer o contrário do meu dever. A ideia socrática de que "ninguém faz o mal voluntariamente" (*Gorgias*) é, portanto, por demais simples. O modelo pode impor comportamentos reconhecidos como moralmente maus, em virtude de outras considerações às quais atribua prioridade, temporária ou definitivamente: aquele que salvaguarda a própria vida falando sob tortura sabe perfeitamente que é ruim trair seus amigos e acarretar a morte de muitas outras pessoas.

9. Um resumo da teoria da especularidade poderia ser o seguinte: o modelo do mundo que cada um constrói para si mesmo é uma representação dos modelos do mundo dos outros; e nós só interpretamos a realidade (inclusive o que somos) por esse meio. Embora sejamos incapazes de descrever com exatidão para nós mesmos o conteúdo do nosso próprio modelo do mundo, e *a fortiori* de transmitir uma descrição transparente aos outros, fornecemos indícios por meio dos nossos comportamentos e nossos discursos. Nossos modelos acabam por se ajustar de maneira a garantir uma coordenação mínima. Esse mecanismo poderosíssimo produz, de maneira evolutiva, a ciência e a ideologia, as línguas e as artes, a verdade e o erro, a opinião e a guerra, em uma palavra, a cultura humana inteira e a parte não biológica da psicologia dos indivíduos (Vullierme).

10. Essa máquina pode ser representada, em tese, como uma "máquina de Turing", no caso, como a concretização em última análise bioquímica de um código (muito complexo, evolutivo, autorreferencial e em permanente interação com os modelos dos outros).

11. Pode ser o "acaso" ou o destino, como no caso do procônsul romano que precisa tomar uma decisão importante e vital antes da batalha, sem dispor de

informações suficientes, e invoca os auspícios para consultar a vontade dos deuses. Pode-se observar quanto essa prática, aparentemente irracional, é perfeitamente razoável do ponto de vista pragmático.

Capítulo 7
Terapias cognitivas

1. Parece possível buscar as origens de certas premissas do Antagonismo exterminador ocidental nas cruzadas, na verdade já a partir da primeira (1096-1099). Com efeito, a cruzada efetua uma fusão explícita da defesa do cristianismo com a hostilidade militar frente a monarcas seljúcidas que, por sua vez, praticam uma versão antagônica do Islã. Invertendo-se então os valores cristãos, encontramos a seguinte combinação: 1) uma ideologia supremacista em relação aos turcos ("um povo tão desprezado, tão degradado, escravo dos demônios", diz Urbano II), considerados bárbaros sem Deus no contexto de uma hierarquia graduada que inclui judeus e armênios, distinta da simples hostilidade em relação aos gregos; 2) um horizonte colonialista; 3) práticas "acivis", terroristas, "anempáticas" e exterminadoras, que não poupam mulheres nem crianças ("os nossos", informa Raoul de Caen, "mandavam cozinhar pagãos adultos em marmitas e prendiam crianças em espetos para devorá-las grelhadas"), diferentes dos usos da guerra entre católicos ("aqueles que, até agora, se entregavam a guerras privadas e abusivas, para a grande indignação dos fiéis", esclarece o papa); 4) um militarismo autoritário; 5) uma transição embrionária para o historicismo, por meio da reconstrução de uma Jerusalém terrestre que permite uma redenção passo a passo; 6) um propagandismo religioso maciço; 7) elementos de populismo (em particular a cruzada de Pedro, o Eremita, atendendo ao apelo a "todos, seja qual for a classe da sociedade à qual pertençam, cavaleiros ou pedestres, ricos ou pobres"); 8) elementos de juvenilismo, acentuando-se na chamada cruzada "das Crianças", de 1212; 9) o escravagismo, buscando os genoveses o tráfico dos muçulmanos; 10) a judeofobia ("na mesquita de Al-Aqsa, eles massacraram 60 mil pessoas. Reuniram e trancaram os judeus em sua sinagoga e os queimaram vivos", diz um cronista muçulmano). Faltam à nebulosa seus componentes estritamente modernos: nacionalismo, positivismo jurídico, antissemitismo industrial, supremacismo racial científico e burocratismo. Até então, os grandes massacres europeus tinham sido quase exclusivamente represálias militares ou acontecimentos localizados. Se a deportação em massa era uma prática antiga e frequente na Pérsia, foi o início da era da colonização que marcou a chegada progressiva de uma engenharia do aniquilamento combinada à escravidão. É possível que a

progressiva vontade de exterminar o outro como tal estivesse, inicialmente, ligada à transformação do cristianismo em arma a partir das invasões vikings. Em vez de combater os vikings, os reis europeus de fato haviam optado por instalá-los, em troca de sua cristianização, interpretada como condição de uma coexistência pacífica. Essa estratégia funcionou então de maneira mais eficaz do que com os germânicos, que tinham dado continuidade a seus combates contra Roma após a sua conversão. Em consequência, todo grupo que resistisse a essa arma suprema, como os turcos do Oriente Próximo, podia, em sentido inverso, ser considerado definitivamente irredutível, exceto por extermínio. No momento da descristianização, o Antagonismo se havia difundido, voltando-se em particular contra o cristianismo e tornando-se um modo comum de encarar o outro.

2. Vinte anos antes do Terror, Joseph-Marie Amiot, missionário jesuíta na China, publicava *A Arte militar dos chineses, ou Coletânea de antigos tratados sobre a guerra compostos antes da era cristã por diferentes generais chineses. Obras sobre a quais os aspirantes a patentes militares são obrigados a passar por exames. Com acréscimo de dez preceitos dirigidos às tropas pelo imperador Yong-tcheng, pai do imperador reinante. E as ilustrações gravadas para a inteligência dos exercícios, das evoluções, dos trajes, das armas & dos instrumentos militares dos chineses.* (Amiot). Esses tratados, conhecidos hoje, sobretudo, pelo de Sun Tsu, ainda são ensinados nas escolas de guerra e gestão, pelos estratagemas que descrevem, e não por sua filosofia (Tchang Kai-chek os reverenciava, mas conduziu guerras no estilo ocidental). Entre outros elementos, eles contêm uma exposição dos princípios da guerra humanista, que não é, portanto, um oxímoro. Roger Caillois deixou um comentário a respeito (Caillois). Não se trata de leis da guerra, mas de ética da guerra, empreendimento tanto mais meritório na medida em que não exige reciprocidade. Muitas de suas regras continuam aplicáveis, independentemente do tamanho e da forma dos exércitos. Essa ética, que não exclui artimanhas cínicas e não é necessariamente um modelo para os outros pontos de vista, não pode ser reduzida a uma utopia nem a uma hipocrisia. Representava, na época, a doutrina oficial imposta aos generais. Distinta do código de honra aristocrático, igualmente descrito, ela entende a guerra como uma calamidade a evitar, antes de qualquer coisa, e da qual é necessário pelo menos minimizar o alcance, a duração, o "acivilismo" e a "anempatia". Os métodos de terror são proscritos. O socorro às vítimas é obrigatório, devendo ser estendido aos exércitos inimigos quando estiverem sujeitos a calamidades. Não se devem perseguir os fugitivos nem humilhar quem se rende. É preciso demonstrar respeito e dignidade em relação aos subalternos e tornar-se um modelo para o inimigo na maneira de conduzir as

operações. A única justificativa para os estratagemas é evitar derramamento de sangue. Não sendo possível combater de acordo com esses princípios, cabe retirar-se. Em caso de um adversário que tome a iniciativa do ataque sem respeitar nenhum deles, ainda assim é necessário aplicá-los, sendo suspenso em relação a ele apenas o código de cortesia. Cabe notar que essas regras não impediram que a Revolta do Ano Lushan e sua repressão, no século VIII, acarretassem 30 milhões de mortes, segundo os registros censitários. Não sabemos se uma catástrofe demográfica de tamanho alcance corresponde a uma reorganização administrativa ou se a ética da guerra não era aplicada no caso das guerras sociais.

3. Começou-se a ver, no pensamento moderno, no pensamento do Renascimento colonialista, do Iluminismo da revolução termidoriana e depois da indústria, a expressão de uma vontade de poder sobre a natureza física e social e uma empreitada de submissão e programação, permitindo-se uma violência tanto menos limitada, em seus objetos e em sua forma, na medida em que se sentia justificada pela ideologia universal da Razão. Ver (Horkheimer Max & Adorno.)

4. Michel Foucault chamou de "microfísica do poder" a escavação dos mecanismos pouco visíveis do controle "racional" exercido pela sociedade liberal, inclusive sobre o corpo dos indivíduos, por meio das instituições modernas, especialmente médicas e penitenciárias. Sobre as consequências no que diz respeito à análise do nazismo, ver (Traverso, *L'histoire comme champ de bataille – Interpréter les violences du XXe siècle*), cap. 6.

5. Se a maior parte da crítica pós-moderna foi obra de autores que, no fim das contas, se vincularam ao modelo social-democrata, alguns chegaram a legitimar a violência contra a sociedade ocidental como tal. Foi o caso dos intelectuais filoterroristas que apoiaram o grupo Baader na Alemanha e as Brigadas Vermelhas na Itália.

6. O Não Antagonismo de Gandhi (por ele exposto em particular em duas cartas a Hitler) parece nunca ter sido desmentido, ele que entendia seu nacionalismo como uma operação não violenta de descolonização. Sua ideologia nacionalista era tanto mais forte na medida em que ele não enxergava qualquer alternativa.

7. "O que a vergonha descobre é o ser que *se descobre*" (Lévinas). A vergonha é o sentimento de não poder ser diferente do que se é, ao se descobrir diferente do que se julgava ser. Os participantes de uma potência dominante querem poder encarar-se de maneira diferente da maneira como encaram os outros. Descobrir que são os mesmos que eles é o que lhes causa vergonha.

8. O conceito de compaixão, que provém do budismo, se introduziu no pensamento ocidental ao fim de três séculos de forte presença grega na Índia, disseminando-se por meio do cristianismo. Na era pré-cristã, o judaísmo conhece o preceito do amor ao próximo.
9. A ironia, pelo contrário, é um ato antagônico sobre o outro.
10. Sobre a permanência do nacionalismo na historiografia francesa, ver (Detienne). Cabe, todavia, assinalar um primeiro movimento encorajador na direção de uma história não nacional da Europa medieval: (Wichham e Norman Davies, *Europe: A History*, Pimlico, Londres, 1997, ou Wim Blockmans & Peter Hoppenbrouwers, *Introduction to Mediaveal Europe, 300-1500*, 2ª ed., Routledge, Nova York Oxon, 2014).
11. Houve quem considerasse que essas negociações apenas dissimulavam a evidente derrota do governo. Ora, se é verdade que ele se viu obrigado a delegar, não é menos verdade que não estimulou nem autorizou as resistências terroristas à mudança. O simples fato de não haverem reinado nem o caos nem a vingança em um contexto que, no entanto, lhes era tão propício prova a realidade e a natureza das negociações assim conduzidas.
12. O grego Ἀγών (*Agôn*) designa uma luta consigo mesmo em competição com parceiros. Assim, são chamados Ἀγῶνες (*agônes*) os jogos esportivos de finalidade religiosa, entre eles os Jogos Olímpicos (Ὀλυμπιακοὶ Ἀγῶνες). Ao contrário de Πολεμος (*Polemos*), Agôn, o espírito da batalha e da guerra civil, não toma o outro como objeto da luta. Seu contrário é Ἔρις (*Eris*), a rivalidade e a discórdia. Agôn também é o debate trágico, e o dramático em geral, que expõe um dilema: Aristófanes, em *A Paz* (Εἰρήνη, *Eirene*), "expõe" *Polemos* por um *agôn*. O *agôn* é irênico, Polemos é antagonista, e por isso é que Heráclito afirma que Polemos dividiu os homens em livres e escravos, que ele é o rei cuja autoridade pesa sobre as coisas. Sócrates, sempre visando a uma resolução, conduz sua demonstração como um *agôn*, com interlocutores, não em polêmica com eles, pois a polêmica — especialidade dos sofistas — leva à aporia. A agonia também é um combate do corpo pela sobrevivência, e não um combate contra alguém. Em biologia, são chamadas agonistas as moléculas que cooperam para um mesmo processo. Elie Bernard-Weil desenvolveu um pensamento original com base em estratégias paradoxais em medicina, a que dá o nome de "ago-agonistas", e que combinam no mesmo tratamento moléculas agonistas e antagonistas (Bernard-Weil).

Capítulo 8
Construções míticas, perspectivas concretas

1. Ela se expressa no abandono da Declaração Balfour, em proveito dos termos do Livro Branco. Seu motivo era o papel-chave da região na preservação do Império (em virtude da presença do canal de Suez e das fontes de hidrocarbonetos) e a impossibilidade de estacionamento de tropas suficientemente numerosas para manter a ordem em caso de rebelião árabe, tendo a revolta de 1936-1939 exigido a presença de duas divisões, já agora indispensáveis nas outras frentes.
2. Pouco menos de 300 mil judeus europeus, principalmente sobreviventes dos campos, imigraram para a Palestina até a década de 1950, lá formando pouco menos da metade da população israelense.
3. Esses habitantes do Magreb ou do Machrek eram, na prática, expulsos por força dos novos nacionalismos. Estranhamente, os governos envolvidos lutavam contra Israel ao reforçarem sua população.
4. Foi o caso até a década de 1980.
5. O representante soviético na ONU declarava em outubro de 1947, em linguagem diplomática: "Os sofrimentos pelos quais passaram os judeus na última guerra devem constituir um elemento importante na decisão da Assembleia. Os judeus lutam por um Estado próprio, e seria injusto recusar-lhes o direito de alcançar esse objetivo."
6. O sionismo em *Eretz Israel* era vivenciado como um nacionalismo puro e simples. E como tal se apresentava, à maneira dos outros nacionalismos europeus. Sua particularidade era basear-se em uma identificação religiosa laicizada, formando o rito seu principal vínculo etnológico, completado pelo sentimento de uma experiência comum frente aos perseguidores. Ele efetuara a projeção histórica retroativa operada por toda Nação, e não se apresentava como dependente de acontecimentos recentes, ainda que de grande amplitude. Como qualquer outra Nação, Israel se apresentaria em oposição às outras Nações, fosse a Grã-Bretanha ou a Alemanha. A exigência de homogeneidade nacional levava a história específica das comunidades sefarditas ou orientais (os *mizrahim*) a passar aos poucos a segundo plano da memória, embora os não ashkenazes inicialmente representassem um quinto das populações judias, e depois uma proporção muito maior, após o extermínio. Muitos dirigentes se consideravam até autorizados a integrar a seu nacionalismo um sentimento de superioridade em relação às vítimas diaspóricas cuja passividade lhes parecia vergonhosa. Ver a esse respeito (Bensoussan, *Entre la Honte et le Devoir: la Mémoire sans Voix des Rescapés*).

7. Os *Einsatzgruppen* e as unidades auxiliares responderam, sozinhos, por pelo menos dois milhões de vítimas, segundo as estimativas de Eichmann (RG 263, *Records of the CIA*, dados a público em 2006), sendo hoje contabilizados em Auschwitz-Birkenau (onde 90% das vítimas eram de origem judaica) 1,1 milhão de mortos, em um total de mortos em matadouros de quatro milhões, segundo Eichmann. Himmler considerava o total real muito superior a seis milhões (Breitman R. & Goda N.).
8. O negacionismo, que se apoia nos resultados do programa de eliminação de pistas realizado por Himmler e pretende manter-se na ignorância da documentação maciça, das confissões dos executantes e da permanência das ossadas, constitui uma das formas mais agudas de Antagonismo em relação a qualquer alvo que goze de simpatia, em virtude dos abusos sofridos.
9. Incluindo a URSS oriental, 38 milhões de civis europeus morreram durante a Segunda Guerra Mundial, dos quais pelo menos 30 milhões em decorrência da atividade nazista. Entre eles, é impossível determinar com exatidão o número de vítimas raciais, que, no entanto, parece superior à metade, se incluirmos todas as nacionalidades expressamente envolvidas, mesmo após dedução das vítimas colaterais dos bombardeios e operações de guerra. As vítimas não raciais e não combatentes, por sua vez, abrangem alvos políticos, eugênicos e sexuais. Resta acrescentar a esses totais os sobreviventes dos campos e dos diversos modos de escravização.
10. Muitas vezes, observou-se que o ponto de vista "palestino-centrista" dominante no *Yishuv* levara a desconsiderar o perigo hitlerista e depois o alcance da devastação. Mas o fato é que os nazistas realmente tinham a intenção de destruir o *Yishuv*. Com essa finalidade, o exército de Rommel fora dotado de seus próprios *Einsatzgruppen*.
11. A presença judaica anterior aos pogroms russos era de aproximadamente 25 mil pessoas, não raro de cultura árabe, compreendendo descendentes dos originários da Judeia presentes na Antiguidade e que não se haviam convertido ao Islã, aos quais se juntariam, muito mais tarde, sefarditas que tinham deixado a Espanha quando da Expulsão.
12. Ver (Lowe, *L'Europe barbare 1945–1950* [trad. fr.]).
13. Em ambos os casos, o casamento misto, em particular, era proibido. As motivações e consequências muitas vezes eram inversas: Hitler se esforçava por ser menos severo com as esposas alemãs que tinham "errado", conferindo à paternidade tanto peso quanto a *halakha* confere à maternidade.
14. Um critério confessional seria acrescentado posteriormente.

15. Nacionalismo étnico, militarismo, positivismo jurídico, juvenilismo e "anempatismo" eram reivindicados de uma maneira ou de outra. No caso do colonialismo, era diferente. O sionismo majoritário assumia sem dificuldade seu nacionalismo, mas não se via como colonialista, considerando seus partidários que voltavam a se instalar nas terras possuídas por hebreus havia milhares de anos. Em compensação, eles percebiam o colonialismo dos "revisionistas", que estendiam sua reivindicação a uma "Grande Israel", teologicamente "prometida", mas nunca ocupada. Cabe notar que o tema da *terra nullius*, desértica e subpovoada, evocado pelo conjunto das correntes, é recorrente nos colonialismos.
16. O escravagismo é praticamente o único dos componentes que invariavelmente foi banido da ideologia dominante, embora de fato perdure.
17. Mas é digno de nota que uma queixa habitualmente dirigida aos não sionistas judeus por certos sionistas é que sofrem de "ódio de si mesmos", de acordo com a crença antagônica na existência de taras atávicas. Depois da guerra, acontecia que sobreviventes dos campos, a cuja "covardia" se opunha a virtude dos sabras, fossem chamados de "sabões" (*sic*) nas terras de Israel, cf. (Jablonka), um desprezo que se prolongou pelo menos até o processo de Eichmann. Além disso, as referências xenófobas não estiveram ausentes do olhar lançado de dentro de Israel para as minorias sefarditas, orientais ou etíopes. O Antagonismo, no caso, se tornava autofágico, segundo a tendência constante nos nacionalismos.
18. As autoridades, então desejosas de estimular uma mitologia heroica, chegaram a lançar contra as vítimas a crítica, que se tornou recorrente, de se terem "deixado conduzir ao matador como carneiros" em virtude de uma "cultura do gueto", como se não fosse comum para civis desarmados submeter-se às ordens de uma tropa implacável e impossível de ser vencida por eles. Em um estranho movimento de "anempatia" retrospectiva, Bruno Bettleheim atacou aqueles que se deixaram matar sem resistência, e mesmo os que, como os pais de Anne Frank, se esconderam em família, em vez de fugir ou se disseminar. Ora, se em 7 de outubro de 1944, ao contrário dos onze outros grupos que os haviam antecedido, os membros dos *Sonderkommandos* dos crematórios de Auschwitz Birkenau se sublevaram, causando setenta mortes entre os SS, a razão muito simples era que dispunham, pela primeira vez, de uma pequena quantidade de armas automáticas introduzidas pela resistência local e podiam assim conferir algum sentido a seu suicídio. As vítimas civis do nazismo, qualquer que fosse sua cultura ou nacionalidade, em geral não dispunham, quando de sua perseguição, de capacidade governamental,

nem, *a fortiori*, militar, ou da assistência direta de alguma potência com essa capacidade. Toda revolta, em consequência, exacerbava o processo repressivo, sem proporcionar qualquer esperança. Raramente existiam zonas de recuo para uma resistência, enquanto os reféns imobilizados eram numerosos. Chegou-se a tentar envergonhar as vítimas por não se terem revoltado por dignidade nem promovido sucessivas insurreições suicidas, segundo o modelo do gueto de Varsóvia (abril de 1943), em vez de aceitar o aviltamento para o qual sua submissão contribuía. É não fazer caso do esgotamento físico e moral de alguém que sofra semelhante tratamento, assim como do desejo legítimo de retardar um destino fatal, para si mesmo e mais ainda para os seus, ainda que por alguns momentos. E se certamente é louvável que uma pessoa sozinha dê mostra de um heroísmo aristocrático frente à tortura ou à morte, abrindo mão de "salvar a própria pele" para salvar seus princípios, já não se justifica tanto que a semelhante situação sejam arrastados outros sem consentimento, ainda que estivessem sabidamente condenados. Sobre os *Judenräte*, ver seção 4.1, nota 12.

19. Cabe notar que a *Aliyah*, a imigração para Israel, em geral não é considerada uma prescrição religiosa (*mitzva*).
20. Exceto nas potências territorialmente envolvidas com a Palestina, o sionismo original em geral não era objeto de hostilidade externa, até mesmo da parte dos antissemitas. Esses podiam até mostrar-se às vezes favoráveis ao sionismo, na expectativa de um confinamento dos judeus fora da Europa. Os grandes atores judeus do antissionismo inicial eram, em particular, o Bund (a União Geral dos Trabalhadores Judeus) e a Aliança Israelita Universal (até o fim da Segunda Guerra Mundial). Devemos acrescentar os religiosos ultraortodoxos.
21. O nacionalismo árabe voltava a ganhar corpo no início do século. Com base no modelo do nacionalismo britânico (dividido, como vimos, em nacionalismo da Grã-Bretanha e nacionalismo inglês, escocês, etc.), ele se desdobrava, simultaneamente, em dois planos logicamente em conflito: o pan-arabismo e o nacionalismo regional dos Estados locais, a começar pelos poucos países que, como o Egito, tinham uma consistência histórica anterior. O nacionalismo alcançava sua fase de maior virulência nessa região, no momento em que acabava de esgotar uma grande parte de suas forças na Europa.
22. (Mallman & Cüppers).
23. (Fromkin).
24. Trata-se de 75% dos palestinos desses territórios, cerca de 700 mil pessoas, cujos descendentes são hoje aproximadamente quatro milhões. A interpretação desses acontecimentos (fuga das populações ante os combates ou expulsão

intencional) e sua denominação (*al-Naqba* em árabe significa catástrofe, sendo, portanto, um sinônimo/negação de *Shoah*) são objeto das mais vívidas controvérsias sobre a história de Israel. Atualmente, seu relato constitui um dos pontos principais de fixação local do Antagonismo.

25. Os governos israelenses se haviam colocado em uma contradição: embora a única utilização racional da arma atômica esteja na exibição de sua ameaça, e nunca em seu emprego, eles se vedavam zelosamente qualquer gesticulação e ostentação, ao contrário do que faziam todos os demais detentores oficiais de tais artefatos. A imaginação deduzia que haveria utilização, já que não havia ameaça. Esse mistério tinha sua origem, mais banal, na intenção de não justificar uma proliferação regional.

26. A carta do Hamas (1988) é mais ou menos contemporânea à queda da cortina de ferro (1989).

27. Cabe notar que o vocabulário desse antissionismo fora introduzido em 1929 pelo Komintern, que havia expurgado as células comunistas da Palestina, então amplamente compostas de militantes judeus, em favor de militantes árabes. O objetivo era transformar a luta religiosa, sustentada pelo "Grande Mufti" (título em parte inventado pela administração britânica) em estreita relação com o Partido Nazista, que ainda não chegara ao poder na Alemanha, em um movimento nacionalista árabe apoiado pela União Soviética.

28. Esses mitos afirmam que Israel nasceu do nazismo, um deles com o objetivo de atribuir toda a responsabilidade pelo conflito no Oriente Médio às potências ocidentais, negligenciando os Antagonismos locais, e o outro, para justificar uma exceção em favor de Israel. Mas isso seria esquecer que o extermínio reduzira tristemente a necessidade demográfica de uma terra de acolhida, em vez de aumentá-la. Uma coisa, contudo, é praticamente certa: sem o antissemitismo e o alcance que chegou a ter no mundo antes, durante e depois do nazismo, Israel não teria tido uma razão politicamente imperiosa para se estabelecer. Sem a proliferação do nacionalismo no Oriente Médio, sua presença poderia ter sido pacificamente negociada. Sem a política fechada de vistos, que deixava a Palestina quase como única saída para os refugiados, uma proporção muito significativa das vítimas judias teria podido escapar ao extermínio e terminar seus dias na América do Norte e do Sul, na Austrália e na Europa Ocidental. Metade delas teria representado apenas dois por cento da população dos Estados Unidos. Certos refugiados (os *yordim*), por sinal, preferiram voltar aos campos americanos na Alemanha ocupada a ficar na Palestina, onde se sentiam inadaptados. Os judeus soviéticos que transitavam por Viena também desejavam, majoritariamente, emigrar para os Estados

Unidos ou o Canadá, voltando-se muitas vezes para Israel à falta de algo melhor, depois de se defrontarem com a persistência das cotas.
29. Em seu artigo 32, a carta do Hamas se refere expressamente aos *Protocolos dos Sábios de Sião*. A teoria da conspiração é o principal elemento antissemita do novo antissionismo, que aproveita muitos outros fatores antagônicos, a começar pelos nacionalismos árabes.
30. Não é legítimo referir-se ao Islã como um grupo religioso diversificado, como o cristianismo.
31. O Islã do Sudeste asiático não desenvolveu características ideológicas essencialmente distintas.
32. Na época da emergência islâmica, a divisão definitiva entre judaísmo e cristianismo ainda não está consumada. Formas intermediárias, ditas "nazarenas", continuam a prosperar. Bizâncio converteu os etíopes ao cristianismo, mas a Arábia Feliz, que chamamos de Iêmen, em grande medida se judaizou, com o estímulo da Pérsia, que procura conter a influência romana. O Islã se constrói como religião bíblica, incorporando os costumes dos beduínos ainda não alinhados aos dois blocos. Maomé, rejeitado pelos habitantes de Meca, é recebido e apoiado pelos judeus de Medina, que o fazem árbitro de suas disputas. O Islã adquire seu estatuto de religião autônoma depois da volta a Meca. Não é, então, nem mais nem menos ocidental ou oriental que o cristianismo e o judaísmo.
33. A literatura filosófica greco-romana foi, em parte, preservada na Idade Média por seus comentadores de religião islâmica, como Averróis.
34. Diversos pactos formais foram propostos, como lembra o texto que serve de epígrafe a este capítulo, inclinando-se muitas vezes os imperadores mongóis para o cristianismo, sob a influência dos missionários nestorianos. Mas os senhores francos ficavam aterrorizados com a perspectiva de um aliado capaz de oferecer-lhes como presente vinte vezes mais cavalos do que o número de seus próprios cavaleiros. Os mongóis, por sua vez, rapidamente passaram a desconfiar dos cruzados, pouco inclinados a respeitar sua própria palavra e muito mais "primitivos" que os muçulmanos que acabavam de ser esmagados. O Islã de fato ostentava então o maior avanço cultural, técnico e comercial, dentro daquilo que era aos olhos dos mongóis o mundo ocidental. Os cristãos expulsos do Oriente Médio assistiram à partida dos mongóis, que, diante do lamentável espetáculo moral e cultural oferecido pelos cruzados, tinham, por sua vez, desistido definitivamente de se tornarem cristãos.
35. Essa característica permitiu ao islamismo recolher uma parte da herança ideológica soviética, como doutrina anticapitalista. Tal aspecto, contudo, é deixado na sombra pelo modo de vida das famílias reinantes.

36. É verdade que o Islã nascera com uma marca étnica, tendo o Profeta unificado as tribos beduínas ou sedentárias da península arábica, que, até então, tinham escapado mais que as populações vizinhas à cristianização ou à judaização (se excetuarmos o Iêmen). O critério étnico, contudo, foi abandonado por vários motivos. O primeiro é que o imperialismo muçulmano adotou o modelo romano. Assim como se tornavam romanos todos aqueles que adotassem costumes romanos, independentemente da origem (a própria dinastia dos Severos era de ascendência "arabo-síria"), tornavam-se muçulmanos todos aqueles que se declarassem muçulmanos e praticassem o rito. A conversão era estimulada pela taxa cobrada aos infiéis. O segundo motivo é que os príncipes árabes reproduziram um sistema, usado tanto em Bizâncio como na China, de delegação do poder a escravos estrangeiros, não raro eunucos, em sua maioria europeus ou turco-mongóis, que não podiam tornar-se seus rivais. Mas os mamelucos, entre eles, criaram uma realeza militar no Egito. Saladino era curdo. O almirante Barba-Roxa tinha pai albanês e mãe catalã de religião grega ortodoxa. Seu mausoléu foi desenhado pelo grande arquiteto imperial Sinan, que era de origem armênia. Muitos imperadores muçulmanos vinham da Pérsia, da Ásia central ou da Índia. A volta muito tardia de monarquias árabes ao centro da política muçulmana foi fruto principalmente de decisões tomadas pela Grã-Bretanha durante o entreguerras, e particularmente em 1922 por Winston Churchill, então ministro das Colônias. Churchill tivera, inicialmente, a intenção de desmantelar o menos possível o Império Otomano, para torná-lo um aliado contra a União Soviética, ao contrário das intenções de Lloyd George (que ele próprio fora, em Londres, advogado de Theodore Herzl), que eram favorecer o nacionalismo árabe. Como a rivalidade franco-britânica na região tornara esse projeto inviável, Churchill colocou vários membros da família dos xerifes de Meca, os hachemitas, à frente de países artificialmente retalhados, como o Iraque e a Jordânia, ao mesmo tempo que permitia que seu rival, Ibn Saoud, progressivamente se apropriasse da Península Arábica. Seguia os conselhos de Lawrence da Arábia, criatura midiática de um empreendimento de espetáculo nova-iorquino, e de Gertrude Bell, aventureira próxima deste, tendo-se, então, neutralizado as posições contraditórias dos administradores e oficiais britânicos (Fromkin).

37. O terrorismo parecia poder invocar os precedentes da resistência europeia ao nazismo e do próprio sionismo. Era confundir os atentados contra alvos militares e paramilitares, de fato praticados pelos movimentos da resistência e qualificados pelas autoridades nazistas de terrorismo para fins de propaganda, com os atentados tendo civis como alvo. Os atentados sionistas anteriores à

criação do Estado de Israel, em certos casos, eram diferentes. Embora visassem principalmente às tropas de ocupação britânicas, o que as transformava em operações de resistência militar, as ações do Irgun entre abril de 1936 e julho de 1939 não se limitaram a isso, fazendo cerca de 250 vítimas civis árabes.

38. O mesmo ocorre quando se fala dos "muçulmanos" a propósito de uma prática, sem esclarecer de qual grupo se trata, pois não existe quase nenhuma interpretação consensual sobre a maioria dos temas. Isso se aplica ao conceito de *jihad*, do qual foram comprovados vários usos não antagônicos.

39. Uma vez descartados os conceitos de povo e raça, "etnia" pareceria o termo mais disponível para designar uma população que se identifica por fortes tradições comuns. Mas, na medida em que a origem comum conotada é quase sempre imaginária, ele designa mais um "conceito-objeto" que reflete o sentimento dos agentes do que um conceito que permita proceder à sua análise. Os grupos étnicos não são constituídos por suas filiações biológicas, embora a coabitação que acarretem gere, por sua vez, parentescos biológicos. Mais que reprodutiva, sua finalidade primordial é econômica e de segurança, e é com esse objetivo que eles tendem à autonomia política e também a atrair novos membros. Quando um grupo está em fase histórica ascendente, desfruta de alianças matrimoniais, incorporações voluntárias a seus exércitos e pedidos de imigração muitas vezes completados por anexações. Quanto mais um grupo tiver sucesso, portanto, mais diversificado será, tente ou não apagar os traços de sua diversidade. Os recém-chegados adotam suas tradições características, ao mesmo tempo que aportam traços secundários novos. Antigos e novos membros participam do mito de uma filiação comum que apaga mais ou menos completamente as diferenças de origem. Quando o grupo entra em decadência, divide-se e se desagrega, a memória da identidade adquirida e das tradições a ela ligadas ainda pode perdurar por períodos muito longos. Como os processos de etnogênese não são basicamente territoriais, dizem respeito também aos grupos nômades que se deslocam ao sabor de suas vitórias ou derrotas, bem como de seus resultados econômicos. As hordas que percorreram as estepes a partir do Altai ou do mar Báltico no fim da Antiguidade são ilustrações disso. Não existe uma identidade biológica significativa dos "germânicos", formados por agrupamentos que se fazem e desfazem com o tempo, incorporando grupos aliados ou conquistados, eventualmente se dividindo, fundindo-se parcialmente com os vizinhos ou clientes e patrocinadores, mudando de território e também modificando sua língua e suas tradições paralelamente a esses desdobramentos, pois as próprias tradições (instituições, valores, cultura

material, cultura artística ou religiosa e mesmo a língua) são transitórias e de importância variável, adquirindo relevância apenas pelo conjunto que formam. Por natureza, os grupos territorializados adquirem maior unidade biológica, mas os conjuntos políticos aos quais se integram também variam, modificando as tradições. Desse modo, as etnias aparecem e desaparecem, enquanto as populações permanecem ao longo de sua evolução. Nenhuma população escapa a essa regra, considere-se ou não um povo, uma raça ou uma nação. Não podemos extrair de uma simples unidade etnolinguística qualquer conclusão sobre a homogeneidade de sua formação. Será sempre preferível falar de "populações", sem prejulgar seus fatores de unidade e diferenciação. E, por sinal, é desejável limitar a utilização de grande número de vocábulos políticos apenas à designação de uma realidade ideológica, sem mais tratá-los como ferramentas de análise: é o caso de "imperialismo", que costuma designar o colonialismo do adversário, ou, pelos motivos já enumerados, "Nação", "totalitarismo", "genocídio" e até "Estado". Essa ascese, longe de impedir a descrição, permitiria renová-la.

40. A URSS, que praticara metodicamente a sapa nacionalista de seus adversários, enquanto continuava a ser a maior "prisão dos povos" ainda existente, e convencida de um dia vir a se estender ao resto do mundo, acabou por sua vez por implodir, pela aplicação do princípio. Os países periféricos que tinham adquirido a forma estatal, anteriormente ou por suas decisões, se tornaram independentes. Mas a explosão mantinha a Rússia com a maioria dos territórios situados a leste do Ural, dos quais Catarina II, imperatriz alemã, começara a se apropriar, sem exterminar suas populações, mas transformando-as em "almas mortas". Por sua vez, a Rússia pós-soviética se tornou um adversário do princípio das nacionalidades e partidária convicta do *status quo* geográfico mundial, exceto no caso dos irredentismos russos.

41. Assim é, por exemplo, que a França dos *patois* e sotaques pesados fica esquecida (senão pelo prisma dos temas folclóricos da publicidade). É negligenciada também a parte preponderante da população francesa decorrente das migrações, mas não considerada como imigrada em virtude de nacionalidade conquistada havia várias gerações.

42. A afirmação de uma identidade é, em tese, de natureza antagônica, quando visa se impor em resoluta oposição aos códigos do outro, mas não o é quando visa apenas se firmar. A diferença entre as duas posturas é, em geral, percebida sem dificuldade pelos protagonistas.

43. Tentou-se extrair do projeto kantiano de *Rumo à paz perpétua* (1795) a ideia de que a "democracia", identificada com a sociedade liberal, assegurava a paz

pelo motivo de que "as democracias não guerreiam umas com as outras". Essa teoria, reformulada com nuances por Tocqueville, foi oficializada por Bill Clinton em seu *Discurso sobre o Estado da União* de 1994. A ilusão de ótica subjacente decorre, em grande parte, do fato de que as sociedades liberais atuais se uniram em uma única aliança militar ou são protegidas por ela. Além disso, sem entrar no debate histórico sobre os exemplos contrários, especialmente entre potências coloniais que por sua vez seguem um modelo de sociedade liberal, seus conflitos no contexto das estratégias indiretas e sobre o fato de que as instituições alemãs não eram menos "democráticas" que as francesas quando do início da Primeira Guerra Mundial, convém avaliar o perigo de semelhante afirmação. Sobre sua base é que surgiu o conceito de uma democracia imposta pela guerra, quando das intervenções americanas consecutivas ao 11 de setembro de 2001.

Conclusão
Encarar o Ocidente

1. O nominalismo é a preferência para designar realidades singulares, em vez de conjuntos abstratos. Esse ensaio não é nominalista, exceto quando se trata de pessoas, e como forma de respeitá-las e protegê-las: certamente é mais fácil exterminar um grupo mal definido que uma pessoa designada pelo nome. Quanto ao resto, a identificação de um indivíduo, ainda que pareça abstrata, não é menos construída que a de um conjunto.
2. Por exemplo (Mommsen).
3. Por exemplo (Goldhagen).
4. Por exemplo (Aly).
5. Por exemplo (Mosse).
6. Por exemplo (Hillgruber).
7. Por exemplo (Nolte).
8. Cabe saudar, em particular, os trabalhos dos historiadores que apresentam uma abordagem equilibrada dos diferentes ângulos, especialmente Ian Kershaw.
9. Ver em particular (Traverso, *Le totalitarisme – Le XXe siècle en débat* [textos escolhidos]), (Bauman), (Rousso & alii) e suas respectivas bibliografias.
10. Tampouco recorri ao conceito de "violência", que remete a uma realidade antropológica universal mas pouco determinada. Embora certos autores tenham julgado distinguir uma "violência do Ocidente", expressão de sua

"vontade de poder", essa qualificação insuficientemente específica acarreta confusão. A cultura ocidental, que se permite formas extremas de violência, só raramente as preconiza, embora exista nela um culto estético da violência militar, que teve seu apogeu no fascismo.
11. (Montesquieu), XIV, 13.

Agradecimentos

Sem Natacha Carron-Vullierme, minha esposa, e Henri Vullierme, meu filho, este livro não existiria.

Jacqueline Frydman acabou me convencendo a torná-lo público.

Jean-François Pradeau, Roselyne Durand-Ruel, René Sève, Dominique Terré-Bertolus e Aude Langlois-Meurinne-Charquet fizeram releituras fundamentais para o formato final.

As conversas com Edgar Morin, nessa oportunidade como em tantas outras, há 35 anos, levaram a aprofundamentos essenciais.

Elie Barnavi fez observações extremamente pertinentes que pude levar em conta *in extremis*.

Capucine Motte, Robert Littell, Marie-Anne Frison-Roche, Yves Cochet, Jean-Pierre Dupuy, Malcy Ozannat, Vanessa van Zuylen-Menesguen, Judith Housez-Aubry, Seungduk Kim e Frank Gautherot amigavelmente me acompanharam no caminho da edição.

Damien Serieyx, editor intrépido, provou ter a mente aberta como poucos.

Que todos recebam meus agradecimentos, esclarecendo que nenhuma pessoa que tenha contribuído, às vezes de maneira decisiva, para a publicação deste livro tem qualquer responsabilidade no que diz respeito aos erros e às carências das teses expostas.

Bibliografia

Obras citadas

Abel-Rémusat, Jean-Pierre. *Mémoires sur les Relations politiques des Princes Chrétiens et particulièrement des Rois de France avec les Empereurs Mongols.* Paris: Imprimerie Royale, 1824.

Agamben, Giorgio. *Le temps qui reste: Un commentaire de l'Epître aux Romains* (trad. fr.). Paris: Rivages, 2004.

Aly, Götz. *Comment Hitler a acheté les Allemands* (trad. fr.). Paris: Flammarion, 2005.

Amiot, Joseph-Marie. *Art militaire des Chinois.* Paris: Hachette BNF, 1772.

Anderson, Benedict. *L'imaginaire national* (trad. fr.). Paris: La Découverte, 2002.

Arendt, Hannah. *Eichmann à Jerusalem* (trad. fr.). Paris: Gallimard, 1966–2002.

Aronson, Shlomo. "L'OSS X-2 et les tentatives de sauvetage pendant la Shoah". Bankier, David. *Les Services secrets et la Shoa* (trad. fr.). Paris: Nouveau Monde, 2007, 97 sq.

Banks, Russel. *Amérique, notre histoire* (trad. fr.). Paris: Actes Sud, 2006.

Baron, Dennis. *The English-Only Question: An Official Language for Americans?.* Yale Univ. Press, 1990 <http://www.pbs.org/ speak/seatosea/officialamerican/englishonly/#baron>

Bartoletti, Susan Campbell. *Black Potatoes.* Nova York: Houghton Mifflin, 2001.

Bauer, Yehuda. *Juifs à vendre? Les négociations entre nazis et Juifs 1933–1945* (trad. fr.). Paris: Liana Levi, 1996.

_____. *Repenser l'holocauste* (trad. fr.). Paris: Autrement, 2002.

Bauman, Zygmunt. *Modernité et Holocauste* (trad. fr.). Paris: Editions Complexe, 2008.

Bell, David A. *The Cult of the Nation in France: Inventing Nationalism 1680–1800.* Harvard University Press, 2001.

Bensoussan, Georges. "Entre la Honte et le Devoir: la Mémoire sans Voix des Rescapés". *Revue d'Histoire de la Shoah,* janeiro-junho de 2005.

———. *Europe. Une passion génocidaire.* Paris: Mille et Une Nuits, 2006.

Bernard-Weil, Elie. *Stratégies paradoxales en biomédecine et sciences humaines.* Paris: L'Harmattan, 2002.

Bettelheim, Bruno. *Individual and Mass Behavior in Extreme Situations.* Ardent Media, 1943.

Black, Edwin. *IBM et l'Holocauste* (trad. fr.). Paris: Robert Laff, 2001.

———. *War against the Weak. Eugenics and America's Campaign to Create a Master Race.* Nova York e Londres, 2003.

Blanckaert, Claude. *Les Politiques de l'anthropologie.* Paris, 2001.

Bley, Helmut. *Namibia under German Rule* (trad. ing.). Berlim: Lit Verlag, 1971.

Blockmans, Wim & Hoppenbrouwers, Peter. *Introduction to Mediaveal europe, 300–1500*, 2ª ed., Routledge, Nova York Oxon, 2014.

Bodin, Jean. *Les Six Livres de la République.* Paris, 1568.

Bonaparte, Luís Napoleão. *Extinction du paupérisme.* Paris: Pagnerre, 1844.

Bourdrel, Philippe. *L'Epuration sauvage.* Paris: Perrin, 2008.

Breitman R & alii. *US Intelligence and the Nazis.* Cambridge: Cambridge UP, 2005.

Breitman R & Goda N. "Hitlers' Shadow – Nazi Criminals, US Intelligence, and the Cold War." 2010. *US National Archives and Records Administration.* <http://www.archives.gov/iwg/reports/hitlers-shadow.pdf>.

Breitman, Richard. *Himmler et la Solution finale* (trad. fr.). Paris: Calmann-Lévy, 1991.

———. "Hitler and Gengis Khan", *Journal of Contemporary History,* 1º de janeiro de 1990: 337 *sq.*

Browning, Christopher. *Des hommes ordinaires* (trad. fr.). Paris: Tallandier, 2007.

Caillois, Roger. *Bellone ou La pente de la guerre.* Paris: Fata Morgana, 1962.

Carr, Steven. *Hollywood & Antisemitism – A Cultural History up to World War II.* Nova York, 2001.

Casement, Roger. *Congo Report and 1903 Diary.* Dublin: Univ. College Dublin, 2003.

Chamberlain, Houston Stewart. *La Genèse du XIXe siècle (1912)* (trad. fr.). Paris: Editions de l'Homme Libre, 1996.

Chomsky, Noam & alii. *La fabrication du consentement: De la propagande médiatique en démocratie* (trad. fr.). Paris: Agone, 2008.

Colley, Linda. *Britons Forging the Nation 1707–1837.* New Haven & Londres: Yale UP, 2009.

Connan Doyle, Arthur. *The Crime of the Congo.* Londres: Hutchinson & Co, 1909.

Constant, Benjamin. *De la Liberté des Anciens comparée à celle des Modernes.* Paris: Mille et une nuits, 2010.

Cumin, David. *Carl Schmitt: Biographie politique et intellectuelle.* Paris: Cerf, 2005.

d'Almeida, Fabrice. *Ressoures humaines: les gardiens de camp de concentration et leurs loisirs 1933-1945.* Paris: Fayard, 2011.

Davies, John. *A History of Wales.* Londres: Penguin, 2007.

Davies, Norman. *Europe at War 1939-1945. No simple Victory.* Londres: Pan Books, 2006.

De Gaulle, Charles. *Vers l'Armée de Métier.* Paris: Berger-Levrault, 1934.

Detienne, Marcel. *L'identité nationale, une enigma.* Paris: Gallimard, 2010.

Devine, T. M. *Scotland's Empire 1600-1815.* Londres: Penguin, 2004.

Diderot e d'Alembert. *Encyclopédie.* Neuchatel, 1765-1766.

Domarus, Mac. *Hitler.* Reden und Proklamationen 1932-1945. Würzburg: Verlagsservice Henninger, 1962-1987.

Donoso Cortès, Juan. *Essai sur le Catholiscisme, le Libéralisme et le Socialisme.* Bruxelas: J-B de Mortier, 1851.

Drechsler, Horst. *Le sud-ouest africain sous la domination coloniale allemande. La lutte des Hereros et des Namas contre l'impérialisme allemand (1884 - 1915).* Berlim, 1986.

Dufourq, Albert. *Le régime jacobin en Italie - étude sur la République romaine (1798-1799).* Paris: Perrin, 1900.

Dumont, Louis. *Homo Hierarchicus.* Paris: Gallimard, 1967.

Dunajewski, Henryk. "Le lend-lease américain pour l'Union soviétique." *Revue d'études comparative Est-Ouest - Volume 15, n° 3.* 1984: 21-89.

Dunlop, D. M. *The History of the Jewish Khazars.* Nova York: Schoken, 1967.

Earl, Hilary. "Avouer ses crimes." Bankier, David. *Les services secrets et la Shoah* (trad. fr.). Paris: Nouveau Monde, 2007. 384 sq.

Eisenhower, Dwight D. *Mandate for change.* Garden City: Doubleday, 1963.

Emerson, Ralph Waldo. "Letter to President Van Buren", s.d. *RWE.org.* <http://www.rwe.org/complete/complete-works/xi-miscellanies/i-xv/iii-letter-to--president-van-buren.html>

Evola, Julius. *Essais politiques* (trad. fr.). Puiseaux: Pardès, 1988.

Fendrick, Raymond. "'Heinrich' Ford idol of Bavaria Fascisti chief (March 8)." *Chicago Daily Tribune* (1923): 2.

Ferro, Marc. *Des soviets au communisme bureaucratique.* Paris: Gallimard, 1980.

Fichte, Johann Gottieb. *Discours à la nation allemande* (trad. fr.). Paris: Imprimerie Nationale, 1992.

Ford Motor Company Archive. *Research Findings about Ford-Werke under the Nazi Regime.* Dearborn MI: Ford Motor Company, 2001.

Ford, Henry. *The International Jew.* Eastford CT: Martino Publishing, 2010 (1920).

Forster, Michael. "Johann Gottfried von Herder." 2008. *The Stanford Encyclopedia of Philosophy*. <http://plato.stanford.edu/entries/herder/#His>

Friedlander, Saul. "The 'Final Solution': On the Unease in Historical Interpretation." *History and Memory*, outono-inverno 1.2 1989.

Fromkin, David. *A Peace to End All Peace: The Fall of the Ottoman Empire and the Creation of the Modern Middle East*. Nova York: Henry Holt, 2009.

Gallagher, Thomas. *Paddy's Lament*. Orlando: Harcourt Brace, 1982.

Galton, Francis. *Hereditary Genius* (1892). Charleston SC: BiblioBazaar, 2009.

Gauchet, Marcel. *L'avènement de la Démocratie*. Paris: Gallimard, 2007-2010.

Geary, Patrick J. *Quand les nations refont l'histoire* (trad. fr.). Paris: Flammarion, 2004.

Gil, Moshe. "Did the Khazars convert to Judaism." *Revue des études juives*, julho-dezembro de 2011: 429 sq.

Giolitto, Pierre. *Histoire de la Milice*. Paris: Perrin, 1997.

Gobineau, Arthur de. *Essai sur l'inégalité des races humaines* (1855). Charleston SC: Nabu Press, 2010.

Goebbels, Joseph. "Discours." Nuremberg, 10 de setembro de 1936.

_____. *Journal 1923-1933* (trad. fr.). Paris: Tallandier, 2006.

_____. *Journal 1933-1939* (trad. fr.). Paris: Tallandier, 2007.

_____. *Journal 1939-1942* (trad. fr.). Paris: Tallandier, 2009.

_____. *Journal 1943-1945* (trad. fr.). Paris: Tallandier, 2005.

Golden, Peter B (ed). *The World of the Khazars*. Leiden: Brill, 2007.

Goldensohn, Léon. *Les entretiens de Nuremberg* (trad. fr.). Paris: Flammarion, 2005.

Goldhagen, Daniel Jonah. *Hitler's willing executioners*. Nova York: Vintage Books, 1997.

Golovinski, Mathieu. "Les Protocoles des Sages de Sion." 1903. <http://fr.wikisource.org/wiki/Les_Protocoles_des_Sages_de_Sion>.

Grant, Madison. *The Passing of the Great Race* (1916). Bulington IA: Ostara Publications, 2011.

Gray, Peter. *The Irish Famine*. Londres: Thames & Hudson, 1995.

Great Britain Parliament. *Parliamentary Debates, Fifth Series, Volume 365. House of Commons Official Report Eleventh Volume of Session*. Londres: His Majesty's Stationery Office, 1940.

Groffier, Ethel. *Le stratège des lumières*. Paris: Honoré Champion, 2005.

Guibert, Comte de. *Stratégiques*. Paris: L'Herne, 1977.

Haffner, Sebastian. *Allemagne, 1918 Une révolution trahie* (trad. fr.). Paris: Editions Complexe, 2001.

Hanson, Victor Davis. *Carnage et culture* (trad. fr). Paris: Flammarion, 2002.

Harvie, Christopher. *Scotland and Nationalism: Scottish Society and Politics 1707 to the present*. Abingdon: Routledge, 2004.

Hechter, Michael. *Containing Nationalism*. Oxford: Oxford UP, 2000.
Hegel, G. W. F. *Principes de la philosophie du droit* (trad. fr.). Paris: PUF, 2003.
Hegel, G. W. F. *La philosophie de l'histoire* (trad. fr). Paris: Le Livre de Poche, 2009.
Heidegger, Martin. *Être et temps* (trad. fr.). Paris: Edição digital não comercial, 1985.
Herder, Johann Gottfried von. *Idées sur la philosophie de l'histoire de l'humanité* (trad. fr.). Paris: Presses Pocket, 1991.
――――. *Traité de l'origine du langage* (trad. fr.). Paris: PUF, 1992.
――――. *Une autre philosophie de l'histoire* (trad. fr.). Paris: Aubier-Montaigne, 1964.
Hermet, Guy. *Histoire des nations et du nationalisme en Europe*. Paris: Seuil, 1996.
Hilberg, Raul. *La Destruction des Juifs d'Europe* (trad. fr). Paris: Gallimard, 2006.
Hillgruber, Andreas. *Hitlers Strategie: Politik und Kriegführung, 1940-1941*. Bonn: Bernard und Graefe, 1965.
Himmler, Heinrich. *Discours secrets*. Paris: Gallimard, 1978.
――――. "Heinrich Himmler's Speech at Poznan (Posen)", 23 de março de 2004. http://www.holocaust-history.org. <http://www.holocaust-history.org/himmler-poznan/himmler-poznan-small.mov>
Hitler, Adolf. *Hitler parle à ses Généraux* (trad. fr.). Paris: Albin Michel, 1964.
――――. *Hitlers zweites Buch* (G. L. Weinberg, ed). Stuttgart: Deutsche Verlags-Anstalt, 1961.
――――. *Libres propos sur la guerre et la paix recueillis sur l'ordre de Martin Bormann*. Paris: Flammarion, 1952.
――――. "Mein Kampf (trad. fr.)." s. d. *La bibiothèque éléctronique du Quebec*. <http://www.scribd.com/doc/27347827/Hitler-Combat-1>
Hobbes, Thomas. *A Dialogue Between a Philosopher and a Student of the Common Laws of England*. Chicago: University of Chicago Press, 1997.
Horkheimer Max & Adorno, Theodor. *La dialectique de la raison* (1944) (trad. fr.). Paris: Gallimard, 1983.
House of Commons Library. "Inflation: the Value of the Pound 1750-1998", 23 de fevereiro de 1999. http://www.parliament.uk. <http://www.parliament.uk/documents/commons/lib/research/rp99/rp99-020.pdf>
House of the Lords. *Report on the Natives of South West Africa and their Treatment by Germany*. Londres, 1918.
Hughes, Robert. *The Fatal Shore*. Nova York: Vintage Books, 1988.
Hunt, Linda. *Secret Agenda: The United States Government, Nazi Scientists, and Project Paperclip, 1945 to 1990*. Nova York: St Martin's Press, 1991.
Husson, Edouard. *Une culpabilité ordinaire? Hitler, les Allemends et la Shoah*. Paris: François-Xavier de Guibert, 1997.
Ingrao, Christian. *Les Chasseurs noirs – La brigade Dirlewanger*. Paris: Perrin, 2008.

Jablonka, Hannah. "Les rescapés de la Shoah et les Israéliens." *Revue d'histoire de la Shoah*, janeiro-junho de 2005: 234 sq.

Jaurès, Jean. *L'Armée Nouvelle – L'organisation Socialiste de la France*. Paris, 1910.

Johnston, Otto W. *The Myth of a Nation: Literature and Politics in Prussia under Napoleon*. Drawer S. C.: Camden House, 1989.

Joly, Maurice. "Dialogue aux enfers entre Machiavel et Montesquieu, ou la politique de Machiavel au XIXe siècle par um contemporain." 1864. <http://fr.wikisource.org/wiki/ Dialogue_aux_enfers_entre_Machiavel_et_Montesquieu>

KaKel III, Carroll P. *The American West and the Nazi East*. Londres: Palgrave Macmillan, 2011.

Kelsen, Hans. *Théorie générale du droit et de l'Etat* (trad. fr.). Paris: LGDJ, 1997.

_____. *Wesen und Wert der Demokratie*. Tübingen: Mohr, 1929.

Kenny, Kevin. "Ireland and the British Empire: An Introduction." Kenny, K. (ed). *Ireland and the British Empire*. Oxford: Oxford UP, 2004.

Kerautret, Michel. *Histoire de la Prusse*. Paris: Seuil, 2005.

Kershaw, Ian. *Qu'est-ce que le nazisme? Problèmes et perspectives d'interprétation* (trad. fr.). Paris: Gallimard, 1997.

Krebs, Christopher B. *A Most Dangerous Book: Tacitus's Germania from the Roman Empire to the The Third Reich*. Nova York: W. W. Norton & Company, 2012.

Kühl, Stefan. *The Nazi Connection*. Nova York & Londres: OUP USA, 1994.

Lal, Deepak. *In Praise of Empires*. Londres: Palgrave Macmillan, 2004.

Le Bon, Gustave. *Psychologie des Foules* (1895). Paris: PUF, 2003.

Lemay, Benoit. *Erich von Manstein: le stratège de Hitler*. Paris: Perrin, 2006.

Lestringant, Frank. *Le Cannibale*. Paris: Perrin, 1994.

Lévinas, Emmanuel. *De l'évasion*. Montpellier: Fata Morgana, 1982.

Long, Beckenbridge. *War Diary* (ed. Fred L. Israel). Lincoln NE: University of Nebraska Press, 1966.

Louis-Philippe. *Journal de mon voyage d'Amérique* (1797). Paris: Flammarion, 1992.

Lowe, Keith. *L'Europe barbare 1945-1950* (trad. fr.). Paris: Perrin, 2012.

Maistre, Joseph de. *Des origines de la souveraineté* (1794–1796). Cressé: Editions des régionalismes, 2010.

Mallman & Cüppers. *Halbmond und Harkenkreuz*. Darmstadt: WBG, 2005.

Maoz, Asher. "Historical Adjudication: Courts of Law, Commis- sions of Inquiry, and 'Historical Truth'." *Law and History Review* Vol. 18, n° 3, setembro de 2000: 559 sq.

Marx, Karl. *Critique de la Philosophie du Droit de Hegel* (1843) (trad. fr.). Paris: Aubier Montaigne, 1992.

Marzover, Mark. *Hitler's Empire*. Londres: Penguin Books, 2008.

McNeill, William H. "The Introduction of the Potato into Ireland." *The Journal of Modern History* Vol. 21 nº 3 (1949): 218–222.

Medoff, Rafael. *Blowing the Whistle on Genocide: Josiah E. Dubois, Jr. and the Struggle for a U.S. Response to the Holocaust.* West Lafayette IN: Purdue University Press, 2008.

Moczarski, Kazimierz. *Entretiens avec le bourreau* (trad. fr.). Paris: Gallimard, 1979.

Molinié-Fioravanti, Antoinette. "Sanglantes et fertiles fronteires." *Journal de la Société des Américanistes* T. 74, 1988.

Mommsen, Hans. *Le National-socialisme et la société allemande: Dix essais d'histoire sociale et politique* (trad. fr.). Paris: Maison des Sciences de l'Homme, 1997.

Montesquieu, Charles-Louis de Secondat de. *De l'Esprit des Lois.* Paris: Gallimard, 1995.

Morin, Edgar. *De la Nature de l'URSS.* Paris: Fayard, 1983.

Morse, Arthur. *Pendant que six millions de juifs mouraient* (trad. fr.). Paris: Robert Laffont, 1969.

Mosse, George L. *Les racines intellectuelles du Troisième Reich: La crise de l'idéologie allemande* (trad. fr.). Paris: Seuil, 2008.

Murphy, Orville T. *Charles Gravier Comte de Vergennes.* Nova York: State University of New York Press, 1982.

Nally, David P. *Human Encumbrances: Political Violence and the Great Irish Famine.* Notre Dame: University of Notre Dame Press, 2011.

Nehru, Jawaharial. *The Discovery of India* (1944). Nova Delhi: OUP India, 1989.

Neitzel, Sönke (ed.). *Abgehört: Deutsche Generäle in britischer Gefangenschaft 1942–1945.* Berlin: Ullstein Taschenbuchvlg, 2005.

New York Times. "December 20." *New York Times* (1922): 2.

Nolte, Ernst. *La guerre civile européenne: National-socialisme et bolchevisme 1917–1945* (trad. fr.). Paris: Perrin, 2011.

O'Sullivan, John L. "The Great Nation of Futurity." 1839. The Univeristy of Tennesee Knoxville. <http://web.utk edu/~mfitzge1/docs/374/GNF1839.pdf>

Ponsonby, Arthur. *Falsehood in War-Time* (1928). Whitefish MT: Kessinger Publishing, 2010.

Pool, James. *Who Financed Hitler.* Nova York: Pocket Books, 1977.

Porter, Anna. *Kasztner's Train.* Londres: Constable & Robinson, 2007.

Preston, Paul. *The Spanish Holocauste.* Nova York & Londres: Norton, 2012.

Proudhon, Pierre-Joseph. *La Guerre et la Paix* (1861). Charleston SC: BiblioBazaar, 2009.

Pufendorf, Samuel von. *Du droit de la nature et des gens* (1672). Whitefish, MT: Kessinger Publishing, 2010.

Rabaut, Jean-Paul. *Projet d'Education Nationale*. Paris: Convention Nationale, 1792.
Rabinowitz, Louis. *Jewish Merchant Adventurers: a study of the Radanites*. Londres: Eward Goldston, 1948.
Rauschning, Hermann. *Hitler m'a dit* (trad. fr.). Paris: Hachette, 1979.
Renan, Ernest. *Qu'est-ce qu'une nation?* Paris: Editions Mille et une nuits, 1997.
Reynaud Paligot, Carole. *La République raciale*. Paris: PUF, 2007.
Richard Breitman & alii. *U.S. Intelligence and the Nazis*. Cambridge: Cambridge University Press, 2005.
Rigg, Bryan M. *La Tragédie des Soldats Juifs d'Hitler* (trad. fr.). Paris: Editions De Fallois, 2003.
Riordan, James. "The Match of Death: Kiev, August 9 1942." *Soccer and Society* (Vol. 4.1), 2003.
Robinson, William J. *Eugenics, Marriage and Birth Control (Practical Eugenics)*. Nova York: The Critic and Guide Company, 1917.
Rousseau, Jean-Jacques. *Du Contrat Social ou Principes du droit politique* (1762). Paris: Le Livre de Poche, 1996.
Rousso & alii, Henry. *Stalinisme et nazisme*. Paris: Editions Complexe, 1999.
Ryback, Timothy W. *Dans la bibilothèque privée de Hitler* (trad. fr.). Paris: Le Livre de Poche, 2008.
Sagnes, Jean. *Les racines du socialisme de Louis-Napoléon Bonaparte*. Toulouse: Privat, 2006.
Schmitt, Carl. *Parlementarisme et démocratie* (trad. fr). Paris: Seuil, 1988.
Sénac, Philippe. *Le monde carolingien et l'Islam*. Paris: L'Harmattan, 2006.
Sieyes, Abbé. *Quest-ce que le Tiers-Etat?* Paris: PUF, 1982.
Sikka, Soniaz. *Herder on Humanity and Cultural Difference – Enlighted Relativism*. Cambridge: Cambridge University Press, 2011.
Sledkine, Yuri. *The Jewish Century*. Princeton: Princeton UP, 2004.
Sombart, Werner. *Die Juden und das Wirtschaftsleben*. Leipzig: Duncker und Humblot, 1911.
Sorel, Georges. *Réflexions sur la violence*. Paris: Marcel Rivière, 1907.
Speer, Albert. *Au cœur du Troisième Reich* (trad. fr). Paris: Fayard, 2011.
Spengler, Oswald. *Prussianité et socialisme* (trad. fr.). Arles: Actes Sud, 1986.
Spiro, Jonathan Peter. *Defending the Master Race*. Lebanon NH: University of Vermont Press, 2009.
Steinhouse, Carl L. *Barred*. Bloomington IN: AuthorHouse, 2007.
Swift, Jonathan. *Modeste proposition et autres textes* (trad. Emile Pons). Paris: Folio, (1729) 2012.
Taguieff, Pierre-André. *La Foire aux illuminés: Esotérisme, théorie du complot, extrémisme*. Paris: Mille et Une nuits, 2005.

———. *L'imaginaire du complot mondial: aspects d'un mythe moderne*, Paris: Mille et Une nuits, 2006.

The Fog of War. Dir. Errol Morris. 2003.

Thiesse, Anne-Marie. *La création des identités nationals*. Paris: Seuil, 2001.

Thornton, Russell. *American Indian holocaust and survival: a population history since 1492*. University of Oklahoma Press, 1987.

Totten & alii, Samuel. *Century of Genocide*. Nova York Oxon: Routledge, 1997.

Traverso, Enzo. *Le totalitarisme – Le XXe siècle en débat* (textos escolhidos). Paris: Seuil, 2001.

———. *L'histoire comme champ de bataille – Interpréter les violences du XXe siècle*. Paris: La Découverte, 2012.

Valensise, Marina. *Le Droit royal à l'époque absolutiste. La légitimation des bâtards de Louis XIV et leur habilitation à succéder à la couronne*. Paris: EHESS (Tese), 1991.

Vargas Llosa, Mario. *Le rêve du Celte* (trad. fr.). Paris: Folio, 2013.

Vaugelade, Daniel. *La question américaine au XVIIIe siècle*. Paris: Publibook, 2005.

Vercors. *Le Silence de la mer*. Paris: Minuit, 1942.

Villey, Michel. *La formation de la pensée juridique moderne*. Paris: PUF, 2003.

Vullierme, Jean-Louis. *Le concept de Système politique*. Paris: PUF, 1989.

Wallace, Max. *The American Axis*. Nova York: St Martin's Griffin, 2003.

Walters, Guy. *Hunting Evil*. Londres: Bantam, 2009.

Wasserstein, Bernard. *Britain and the Jews of Europe 1939–1945*. Oxford: Oxford UP, 1988.

———. *On the Eve. The Jews of Europe before the Second World War* Nova York, Londres: Simon & Chuster, 2012.

Weber, Max. *Economie et société: Tome 2, l'organisation et les puissances de la société dans leur rapport de l'économie* (trad. fr.). Paris: Pocket, 2003.

Weisenborn, Günther. *Une Allemagne contre Hitler* (trad. fr.). Paris: Editions du Félin, 1992.

Weissberg, Alex. *L'Histoire de Joël Brand* (trad. fr.). Paris: Seuil, 1957.

Welch, Richard E. "American Atrocities in the Philippines." *Pacific Historical Review* 1974: 233 sq.

West, Elliot. *The Contested Plains, Indians, Goldseekers, and the Rush to Colorado*. University Press of Kansas, 2000.

Wichham, Chris. *Framing the Early Middle Ages*. Oxford: Oxford UP, 2005.

Wikipedia. "List of Axis personnel indicted for war crimes". 3 de novembro de 2010 *en.wikipedia.org*. <http://en.wikipedia.org/wiki/List_of_Axis_personnel_indicted_for_war_crimes>

_____. *Y-chromosomal Aaron*. 16 de janeiro de 2012 <http://en.wikipedia.org/wiki/Y-chromosomal_Aaron>

Williams, John Alexander. *Turning to Nature in Germany*. Stanford: Stanford University Press, 2007.

Wichham e Davies, Norman. *Europe: A History*, Pimlico, Londres, 1997.

Wittvogel, Karl. *Le Despotisme Oriental*. (trad. fr.). Paris: Minuit, 1964.

Índice

A

Adams, John, 83, 300
All-Judaan, 42, 43, 46
AmericaFirst, 41, 66, 95
Anderson, Benedict, 297, 301
Arãjs, Viktors, 251
Arendt, Hannah, 8, 130, 303, 305, 306
Arminius, 99
Atatürk, 31
Augusto, 99
Auschwitz, 50, 222, 254, 257, 272, 281, 302, 337, 338

B

Babi Yar, 302
Bach-Zelewski, Erich vondem, 304
Barbie, Klaus, 251
Barrès, Maurice, 103, 297
Bauer, Yehuda, 25, 26, 245, 254, 255, 256, 300
Benett, William, 151
ben Israel, Manasse, 311
Biberstein, Ernst, 302
Bismarck, Otto von, 34, 181, 185
Blake, William, 147
Blobel, Paul, 272, 302
Boas, Franz, 56, 270

Bormann, Martin, 15, 70, 71, 245, 246, 270, 275, 282, 327, 328
Bousquet, René, 16
Bowman, Isaiah, 221
Braun, Werner von, 251
Brunswick, Ferdinand de, 103, 170, 298
Buchardt, Friedrich, 251
Buchenwald, 249
Buffon, Georges-Louis de, 54
Bülow, Bernhard von, 135

C

Canaris, Wilhelm, 281, 283
Carlos Magno, 29, 97, 104, 105, 110, 113, 259, 269
Carlos V, 97, 104, 260, 323
Carnegie, Andrew, 44, 60
Chamberlain, Neville, 51, 52, 268
Chomsky, Noam, 156, 313
Chouans, 102, 298
Churchill, Winston, 16, 66, 80, 132, 273, 279, 310, 342
Clausewitz, Carl von, 179, 180
Coca-Cola, 41, 112, 265
Cochise, 81
Colombo, Cristóvão, 46
Comitê de Salvação Pública, 169

Common Law, 166, 169
Comte, Auguste, 57, 168
Constant, Benjamin, 322
Convenção, 20, 103, 149, 169
Cortés, Hernán, 138
CrazyHorse, 81
Cromwell, Oliver, 101, 149, 311

D

Dachau, 249
D'Annunzio, Gabriele, 180
Darré, Richard, 73
Darwin, Charles, 52, 268
Davenport, Charles, 274
de Gaulle, Charles, 182, 309, 310, 324
demos, 173
Desbois, Patrick, 272
Dillingham, Paul, 62
Disney, Walt, 292
Dollfuss, Maurice, 50
Dora, 58, 251
Drumont, Edouard, 261
Dzerjinski, Félix, 192

E

Ebert, Friedrich, 172, 263
Eichmann, Adolf, 13, 124, 125, 130, 254, 255, 256, 272, 302, 305, 337, 338
Eicke, Theodor, 249
Einsatzgruppen, 16, 59, 67, 70, 120, 137, 248, 272, 280, 337
Eisenhower, Dwight, 156, 251
Emerson, Ralph Waldo, 77, 83, 287
Enver, Ismail, 254
Epp, Franz Rittervon, 307
Erzberger, Matthias, 135
Evola, Julius, 314

F

Felfe, Heinz, 251
Ferencz, Benjamin, 15, 248
Feynman, Richard, 132
Fichte, Johann Gottlieb, 109, 180, 298
Fischer, Eugen, 307
Fitzpatrick, Sheila, 257
Ford, Edsel, 50
Ford, Gerald, 292
Ford, Henry, 42, 43, 44, 45, 46, 47, 48, 49, 50, 51, 54, 56, 185, 266, 267, 288, 292
Frauenfeld, Alfred, 284
Friedlander, Saul, 302
Führerprinzip, 189, 193, 326

G

Galton, Francis, 52, 268
Garibaldi, Giuseppe, 114
Garvey, Marcus, 63
Geiger, Ludwig, 268
General Motors, 41, 44, 50
GeneralplanOst, 66, 70
Gerônimo, 81
Globocnick, Odilo, 120
Gobineau, Joseph Arthur de, 51, 52, 267, 268
Goebbels, Joseph, 11, 15, 27, 38, 42, 66, 68, 70, 71, 73, 78, 93, 122, 171, 246, 247, 272, 273, 276, 278, 279, 282, 284, 286, 291, 327
Goedsche, Hermann, 261
Gogol, Nicolas, 34
Golovinski, Mathieu, 261
Goring, Hermann, 26, 58, 70, 171, 255, 262, 270, 280, 283, 307
Grant, Madison, 51, 52, 53, 56, 57, 58, 59, 61, 62, 63, 68, 83, 96, 161, 203, 209, 267, 268, 271, 274, 292
Guibert, Jacques-Antoine-Hippolyte, comte de, 321

H

Habsburgo, 33, 107
Haensch, Walter, 302
halakha, 226, 283, 337
Halder, Franz, 66, 246
Halifax, Edward Wood, 65
Hanson, Victor D., 305, 322
Harriman, William, 60
Haushaufer, Karl, 270
Hearst, William Randolph, 60
Hegel, Georg Wilhelm, 180, 187, 296, 297, 300, 322, 324
Heidegger, Martin, 9, 130, 296, 297
Herder, Johann Gottfriedvon, 104, 105, 106, 297
Hess, Rudolf, 65, 66, 270
Heydrich, Reinhard, 70, 248, 280
Himmler, Heinrich, 10, 15, 27, 57, 59, 70, 78, 118, 120, 121, 122, 124, 131, 134, 157, 171, 192, 245, 252, 254, 257, 270, 271, 272, 273, 278, 281, 283, 284, 292, 301, 304, 314, 319, 337
Hindenburg, Paul von, 170, 171
Hitler, Adolf, 10, 11, 15, 26, 27, 33, 34, 35, 36, 41, 42, 44, 46, 47, 49, 50, 51, 52, 57, 59, 62, 63, 64, 65, 66, 67, 68, 70, 71, 72, 73, 74, 75, 76, 77, 82, 84, 94, 96, 110, 130, 132, 138, 140, 143, 144, 154, 155, 159, 161, 166, 168, 170, 171, 174, 177, 178, 185, 186, 192, 193, 202, 209, 222, 241, 242, 245, 246, 247, 248, 252, 254, 255, 257, 262, 263, 265, 267, 268, 270, 274, 275, 276, 277, 278, 279, 280, 281, 282, 283, 285, 286, 287, 288, 289, 292, 308, 309, 314, 315, 317, 318, 319, 323, 326, 327, 328, 329, 334, 337
Hobbes, Thomas, 166, 168, 317, 318
Hollywood, 47, 84, 91, 291
Holodomor, 69
Hoover, John Edgar, 169
Hughes, John, 151, 312

I

IBM, 41, 265
IG Farben, 50, 265
indenture, 87
Israel, 16, 133, 147, 148, 211, 221, 222, 223, 224, 225, 226, 227, 228, 229, 231, 234, 310, 311, 336, 338, 339, 340, 341, 343

J

Jackson, Andrew, 82, 86, 274, 291
Jaurès, Jean, 133, 182, 307, 319, 324
Joana d'Arc, 103
Jefferson, Thomas, 80, 82, 88, 289
Jesus Cristo, 32
Joly, Maurice, 261, 262
Judenräte, 302, 339
Julio Cesar, 173, 299

K

Kaiserreich, 178
Kaltenbrunner, Ernst, 281
Katyn, 19
Keitel, Wilhelm, 250
Kelsen, Hans, 170, 189, 318, 326
Kennedy, John, 292
Kennedy, Joseph, 292
Khan, Kajum, 254
Khomeiny, 57
Koch, Erich, 69, 282, 284
Kodak, 41
Kopkow, Horst, 251

L

Lanzmann, Claude, 252
Lavisse, Ernest, 103
Lawrence, Charles, 80, 342
Lebensraum, 142, 270

Lenin, 57, 93, 182, 190, 264, 284, 285, 300, 314, 321
Leutwein, Theodor, 136
Levi, Primo, 258
Liddell Hart, Sir Basil Henry, 248
Liebknecht, Karl, 264
Lindbergh, Charles, 93, 95, 96, 282
Linné, Carl von, 54
Lloyd George, David, 263, 342
Long, Breckinridge, 96, 292, 293
Luís XVI, 103, 149
Ludendorff, Erich, 180, 182, 263
Lutero, Martinho, 99, 112, 314
Luxemburgo, Rosa, 263

M

Mac Hale, John, 151
Maherero, Samuel, 131, 135, 307
Maistre, Joseph de, 296, 315, 319
Manstein, Erich von, 16, 19, 64, 247, 248, 275, 304
Mao, 57
Marx, Karl, 187, 300, 314, 321, 324, 325, 326
Maser, Werner, 246
Mazzini, Giuseppe, 99
McCloy, John, 281, 293
McNamara, Robert, 251
Mellon, Andrew, 44
Mengele, Josef, 302, 307
Michelet, Jules, 103
Mitterrand, Francois, 16
mizrahim, 336
Monroe, James, 83, 94
Montesquieu, Charles de, 131, 244, 261, 346
Montgomery, Bernard, 16
Morgan, John P., 44
Morgenthau, Henry, 292
Mussolini, Benito, 273, 282, 326

N

Nanquim, 309
Napoleão III, 19, 34, 82, 104, 107, 109, 114, 183, 185, 186, 261, 269, 287, 304, 322, 325
Necker, Jacques, 100
Nuremberg, 15, 16, 18, 20, 59, 61, 66, 171, 172, 223, 246, 247, 248, 253, 272, 274, 275, 279, 280, 283, 284, 304, 311, 318

O

Ohlendorf, Otto, 15, 248
Ordnungspolizei, 120
Oster, Hans, 281
O'Sullivan, John L, 289

P

Paget, Reginald Thomas, 304
Pancke, Gunther, 278
Paulus, Friedrich, 76
Peel, Robert, 151, 152
Penka, Karl, 268
Petty, William, 267
Peyrouton, Marcel, 255
Pizarro, Francisco, 138
preußentum, 177
Preuss, Hugo, 172

Q

Quandt, Gunther, 16, 247

R

Raeder, Erich, 278
Rathenau, Walther, 182
Ratzel, Friedrich, 270
Renan, Ernest, 104, 105, 106, 297

Rendall, Gerald, 268
Robespierre, Maximilien de, 107, 296
Robinson, William, 274
Rockefeller, John D., 44, 60, 265
Roosevelt, Theodore, 62
Rosenberg, Alfred, 27, 52, 57, 60, 70, 73, 270
Russell, John, 153

S

Santa Genoveva, 103
Sartre, Jean-Paul, 27
Sauckel, Fritz, 282
Schacht, Hjalmar, 94
Schlieffen, Alfred von, 135
Schmitt, Carl, 170, 171, 172, 173, 174, 319
Shoah, 9, 21, 252, 430
Sitting Bull, 81
Skorzeny, Otto, 66
Sonderkommandos, 121, 338
Sonderweg, 243, 245
Speer, Albert, 26, 284, 304
Spencer, Herbert, 268
Spengler, Oswald, 177, 322
Spinoza, Baruch, 195
Stahlecker, Franz Walter, 302
Stalin, Joseph, 27, 68, 69, 72, 73, 74, 258, 279, 285, 286, 300, 329
Standard Oil, 41, 265
Stein, Karl von und zum, barão, 109, 298
Stern, William, 269
Stowe, Harriet Beecher, 289
Streicher, Julius, 57, 270
Stroop, Jürgen, 283
Stuyvesant, Peter, 46

T

Tácito, 99, 109, 299
Talaat, Mehmet, 254, 261
Tedeschi, Giuliana, 258
Terman, Lewis, 269
Thomas, Max, 302
Trotha, Lothar von, 131, 134, 135, 136, 307
Trotski, Leon, 46, 191, 314
Truman, Harry, 251

V

Vacher de Lapouge, Georges, 267, 274
Van Buren, Martin, 77, 83
Vercingetorix, 103
Volksgeist, 111, 161

W

Waffen SS, 178, 324
Washington, George, 81, 88, 265, 271, 282, 295
Watts, Isaac, 147
Weber, Max, 128, 172, 189, 266, 319, 326
Weimar, 35, 38, 139, 142, 166, 171, 172, 174, 189, 192, 249
White Trash, 87, 91, 289
Whitney, Leon, 51
Wilson, Woodrow, 115, 237

Y

Yagoda, Genrikh, 257
Yishuv, 222, 337

Impresso no Brasil pelo
Sistema Cameron da Divisão Gráfica da
DISTRIBUIDORA RECORD DE SERVIÇOS DE IMPRENSA S.A.
Rua Argentina, 171 – Rio de Janeiro, RJ – 20921-380 – Tel.: (21)2585-2000